新訂

学習指導要領は国民形成の設計書

その能力観と人間像の歴史的変遷

水原 克敏　髙田 文子
遠藤 宏美　八木 美保子

東北大学出版会

Shintei Gakusyu Shido Yoryo ha Kokumin Keisei no Sekkeisyo
―sono Noryokukan to Ningenzou no Rekishiteki Hensen―
History of National Curriculum Standards Reform in Japan, new revision.
: *Blueprint of Japanese citizen character formation*
Katsutoshi Mizuhara
Fumiko Takada
Hiromi Endo
Mihoko Yagi
Tohoku University Press, Sendai
ISBN978-4-86163-317-1

新訂版への序

　時代が急転して、いっそう不確定で見通しのきかない時代に入りましたが、私たちは、未来に向けて、学校教育をどのように計画すべきでしょうか。これを明らかにするために、現在の時代を相対化する歴史的研究は有効な方法であると考えます。本書では、明治以来2018年現在までの「教育課程の基準」を歴史的に総括することを通して、学校教育はいかにあるべきかを考察します。とりわけ、それぞれの時代に即して、その能力観と期待される人間像を浮き彫りにし、構成されたカリキュラムについて考察します。

　本書は、元来、水原著『学習指導要領は国民形成の設計書』（2010年）でしたが、2017年3月に幼小中の教育課程の基準が改訂され、2018年3月には高等学校も改訂されたことを機に、幼・小・中・高の研究者3名にも参加してもらい、それぞれの視点から学習指導要領改訂を分析することにしました。幼稚園教育要領は髙田文子（白梅学園大学）、小中は遠藤宏美（宮崎大学）、高等学校は八木美保子（東邦大学）、そして大枠の時代分析や共通領域は水原が担当しました。

　各改訂については、可能な限り事実を精査することを通して、その原理・原則を分析し考察するように努めました。学習指導要領は、論者の立ち位置によって捉え方が様々であり、改訂の評価に至っては、まったく逆になってしまうことは、これまでの歴史的経緯を見れば明らかです。それは学習指導要領が、まさに国民形成の設計書であるからです。どのように青少年を育成して、どんな国民に仕立てるのか、これは国家の存亡に関わる重大問題であり、路線の選択となるからです。

　本書では、立場による評価の相違をふまえつつ、改訂された学習指導要領が、どのような経緯で編成され、何を選択したのか、それはどのような問題点を含んでいるのか、これを分析して解釈を提示することによって、読者が学習指導要領について正確な理解を深めることができるように企図しました。

2018年6月15日
水原克敏

増補改訂版への序「学習指導要領とは何か」

　学習指導要領とは何か。「学習指導要領とは国民形成の設計書である」というのが私の答えです。アメリカの学校で学べばアメリカ人となり、中国の学校なら中国人となり、そして北朝鮮の学校なら北朝鮮人のようになります。そのような学校のあり方を計画しているのが、学習指導要領の本質的役割です。そもそも学校は、それぞれの国民として生きるための(1)国民性の教育（国家社会のありかたや文化についての思想性）、(2)道徳教育（道徳的態度や精神）そして(3)普通の知識・技能（生産や事務作業のための道具となる知識や技能や身体の教育）という3要素から成っていますが、このあり方を国家管理しているのが学習指導要領です。

　学校教育の3要素、(1)国民性の教育は、言語や社会組織や日本文化の学習を通して国家精神や国民意識がつくりますが、その役割を担っているのが道徳（宗教）、公民、国語、古典、地理、歴史、政治経済、音楽、特別活動等です。(2)道徳教育は、道徳をはじめとして特別活動、国語（古典や小説など）や社会、美術、音楽、家庭科等を通してその国の人間としての望ましい徳性を涵養します。親孝行・兄弟愛や礼儀、そして人間愛・自尊心などは、道徳的な教訓や物語などを読むことでつくられます。そして(3)普通の知識技能では、物理、化学、生物、数学、国語、技術・家庭、体育等を通してその国の発展段階に合致する生産的な知識・技能が習得されます。

　どこの国でも上記3要素を学校教育に織り込むことで、その国の国民として望ましい資質を作り上げるのです。日本の歴史をマクロに見ると、戦前の教育勅語や兵式体操を教えれば、忠君愛国の精神を有する天皇の臣民となり、他方、戦後の教育基本法の精神で教えれば、民主主義精神の日本市民となります。ある種の国民像を目的として、その資質形成をめざして教育課程（教科・領域・特別活動）の基準を決定しているのが学習指導要領ですので、企図された内容と基準性については、私たちは用心深く分析する必要があります。

　中教審答申では、「学習指導要領等が果たす役割の一つは、公の性質を有する学校における教育水準を全国的に確保することである」としています。平成元年改訂以降、一定の基準枠を設定しつつ地方・学校に裁量巾が与えられてきましたが、教育課程行政の現場では、各都道府県教育委員会から学校へ下ろしていく過程で、かなり硬直したものになってしまいがちです。例えば、総合的な学習では、どんなテーマでもその地域に即して立てることができるのに、どこの学校も例示されたテーマになってしまいます。

　学校というところは、現代社会の産業社会を支える労働者・社会人を育成することを使命としており、学習指導要領では、その資質・能力を育成するために、教育課程の基準を告示形式で定めているのですが、学習指導要領の役割が、教育水準の全国的確保にあるという反面、画一化の弊害に対する問題指摘もあります。その論争には、A：教育の自由化と規制緩和を求める論と、B：共通の内容・水準維持を求める論とがあります。Aは、(1)教育の国家統制による画一化から自由な教育実践を展開しようと

する論と、(2) 新自由主義的な活性化を求める考え方から差のつく競争を推進する論とがあり、Bは、(3) 文部科学省主導の統制を強化する論と、(4) 統制というよりも全国的標準化・共通化を確保したいという論とがあります。おそらく、文部科学省は、学習指導要領を「大綱化」しているので、各学校の主体性や裁量の余地を阻んではいない、むしろ創意工夫とカリキュラム・マネジメントを求めていると回答すると思われます。しかし、学校の直面している現実と、文部科学省の教育課程行政との間には乖離があり、相互に根強い不信感が感じられます。

中教審答申では、学習指導要領が「子供たちと教職員に向けて教育内容を定める」という全国的な基準設定という役割だけでなく、「子供たちの多様で質の高い学びを引き出すことができるよう、子供たちが身に付ける資質・能力や学ぶ内容など、学校教育における学習の全体像が分かりやすく見渡せる」「学びの地図」としての役割を期待しています。しかし、学習指導要領が「学びの地図」になるには、一人一人の主体的で選択的な学びが前提となります。自分の長所と短所をふまえて選択できる「学びの地図」なら、その学びは楽しいに違いありませんが、その楽しさは、趣味やスポーツなど学校外のスクールで経験するだけではないでしょうか。多くの人にとっては残念ながら「学びの地図」にはなりません。学校は国民教育の強制装置であり、学習指導要領は国家的スケジュールです。このコースを終わらなければ、一人前の労働者としての基礎的資質が形成されたとはみなされないので、進学・就職などの面で不利益な扱いを受けることになります。しかも、選択したコースは、出世と所得に差が出るので、私たちは有利な道を歩むよう必死の努力が強いられます。

公教育としての学校は、国家の繁栄と存続を目指して、優れた労働者を育成する観点から必要な知識・技能・態度を育成することを使命としていますので、文部科学省は10年ごとに見直して学習指導要領を改訂してしてきました。資質形成が期待通りでないと、例えば産業界から「使いものにならない」とか、政界からは「道徳がおかしい」という学校批判が起きることになります。これに応えるために、学校外でも通用するコンピテンシーを育むとか、道徳を教科にするなどの改訂がなされました。

学校教師は、学習指導要領の計画を請け負うことを仕事にしていますが、その本質をどこまで認識しているでしょうか。教師は多忙化の中で雑務に追われ、その本質について研究する時間もなく、むしろ「教科書が学習指導要領」という感覚で、その授業方法を工夫するだけになりがちです。日々の多忙な仕事に忙殺されて、教科書を年度内に終わることが至上命題となってしまっているのが実情ではないでしょうか。

「専門職として教師」にとって大事なことは、学習指導要領の枠組を明確に捉えることです。その上で、教師である私は、何のために何を教えようとしているのか、この論議ができるか否か、そして児童生徒にその意義を伝えることができるか否かが、「専門職としての教師」の尺度であると私は思います。

※本書は『学習指導要領は国民形成の設計書』(2010年初版)に、2017年の学習指導要領改訂の解説を加筆(第13章)した増補改訂版です。

(2017年6月25日)

　学校教育が人間形成にどれほどの影響力があるのか、これは大きいとも小さいとも単純には言えないですが、それでも学習指導要領について歴史的に研究している目から見ると、やはりその影響の大きさには圧倒されます。

　多くの国民は、幼稚園や保育所を経て小学校に入学し18歳の高等学校卒業まで、まさに朝から晩まで学校に居て、あるべき日本人、国民像に向かって教育されています。そして保護者も学校でよい成績を挙げることを期待し、家庭に居る時でもそのための努力を自分の子どもに強要し、塾にまで通わせて、学校外でも日々努力しています。まさに全生活が学校化しているという状況で、このシステムに適応できた者だけが学校で良い成績を挙げることができるのです。

　そうなると、このシステムを支配している基準が何であるのかが問題となります。今まで、システムの基準はどのようなものとして存在してきたのか、これを明らかにする上で有効なのが学習指導要領です。学校教育を方向づけ、未来の日本人像を設定している教育課程の基準では、どのような人間像を想定してどんな内容が設定されてきたのか、これを本書で明らかにします。

　学習指導要領については、一般社会人はもちろん教員も保護者もそして教育委員も読んでいない人が多いので、誰もそんなものに支配されてはいないと思っている人が多いのではないでしょうか。特に学校現場は、実際の教科書と生徒の実態に対応しているのであって、学習指導要領にはあまり重きを置いていないと感じておられるのではないでしょうか。

　しかし、本書を読まれることで、それらの日々の学校教育は、実は学習指導要領の枠組みの中で動いているということに気づかれるはずです。もちろん実態は学習指導要領の構想通りに進行していませんし、それどころか課題山積で多くの問題を抱えていることも事実でしょう。それでも「教育課程の基準」はどのような構想によるものであったのか、そして今、未来に向けてどういう青年たちを育成しようとしているのか、これを知ることで現在の学校教育の意義と課題が見えてくるはずです。

　本書では、明治の初めに近代学校が創設されてから現代までを対象に、教育課程（カリキュラム）を支配してきた基準について明らかにします。教育課程という用語は、1950（昭和25）年以来、法令用語として使われ、それによって学校教育の目的・

内容・方法が設定されてきましたが、歴史的に見ると、学科課程とか教科課程と呼ばれた時期もあり、学習指導要領に相当する規程も、小学校教則綱領、小学校教則大綱、小学校令施行規則などがありました。本書ではこれらを対象に、教育課程という用語を一貫して使用します。

教育課程の考え方は近代学校の創設と同時に輸入されましたが、その原語はカリキュラムです。カリキュラムは、元来、ラテン語の「走る」(currere)から由来した言葉で、ランニングコースのことを言います。陸上のレースランナーが目的に向かって走るのが語源のようです。カリキュラムという用語は、教育課程と同義に使われるほか、単元だけの教育計画案を指す場合、例えば、英会話のカリキュラムづくりなどと使われています。その意味でカリキュラムという用語は法令の枠を超えて、独自に展開している教育計画や指導計画を総称して使われることが多いです。

これに対して教育課程は法令用語で、「学校教育の目的や目標を達成するために、教育の内容を生徒の心身の発達に応じて、授業時数との関連において総合的に組織した学校の教育計画である」(『小学校指導書　教育課程一般編』)と文部科学省は説明しています。さらに、教育課程の概念のほか、「指導計画」という概念もありますが、これは単元指導など教育課程をさらに具体化した計画を意味しています。

このように教育課程は、「学校の教育計画」として教育行政に公認されたものに限られますが、その基準となっているのが、今日では学習指導要領です。学習指導要領は教育課程の国家基準であり、それを具体化したものが、各学校の教育課程という関係になっています。

学校の教育課程では、(1)一定の教育目的を掲げ、(2)具体的な教育目標を設定します。これを達成するために(3)教科及び教科外活動の領域(scope)について、(4)各学年に相応の内容を配列し(sequence)、(5)それぞれの内容に時間配分をしてタイムテーブルを作成し、かつ(6)適切な教育方法が構想されます。教育課程は、これらをセットにした学校全体の年間教育計画を意味します。その運営においては、(7)児童生徒の実態と(8)教員の実態とをふまえて計画し、かつその実施過程では(9)評価のPDCAサイクルで絶えず改善することが求められています。

当然のことですが、教育課程の内容と配列によって、育成される人間像はずいぶん違ってきます。見方によっては、教育課程は大変な危険性を有しています。民主主義的コンセプトの教育課程によって教育すると民主的人間像が育成され、軍国主義の教育課程によって教育するとその種の人材が輩出されます。日本の歴史を見れば、時代の政策に応じて、さまざまな人間像が養成されてきました。本書ではこれを明らかにします。

　歴史的に見ると、1990年頃までのイデオロギー対立の時代は、志向する思想性や政治的立場が問題とされましたが、その対立が終焉した21世紀の今日においては、2003年にOECDが提案したキー・コンピテンシーが世界的に注目されています。そのキー・コンピテンシーとは、(1)自立的に活動する力(自分の生活や人生に責任をもって管理運営する力)、(2)道具を相互作用的に用いる力(情報テクノロジーから言語まで、各自の目的に合わせて道具を使う力)、(3)異質な集団で交流する力(異質な集団でも人とうまく交流できる力)の3領域の能力で、さらにその3領域が交差する核心には「思慮深さ(反省性)」が位置づけられています。このキー・コンピテンシーは、21世紀を生き抜く青年の不可欠な能力として提案されたのでした。

　このように、教育課程では未来を展望して、その目指すべき目的と方法とが選択されますが、これをより長期的でマクロな視点から整理しておくことが、時代を見通す力になると思います。

　本書では、学校のあり方を支配している「教育課程の基準」すなわち学習指導要領等を分析し、そこにどのような日本人像が描かれているかを明らかにします。近代学校創設以来の教育課程を歴史的に見ることで、現代日本の教育課程の構造と特質、ひいては目指す日本人像が明らかになります。

　なお、拙著『現代日本の教育課程改革―学習指導要領と国民の資質形成―』(風間書房、1992年)と『近代日本カリキュラム政策史研究』(同、1997年)では詳細な資料によって追究していますので、さらに深めたい方はぜひご覧ください。本書では、主要な参考文献と図表等の典拠をあげるだけに留めました。

2010年6月27日
水原　克敏

contents

- i 新訂版への序
- ii 増補改訂版への序 「学習指導要領とは何か」
- 1 はじめに
- 6 教育課程の略年表

7 第1章 近代的人間像を目指して
―近代学校の創設と1872年小学教則―

近世までは身分に応じた教育課程／近代的な学校の創設／最初の教育課程の基準は「小学教則」／師範学校による教育課程開発／下等小学教則／教育課程の自由化と各府県の対応自助努力の精神

23 第2章 新知識を有する儒教的人間像
―開発主義と儒教道徳の1881年小学校教則綱領―

教学聖旨と教育議・教育議附議論争／修身科重視と第2次教育令／小学校教則綱領の制定／修身科と歴史科の儒教主義化／開発主義の教育理論／教育課程の基準性強化／儒教主義的人間像とドイツ学

41 第3章 天皇制下の忠君愛国の臣民像
―教育勅語と1891年小学校教則大綱―

森文相の実用的人物養成の教育課程／教育勅語による教育目的の確立／新概念の小学校令の教育目的／1891(明治24)年小学校教則大綱と教育課程の確立／教育内容・方法の特徴／試験の在り方と成績評価の転換／儀式による集団的訓育の重視／忠君愛国の臣民像

59 第4章 民本主義の産業社会で実用的な公民像
―産業革命と1900年小学校令施行規則―

1900(明治33)年小学校令施行規則／澤柳政太郎の国語教育改良論／国語科教育内容の近代化／修身科への新旧両面の要請／算術・理科教育の実際化と効率化／日本歴史重視と地理教育内容の変化／図画・唱歌・体操・裁縫・手工・英語／1907(明治40)年の義務教育6年制／高等小学校は完成教育／臨時教育会議後の国史教育と教練／高等小学校での選択幅拡大／大正自由教育／1926(大正15)年改正／産業社会の到来に対応できる実用的な公民像

77 第5章 皇国の道へ「行」的錬成に励む皇民像
―軍国主義の1941年国民学校令―

国民学校令／国民学校令施行規則／教科構成と教育課程の特徴／皇国史観の特質・国民科／理数科／体錬科／芸能科／実業科／軍国主義下の人間像

97 第6章 第2次大戦後の民主主義社会を担う市民像
―経験主義の1947年・1951年学習指導要領―

GHQの日本占領による民主主義の改革／1947(昭和22)年学習指導要領(小学校)／小学校の教科／自由研究／1951(昭和26)年改訂(小学校)／教科以外の活動／1947(昭和22)年学習指導要領(中学校)／1949(昭和24)年「新制中学校の教科と時間数」改正／1951(昭和26)年改訂(中学校)／特別教育活動／高等学校の教育課程／国民に共通の教養／1948(昭和23)年改正(高等学校)／1951(昭和26)年改訂(高等学校)／職業課程／経験主義教育課程の理論／民主主義社会に期待される市民像

123 第7章 経済復興に努力する勤勉な国民像
―系統主義の1958年・1960年改訂―

戦後復興と日本的な教育への回帰／教育課程政策の転換／学力論争／小学校・系統的学習と基礎学力／中学校の進路・特性に応じる教育／改訂への批判／高等学校学習指導要領改訂と中堅産業人養成／高等学校のコース類型／道徳教育の充実／基礎学力と科学技術教育の重視／改訂方針への批判／イデオロギー対立と経済復興過程における勤勉な国民像

139　**第8章**　**高度経済成長下、生産性の高い目的追求型の国民像**
　　　　　　　―構造主義の1968年・1969年・1970年改訂―

所得倍増計画にともなう長期教育計画／全国一斉学力テストの導入／「教育の現代化」と「調和と統一」／3領域構成の教育課程／道徳と特別活動の重視／小学校の数学と理科／神話の教育／時間数増加の中学校／教育内容精選と現代化／多様化志向の高等学校学習指導要領／ブルーナーの構造主義理論／「多様化」への差別教育批判／期待される人間像

159　**第9章**　**成熟社会で多様な価値観の国民像**
　　　　　　　―「ゆとり」志向の1977年改訂―

現代化路線から人間化へ／未体験の新しい課題／教育課程の改善策／小学校学習指導要領の改訂／中学校の1977(昭和52)年改訂／高等学校の1978(昭和53)年改訂／肯定的な世論と批判／まとめ

177　**第10章**　**生涯学習社会を自己教育力で切り拓く国民像**
　　　　　　　―新学力観の1989年改訂―

大衆享楽文化とパーソナル化・おたく族／女性の時代の始まり／世界標準の構造改革の要請／繁栄の裏でいじめと暴力の横行／新保守主義の臨教審路線／学校を人間化する／新学力観の学習指導要領／小学校の教育課程改善／合科的指導と体験的な活動／1989(平成元)年改訂、中学校の選択制拡大／高等学校の選択的な教育課程／情報教育と課題研究の重視／単位制と総合学科／1989(平成元)年改訂の特質と人間像

199　**第11章**　**不透明な情報化時代を生き抜く国民像**
　　　　　　　―「生きる力」志向の1998年・2003年改訂―

競争原理の導入と個性化教育／日本のポストモダンの特徴／「生きる力」を求める教育課程／幼稚園教育要領／小学校の生活科と合科的な指導／総合的な学習の時間／中学校は基礎・基本と選択制拡大／高等学校学習指導要領／必修の基礎・基本的な内容／選択的な学習内容と学校設定教科・科目／学習指導要領の構造／2003(平成15)年学習指導要領の一部改正／教育課程の基本設計と人間像

227　**第12章**　**グローバルな知識基盤社会で活躍する日本的市民像**
　　　　　　　―「活用能力」志向の2008年・2009年改訂―

「生きる力」志向の教育課程の熟成／OECD提案のキー・コンピテンシー論／PISAテスト／改訂学習指導要領の総則／新3層構造の学力観／教育課程全体の道徳化／共通教育課程と選択教科の欄外化／高等学校学習指導要領の改訂／2008・2009(平成20・21)年改訂の特質と実践上の課題／グローバルな知識基盤社会で活躍する日本的市民像

255　**第13章**　**知識創造社会で学びを変革する日本的市民像**
　　　　　　　―コンピテンシーを育む2017・2018年改訂―

改訂の前提方針―コンピテンシーを育む／第4次産業革命の到来／「生きる力」を支える「3つの柱」の能力観／主体的・対話的で深い学び／「社会に開かれた教育課程」とカリキュラム・マネジメント／幼稚園教育要領／幼稚園教育の基本／幼児期に育みたい資質・能力の3つの柱／幼児期の終わりまでに育ってほしい姿／5領域のねらい及び内容／小学校学習指導要領―幼小接続のスタートカリキュラム／カリキュラム・マネジメントの推進／中学校学習指導要領／小中連携・一貫教育の推進／部活動の位置づけ／教育内容・評価／特別の教科道徳／言語能力の育成／外国語教育の早期化と教科化／理数教育の充実／プログラミング教育／総合的な学習／防災安全教育／子どもたちの発達支援／指導と評価の一体化／高等学校学習指導要領／教科・科目構成と単位数／国語科／地理歴史科・公民科／理数科／総合的な探究の時間／探究／まとめ

303　おわりに

308　資　　料

331　事項・人名索引

(教育課程の略年表)

(戦前)

1872(明治 5)年	小学教則
1881(明治14)年	小学校教則綱領
1891(明治24)年	小学校教則大綱
1900(明治33)年	小学校令施行規則
1907(明治40)年	同上改正
1911(明治44)年	同上改正
1919(大正 8)年	同上改正
1926(大正15)年	同上改正
1941(昭和16)年	国民学校令施行規則

(戦後)

1947(昭和22)年	学習指導要領一般編(試案)
1948(昭和23)年	学習指導要領一般編(試案)修正
1951(昭和26)年	学習指導要領一般編改訂(試案)
1956(昭和31)年	幼稚園教育要領
1958(昭和33)年	小学校学習指導要領告示、中学校学習指導要領告示
1960(昭和35)年	高等学校学習指導要領告示　※以下、告示形式
1964(昭和39)年	幼稚園教育要領改訂
1968(昭和43)年	小学校学習指導要領改訂
1969(昭和44)年	中学校学習指導要領改訂
1970(昭和45)年	高等学校学習指導要領改訂
1977(昭和52)年	小学校学習指導要領改訂、中学校学習指導要領改訂
1978(昭和53)年	高等学校学習指導要領改訂
1989(平成元)年	小学校学習指導要領改訂、中学校学習指導要領改訂 高等学校学習指導要領改訂、幼稚園教育要領改正
1998(平成10)年	幼稚園教育要領改正、小学校学習指導要領改訂 中学校学習指導要領改訂
1999(平成11)年	高等学校学習指導要領改訂
2003(平成15)年	小学校学習指導要領一部改正、中学校学習指導要領一部改正 高等学校学習指導要領一部改正
2008(平成20)年	幼稚園教育要領改訂、小学校学習指導要領改訂 中学校学習指導要領改訂
2009(平成21)年	高等学校学習指導要領改訂
2017(平成29)年	幼稚園教育要領改訂、小学校学習指導要領改訂 中学校学習指導要領改訂
2018(平成30)年	高等学校学習指導要領改訂

第1章 近代的人間像を目指して
― 近代学校の創設と1872年小学教則 ―

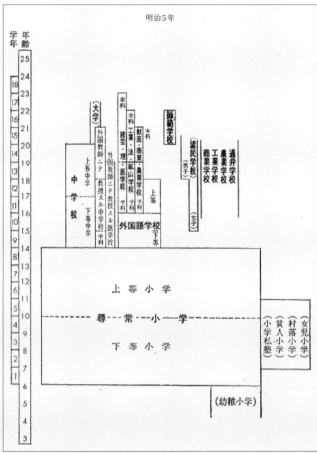

(1) 1872(明治5)年学校系統図

(2) 明治前期 お手伝いしながら勉強

(3) 小学教授法の教科書「小学教師必携」

近代的人間像を目指して ―近代学校の創設と1872年小学教則―

近世までは身分に応じた教育課程

明治時代の近代学校が創られるまで、近世にはどんな学校があって、どういう教育課程で教育されていたのか、簡単に説明しておきます。

近世までの学校の最大の特徴は、身分によって分かれていたことです。例えば、士農工商の身分によって、藩校、郷校、寺子屋などの違いがあり、武士が学ぶ藩校では四書五経など儒学の教育体系が中心になっていましたし、寺子屋（写真）は武士以外の庶民の子弟が対象で、主として簡単な「読み書き算」が教えられ

図1-1 寺子屋の様子

ていました。郷校は藩校と寺子屋の中間に位置し、藩校の補助的な役割を担っていましたが、教育内容は儒学のほか洋学などもありました。

そのほか、民間の学識者が開いた私塾と藩の援助を受けて開いた家塾などもありました。有名なものとして、吉田松陰が伊藤博文らを育てた松下村塾や緒方洪庵が福澤諭吉に教えた適塾などがありますが、いずれも私塾です。私塾では陽明学や蘭学など多種多彩な学派の教育が全国至る所で展開されていました。

近世までの教育課程の特徴は、概して、士農工商の身分に応じた教育内容であったと言えますが、それぞれの教育機関をつぶさに見ると、それほど固定的なものではなく教師の見識や都合によって様々でした。

ですから近世については、教育課程よりも教科書を見るほうが実態を捉えることができます。近世の代表的な庶民教育である寺子屋に注目すると、そこで教えられていたのは、平仮名の「いろは」や漢数字と「算盤（そろばん）」、そして地方の地理に相当する「国尽（くにづくし）」や「町名」、人生の教訓を教える「実語教」や「童子教」、そして仕事上の手紙文を教える「商売往来」や「百姓往来」などです。いずれも生活には不可欠な「読み書き算」の教育内容でした。

他方、武士たちの藩校では、概して、時代の指導理念である儒教が主流で、四書五経

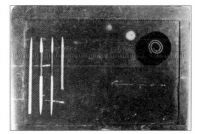

図1-2 石盤

すなわち『大学』・『論語』・『孟子』・『中庸』、それから『易経』・『書経』・『詩経』・『礼記』・『春秋』が教えられていたのでした。

近代的な学校の創設

1872（明治5）年9月5日、学制が頒布され近代学校が発足しました。大学・中学・小学という教育制度で、そこでは近代日本にふさわしい国民形成が目的とされました。従来の士農工商の身分制度は廃止されて四民平等の社会制度となり、国民全員が同一内容・同一水準の小学校に入学するという国民皆学の方針が出されました。それは日本が封建的身分制社会から資本主義的能力社会へ転換したことにより、競争原理がまさに学校教育に適用されることになったのでした。

図1-3 開智学校

能力とは学校の成績＝学歴で、身分ではなく能力（学歴）によって人を選別することになりました。学歴とは、本来、学習歴であり、修得した能力を示すものでしたが、近代以降は、学校の入学・卒業歴を記すものとなり、国民全員がその種の学歴競争に駆り立てられることになりました。

それは換言すれば、国民の上昇志向を刺激し、国民全体の学習意欲を高め、果ては日本が飛躍的に近代化することに貢献しました。学校の成績がよければ、社会的に成功できる、出世ができるというシステムが国民全体のエネルギーを引き出したからです。ただし、この種のシステムが国民全体に本格的に浸透するのは、学校を出ることで工場労働者や会社員、あるいはエリート官僚になれるという時代、すなわち近代日本の産業が重工業化する1900年代を俟たねばなりませんが、その基本システムは学制によって創出されました。

最初の教育課程の基準は「小学教則」

近代的な精神と能力を有する日本国民、その国民教育を目指した最初の教育課程の基準が1872年学制の「小学教則」です。小学校は8年制で下等小学4年と上等小学4年という構成です。その教科名を見ると、寺子屋や藩校の時代には存在しないものが沢山並んでいます。綴字、習字、単語、会話、読本、

修身等、これらを英語に直すと、Spelling,writing,word などです。いかにも翻訳による直輸入のカリキュラムで、実は米国のそれを受けいれたものでした。その内容は、日本を近代化するための欧米近代科学の知識であり、中学・大学へ接続する洋学中心の内容でした。まさに当時の明治政府が企図した近代的な国民形成の方向性を示していると言えます。

小学教則の特徴を詳細に見ると、その第1は、教科の配列を初めとしていかにも外国の翻訳と模倣が感じられることです。お雇い外国人として力のあった学監モルレー（D.Murray）と教育方法を教えていた師範学校教師スコット（M. M. Scot）がともに米国人であることが、米国のカリキュラムを移入するに当たって直接的な影響力があったものと思われます。

第2に、今日的観点から見ると、教科の全体的バランスが著しく近代自然科学に傾斜し、人文・社会科学的教育内容が少なかったことです。いかにも近代化を急がなければならなかった時代の課題が感じられます。この事情について、当時、「三田の文部省」と言われた福澤諭吉が『訓蒙窮理図解』について次のよう述べています。開国に当たって洋学者流の役割は多数の人民を真実の開国主義に導くことで、その最も有効な方策は「物理の原則」を教えるのが良い。「一度び物理書を読」んだり、その説を聞いたならば、誰でも「西洋流の人」となるであろう。二度と漢学の旧に復帰」することはない、と述べています。

要するに、福澤は、科学的で開明的な国民にするためには、欧米の近代科学（窮理学）の書を読ませることが一番有効である、と熱っぽく説いていたのです。学制と小学教則は福澤の影響を強く受けたものでした。

表1-1 1872年学制の学科構成

下等小学4年	上等小学4年
綴字	綴字
習字	習字
単語	単語
会話	会話
読本	読本
修身	修身
書牘	書牘
文法	文法
算術	算術
養生法	養生法
地学大意	地学大意
究理学大意	究理学大意
体術	体術
唱歌	唱歌
	史学大意
	幾何学大意
	罫画大意
	博物学大意
	化学大意
	生理学大意
	外国語1.2（随）
	記簿法（随）
	図画（随）
	政体大意

※1872年8月誤謬訂正し、かつ同年11月改正
※唱歌は「当分之ヲ欠ク」
※（随）は、地方によって「教ルコトアルベシ」の教科

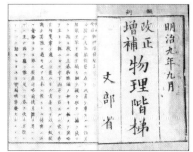

図1-4 小学校の物理学教科書

表1-2 1873年5月改正小学教則概表

小学	毎級六ヶ月	年齢	一週二十時	綴字	習字	算術	国体学口授	修身口授	単語読方	会話読誦	単語読方	会話読方	読本読方	読方読誦	地理読方	養生口授	会話書取	文法	読本輪講	物理学輪講	書牘	細字習字	各科温習	書牘作文	史学輪講	細字速写	罫画	幾何	博物	化学	生理
下等八級	六歳	八ヶ月	二十時	四	四	四	一	一	二																						
下等七級	半六歳		二十時	四	四	四	二																								
下等六級	七歳		二十時	四	四				二	四	二	四																			
下等五級	半七歳		二十時	四	四			一			二	四	二	一																	
下等四級	八歳		二十時	四	四								二	二	四	欠															
下等三級	半八歳		二十時	四	四								二	四	欠	一	一														
下等二級	九歳		二十時	二	四								四	欠	二			二													
下等一級	半九歳		二十時		四								四	欠	二			二	四	二											
上等八級	十歳		二十時		四								四		四			二	四	二	四										
上等七級	半十歳		二十時		四								四		四			二	四	二		二	四								
上等六級	十一歳		二十時		四								四					二	四			二		二	二						
上等五級	半十一歳		二十時		四														二				四	二	二						
上等四級	十二歳		二十時		四								四										二	四		二	一				
上等三級	半十二歳		二十時																					二	四		二	二	一		
上等二級	十三歳		二十時										四											二		二	二	一	二	
上等一級	半十三歳		二十時		四								四			欠									二	四	二	二	四	二	一

　第3に、小学教則が文明開化策の一環にあって新しい時代にふさわしい、言わば資本主義の精神を起こすことが課題でしたから、伝統的な儒教等の道徳教育は排除されています。知・徳・体のバランスで見ると、知育偏重のカリキュラムで、道徳や体育あるいは芸術・情操教育などは軽視されました。それは福澤の主張にあるように、近代科学を教えれば自ずと近代的な精神に変わるはずである、という認識があったからです。

　第4の特徴は、結果として教育内容が当時の国民一般の生活とは遊離していたことです。例えば、師範学校編集の『日本地誌略』巻之一の冒頭には、「我日本国ハ、亜細亜州ノ東部ニ位セル帝国ニシテ、中央ノ大地ヲ本州トシ、其余四大島ト数千ノ島嶼ヲ合セテ、一国ノ形成ヲナス、本州ノ地ハ最大ナリ、其西南ノ二大島ヲ、四国、九州ト」とあります。朝から晩まで農作業に従事している児童には、ほとんど関心の持てない無用な内容でした。同様に、西洋式算術では、アラビア数字を用いて、紙などに計算する仕方で解答するために、日常生活には不便であり非実際的でした。算盤（そろばん）のほうが当時の日本人には実際的でした。

近代的人間像を目指して —近代学校の創設と1872年小学教則—

図1-5 小学読本

換言すれば、小学校は、国民の生活よりも中学校に連結するための予科カリキュラムで、学問の初歩を教育する学校として位置づけられ、諸学の入門的内容が設定されたのです。

第5の特徴は、あまりに高水準の内容で、学習困難な教科書が配置されたことです。『小学読本』などその教科書を一目見ただけでも、小学生が習うには非常に難しい内容で、教師ですら容易に消化できるとは思えない水準でした。算術教育の記録を見ると、西洋数学を理解している教員はほとんどなく、多くは誤った理解の下で教えていたことが分かります。日本は和算であって洋算ではありませんでしたから、そう簡単には消化できなかったのです。物理学の『物理階梯』の教育の仕方を見ると、従来の漢語教育のように字句の解釈を講ずる仕方で教えられていました。時代の限界で、生徒のみならず教員にとっても高度すぎる水準でした。

第6に、教科という教育固有の概念が成立していないことです。したがって、国語科に相当する教科が、綴字・習字・単語・会話・読本・書牘・文法の7科となっていたり、史学大意、幾何学大意、博物学大意など諸科学の入門的名称がそのまま並べられていたりしました。後年になると、理科（1886年）、国語（1900年）、社会（1947年）など、教育的観点から専門的知識が再編されて教科が編成されますが、この段階では、世界的にみてもやむをえなかったし、当時の日本では教科書も含めて翻訳するだけで精一杯でした。

そして第7に、等級制の教育課程であったことです。等級制とは、等級毎

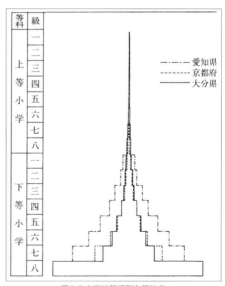

図1-6 小学校等級別在籍比率

の卒業試験に合格すれば飛び級も可能でしたが、合格しない場合には、いつまでも原級留置となるシステムのことです。ですから、掲載図1-6のように、第8級第7級にはそれ以上に進級できない生徒が残るために多く在籍し、1級はかなり少数になり、さらに上等小学になると本当に少数の生徒になっています。当時の卒業試験では、教員は自分の学級を試験することはできない設定になっていて、学務委員や他校の教

図1-7 明治初期の一斉教授法

員が試験し、村人がそれを参観するなどの仕方が取られていましたので、教員及び生徒の能力差はあからさまに見えてしまいました。なお、同一学年で学級を編制する「学年制」は1885（明治18）年からで、1891（明治24）年の「学級編制等ニ関スル規則」で確立します。

師範学校による教育課程開発

学制の小学教則では、とても全国の学校で実施できそうにありませんでしたから、師範学校（後の東京高等師範学校・東京教育大学・現在の筑波大学）は、実際的な教育課程の開発に乗り出しました。

米国人．スコット（写真）が教師として就任し、彼によって米国の教授法と教科書・教具とが伝習され、その結果、1873（明治6）年2月に「下等小学教則」が作成されました。また、教授法についても、諸葛信澄著『小学教師必携』及び『官許 小学教授法』が刊行されました。1873年以降設置された各大学区の師範学校も含めて、教員と教則・教授法とがセットになって養成されたので、文部省の小学教則よりも、師範学校開発の教育課程の方が全国的に普及しました。

M.M.スコット

同年5月作成「改正下等小学教則」の教科構成は、読物・算術・習字・書取・問答・復読・体操・作文で、「学制」のそれに比して著しく少なく実際的でした。読物・問答の教科は言わば総合教科で、地理・理科・歴史などの内容が含まれていました。

下等小学教則（師範学校開発の教育課程）

第8級
- 一読物　五十音図ト濁音図ニテ仮名ノ音及ヒ呼法ヲ教ヘ単語図第一ヨリ第八マテト連語図第一ヨリ第八迄ヲ教ヘ或ハ兼テ小学読本巻ノ一二回ヲ授ク
- 一算術　数字図ト算用数字図ヲ以テ数字ノ読方ト一ヨリ百マテノ書キ方位取リ并ニ算盤テ物数ノ数ヘ方ヲ教ヘ兼テ加算九々ヲ暗誦セシム
- 一習字　石盤ニテ片仮名ノ字形ヲ教ヘ次ニ習字本ニテ仮名ヲ教ヘ筆ノ持方ヲ教フ
- 一書取　五十音并ニ単語ノ文字ヲ仮名ニテ綴ラシム
- 一問答　単語図ヲ用キテ諸物ノ性質及用キ方等ヲ問答ス
- 一復読
- 一体操　体操図ニ依テ授ク以下之ニ倣フ

第7級
- 一読物　小学読本巻ノ一二ヲ授ク
- 一算術　前級ノ如ク百ヨリ万マテノ数ヲ教ヘ、乗算九々ヲ暗誦セシメ、兼テ羅馬数字ヲ授ク
- 一習字　習字本ニテ楷書ヲ授ク
- 一書取　単語ヲ書取ラシム
- 一問答　人体ノ部分、通常物又色ノ図ヲ問答ス
- 一復読
- 一体操

第6級～第2級（省略）

表1-3 1873年5月（東京）師範学校下等小学教則

教科／級	読物	算術	習字	書取	作文	問答	復読	体操
第一級	万国地誌巻二三暗	一小学算術数	草書・手紙ノ書	容易キノ書	紙文	万国地誌史略	医書教材ノ総復習	同
第二級	地理日本史巻一略	一小学算術合法	草書・手紙ノ書	容易キ文	紙文	暗射地図日本史略	同	同
第三級	万国地誌略図	一小学算術除法	草書		前級ニ同シ	日本史地誌略	同	同
第四級	小学読本巻一略	一小学算術法乗	行書		前級ニ同シ	日本地誌略	同	同
第五級	日本地理小学読本巻一略	一小学算術減	楷書 習字本	二字句ノ単語問トハ		地球地誌儀略	同	同
第六級	小学地理歩巻五	一小学算術加法	楷書習字本	中小学句ノ読本		地理初歩地儀略	同	同
第七級	小学読本巻一二	乗算九々	楷書 習字	単語		色通人常体ノ部図分	同	同
第八級	二巻小連単濁五十一学音図音・本図図図読	加算九々数字図	習字仮名	単五十音語		諸物質用キ方性		体操図

第1級
一読物　万国地誌略巻ノ三及ヒ万
　　　　国史略巻ノ一二ヲ授ク
一算術　容易キ分数ヲ授ク
一習字　草書手紙ノ文ヲ授ク
一問答　万国地誌略万国史略及ヒ
　　　　博物図第一ヨリ第八迄ヲ
　　　　問答ス
一作文　容易キ手紙ノ文ヲ綴ラシム
一諸科復習　従前学フ所ノモノヲ
　　　　　　挙ケテ復習セシム
一体操
右卒業ノ後大試験ヲ経テ上等小学
ニ入ルヲ許ス

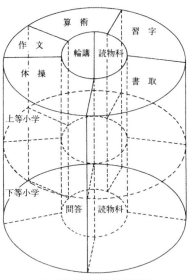

図1-8 師範学校小学教則概念図

　この教育課程では、読物科と問答科の設置が注目されます。「読物」と「問答」は教科というよりは教育方法の概念であるにもかかわらず、教科名として採用されています。他の教科の場合は、背景となる学問領域及び教育内容が確定していますが、この2科の内容には様々なものが入ってきます。

　問答科の内容を見ると、第8級が単語図、第7級が「人体ノ部分、通常物及色ノ図ヲ問答ス」に始まり、最後の第1級では「万国地誌略万国史略及ヒ博物図第一ヨリ第八迄ヲ問答ス」というように、国語的な内容から、人体、地理、日本史、世界地誌、世界史そして博物に及ぶ広い領域を内容としています。要するに、問答科は総合科目で、読物科などで学習した内容について問答の方法で確認する科目になっています。この問答科は、上等小学校になると、「輪講」になっていますが、要するにゼミナールのように、輪番に解釈を講じる方式の授業です。問答科や輪講と対をなしているのが読物科で、その内容は、小学読本を初めとして地理、歴史、博物などの教科内容が配置され、これは読み物として学習する教科として設定されています。

　これを教育課程の構造としてみると、掲載の図のようになります。問答科・輪講と読物科が総合学習的なコアとなるカリキュラムで、それを効果的に進めるように算術・習字・作文・体操など基礎的リテラシーの科目が併行して配置されています。

教育課程の自由化と各府県の対応

学制下の教育課程は、文部省の意図を超えて画一的に進められ、地方の実態に合致しないものになっていました。その軌道修正を図るために、文部省は1877（明治10）年から翌年にかけて調査を開始し、例えば西村茂樹大書記官が、その問題点を報告しています。「方今普通教育ノ病ト称スヘキ者四アリ」として、学制下の教育が外面的、不経済、非実用的、そして画一的な教育で問題があると指摘していました。

そのような問題状況をふまえ、当時の文部省の最高責任者田中不二麿大輔（写真）は、1875（明治8）年6月の地方官会議で、私立小学の保護育成と多様な教育課程の編成を認めるように説いています。また、九鬼大書記官は、「教則及授業法等一切」の権限を教員に与えて、地域の教育要求に合致させようと提案しました。しかし学監モルレー（写真）だけは、文部省高官とは異なり、自由化よりも統制的なあり方を提案しました。結局、文部省としては、1878（明治11）年5月に小学教則を廃止し、また、学制も廃止して新たに1879（明治12）年に教育令（通称自由教育令）を制定し、教育課程の自由化路線を採用しました。

その結果、様々な教育課程編成が出現しました。それは文部省日誌によって当時の教育課程行政の動向が確認できます。実に各府県によって、年数・等級制が不揃いであり、かつ同一府県内でも数種類設定していることが確認できます（表1-4）。

田中不二麿

D.モルレー

表1-4 各府県小学教則の改正状況

認可月日	府県名	教則名	概要
明治11年1月21日	堺	公立小学教則	5年半10級制
2月5日	長崎	女児上等小学教則	4年8級制
3月15日	静岡	1等教則 2等教則 3等教則	7年14級制 6年12級制 4年8級制
3月19日	和歌山	尋常小学教則 村落小学教則	6年12級制 3年3級制
3月27日	愛媛	下等小学教則甲種 上等小学教則乙種 簡易教則	3年6級制 3年6級制 4年4級制
（中略）			
明治12年1月11日	長崎	公立小学教則	6年6級制
1月11日	大阪	下々等小学教則	2年6級制
1月11日	岡山	小学甲種教則 小学乙種教則	8年16級制 4年8級制
1月15日	茨城	変則夜学校教則	4年
1月18日	神奈川	尋常小学教則 村落小学教則	7年14級制 3年6級制
（中略）			
6月30日	兵庫	簡易小学教則甲種 簡易小学教則乙種	6年12級制 4年4級制
7月7日	鹿児島	小学教則	8年16級制
7月9日	鹿児島	小学普通科 小学高等科 小学女子高等科	4年8級制
7月12日	長野	公立小学教則	8年16級制
7月29日	鹿児島	上等小学教則	4年8級制
8月19日	山口	小学教則	3・3・2制

多くの府県に見られた傾向は、3～4年の簡易科・村落小学教則あるいは下等小学教則などの入学しやすい条件設定をしていることと、管内に複数の教則設定をする仕方が一般的でした。もうひとつの在り方は、最後の山口県の小学教則のように、3年制簡易科・3年制尋常科・2年制高等科という積み上げ方式の制度です。これは学監モルレーの意見に影響されたと見られる仕方で、文部省も1881(明治14)年の小学校教則綱領によって、自由化をやめて全国統一方式の3・3・2年制を採用することになります。

自助努力の精神

　本章のおわりに、明治初期の理想とされた人間像についてまとめておきます。

　やはり三田の文部省と言われた福沢諭吉の影響が大きく、具体的には『学問のすすめ』と同じ理念の近代的な人間像で「学制序文」が書かれていたことが注目されます。『学問のすすめ』では、「天は人の上に人を造らず人の下に人を造らずと云へり。されば天より人を生ずるには、万人は万人皆同じ位にして、生れながら貴賎上下の差別なく」と、封建時代の士農工商の身分差別を批判します。

　続いて、人は平等に生れたのに、広く人間世界を見渡すと、「かしこき人あり、おろかなる人あり、貧しきもあり、富めるもあり、貴人もあり、下人もあり」という有様で能力と生活に差が出るのはどうしてか。「人は生れながらにして貴賎貧富の別なし。唯学問を勤て物事をよく知る者は貴人となり富人となり、無学なるものは貧人となり下人となるなり」と論じています。

図1-9「学問のすすめ」

　福澤の主張は、近代社会が能力によって人を選別する時代に入ったこと、その選別の基準は学問をしてよく学べたかどうかにあるというのです。その場合、学問の内容が問題で、解し難い古文を読んだり、和歌を楽しんだり詩を作ったりなどの「実のなき文学」は人生を誤る原因となることが多いので、「専ら勤むべきは人間普通日用に近き実学なり」と断じます。例えば、手紙が書けるとか、算盤ができるとか、さらには地理学、究理学、歴史学、経済学、修身学などを挙げています。

　要するに、社会・自然・人間に関する近代科学こそ実学で、この学問によって「物事の道理」がわかるようになると、「身も独立し家も独立し天下国家も独立すべきなり」というのです。それは、「一身独立して一国独立する」の論理です。

近代的人間像を目指して ―近代学校の創設と1872年小学教則―

被仰出書

第二百十四号

人々自ら其身を立て其産を治め其業を昌にして以て其生を遂ぐるゆゑんのものは他なし身を脩め智を開き才芸を長ずるによるなり而して其身を脩め知を開き才芸を長ずるは学にあらざれば能はず是れ学校の設あるゆゑんにして日用常行言語書算を初め士官農商百工技芸及び法律政治天文医療等に至る迄凡人の営むところの事学あらざるはなし人能く其才のあるところに応じ勉励して之に従事ししかして後初て生を治め産を興し業を昌にするを得べししかれば学問は身を立るの

財本ともいふべきものにして人たるもの誰か学ばずして可ならんや夫の道路に迷ひ飢餓に陥り家を破り身を喪の徒の如きは畢竟不学よりしてかゝる過ちを生ずるなり従来学校の設ありてより年を歴ること久しといへども或は其道を得ざるより人其方向を誤り又士人以上の稀に学ぶものも動もすれば国家の為にすと唱へ身を立るの基たるを知らずして或は詞章記誦の末に趨り空理虚談の途に陥り其論高尚に似たりといへども之を身に行ひ事に施すこと能ざるもの少からず是れ即ち沿襲の習弊にして文明普ねからず才芸の長ぜずして貧窶破産喪家の徒多きゆゑんなり是故に人たるものは学ばずんばあるべからず之を学ぶに宜しく其旨を誤るべからず之に依て今般文部省に於て学制を定め追々教則をも改正し布告に及ぶべきにつき自今

以後一般の人民華士族農工商及婦女子必ず邑に不学の戸なく家に不学の人なからしめん事を期す人の父兄たるもの宜しく此意を体認し其愛育の情を厚くし其子弟をして必ず学に従事せしめざるべからざるものなり高上の学に至ては其人の材能に任かすといへども幼童の子弟は男女の別なく小学に従事せしめざるものは其父兄の越度たるべき事

但従来沿襲の弊学問は士人以上の事とし国家の為にすと唱ふる事を以て学費及其衣食の用に至る迄多く官に依頼し之を給するに非ざれば学ざる事と思ひ一生を自棄するもの少からず是皆惑へるの甚しきものなり自今以後此等の弊を改め一般の人民他事を抛ち自ら奮て必ず学に従事せしむべき様心得べき事

右之通被　仰出候条地方官ニ於テ辺隅小民ニ至ル迄不洩様便宜解釈ヲ加へ精細申論文部省規則ニ随ヒ学問普及致候様方法ヲ設可施行事

明治五年壬申七月

太政官

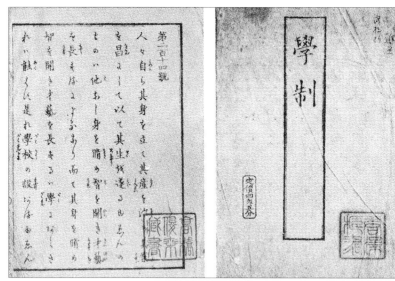

図1-10 1872年「学制」

　これをふまえて1872年の「学制」の序文（被仰出書）を見ると、同様の論理で国民皆学が説かれ、学校を設置する理由が説明されています。「学問は身を立つるの財本」で、立身出世する人と家を失う人との差はどうしてできるかというと、それは「学問」の差で、これを保証するのが学校であるというのです。だから、村に不学の家がなくなり、家には不学の人がなくなるようにすること、また、女性も含めて士農工商の別なく学校に行って「学問」をさせるべきことが宣言されました。

　明治初期は欧米をモデルとして近代化を担う国民像が想定されていたことがわかります。学校に行って近代科学の学問をし、立身出世をして家を盛んにするなど、士農工商に関係なく誰もが人生に成功することができる、そのための学問をする人が理想的な人間像として提示されたのでした。

　なお、こうした背景には、すでに1870（明治3）年から中村正直がスマイルズ（S.Smiles）の『自助論』（"Self-Help"）を『西国立志編』として翻訳出版していたことがあります。同書は、明治期を通して百万部以上の売り上げがあったと言われていますが、当時

図1-11 西国立志編

の人々は、「天ハ自ラ助クルモノヲ助ク」という自助の精神に共鳴したのです。近代人とはどういう人間なのか、どうすれば人生に成功できるのか、今後進むべき近代社会において人はどのように生きるべきか、国家と人民との関係も含めて、そのあり方が具体的に記されていました。

「明治14年の政変」前後から教育課程政策は大きく変化しますが、少なくとも1879（明治12）年の自由教育令までは、そのような欧米の近代的な人間像が想定されていたのでした。

◆参考文献

1. 海後宗臣編『日本教科書体系 近代編』 講談社 1976年
2. 『公文録』1873年〜1875年
3. 文部省内教育史編纂会代表関屋隆吉『明治以降教育制度発達史』 第1〜2巻 教育資料調査会 1938年
4. 国立教育研究所『日本近代教育百年史 3』財団法人教育研究振興会 1974年
5. 福澤諭吉『学問のすすめ 初編』(『福澤諭吉全集 第3巻』 岩波書店 1959年)
6. 〔官許〕『小学教授法』 東京書林 1873年
7. 諸葛信澄『小学教師必携』 青山清吉 1875年
8. 文部省『文部省年報』 第4〜第8 1876〜1880年
9. 早稲田大学社会科学研究所『大隈文書 第五巻』 1962年
10. 水原克敏『近代日本教員養成史研究』 風間書房 1990年
11. 『文部省日誌』1878年〜1879年
12. 『元老院会議筆記 前期第6巻』 元老院会議筆記刊行会(井田和夫) 1879年
13. 倉沢剛『小学校の歴史 Ⅰ』 ジャパンライブラリービューロー 1963年
14. 倉沢剛『小学校の歴史 Ⅱ』 同上 1965年

◆図表等

扉の図(1) 1872(明治5)年学校系統図、文部省『学制120年史』 ぎょうせい 1992年
扉の図(2) 明治前期 お手伝いしながら勉強、日本近代史研究会編『写真図説近代日本史 3』 国文社 1966年
扉の図(3) 小学教授法の教科書『小学教師必携』、唐沢富太郎編『教育博物館 中』 ぎょうせい

	1977年
図1-1	寺子屋の様子、渡辺崋山画「一掃百態」、小西四郎『写真図説日本学生の歴史』講談社 1970年
図1-2	石盤(せきばん)、前掲『教育博物館 中』
図1-3	開智学校、重要文化財旧開智学校資料集刊行会『史料開智学校 第1巻』電算出版企画 1988年
図1-4	小学校の物理学教科書、片山淳吉『改正増補 物理階梯』文部省 1876年
図1-5	小学読本、師範学校編『小学読本』1874年
図1-6	小学校等級別在籍比率、佐藤秀夫作成、国立教育研究所『日本近代教育百年史 3』財団法人教育研究振興会 1974年
図1-7	明治初期の一斉教授法、青木輔清編『師範学校 改正小学教授方法 全』1876年8月
図1-8	師範学校小学教則概念図、水原克敏作成
図1-9	学問のすすめ、唐沢富太郎『図説明治百年の児童史 上』講談社 1968年
図1-10	1872年「学制」、唐澤富太郎『図説 近代百年の教育』国土社 1967年
図1-11	西国立志編、中村正直訳 求光閣 1909年
表1-1	1872年学制の学科構成、前掲『明治以降教育制度発達史』第1巻
表1-2	1873年5月改正小学教則概表、同上
表1-3	1873年5月(東京)師範学校下等小学教則、東京師範学校『自明治6年2月至同7年1月附属小学校教則』
表1-4	各府県小学教則の改正状況、水原克敏作成
写真	M.M.スコット(Marion McCarrell Scott)、前掲『図説 近代百年の教育』国土社 1967年
写真	田中不二麿、小西四郎『写真図説 日本学生の歴史』講談社 1970年
写真	D.モルレー(David Murray)、同上

第2章 新知識を有する儒教的人間像
―開発主義と儒教道徳の1881年小学校教則綱領―

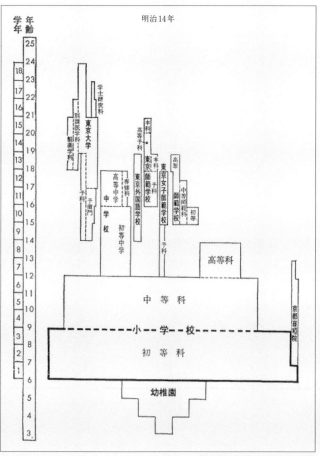

(1) 1881（明治14）年学校系統図

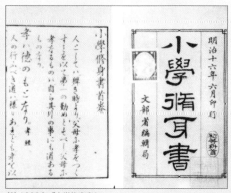

(2) 1883年『小学修身書』

(3) 「孝は百行の本」の授業

教学聖旨と教育議・教育議附議論争

「学制」下の教育課程は当時の庶民の実生活とかけ離れた近代科学の内容でした。しかも、「政府ハ原ト人民ヲ資益スルカ為メ之ヲ立ル者」、「法ハ人民ノ為メ之ヲ設クル」と説いている『泰西勧善訓蒙』を教科書にするなど、自由民権や共和制的な思想を背景にしたものであったために、天皇の侍補元田永孚などの儒教主義者たちは、その教育ゆえに日本の美しい風俗が破壊されたと捉え、教育政策の見直しを政府に迫りました。

その背景には、1878（明治11）年に、愛国社が再興し、各地に政治結社が相次いで勃興することによって、国会開設を求める自由民権運動が大きな盛り上がりを見せるという状況がありました。

そこで1879年8月（推定）に天皇は

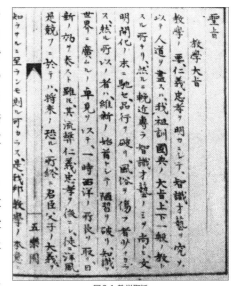

図2-1 教学聖旨

「教学聖旨」（図2-1）を内務卿伊藤博文らに下付し、学制以来の教育方針の転換を命じました。その内容は、「専ラ智識才芸ノミヲ尚トヒ、文明開化ノ末ニ馳セ、品行ヲ破リ、風俗ヲ傷フ者少ナカラス」と問題点を指摘し、教学の根本精神は孔子の教えを「本」とし、その上で欧米より近代的な知識才芸即ち「末」を導入するというあり方でなければいけない、今後は、「専ラ仁義忠孝ヲ明カニシ、道徳ノ学ハ孔子ヲ主トシテ」行うべきである、という論でした。

天皇親政を進めたい元田（写真）らは、天皇の直接的な関与による「聖旨」という形式で、儒教を「国教」として教育するように方針の転換を求めたのでした。これに対して伊藤博文と井上毅は「教育議」を上奏することによって応酬し、いわゆる教育議・教育議附議論争となりました。

伊藤・井上の「教育議」では、「風俗ノ敗レ」が生じていることを認めた上で、これを「制行ノ敗レ」と「言論ノ

元田永孚

敗レ」との2つの観点から論じています。「制行」は礼儀とモラルの乱れとして、「言論」は主に自由民権など過激な政治運動を念頭に置いて、「風俗ノ弊」としました。しかし、「風俗ノ敗レ」の原因については、教育が原因ではなく、基本的には明治維新による社会変革の結果生じたものと捉えました。制行が乱れた原因は、鎖国の制と封建の制を廃止したからであり、言論が乱れた原因は、兵乱が相次いだことと、士族の不満分子がいること、そして、「欧州過激政党ノ論」が影響を及ぼしているからである、と捉えました。それ故、風俗が敗れた原因は「専ラ教育ノ失ニ非ス」と反論しました。

今後の文教政策の具体策として、第1に、「其教則ハ略ホ現行ノ法ニ依リ」、つまり従来通りの教育課程の方針を採ること、第2に、悪書を避けて良書を読ませる教科書政策を開始すること、第3に、小学校教員心得を制定することの3点を提案しました。

伊藤博文

そして伊藤（写真・上）・井上（写真・下）たちは、「教学大旨」が儒教主義の「国教」を求めていることに対して、より近代的な立場から反対しました。近代国家における政府というのは、国民の主義・思想・信条に関わるあり方を一方的に設定すべきではない、という考え方を展開しました。

それでは、風俗の敗れに対して、どのような基本姿勢で臨むべきか。伊藤らは、「科学」重視の線を打ち出しました。「高等生徒」をして「政談」ではなく「科学」に打ち込ませることが有効であり、「漢学」ではその役割が果たせない。「漢学」によって仁義忠孝精神を養成しようとしても、その実、「漢学」は「政談ノ徒」を造出しているではないか。むしろ、「工芸技術百科ノ学」こそ近代国家にとって「実用」的である。「蓋シ科学ハ、実ニ政談ト消長ヲ相為ス者ナリ」と伊藤は反論したのでした。要するに、「漢学」は政治認識を与えるので危険な学問であること、それよりも「実用」的な欧米の新知識を勉強させたほうが生産的であるという認識でした。

井上毅

この「教育議」に対して、元田は新たに「教育議附議」によって反論を展開し、倫理

風俗に関する良善な読本を選ぶことと、「教官訓条」(教員心得)を制定することには賛成しましたが、修身教育については、儒教主義を強調しました。

修身科重視と第2次教育令

教育議・教育議附議論争は、教育令の改正をめぐる攻防に移ります。元老院会議の審議は文部省の予定通り終了し、「教育議」の路線でそのまま進むものと思われました。ところが、天皇に法案の裁可を求めたところで天皇より修正が指示されることになりました。下記が問題となった文部省原案第3条です。

第3条　小学校ハ普通ノ教育ヲ児童ニ授クル所ニシテ其学科ヲ読書習字算術地理歴史修身等ノ初歩トス土地ノ状況ニ隨ヒテ罫画唱歌体操等ヲ加ヘ又物理生理博物等ノ大意ヲ加フ殊ニ女子ノ為ニハ裁縫等ノ科ヲ設クヘシ、但已ムヲ得サル場合ニ於テハ読書習字算術地理歴史修身ノ中地理歴史ヲ減スルコトヲ得

修身科の位置が、主要科目の最下位に位置していたことを問題視した天皇及び元田ら侍補は、文部省原案と元老院会議の審議に対して反撃に出たのです。「天皇陛下ヲ尊崇シ国体ヲ信奉シ法令ヲ謹守シ長上ヲ恭敬シ専ラ愛国ノ主義ヲ一般ニ銘記セシムル事」と文部省に確認したはずであり、何よりもこの精神に基づいた教育令改正を上申すべきであるのに、どの条文にも、また審議過程にもそれは確認することができませんでした。それどころか河野文部卿(写真)は、元老院会議での答

河野敏鎌

弁において、修身科よりも地理歴史などの社会科相当の教科の方が、新しい日本の国民を形成する上でより価値があるという趣旨の発言をしていました。文部卿の発言及び教育令改正案は天皇の意向に従うものではありませんでしたので、ここに至って、天皇の側は、強権発動により修身科の修正を命じたのでした。

そのような経緯の果てに第2次教育令は、1880(明治13)年12月28日、太政官布告第59号により布告され、修身科は筆頭科目(第3条)となり、かつ儒教道徳を基本とすることになりました。修身+読書算を基本に、地理歴史も加えた6科が「小学必須ノ学科」とされ、「其一ヲ欠ケハ則チ小学ニアラサルナリ、普通教育ニアラサ

ルナリ」と説明されました。その上で、罫画唱歌体操等を加え、また物理生理博物そして女子には裁縫が設定されました。

まもなく文部卿が福岡孝弟に替わり文部省の方針は儒教主義へ転換します。教育令の趣旨説明では、「従前ノ教則ト異ナル所」として、「修身ノ課程ヲ重クシテ之ニ作法ヲ加ヘ地理歴史等ノ授業ヲ省略シテ読書習字算術等ノ授業ヲ増加シ外国歴史等ノ如キハ小学教則中全ク之ヲ削除シ本邦歴史ヲ教授スルノ要旨ヲ知ラシメ尊王愛国ノ志気ヲ養成セシム」と強調されるようになりました。要するに、儒教的な修身教育と尊王愛国の歴史教育を重視する路線をとることになったのでした。

他方、社会認識を形成する上で重要とされていた地理・歴史教育は省略すると説明されました。教育令改正に関する元老院会議では、河野文部卿は、「我邦ノ政道ハ参政権ヲ以テ将ニ人民ニ許サントスルノ方針ニ向ヘリ」その「参政権」を有する人民を地理・歴史科等によって教育し「社会ノ程度ヲ高」くしておくことは重要であると述べていました。つまり地理・歴史の教育は、国民教育上一種の社会的教養を与える重要な科目として位置づけられていたのです。しかし、小学校教則綱領を実施する福岡孝弟文部卿の時代になると、儒教と尊王愛国を重視する路線が明確に採用されました。理想とする国民像の違いが分かります。

図2-2 自由民権運動への弾圧

儒教主義の道徳教育及び尊王愛国の教育方針については、結局は天皇の強権をもって改正されましたが、この背景には自由民権運動（図2-2）の隆盛と「明治14年の政変」という大きな事件がありました。その政変によって、英国的な立憲君主制を唱える参議大隈重信（写真）が政府から追放され、伊藤博文を頂点とする薩・長の藩閥政権が確立されることになりました。教育令改正に尽力した河野文部卿と島田三郎らは下野し、文部省内でも開明的な勢力が縮小しました。伊藤政権自体が、プロイセンの絶対主義君主制をモデルとすることに傾斜し、文教政策では、侍補の元田永孚らとの妥協が図られ、国民大衆への儒教主義教育とエリートへのドイツ学重視の教育方針がとられることになります。

さらに興味深いことは、反福澤意識が明らかに見られることです。福澤諭吉（写真）

は『學問のすゝめ』で封建時代の終焉を明示し、「一身独立して一国独立す」という論理において、国民一人一人と国家との近代的な関係を認識させました。そして士農工商の身分制度を廃止し能力主義の原理による社会のあり方を説いたのでした。政府と個人との関係についても、福澤は「政府と人民との約束」という契約の観念を述べて、政府に対して不平を抱くことがあるならば、遠慮なく議論すること、合理的な理由がある時には、「一命を抛て争ふべきなり」と述べて、政府の不当性に対しては、一命をかけて闘うことの正当性を主張しました。そして、何事も「官許」中心の日本社会のあり方を批判し、「官許」の対概念として「民権」を用い、国民一人一人の「自由独立」を訴え、この独立なくして「一国独立」することは不可能である、と強調しました。

大隈重信

しかし、「明治14年の政変」の後は、教育政策が儒教主義に転換したので、『学問のすゝめ』は学校教科書としては使用禁止扱いとなり、もっぱら儒教道徳と実業教育の必要性が説かれるようになったのでした。

福澤諭吉

小学校教則綱領の制定

そのような教育令改正の趣旨をふまえて「教育課程の基準」を決めたのが1881（明治14）年5月4日、文部省達第12号の小学校教則綱領です。

実は、これこそ初めて全国に普及した実質的な「教育課程の基準」と言えます。小学校の教育課程は、初等・中等・高等（表2-1・2・3）の3等とし3・3・2の8年制とされました。授業時間は、1日3時間以上6時間以下で5時間が標準とされ、日数は1年32週日以上で、ほとんど常時開設すべきことが規定されました（2010年現在、1年は35週）。

学科目は、初等科は修身・読書・習字・算術の初歩及び唱歌・体操で、翻訳的な内容は後退し、初等科の教育課程は、当時の国民水準に合わせて修身＋読書算となりました。中等科は、初等科の科目に加え、地理・歴史・図画・博物・物理の初歩、特に女子のためには裁縫を設けるとされ、社会科及び理科相当科目そして図画と裁縫

表 2-1 小学校初等科の教育課程表

學科		修身	讀書		習字	算術		地理	歴史	圖畫	博物	物理	化學	生理	幾何	經濟	●裁縫 ▲家事經濟	體操	通計
小學初等科 第一年	每週時數	六	六	六	五	六													二九
	每週度數	三	六	三	五	六													二三
	前期	簡易ノ格言、事實等ニ就テ徳性ヲ涵養シテ兼テ作法ヲ授ク	讀方 以呂波、五十音、濁音、次清音、假名ノ單語、短句等	作文 近易ノ庶物ニ就テ其性質等ヲ解セシメ之ヲ題トシ假名ニテ單語、短句ヲ綴ラシム	平假名 片假名	實物ノ計方、實物ノ加減、數字												遊戲	六
	同上	六	六	五	五	六													二八
		三	九	五	五	六													二八
	後期	前期ノ續	讀方 小學ノ讀本、讀本中ノ緊要ノ字句ヲ書取ラシム	作文 前期ノ續（近易ノ漢字ヲ交フ）	行書 數字、十干、十二支、苗字ノ類	筆算 實物ノ加減、乘除、算用數字	珠算 實物ノ加減、乘除、算珠用法											同上	六
第二年	同上	六	六	五	五	六													二八
		三	九	五	五	六													二八
	前期	前期ノ續	讀方 前期ノ續	作文 近易ノ庶物ニ就テ其性質等ヲ解セシメ之ヲ題トシ假名交リノ文ヲ作ラシム	行書 前期ノ續及著名ノ地名、日用庶物ノ名稱ノ類	筆算 名數、命位、加法	珠算 加法、減法											同上	六
	同上	六	六	五	五	六													二八
		三	九	五	五	六													二八
	後期	前期ノ續	讀方 前期ノ續	作文 前期ノ續及口上書ノ類ヲ作ラシム	行書、草書 前期ノ續及口上書類等	筆算 減法、乘法	珠算 前期ノ續及乘法											同上	六
第三年	同上	六	六	五	五	六													二八
		三	九	五	五	六													二八
	前期	前期ノ續	讀方 前期ノ續	作文 前期ノ續及日用書類ヲ作ラシム	行書、草書 日用書類等	筆算 乘法、除法	珠算 乘法、除法											徒手運動	六
	同上	六	六	五	五	六													二八
		三	九	五	五	六													二八
	後期	前期ノ續	讀方 前期ノ續	作文 前期ノ續	行書、草書 前期ノ續	筆算 四則雜題及度、量、衡、貨幣	珠算 四則雜題及度、量、衡、貨幣											同上	六

表 2-2 小学校中等科の教育課程表

學科		修身	讀書		習字	算術		地理	歴史	圖畫	博物	物理	化學	生理	幾何	經濟	●裁縫 ▲家事經濟	體操	通計
小學中等科 第四年	同上	六	五	三	四	五		三		二	六						三		三四
		三	五	三	四	五		三		二	三						三		二八
	前期	稍高尚ノ格言、事實等ニ就テ徳性ヲ涵養ス	讀方 前期ノ續（書取ヲ省ク）	作文 日用書類及既ニ學習セシ事物ヲ題トシ假名交リノ文ヲ作ラシム	行書、草書 前期ノ續	筆算 前期ノ續及數ノ性質	珠算 前期ノ續	學校近傍ノ地形ヨリ漸次世界地理ノ總論、日本地理ノ大要ニ及フ		直線、曲線及單形	通常ノ動物名稱、部分、常習、效用等 通常ノ植物名稱、部分、性質、效用等						運針法	徒手運動	男九 女一〇
	同上	六	五	三	四	五		三		二	六						三		三四
		三	五	三	四	五		三		二	三						三		二八
	後期	前期ノ續	讀方 前期ノ續	作文 前期ノ續	行書、草書 前期ノ續	筆算 分數 名數、命位、化法、加法	珠算 異乘同除	五畿八道ノ地理		前期ノ續	前期ノ續						單物ノ類	同上	男九 女一〇
第五年	同上	六	五	三	四	五		三		二	六						三		三四
		三	五	三	四	五		三		二	三						三		二八
	前期	前期ノ續	讀方 前期ノ續	作文 前期ノ續	行書、草書 前期ノ續 楷書 千字文ノ類	筆算 分數 減法、乘法、除法	珠算 前期ノ續	前期ノ續及外國地理ノ大要		紋畫	通常ノ金石名稱、性質、效用等						前期ノ續	同上	男九 女一〇
	同上	六	五	三	四	五		三	三	三		一					三		三四
		三	五	三	四	五		三	三	三		一					三		二八
	後期	前期ノ續	讀方 漢文ノ讀本 / 讀方 前期ノ續	作文 前期ノ續	行書、草書、楷書 前期ノ續	筆算 小數 名數、命位、化法、加法、減法、乘法、除法	珠算 同乘異除	外國地理ノ大要	日本歴史 國初ヨリ平氏ノ末ニ至ル	前期ノ續及器具、花葉等		物性、重力等水論ノ初歩					袷綿入ノ類	同上	男一〇 女一一
第六年	同上	六	五	三	三	五			六	三		三					三		三四
		三	五	三	三	五			三	三		三					三		二八
	前期	前期ノ續	讀方 前期ノ續 / 讀方 前期ノ續	作文 前期ノ續	楷書 前期ノ續	筆算 比例	珠算 前期ノ續		日本歴史 頼朝總追捕使トナルヨリ足利氏ノ末ニ至ル	器具、花葉、家屋等		氣、熱及音響論ノ初歩					前期ノ續	器械運動	男九 女一〇
	同上	六	五	三	三	五			六	三		三					三		三四
		三	五	三	三	五			三	三		三					三		二八
	後期	前期ノ續	讀方 前期ノ續 / 讀方 前期ノ續	作文 前期ノ續	楷書 前期ノ續	筆算 前期ノ續	珠算 [illegible]分		日本歴史 家康將軍トナルヨリ現時ニ至ル	前期ノ續		光、電氣及磁氣論ノ初歩					前期ノ續	同上	男九 女一〇

表2-3 小学校高等科の教育課程表

が加えられ6年生までで一通りの領域を教育する今日の教科編成に極めて近い内容となりました。高等科は、中等科の科目の外に、化学、生理、幾何、経済の初歩を加え、女子には経済に換えて家事経済の大意とされ小学生にはやや高度な科目が付加されました。

　文部省説明によれば、小学校は中等科までの6年制を原則とし、かつこれに中学校等を接続させることを原則とするが、必ずしも国民の多くは進学できないので、その事情に対応できるように、高等科を設置したということでした。以後今日まで、小学校から上級学校への進学は6年生修了後となります。

　因みに、中学校は四・二年制（初等中学科・高等中学科）で、中学校教則大綱では、「中学校ハ高等ノ普通学科ヲ授クル所ニシテ中人以上ノ業務ニ就クカ為メ又ハ高等ノ学校ニ入ルカ為メニ必須ノ学科ヲ授クルモノトス」と規定され、一般大衆の上に位置する中等国民層の養成が企図されていました。この位置づけは、マクロに見れば1945年まで続きました。

修身科と歴史科の儒教主義化

次に、小学校教則綱領の中で特に変化の著しい修身科と歴史科について検討してみましょう。筆頭科目の修身は、初等科で簡易の格言、中等科及び高等科では主としてやや高尚の格言とその種の事実などを教えることで、児童の徳性を涵養し兼ねて礼儀作法を授けることと規定されました。この作成委員長であった西村茂樹（写真）の回想によれば、委員長を辞して熱海に静養に行かねばならないほどの論争があったということです。その路線選択をめぐって様々な攻防のあったことが推測されます。おそらく原案として、西村が1880（明治13）年に著した『小学修身訓』の内容が出されたものと思われます。

西村茂樹

学制では、下等小学第8級から第5級までしか道徳を設定せず、その内容は、勧善訓蒙などほとんどが翻訳書でした。当時、小学校教則綱領取調掛であった江木千之（えぎかずゆき）は、「此の『勧善訓蒙』なる書は当時仏蘭西で行はれたもので、主として共和国の政治主義と基督教の教義とに基いて編纂されたものである」として、日本の道徳教育には不適当であると考えていたようです。西村の当時の意見書をみると、彼もそのように捉えていたことがわかります。

原案は、西村茂樹編『小学修身訓』（図2-3）を下敷きとして小学校教則綱領の修身科の方針が立てられたと推測されますので、同書の内容を見ておきましょう。構成は、第一学問、第二生業、第三立志、第四修徳、第五養智、第六処事、第七家倫、第八交際となっています。そして、例えば、第一の学問の章では、「天ノ命ヲ性ト謂ヒ。性ニ率フヲ道ト謂ヒ。道ヲ修ムルヲ教ト謂フ。中庸」、「玉琢カザレバ器ヲ成サズ。人学バザレバ道ヲ知ラズ。礼記」などの格言が配列されています。そして同書の凡例に、西村の修身教育に対する基本的な考え方を見ることができます。

西村は、一生の指針となるような格言を熟読暗記させることを第一とし、可能な限り、教師はその意義を説明し

図2-3 小学修身訓

て感発開悟に至らしめるよう務め、第二に、嘉言善行の事実を教師の口授により教え、児童生徒の徳性を涵養する、という趣旨を述べています。また、小学校教則綱領では、兼ねて礼儀作法を教えることを規定しましたが、その教科書として、1883（明治16）年6月に文部省は『小学作法書』を発行し、その巻の一の初めは、子どもは朝起きた時と夜に寝る時には必ず父母にお辞儀して挨拶をすること、どこかに出かける時も、必ず父母に挨拶してから行くようにすること、そして帰ってきたら、またその旨を父母に挨拶することなど、日常的な礼儀作法を内容としていますが、その目的は日常的なものに留まらず、天皇制につなげることが構想されていました。同書の冒頭にある「教師心得七則」では、行儀作法は元来、父母兄弟の間に行うのが原則であるが、我が日本は海外諸国と異なって、建国の初めより今に至るまで「皇家一系にして」君民の分が決まっているので幼稚の時より「天子を敬」うように教育することが肝要であると指示されました。

　徳川幕府が採用していた封建主義道徳の儒教道徳が、天皇制イデオロギーとして可能であるのか、本来的には、その理論的問題があります。しかし、この時期は、開化策を急速に推進したことで日本の伝統的淳風美俗が破壊され、かつ、自由民権運動などの反政府運動が隆盛し、天皇制そのものが崩壊しかねないという危機的状況にありましたので、ひとまずその応急策として伝統的な儒教主義道徳を採用しなければなりませんでした。

　1882（明治15）年5月布達の「小学修身書編纂方大意」では、天皇制イデオロギーと儒教主義道徳とが、論理的整合性が確保されないまま、次のように並列的に解かれていました。

　その第1点は、神武天皇以来、万世一系の天皇を君とし、臣民が分を守って2500余年を経て来たという日本の国体（こくたい：天皇を倫理的・精神的・政治的中心とする国のあり方）の固有性をふまえ、児童生徒に対して、その意味と正当性を教え、尊王愛国の心を養成することとあります。第2点は、儒教は中国より伝来したものであるが、皇国固有の道理と接合して久しく、父子・君臣・夫婦・長幼・朋友等の倫理はほとんど我々のものになっているので、この儒教を採用して万世一系の天皇を尊崇し、日本帝国を愛する志気を養成すべきである、という2点です。

　「尊王」はむしろ封建主義の道徳に近く、「愛国」の観念は近代思想ですが、これは忠君愛国とも言い換えられるように、封建道徳と近代思想とが整合しがたい矛盾に満ちた概念で結ばれています。なぜなら「忠君」は君主のために命を捧げることを

意味し、「愛国」は祖国のために革命を起こして王制を倒す考え方を含むからです。「尊王」と「愛国」との接合は容易なことではありません。また、日本の近代化・資本主義化には合理主義のエートスが必要であり、これと封建主義道徳との矛盾はどう処理するのか、本質的には大変困難な問題を抱えていますが、ここでは、ひとまず儒教主義は天皇制とは矛盾しないと強弁し、その道徳を教育することで、近代化のもたらした醇風美俗の破壊と反政府運動に対処しようとしたのでした。

　これと同様の発想は歴史科にも見られます。建国の体制、神武天皇の即位、仁徳天皇の勤倹から王政復古などについて生徒に沿革の原因結果を了解させ、特に「尊王愛国ノ志気」を養成することが目的と規定されました。天皇の政治を讃える皇国史観で、尊王愛国の精神養成が目的とされました。

江木千之

　この小学校教則綱領の作成・修正の過程については、教則取調掛江木千之（写真）の回想がありますが、それによると、日本の歴史が乱の歴史であるように教育すると、国民は、不満がある場合、乱や革命を起こしても良いという危険思想を持つようになるので、これを修正して、天皇の優れた治績の結果、美しい日本の現在が形成されたという歴史にしたいというのです。そうすることで国民は現状を肯定的に受け止め、天皇への敬愛の念と尊王愛国の思想が形成されることが期待されたのでした。

　この回想には注目すべき情報が見られます。ひとつは、草案の段階で天皇の検閲を経ていること、かつ天皇の意向を文部省内では尊重する風潮が形成されていたことです。第2には、その検閲が思想・精神などの基本的項目に留まらず各教科の詳細な内容に及んでいたことです。これは天皇自身だけでなく元田ら侍補が厳密に検討した上で、天皇の言葉として文部省に指示したものと推定されます。第3には、小学校の歴史科は、何が事実かということよりも、あくまで国民形成の観点から内容を決定したことです。その結果、天皇の征服戦争よりも国家の建設に対する功績が挙げられたのでした。

　第4に注目すべきことは、歴史科の内容訂正について、那珂通高（なか　みちたか）と小中村清矩（こなかむら　きよのり）の両名の国学者に相談していたことです。小中村は、後年の教育勅語草案作成では井上毅から相談されて、儒教主義と国学思想との接合について重要な役割を果たした人物ですので、この頃から、日本の歴史

と日本特有の思想をどのように創出したらよいか、これを構想していたことがわかります。

開発主義の教育理論

教育課程政策は儒教主義に転換されましたが、教育理論研究では、東京師範学校長高嶺秀夫(写真)によって開発主義の教育が広められました。その教育理論とは、児童の「心の能力」開発を目的とし、当時の連合心理学を基礎にしたものです。提唱者のジョホノットは、すべての優れた教授方法は、「心意の諸力」(Faculties of mind)を開発するための原則に基づいて教えなければならないと言います。「心意ノ諸力」とは、知覚力・想像力・推論力・弁決力・比較力・概念力などで、人間の心理を諸能力の連合として捉える考え方です。

高嶺秀夫

この理論を基礎に、東京師範学校助教諭若林虎三郎・附属小学校訓導白井毅篇『改正教授術』全5巻(図2-4)が1883年から翌年にかけて出版されました。その特徴は次の9原則から成っています。

一　活発ハ児童ノ天性ナリ動作ニ慣レシメヨ手ヲ練習セシメヨ
二　自然ノ順序ニ従ヒテ諸心力ヲ開発スベシ最初、心ヲ作リ後之ニ給セヨ
三　五官ヨリ始メヨ児童ノ発見シ得ル所ノモノハ決シテ之ヲ説明スベカラズ
四　諸教科ハ其元基ヨリ教フベシ一時一事
五　一歩一歩ニ進メ全ク貫通スベシ授業ノ目的ハ教師ノ教ヘ能フ所ニ非ズ生徒ノ学ビ能フ所ノ者ナリ
六　直接ナルト間接ナルト問ハズ各課必ズ要点ナカルベカラズ
七　観念ヲ先ニシ表出ヲ後ニスベシ
八　已知ヨリ未知ニ進メ、一物ヨリ一般ニ進メ、有形ヨリ無形ニ進メ、易ヨリ難ニ及ベ近ヨリ遠ニ及ベ、簡ヨリ繁ニ進メ
九　先ヅ総合シ後分解スベシ

図2-4 改正教授術

これら9項目は、児童の感性を尊重する近代的な教育原則であり、当時の教師たちにいかに驚きと感動とを与えたか、一読しただけで推測することができます。他面、儒教主義教育政策との不一致も容易に推察できます。日本の近代化の教育は、それとは矛盾に満ちた儒教主義道徳との接合を模索することになりました。稲垣忠彦『明治教授理論史研究』では、小学校教則綱領はプロイセンの教則もしくはそれと同質の同時期の他のドイツ諸邦の教則と東京師範学校附属小学校教則とを参考に再構成したものと推測されています。

　開発主義教育理論の小学校教則綱領に対する影響についてもまとめておきますと、その特徴を有する教科は、地理・博物・物理・化学・生理などです。例えば地理では、生徒の認識し易い山・谷・河・海などから説き始め、しだいに日本全体に及ぼし世界へと広げて行くこと、その場合、地球儀・地図等を用いること、また、地文の教授でも実地観察を用いて児童生徒の観察力を養成すべきであるというもので、従来の暗記中心主義・素読中心主義の教授方法に比して極めて近代的な認識論と方法論とを採用していたことがわかります。

　博物科も同様で、動物・植物・金石の実物により教授すべきで、それらの標本作成等の方法によることが求められています。名称・部分・性質・効用という教授項目は、進化論以前の当時の博物学上の分類概念を反映したものです。さらに物理では、その実験の仕方について「単一ノ器械」と「近易ノ方便」という具体的指示がなされ、その実験を通して理論を理解させることが要請されました。化学と生理は児童生徒の理解しやすい対象の選択と実際の観察及び模型の利用などによって、その理論を理解させようとしています。このように開発主義教育理論に基づいた教育方法は、実物と実験を重視した極めて近代的な教授法であったことがわかります。

　以上、小学校教則綱領の特質について考察してきましたが、前述しているように、修身と歴史については、天皇の意向を直接に反映させる仕方で、儒教主義を担う科目が設定されました。特に歴史科については、天皇の直接指示を受ける形で、尊王愛国の精神養成を明示するに至りました。江木の回想でも、修身科ではなく歴史科の内容をあげているのはそのためです。この思想性について、稲垣忠彦は朱子学史観と解釈していますが、むしろ、御用掛であった那珂通高と小中村清矩両名の国学者に相談していたことに注目すべきで、儒教主義と国学思想との接合を企図した結果として「尊王愛国」が導かれたように思われます。

　他方、開発主義教授理論の影響も、上記の地理・博物・物理・化学・生理の分析で

確認することができました。第1には、『改正教授術』で示された9項目の教育原則による教育方法が採用されていましたし、第2には、各教科で、原因結果などの論理を理解する力及び観察力の養成が目的とされていました。しかし、その影響にもかかわらず、小学校教則綱領では、修身及び歴史のイデオロギー科目と3R'Sが中心教科で、その目的とするところはあくまで近代天皇制下の臣民形成でした。江木千之がいみじくも「小学教則なるものは国民教育の設計書」であると述べたように、近代天皇制の国家建設の目的に向けて、国民形成を図るためのナショナル・カリキュラムが設計されたのでした。国民形成の観点から教育課程を設計するという仕方が、学制に次いで、第2ステージに入ったといえます。

教育課程の基準性強化

1880（明治13）年12月9日、河野敏鎌文部卿は前年の自由教育令をやめて新たな改正案を上奏し、「普通教育ノ干渉ヲ以テ政府ノ務トセサルハナシ」という方針を言明しました。政府は「社会ノ集力」であり、普通教育に対しては、国家は積極的に規制措置をとり、一定の条件を確保すべきであると言います。なぜなら、「普通教育ハ其国運ニ関スル最大ナルカ故」、国民の教養及び品位の一定水準を確保することは、国力の発展に不可欠であり、政府の責任であるというのです。

社会契約論を下敷きに、政府は社会の維持発展を組織する権限を有し、国民の普通教育を強制する責任があるという説明ですが、自由民権論者からは、その前提条件に対して批判があり、当時の政府は民意を代表しない藩閥専制政府であるとして、国会開設の要求が出されていました。

教育課程の基準性を強化する観点から、小学校教則綱領第23条では「小学校ノ教則ハ文部卿頒布スル所ノ綱領ニ基キ、府知事県令土地ノ情況ヲ量リテ之ヲ編制シ、文部卿ノ認可ヲ経テ管内ニ施行スヘシ」と規定されました。要するに、国民教育の教育課程は、教則綱領（現在の学習指導要領）に基づいて実施するとされたのです。その解説でも、「普通教育」であるから政府は一定の内容を保証するように「干渉スヘキ」であること、また文部卿が小学校教則綱領という大綱を決定し、府知事県令が、その綱領に準拠しつつ地域の実情に合わせて教則（県内教育課程の基準）を編成すべきであるとされたのでした。

儒教主義的人間像とドイツ学

　　1872（明治5）年の学制では近代的人間像を求めて近代科学を中心に教育が計画されましたが、同時に欧米の近代的な人権思想も導入され、自由民権運動も盛り上がってきていましたから、国民形成は、英国（象徴天皇制）を模範国とするかドイツ（絶対王制）を模範国とするか、政府の中枢で迷いと戦いがありました。それが「明治14年の政変」でドイツを模範とすることに決定し、その方向で国民教育を展開することになりました。

　近代的な人間像を志向しなければ日本の近代化は難しく、これを一刻も早く進めて列強のアジア侵略に対抗しなければならない状況にありましたが、同時に国内では封建主義の否定とともに従来のモラルが崩壊しましたので、この立て直しが急務となっていました。日本は近代科学の知識と技術を導入して進歩性を確保しつつ、基本的な方向性としては、国民大衆には儒教主義道徳を教え、エリートにはドイツ学に専心させることによって、その両面に対応しようとしたのでした。

　近世までは、儒教は武家社会を中心として教育され、士農工商の全階層にわたる共通のものはありませんでしたが、近代国家となって以降、儒教主義教育の採用によって全国民共通に展開されることになりました。特に、次章でみる教育勅語によって、日常的な道徳の項目では、君臣の義・父子の親・夫婦の別・長幼の序・朋友の信など五倫五常がほとんど採用されましたので、いっそう広まることになりました。

　エリート層の教育に関しては、日本のモデル国をドイツとすることによって、政治・経済・法律・教育等の学はドイツの学問を志向することとなりました。欧米の近代科学を学ぶと自ずとその国の思想と文化から影響を受けてしまいますので、その点、新興国ドイツは、ヨーロッパで急速に勢力を増しつつあり、かつ絶対王政をしいているので安全であると評価されたのです。こうして日本は、近代科学・思想・文化の導入に伴う危険性に対して一応の目途をつけたのでした。以後、ドイツをモデルとして近代天皇制の国民形成が本格化することになります。

◆ 参考文献
1. 海後宗臣・元田竹彦編『元田永孚文書』第1巻　元田文書研究会　1969年
2. 国民精神文化研究所『教育勅語渙發關係資料集』第1巻　国民精神文化研究所・龍吟社　1939年

3. 海後宗臣『教育勅語成立史の研究』、海後宗臣著作集 第10巻 東京書籍 1981年
4. 井上毅「梧陰文庫」（マイクロフィルム）
5. 日本弘道会『西村茂樹全集』第三巻 思文閣 1976年8月
6. 海後宗臣『日本教科書体系』近代編 第1～3巻 講談社 1961～1962年
7. 倉沢剛『小学校の歴史 Ⅱ』ジャパンライブラリービューロー 1965年
8. 文部省内教育史編纂会代表関屋隆吉『明治以降教育制度発達史』 第2巻 教育資料調査会 1938年
9. 国民教育奨励会編『教育五十年史』民友社 1922年
10. 『元老院会議筆記 前期第6巻』元老院会議筆記刊行会（井田和夫） 1879年
11. 東京高等師範学校・東京文理科大学『創立60年』 1931年
12. 文部省『文部省日誌』 1880年
13. 井上毅伝記編纂委員会『井上毅伝 史料篇第一』 国学院大学図書館 1966年
14. 「学問のすゝめ」、『福澤諭吉全集 第3巻』岩波書店 1959年
15. 丸山真男『福澤諭吉選集』第4巻「解題」岩波書店 1952年
16. 故伊澤修二先生記念事業会『楽石伊澤修二先生』
17. 伊澤修二『学校管理法』丸善商社 1882年
18. 伊澤修二君還暦祝賀会『楽石自伝 教界周遊前記』
19. 文部省『文部省年報』第9～第10 1881～1882年
20. 高嶺秀夫『教育新論』巻之一～四 普及舎 1885年
21. 高嶺秀雄先生記念事業会『高嶺秀雄先生伝』培風館 1921年
22. 若林虎三郎・白井毅『改正教授術』巻一
23. 土屋忠雄『明治前期教育政策史の研究』文教図書 1962年
24. 稲垣忠彦『明治教授理論史研究』評論社 1969年
25. 『幼学綱要』宮内省 1882年
26. 町田則文『明治国民教育史』昭和出版 1928年
27. 吉田熊次『本邦教育史概説』目黒書店 1922年
28. 国立教育研究所編『学事諮問会と文部省示諭』 1979年
29. 江木千之翁経歴談刊行会『江木千之翁経歴談』上下 同刊行会 1933年
30. 西村茂樹編『小学修身訓』巻一 文部省 1880年

◆ 図表等

扉の図 (1) 1881 (明治14) 年学校系統図、『学制120年史』文部省　ぎょうせい　1992年
扉の図 (2) 1883年　小学修身書、唐澤富太郎『教育博物館 中』ぎょうせい　1977年
扉の図 (3) 「孝は百行の本」の授業、同上
図2-1　　　教学聖旨、唐沢富太郎『図説 近代百年の教育』国土社　1967年
図2-2　　　自由民権運動への弾圧、小西四郎編『写真図説明治100年の歴史 明治編』講談社　1968年
図2-3　　　小学修身訓、西村茂樹編『小学修身訓』文部省　1880年
図2-4　　　改正教授術、前掲『教育博物館 中』
表2-1　　　小学校初等科の教育課程表、『明治以降教育制度発達史 第2巻』
表2-2　　　小学校中等科の教育課程表、同上
表2-3　　　小学校高等科の教育課程表、同上
写真　　　　元田永孚 (もとだ ながざね)、元田竹彦・海後宗臣編『元田永孚文書』第1巻　元田文書研究会　1969年
写真　　　　伊藤博文、前掲『写真図説明治100年の歴史 明治編』
写真　　　　井上毅、木村匡『井上毅君教育事業小史』国書刊行会　1981年
写真　　　　河野敏鎌 (こうの とがま)、『図説教育人物事典 下巻』唐沢富太郎編著　ぎょうせい　1984年
写真　　　　大隈重信、『写真図説近代日本史 3』日本近代教育史研究会　国文社　1966年
写真　　　　福澤諭吉、『福澤諭吉全集 第2巻』岩波書店　1957年
写真　　　　西村茂樹、『泊翁西村茂樹傳 上巻』松平直亮　日本弘道会　1933年
写真　　　　江木千之 (えぎ かずゆき)、『図説教育人物事典 下巻』唐沢富太郎編著　ぎょうせい　1984年
写真　　　　高嶺秀夫、『高嶺秀夫先生伝』国書刊行会　1980年

第3章 天皇制下の忠君愛国の臣民像
― 教育勅語と1891年小学校教則大綱 ―

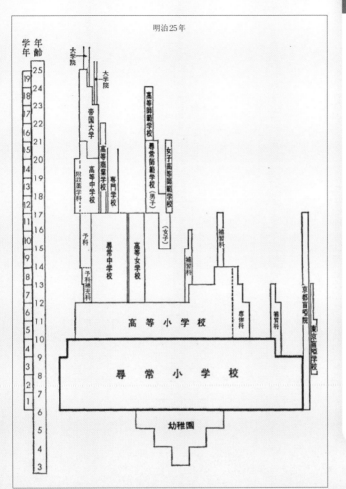

(1) 1892（明治25）年学校系統図

(2) 1890年 教育勅語

(3) 儀式による教育

41

天皇制下の忠君愛国の臣民像 —教育勅語と1891年小学校教則大綱—

森文相の実用的人物養成の教育課程

1885（明治18）年に内閣制度が創設され、その初代文部大臣として森有礼（写真）が就任すると、小学校令下、1886（明治19）年「小学校ノ学科及其程度」によって、年限、学科、学級定員、教員定員、休業日、授業時間そして各学科の程度に関して規定されました。これにより儒教主義の教育政策はたちまち転換しました。

まず、尋常小学校と高等小学校とがそれぞれ修業年限4年で、別々の学校とされました。尋常小学校の学科が従来の初等科の「修身＋3R's」という基本形を踏襲しつつ、今回は体操科が重視されて必置科目とされ、また図画・唱歌の内1科もしくは2科を加えることとされました。高等小学校は、尋常小学校の学科の上に地理・歴史・理科・裁縫が付加される構成となりました。従来に比して、博物・物理・化学・生理の4科が理科の1科に統合されたこと、幾何と経済が削除されたこと、また随意科目として英語・農業・手工・商業が加えられ、進路に応じて選択とされました。

森有礼

理科が4科から1科に総合されたことについて、文部省は特別な説明はしませんでしたが、他の学科を見ると、地理歴史、読書作文習字のように連結して科目を設定していることから見て、社会科や国語などのように1科にまとめる前段階の認識があったのかも知れません。

なお、現代の社会科の内容である地理・歴史・政治経済と比較すると、政治経済が欠落していることも確認できます。天皇制の確立過程で、国民に社会科学的教養を教育することは体制維持の観点から危険であると支配者層に認識されていたからです。

そのほかの学科の内容・程度ですが、修身は、国内外の著名人の善良な言行と日常作法とを教育内容とし、教育方法は教科書に依らず小学校教員の談話・示範によることとされました。この考え方によって、修身の毎週教授時数は1881年小学校教則綱領の3時間から1時間半に減少され、保守主義者からの反発を招きました。

森文相は「昔ながらの儒教主義で修身を教えていては、何としても時勢に適合しない」という認識で、修身の授業時間を大幅に減少させ、修身教科書不使用の施策をとりました。そして森文相は、日本を近代化する観点から新しい倫理と作法とを構想していました。「自他並立」をキーワードに、欧米世界では普遍的であるとして

図3-1 兵式体操

Common Sense を原理として掲げました。これに対して枢密院顧問官元田永孚は、欧米式の作法や普遍的な倫理では、日本人の育成はできない、君臣の倫理を中心に据えないでは、天皇制における臣民は養成できないと批判しました。確かに、森文相の思想は天皇制に対しては曖昧でしたが、伊藤博文体制の中では、その一翼を担うべく、儒教主義よりも近代的な国民形成が急務であるという考え方で、兵式体操（図3-1）を重要な教育手段として採用しました。その授業時数（表3-1）は、毎週5～6時間で、修身の一時間半、算術の6時間に比し、いかに重視していたかを知ることができます。それまでは授業の合間に体を動かす「業間体操」程度の位置づけに過ぎませんでした。

表3-1 1886（明治19）年「小学校ノ学科及其程度」の時数表（尋常小学校）

尋常小学4年制					
学科	1年	2年	3年	4年	合計
修身	1.5	1.5	1.5	1.5	6
読書・作文・習字	14	14	14	14	56
算術	6	6	6	6	24
体操	6	6	6	6	24
唱歌（加）					
図画（加）					
合計	27.5	27.5	27.5	27.5	110

次に、国語に相当する読書・作文・習字ですが、従来、作文は読書の中に含まれていたものが独立して3科構成とされました。3科合計の毎週教授時数は最大の14時間です。読書は、仮名文と漢字交じり文の習得が目的で、その内容は、地理・歴史・理科に関する文章の読み方と解釈とされ、総合科目的な意味がありました。また、従来、仮名交り文の他に漢文の読本も入っていましたが、これが削除されました。難解な文章を暗唱するよりも、実用的な知識を重視した森文相の考え方が反映したものと思われます。作文でも実用的な作文が目的とされました。それは森文相が特に重視したことによるもので、彼はたびたび「虚文」廃止を強調していました。

算術は、毎週6時間があてられ、尋常小学科では珠算、高等小学科に至ると、今日普通に使っている西洋式の筆算で、加減乗除から分数・小数・比例・利息算・簡単な簿記・暗算が内容とされました。この頃、教育界では算数教育について、珠算と筆算のいずれが優れているかという論争がなされ、この論争が反映したのか、間もなく1886（明治19）年12月には改正され、削除されていた筆算による開平・開立・求積が復活し、算数教育の水準が従来通りとされました。地域の情況によっては、珠

算を併置できるとしたので、日常的な生活への要請にも応えることができる改正でした。森文相は、実用的知識・技能を与えることで、生徒の精神と能力とを鍛錬することを狙いとしていたのです。しかも、それは実用的な知識・技能を媒介にしてこそ達成されると考えていました。

　以上が尋常小学科の学科ですが、1887（明治20）年10月27日に改正となり、高等小学科も含め尋常小学科に女子のために裁縫が加えられ、地域の実際的な要請に応えることにしました。女子を小学校に入学させるためには裁縫を教育課程に入れることが必要だったのです。

　さらに高等小学科（表3-2）では、地理歴史、理科、図画、裁縫が追加されました。地理歴史は毎週4時間で、内容は、地理の場合、学校近隣の地形、郷土・府県・日本の地理、地球の形状、世界の大陸・海洋の名前と簡単な外国地理という内容で、従来に比して簡易で基礎的なものとなりました。歴史は、建国から神武天皇の即位、平安の藤原政権、徳川幕府に次いで、明治維新以降の時代の変化が内容とされ、「尊王愛国ノ志気ヲ養成」するという眼目が削除されました。従来、

表3-2 1886（明治19）年
「小学校ノ学科及其程度」の時数表（高等小学校）

高等小学4年制					
学科	1年	2年	3年	4年	合計
修身	1.5	1.5	1.5	1.5	6
読書・作文・習字	10	10	10	10	40
算術	6	6	6	6	24
地理歴史	4	4	4	4	16
理科	2	2	2	2	8
図画	2	2	2	2	8
唱歌・体操	5	5	5	5	20
裁縫（女）	2～6	2～6	2～6	2～6	8～24
英語（加）					
手工（加）					
商業（加）					
合計（裁縫なし）	30.5	30.5	30.5	30.5	122

天皇の歴史一色であったものから変化して、明治維新以後の外国貿易と社会世相の変化、文物・人情・風俗等々の変遷が重要な内容として入れられたことが特長です。

　理科は、従来、博物（動物・植物・金石）・物理・化学・生理という4分科であったものが、初めて理科1科にまとめられました。生活に関係あるものや、日常児童の目撃できるものなど初歩的内容が中心になっています。ただし、地学的内容は新しく加えられ、筋肉・骨格・皮膚・消化・血液などの生理学の領域は削除されました。今日の理科教育史研究者からは酷評される理科の統合で、時間数は半分以下に減少しました。

　理科教育史研究では、理科への統合による時間減少の理由について、(1)明治初年の自然科学重視が実態のニーズに合わない理想主義的であったので見直されたこと、(2)自然科学を教えることのできる教師や実験設備が整っていなかったこと、(3)諸外国の教育の状況が、宗教教育や身の回りの博物教育に留まっていたこと、そし

て(4)自由民権運動に脅威を感じていた明治政府は、小学校では科学教育よりも道徳教育を強化することの必要性を痛感しはじめていたこと、が挙げられています。

理科の時間数減少の理由は大体その通りですが、やはり大きくは森の経済主義が基本にあって、日本の産業が本格的に発達していない時期でしたから、一般庶民の子弟に博物・物理・化学・生理等の科学的原理まで習得させることは不経済であったに違いありません。それよりも読・書・算の3R's教育と身体訓練を施す方が実際的であり、身の回りの事物について生活的な知識があれば十分であるという判断があったのでしょう。それとの関連で読書科の内容を見ると、「地理・歴史・理科の事項を交えたる漢字交じり文」を教えるとありますので、よく言えば、読書科を総合教科にして、そこに地理・歴史・理科的事項を入れ込んだということになります。

以上、「小学校ノ学科及其程度」全体を見ると、やはり森有礼の影響が顕著に認められ、非儒教主義的な性格と日常的な実際性の確保とが注目されます。それは森文相特有の人物養成論と「経済主義」的な合理性、そして形式陶冶的能力の鍛錬主義が基盤にあります。森文相は、「人物宜シケレハコソ其得タル学問ヲ有益ニ利用スルヲ得ヘシ」、と演説しているように、学力よりも人物を重視したのでした。その人物とは、国家の目的に向かって、自分の分に応じた役割を遂行できる人です。

森文相は儒教主義の教育を否定して経済主義で国家主義的な教育を展開し、後年の教育勅語とは本質的に異なる教育を志向しましたが、地方・学校レベルでの実際を見ると、教育勅語への下準備の役割を果たしています。例えば、師範学校を見ると、森の意図にもかかわらず、「人物」重視は古い人物像の掘り起こしの契機となっています。また、中央政府レベルでは、森への反発が教育勅語へと動いていく契機になっていきます。森文相が教育勅語への否定的媒介を果たしたと言われるゆえんです。

5年前の小学校教則綱領制定時に、天皇の側からの直接的な指示によって、修身教育を筆頭にしてその内容を儒教主義とし、かつ、歴史教育を「尊王愛国」の趣旨に変更した事実がありましたが、その経緯を想起しますと、それを否定した森文相の教育課程改革は、ただ事ではすまない事態が予測されます。事実、大日本帝国憲法発布式典の当日、1889（明治22）年2月12日、国粋主義者によって暗殺されてしまいました。享年43歳の若さでした。

図3-2 帝国議会

天皇制下の忠君愛国の臣民像 ―教育勅語と1891年小学校教則大綱―

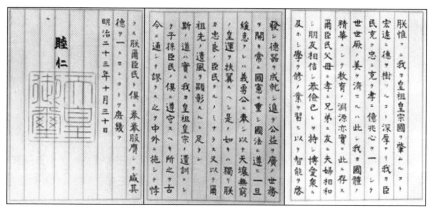

図3-3 教育勅語

教育勅語による教育目的の確立

大日本帝国憲法が1889（明治22）年2月11日に発布され、帝国国会（図3-2）が翌年から開会されることになりました。国会開設によって立憲思想が国民全体に普及することが想定されましたので、これを防止するために同じ年の1890年に教育勅語（図3-3）が渙発されました。国の教育方針については維新以来試行錯誤を重ねてきましたが、ようやく天皇制イデオロギーを編み出すことに成功し、その観点から教育方針を確立し、教育課程の基準である小学校教則大綱も整えられることになりました。

教育勅語は国民大衆が暗記暗誦し易い315文字の構成で、その文章も特定の宗教に偏っていると批判されないよう用心深く「日本的」内容が構想され、井上毅が起草しました。その全文は、

朕惟フニ我カ皇祖皇宗国ヲ肇ムルコト宏遠ニ徳ヲ樹ツルコト深厚ナリ、我カ臣民克ク忠ニ克ク孝ニ億兆心ヲ一ニシテ世世厥ノ美ヲ済セルハ此レ我カ国体ノ精華ニシテ教育ノ淵源亦実ニ此ニ存ス

汝臣民父母ニ孝ニ兄弟ニ友ニ夫婦相和シ朋友相信シ恭儉己レヲ持シ博愛衆ニ及ホシ学ヲ修メ業ヲ習ヒ以テ智能ヲ啓発シ徳器ヲ成就シ進テ公益ヲ広メ世務ヲ開キ、常ニ国憲ヲ重シ国法ニ遵ヒ、一旦緩急アレハ義勇公ニ奉シ以テ天壌無窮ノ皇運ヲ扶翼スヘシ、是ノ如キハ独リ朕カ忠良ノ臣民タルノミナラス以テ汝祖先ノ遺風ヲ顕彰スルニ足ラン

> 斯ノ道ハ実ニ我カ皇祖皇宗ノ遺訓ニシテ子孫臣民ノ倶ニ遵守スヘキ所之ヲ古今
> ニ通シテ謬ラス之ヲ中外ニ施シテ悖ラス朕汝臣民ト倶ニ拳拳服膺シテ咸其徳ヲ
> 一ニセンコトヲ庶幾フ

というもので、3段落構成です。第1段落は、国家成立の原理について、第2段落は、臣民の日々実践すべき道徳内容について、そして第3段落に至って、その道徳の普遍的正当性が論じられています。その内容は、

まず第1段落ですが、国家創造の由来から教育の原理が説かれています。「徳ヲ樹ツルコト深厚ナリ」とあるように、神勅を受けた天皇によって日本国が誕生したこと、しかも天皇は全徳の現人神で、その徳を深く厚く恵み与えることで臣民を慈しみ国家を導いてきたというのです。だから、天皇に忠義を尽くし、また祖先が尽くした忠義を継承することが孝行の道で、これは日本の国が創造されて以来有している生粋の美点で、教育の原点もこの忠孝精神を養成することにあるといいます。

第2段落で、臣民の日々の具体的な生活の在り方が説かれます。父母への孝行・兄弟の仲・夫婦の和・朋友の信・恭倹の生活・博愛・智能啓発・徳器の成就・公益と世務への貢献・憲法法律の遵守・義勇の精神などで、この正しい在り方を実践することで、天皇の盛運を支えるべきであり、それは臣民個人のためだけではなく、祖先の功績を讃えて広く世間に知らせることにもなるというのです。

そして第3段落では、第2段落で述べた具体的生活の在り方即ち「斯ノ道」は、天皇の祖先から代々引き継いだものであり、天皇と臣民はともに遵守すべき教えであるといいます。その教えは、歴史的にも世界的にも普遍性のある内容で、天皇も臣民もともに励み努力することで、すべての人が天皇の徳に同化して一つになることを希望するというのです。

全3段落を通して、教育を進めるための原理が、抽象的にかつ具体的に説かれています。国造りの肇国論は抽象的で、日本の国家成立に関わる重要な原理が織り込まれ、第2段落では、当時の庶民には極めて受入れやすい具体的内容が列記されています。そして「斯ノ道」は普遍性と正当性があり、天皇も臣民もともに努力すべき道であると感動的下りが準備されています。明治以来現代までで、この種の勅語あるいは国民への宣言文などを通してみても、時代のイデオロギーがこれ程に仕組まれた傑作はありません。

教育勅語は、古事記・日本書紀をふまえ、かつ日常的な五倫の儒教道徳も採用して、

天皇制を支える家族国家観的な道徳思想が練り上げられたものです。神勅を受けて天孫降臨した天皇は全徳の人として臣民を慈しみ、臣民はその徳に同化すべく日々精進し反省する存在として位置づけられ、その道徳の実践が祖先と家族を守り、宗家である天皇を翼賛することになるという趣旨でした。

　ここでの臣民は、基本的人権を天皇に要求する主権者ではなく、天皇の徳に同化するように日々努力し反省することが期待されている存在で、皇居に訪問した際は、その期待に不十分にしか応えることができない自分をひたすらお詫びする人でなければならないのです。

新概念の小学校令の教育目的

　教育勅語と軌を一にして制定されたのが1890（明治23）年の第2次小学校令です。注目すべきは第1条の目的規定です。

　第1条　小学校ハ児童身体ノ発達ニ留意シテ道徳教育及国民教育ノ基礎並其生活ニ必須ナル普通ノ知識技能ヲ授クルヲ以テ本旨トス

と規定され、(1)道徳教育、(2)国民教育、(3)普通ノ知識技能という3点が明示されました。小学校教育が「普通教育」であるという位置づけに変化はありませんが、その目的に新しい概念が導入されたことが注目点です。江木千之の「起草に係る説明書」によれば、まず第一の道徳教育については、尊王愛国及び伝統的な君臣、父子、兄弟、夫婦間、そして朋友間の倫理（五倫五常）という内容で、教育勅語で分析した天孫降臨の国学思想を基本に儒教の具体的項目を接合した内容です。

加藤弘之

　教育勅語煥発以前には、日本の近代化に対応した道徳教育をめぐって論争が展開されてきました。その解決策について、教育議・同附議論争があったことは前述した通りですが、資本主義を進めるためには、国民的な規模で資本主義の精神（富を増殖する合理主義と競争心）を教育する必要があり、その結果、旧来の醇風美俗が崩壊するという問題があり、他方、近代国家における思想・信教の自由の原理もあり、解決することは容易なことではありませんでした。

　前東京大学綜理加藤弘之（写真）は、学校毎に4つの修身課、つまり神道、儒教、仏教、キリスト教を設置して、自由に選択させ、かつ互いに競争させることで、しだ

いに良い思想に淘汰されるという、宗教教育の自由競争を提案しました。これに対しては、日本の国家体制に最も適合した道徳教育をするべきであって、自由競争は国民を分裂しかねないので国家にとって得策ではないと批判されました。

第2の「国民教育」については、国家という組織には、その国家的特性に適応した人材の育成を図る教育が必要であるとされ、そのためには小学校各教科の教育、とりわけ修身・国語・地理・歴史などの教育を通して、日本国の特性に関する教育を施すことが狙いとされました。

第3は、「児童将来の生活上に必要なる普通の知識技能」で、日本の近代化・生産力向上に必要な知識・技能の教育です。

以上、個人の「善」なる内面形成のために道徳教育、国家の構成員となるための国民教育、そして生産活動に参加するための普通の知識・技能教育、という3種の教育を施すことで、教育勅語の目的に沿った臣民教育を進めることが企図されました。

教育課程の編成原則という観点からまとめると、教育目的は、教育勅語の精神とすることが第1原則で、そのために教育内容は、(1)道徳教育、(2)国民教育、(3)普通の知識技能から成り、各教科の内容が教育勅語の精神に収斂するように構造化されたことが第2原則です。

1891（明治24）年小学校教則大綱と教育課程の確立

教育勅語の煥発と1890年小学校令とを受けて教育課程の全体構造が確立したのが、1891（明治24）年の小学校教則大綱です。(1)教育目的、(2)教科構成、(3)各教科の教育内容、(4)時間配分、(5)教育制度（義務教育3〜4年）から見て確立したことが判断できます。以下、上記の2原則のほかに教育課程編成の諸原則をいくつか析出することで、その特質を明らかにしましょう。

まず尋常小学校の教育内容（教科目）を見ると（表3-3）、修身・読書・作文・習字・算術・体操で、要するに修身＋3R's（読書・作文・習字・算術）が基本とされ

表3-3 1891（明治24）年
小学校教則大綱の時数表（尋常小学校）

尋常小学校（3〜4年）					
教科目	1年	2年	3年	4年	合計
修身	3	3	3	3	12
読書・作文・習字	15	15	15	15	60
算術	6	6	6	6	24
体操（欠）	3	3	3	3	12
日本地理（加）					
日本歴史（加）					
図画（加）					
唱歌（加）					
手工（加）					
裁縫（女）（加）					
合計	27	27	27	27	108

ました。学校の実態に応じて、体操科を欠くことができること、また、日本地理・日本歴史・図画・唱歌・手工の1科目か数科目を加えることができること、そして女子のためには裁縫を加えることができることとされました。

高等小学校は（表3-4）、日本地理・日本歴史・理科の外に図画・体操・裁縫を加えて11科目を必須科目とし、随意科目として、外国地理・唱歌・幾何の初歩・外国語・農業・商業・手工が付加されました。

この改革は、日本の国民教育体制から見て大変重要な変更です。「普通教育ハ成ルヘク全国一様」が原則とされ、第1段階では、修身・読書・作文・習字・算術の5教科目に、第2段階では、さらに日本地理・日本歴史・理科・図画・体操・唱歌の11教科目と確定されたのです。

表3-4 1891（明治24）年
小学校教則大綱の時数表（高等小学校）

高等小学校（3～4年）					
教科目	1年	2年	3年	4年	合計
修身	2	2	2	2	8
読書	5	5	5	5	20
作文	2	2	2	2	8
習字	3	3	3	3	12
算術	4～5	4～5	4～5	4～5	16～20
日本地理					
日本歴史	3～4	3～4	3～4	3～4	12～16
外国地理（欠）					
理科	2	2	2	2	8
図画	2	2	2	2	8
唱歌（欠）	2	2	2	2	8
体操	2～3	2～3	2～3	2～3	8～12
裁縫（女）	3	3	3	3	12
幾何初歩（加）					
外国語（加）					
農業（加）					
商業（加）					
手工（加）					
合計（男）	30	30	30	30	120

また、様々な進路の生徒と地域にニーズに対しては随意科目で対応するという構成が確定されました。尋常小学校・高等小学校ともに、基本科目のほかに地域のニーズに対応すべき随意科目が設置されました。

要するに、11の基本科目構成は全国一様であることを原則としつつ、地域のニーズには随意科目で対応するという編成をとること、これを第3原則と捉えます。

さらに注目すべきことに、教科名が「学科」から「教科目」に変更されました。学問からそのまま降ろされてきた入門的「学科」ではなく、教育目的に合わせて、様々な知識と技能そして教育的配慮を総合して内容が構成されることを意味します。1886年に初めて理科という「学科」が成立しましたが、それは時間数減少のための方便という意味に留まらず、教えるという観点から、生物・物理・化学・地学・天文学等の知識が再編されたものです。今回もこれが継承され教育課程編成では「教科目」を構成要素とするという第4の原則が確立しました。

授業時数は、尋常小学校の毎週教授時間は18時間以上30時間以下が基準とされ、標準的には、修身3時間、読書・作文・習字15時間、算術6時間、体操3時間で合計

27時間です。前回に比して、修身が2倍増して3時間となったこと、体操が半減して3時間となったことが注目されます。兵式体操を重視した国民養成から教育勅語の修身教育を重視する教育課程へと転換されました。

高等小学校の毎週教授時間は24時間時以上36時間（1日6時間授業）以下が基準とされました。男女を1学級とする時は、算術の時間数を男女とも各5時間とし、日本地理・日本歴史・外国地理の時間もともに各4時間とされ、その分、図画と唱歌から各1時間を減ずると指示されました。実は、女児の時間数は、裁縫3時間がある分だけ、もともと算術・地理・歴史・体操等が一時間低く設定されているのです。

図3-4 裁縫の授業

女子の知的側面の学習内容が低く抑えられ、裁縫（図3-4）などの実業科目に多くの時間が割かれるという、男女差別の教育課程編成になっています。この時以降、学習内容と時間割が男女別に二元化して行きますので、これを第5の原則と捉えます。

教育内容・方法の特徴

小学校教則大綱では、小学校令の旨趣を遵守して児童を教育すべきであることが確認され、「何レノ教科目ニ於テモ道徳教育国民教育」を行い、教育勅語の教えに沿って「尊王愛国ノ志気」を涵養することが強調されました。教育方法としては、身近な諺や言い伝えを教授したり、戒めの良い言葉や善良な行いを例に挙げたりすること、そして教員自身が児童の模範となるべきことが規定されました。同時に修身教育と合わせて、天皇の写真（御真影）と教育勅語を一定の場所に設置（図3-5：奉安殿）して、児童生徒に対して最大の敬意と忠誠とを誓わせる教育が開始されるようになりました。

さらにいくつかの教科目を見てみましょう。

地理ですが、その大要を授けて日常生活に必須な事項を理解させ、兼ねて「愛国ノ精神

図3-5 奉安殿

ヲ養フヲ以テ要旨トス」とあります。日常生活の観点と愛国精神の養成とが並記され、尋常小学校では、日本地理の場合、郷土の地形・方位など児童の目撃できる事物から教育を始めて日本の地形・気候・有名都市・人民の生業、さらに地球の形状・水陸の別などに及ぶ内容になっています。歴史的事実と連絡づけて教育することが求められていますが、それは新しい指摘であり、前述した「肇国の原理」の適用を意味します。

日本歴史は、「本邦国体ノ大要ヲ知ラシメ国民タルノ志操ヲ養フヲ以テ要旨トス」と規定されました。天皇制政治体制での日本の歴史の大要を教えることで、国民としての志操形成を図ることが日本歴史の目的です。尋常小学校では、郷土史の談話から始めて、建国の国家体制、天皇の連綿とした系統、歴代天皇の盛大な業績、天皇に忠実にして善良な賢人哲人の業績、国民の武勇伝、日本文化の由来等々、古代より現代までの事例を内容としています。高等小学校では、上記内容がより詳細になり、児童に理解し易い図画等を使用し、これを修身教育の格言等と関連づけることで、国体観念との関係から国民的志操を形成し、その「正邪善悪」の判断力を養成することがねらいとされたのでした。

理科は、自然現象の観察から自然の相互関係と人生に対する関係とを理解させ、天然物への愛を養うことが目的とされています。理科と地理とは開発主義の影響が大きく、身近な所から具体的な実物等を通して教育する仕方が採られています。

以上、基本教科及び随意教科まで、その教育内容と目的とについて検討してきましたが、改めて小学校令の目的規定との関係で見直すなら、やはり道徳教育と国民教育そして普通の知識・技能教育のねらいが各教科に分担され、関連づけられていることが確認できます。

3R's を初めとした各教科では、日常生活に実際的な普通の知識・技能教育が、児童生徒の発達をふまえて、従来に比してかなり整理された形で配列されたことが確認できます。同時に、その普通の知識・技能教育が主たるねらいである各教科において、「天然物ヲ養フ心ヲ養フ」（理科）、「清潔ヲ好ミ綿密ヲ尚フノ習慣ヲ養ハンコトヲ要ス」（図画）「徳性ヲ涵養スル」（唱歌）、「規律ヲ守ルノ習慣ヲ養フ」（体操）、「節約利用ノ習慣ヲ養ハンコトヲ要ス」（裁縫）、「勤労ヲ好ムノ習慣ヲ長スル」、「節約利用ノ習慣ヲ養ハン」（手工）そして「趣味ヲ長シ兼ネテ節約利用、勤勉儲蓄ノ習慣」（農業）というように道徳教育の一環に位置づけられていることも確認できます。

つまり、修身教育で、「教育ニ関スル勅語ノ旨趣ニ基キ児童ノ良心ヲ啓培シテ其

徳性ヲ涵養シ人道実践ノ方法ヲ授クルヲ以テ要旨トス」とあり、この教育勅語教育の一環に各教科が位置づけられたのです。また、修身教育では、「尊王愛国ノ志気」と「国家ニ対スル責務」とが求められていましたが、地理科で「愛国ノ精神ヲ養フヲ以テ要旨」とし、日本歴史で「国民タルノ志操」形成が目的とされ、教育課程全体が、教育勅語の修身教育を中心として構造化が図られたことが確認できます。そういう意味では、従来の教育課程に比してかなり熟成度の高いものとなったと言えます。

試験の在り方と成績評価の転換

そして小学校教則大綱第21条では、「小学校ニ於テ児童ノ学業ヲ試験スルハ専ラ学業ノ進歩及習熟ノ度ヲ検定シテ教授上ノ参考ニ供シ又ハ卒業ヲ認定スルヲ以テ目的トスヘシ」と規定され、試験は児童生徒の理解力と応用力とを確認し、「将来教育上ノ参考ニ資スル」ことを目的とすべきであると、試験本来の趣旨が説明されました。ややもすると、方法を誤り、多くの事項を一挙に試験をするなど「児童ノ心身ヲ害」してしまったり、あるいは複数の学校の児童を集めて「比較試験」を行ったりなどして「学業ノ優劣」だけを競わせるやり方が見られるので、それは「教育ノ目的ヲ誤ル」ものと注意を喚起しています。

そして、成績の評価については、従来の点数による評価ではなく、「適当ナル語」を用いることが要請されました。卒業認定についても、「一回ノ試験ニ依ラスシテ平素ノ行状学業ヲモ斟酌スル」ことが要請されるなど、小学校における試験制度の意味づけが大きく変更されたのでした。教育勅語煥発によって、道徳的資質の育成が重視され、試験と評価は、知的能力よりも道徳的行状に重点が移されたということです。これを小学校教則大綱の第6の原則とします。

儀式による集団的訓育の重視

学級編制でも、従来は半年毎の等級制で、級毎の卒業試験による昇級システムでしたが、小学校教則大綱と同日に公布された「学級編制等ニ関スル規則」では、「学級」とは、教員が「一教室ニ於テ同時ニ教授スヘキ一団ノ児童」を言うとされ、従来の「等級」ではないと改正されました。これによって学級という集団の意味が変化し、訓育的集団としての意味が強められることになりました。やはり、教育勅語によって学級集団の訓育的機能が重視されるようになったのでした。

集団の訓育的機能の重視は、さらに1891（明治24）年6月17日文部省令第4号

小学校祝日大祭日儀式規程となり、儀式の概要が規定されました。祝日大祭日儀式における唱歌として、君が代、天長節（天皇誕生日）、一月一日、勅語奉答などが指定され。同年10月8日文部省訓令第2号祝日大祭日ノ小学校唱歌用ニ供スル歌詞及楽譜ノ件の説明では、「歌詞楽譜ハ主トシテ尊王愛国ノ志気ヲ振起スル」として、儀式における唱歌の効用が注目され学級集団、全校集団による儀式によって、尊王愛国、忠君愛国の思想形成が企図されたのでした。

図3-6 卒業式

この時の教育課程政策では、道徳教育と国民教育そして普通の知識技能教育など各教科の具体的な教育内容・方法が小学校教則大綱に規定されただけでなく、小学校祝日大祭日儀式規程に代表されるような、儀式による集団的訓育システムまでもが教育課程の構成内容に入れられたのでした。これを第7の原則とします。

図3-7 天長節の歌

　以上、小学校教則大綱の教育課程は7つの原則からなることが明らかになりました。第1が教育勅語を教育目的とすること、第2が、各教科内容はその目的に収斂するように構造化されていること、第3は教科構成が全国一様の11の基本科目と地域のニーズに対応する随意科目とからなること、第4は、教える観点から知識が再編されて教科目が編成されていること、第5は男女別の教育課程、第6は、試験と成績評価で道徳的行状の重視、そして第7に儀式による教育です。

忠君愛国の臣民像

　最後に、このような教育課程によってどのような人間像が期待されていたのかまとめておきましょう。一言でいえば、教育勅語の求める人間像に尽きます。明治維新以来封建道徳が崩壊し、近代的国民としての資質形成を新たに企図しなければならなかった日本でしたが、欧米やイスラム世界のように宗教的縛りが強くない社会において、何を基本に

国民を育成すべきか大変に悩ましい問題でした。

　東京大学総理の加藤弘之が主張するように、道徳の時間になったら、それぞれ信じる宗教の部屋に分かれることは、思想信教の自由を保障する上では良いですが、日本国民としてのアイデンティティと立身出世への競争心そして秩序意識を育成することとは容易には調和しない問題がありました。

　武家社会に伝統的な儒教の根本には、元来は徳治思想があって、有徳の君子でない場合には易姓革命を肯定するという危険性がありました。儒教は、日常レベ

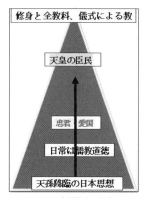

図3-8 天皇制教育の概念図

ルは良いとして、本質的には万世一系の天皇制を安定させる上では危険が大きい思想ですので、全徳の現人神の天孫降臨による日本統治という伝統的な神話（国学思想）を基本に据えることにしました。他方、近代化に向けて、近代的な志向性が必要ですので、これも対立した議論の末に、「国憲を重んじ国法に従い」とか、「博愛衆に及ぼし」とか、制限つきながら人権思想の系譜に属する考え方をある程度入れることにしました。

　こうして「忠君」という封建思想と「愛国」という近代思想が、ひとつの「忠君愛国」の教えとなり、君臣・父子・夫婦・兄弟・朋友に関する五倫五常の実践を求め、かつ、戦争となったらお国のために兵士として天皇を支えるという、その働きが祖先をはじめとして「家」の名誉になるという教えです。これを果たせない青年は恥ずかしい青年となりますし、親としても世間に対して面目が立たず、信用を失うことになります。

　このような考え方は、日本特有の家族国家観と言われていますが、教育勅語によって確立しました。この期待される人間像は戦前の日本ではかなり深く浸透したのでした。

◆ 参考文献

1. 大久保利謙編『森有礼全集 第一巻』宣文堂 1972年
2. 文部省『文部省年報』第13～14 1885～1886年
3. 文部省内教育史編纂会代表関屋隆吉『明治以降教育制度発達史 第3巻』 教育資料調査会

1938年
4. 文部省『国民学校並ニ幼稚園関係法令ノ沿革』調査資料第11輯　1943年
5. 板倉聖宣・永田英治編著『理科教育史資料 第1巻』東京法令出版　1986年
6. 能勢栄『学校管理術』金港堂　1890年
7. 能勢栄『教育学』（下巻の3）金港堂　1889年
8. 稲田正次『教育勅語成立過程の研究』講談社　1971年
9. 海後宗臣『教育勅語成立史研究』海後宗臣著作集 第10巻 東京書籍　1981年
10. 和辻哲郎『日本倫理思想史』岩波書店　1986年
11. 石田雄『明治政治思想史研究』未来社　1977年
12. 井上哲次郎『勅語衍義』巻上　敬業社　1895年
13. 『井上毅伝 史料編第二』国学院大学図書館　1968年
14. 『井上毅伝 史料編第四』国学院大学図書館　1971年
15. 海後宗臣『井上毅の教育政策』東大出版　1968年
16. 春畝公追頌会『伊藤博文伝』中巻　統正社　1943年
17. 稲田正次『明治憲法成立史』下巻　有斐閣　1978年
18. 物集高見『国體新論』廣文庫刊行会　1919年
19. 松本三之介『国学政治思想の研究』有斐閣　1957年
20. 井上匡『井上毅君教育事業小史』国書刊行会　1981年
21. 渡辺幾治郎『教育勅語渙発の由来』学而書院　1935年
22. 山本信良・今野敏彦『近代教育の天皇制イデオロギー 明治期学校行事の考察』新泉社　1987年
23. 国立公文書館『枢密院会議議事録 第一巻』東大出版会　1984年
24. 金子照基『明治前期教育行政史研究』風間書房　1980年
25. 平田宗史『明治地方視学制度史の研究』風間書房　1979年

◆図表等

扉の図(1)　1892（明治25）年学校系統図　文部省『学制120年史』ぎょうせい　1992年
扉の図(2)　1890年　教育勅語、唐澤富太郎『図説近代百年の教育』国土社　1967年
扉の図(3)　儀式による教育、同上
図3-1　　　兵式体操、同上
図3-2　　　帝国議会、日本近代史研究会編『写真図説近代日本史 3』国文社　1966年

図3-3	教育勅語、『海後宗臣著作集10巻』 東京書籍 1981年
図3-4	裁縫の授業、唐澤富太郎『図説明治百年の児童史 下』 講談社 1968年
図3-5	奉安殿、前掲『図説近代百年の教育』
図3-6	卒業式、唐澤富太郎『教育博物館 中』 ぎょうせい 1977年
図3-7	天長節の歌（小学校祝日大祭日儀式規程）
図3-8	天皇制教育の概念図、水原作成
表3-1	1886（明治19）年「小学校ノ学科及其程度」の時数表（尋常小学校）、前掲『明治以降教育制度発達史』 第3巻
表3-2	1886（明治19）年「小学校ノ学科及其程度」の時数表（高等小学校）、同上
表3-3	1891（明治24）年小学校教則大綱の時数表（尋常小学校）、同上
表3-4	1891（明治24）年小学校教則大綱の時数表（高等小学校）、同上
写真	森有礼、大久保利謙編『森有礼全集 第1巻』 宣文堂 1972年
写真	加藤弘之、東京大学百年史編集委員会『東京大学百年史 通史1』 第一法規 1984年

第4章
民本主義の産業社会で実用的な公民像
―産業革命と1900年小学校令施行規則―

(1) 1919（大正8）年学校系統図

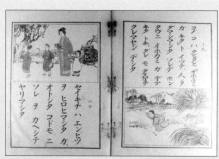

(2) 小学修身書

(3) 奈良女子高等師範学校附属小学校の相互学習

59

1900(明治33)年小学校令施行規則

時代は産業革命を経て本格的な資本主義国として発展し(図4-1)、就学率(後掲付属資料5)は1900(明治33)年で男子が90％、女子が71％、さらに義務教育が6年制となった1907(明治40)年は男女平均で96％まで上がりました(後掲「資料5．就学率」参照)。

　明治末期から大正期には、産業資本家の政治的進出が教育政策にも反映し、教育課程の近代化が断行されました。それは1900年小学校令施行規則による教育課程改革で、この後1941(昭和16)年国民学校令までの41年間にわたって教育課程のあり方を支配した大変重要な改革です。教育課程政策は、1891(明治24)年の小学校教則大綱によってひとまず確立されましたが、各教科内容では、1900年の小学校令施行規則によってその後のあり方が支配されることになりました。特に、国語科の新設と近代化が注目されます。

　まず、その第1条には6点の趣旨が掲げられています。(1)小学校令の目的を遵守すべきであること、(2)いずれの教科目でも道徳教育及び国民教育を追求すべきであることとあります。この2点は1891年小学校教則大綱と変わりありませんが、次の項目以下が注目されます。(3)知識技能教育では、「反覆練習シテ応用自在」になるように教育すること、(4)いずれの教科目も児童の心身の発達程度をふまえて教育すること、(5)男女の特性と将来の生活とに注意して教育すること、(6)各教科間の連絡調整を図り、目的に向けた教育を施すことなど、短い条文の中に、従来にはない近代的な視点から盛り沢山の重要項目が見られます。

図4-1
製造工業の産業別生産額

　(3)は反復練習して着実に知識を定着させるべきことと、それを応用して使えるようにすることが求められています。産業革命の最中、小学校教育は知識の単なる暗記暗唱にとどまらず使える知識・技能として教育することが期待されていたのでしょう。その場合(4)児童生徒の心身の発達と(5)生活上のニーズを踏まえるべきことという指摘は、やはり1900年代に入ったところでの新しい児童観と教育観が感じられます。そして(6)各教科間の調整を図ることは、教育課程全体としての教育効果を高めなければいけないという問題意識が感じられます。

別の角度から見れば、近代産業が発展してきたことで、小学校は、ようやく近代学校としての機能が本格的に期待される時期に入ったものと見られます。

澤柳政太郎の国語教育改良論

教育課程及び教授法の近代化を図ることが、当時の文部省において、いかに課題とされていたか、改革に当たった普通学務局長澤柳政太郎（写真）の教育論から知ることができます。彼は漢字を廃止して、仮名あるいはローマ字だけを採用し、文体も言文一致体だけを採用することが理想であると主張しました。「小学校に於ても漢字を教ゆる為めに費す所の時間と労力とは非常なもので」、学校は漢字の習得に時間の大半を浪費していることと、文体も口語体、文語体、手紙文の3種類を教えるという無駄がある、その結果、理科・歴史・地理などの事実を教えることが疎かになり、算術教育までも薄弱になり、ひいては実業教育の効果があがらない結果になる。他方、欧米の言語は、僅に26文字だけであるから、近代化に差がついてしまう。これに対抗するには、「学校に於て漢字を授くることを要せず、仮名若くは羅馬字を以て言語を現はし、又其の文章の如きも言文一致体の一ツに限るとしたならば、小学校教育の効果」が大きなものになることは疑いないと主張したのでした。

澤柳政太郎

国語科教育内容の近代化

澤柳が中心になって改正した1900（明治33）年の小学校令施行規則では、国語の教育内容がかなり合理化・効率化されました。第1は、字体の統一です。これまで字体は楷書・行書・草書の3書体を教育することが原則とされてきましたが、小学校教育用の文字としては、楷書による平仮名・片仮名の書体に限定されました。実用上、草書・行書を中心に教育しなければなりませんでしたが、図4-2のような字を書くことは、幼少の児童生徒にとってかなりの負担と時数を要しましたので、印刷が普及してきたところで楷書中心の教育に変えたのでした。

第2は、習字教育の内容を「楷書行書ノ一種若ハ二種」に限定して、初学者への書き方教育に位置づけ、芸術教育としての書道教育という線は採用しませんでした。書き方の基礎基本に限定したので、これも負担減となりました。

第3は、字音仮名遣い（表4-1）の導入です。言葉は、本来、語源や意味が違う分だけ発音と表記が違いますが、これに対して発音を基準にして仮名遣いを統一しようという改正で、例えば、「けふ」（今日）、「きよう」（興）、「けう」（教）、「きやう」（京）など表記の違いはあっても、同じく「きょう」と発音されてきたので、これを「きよー」という仮名遣い（棒引き仮名）に統一しようというものでした。この違いをきちんと教育しようとすると、かなりの時間数を要したと思われますが、これで効率的な教育が可能になりました。

表4-1 字音仮名遣いの表

第二號表	従来用ヒ来レル字音假名遣
	わ（あ行及わ行）ゐゑを
	か（あ行及や行）くゎぐゎ
	が けくゎ けぐゎ
	じ ぢ づ
	いゆ（いへあ行及や行）
	あう あふ たう

新定假名ノ造字	音
い え	
か お	
が（従来ノ例モ慣習ニ妨ゲヌ使用スル）	
け く	
じ ず	
ゆ	
おー（従来ノ例モ慣習ニ妨ゲヌ使用スル）	

第4は、漢字の字数を1200に制限したことです。従来、教科書で使用する文字は基準がなく、教科書によって様々でしたのでこれを統一したのです。ちなみに2010年現在小学校6年までの漢字数は1006字です。

修身科への新旧両面の要請

新しい時代を反映して修身教育に変化が見られます。授業時数は毎学年週2時間（旧：3時間）に減少で、尋常小学校では、孝悌・親愛・勤倹・恭敬・信実・義勇の6徳目が挙げられ、国家及び社会への責務認識、品位・堅固な志操・進取の気象の形成そして忠君愛国の志気養成が掲げられ、女児には貞淑の徳が掲げられました。教授方法としては、嘉言善行やことわざ等を用いて訓戒し、常にその考えを持たせるように指導することが求められました。

前回に比較するなら、「進取の気象」が新しく入れられたことが注目されます。その背景には日本が列強と争って植民地獲得競争を開始し、及び資本主義経済が新たな発展段階にあり科学的研究の推進と世界への雄飛が期待される状況がありました。

当時の国会論議を見ると、修身教育に関する要請が3点見られます。第1は、立憲政体のための公民教育の要求、第2は、思想・品行の悪化に対する教育勅語教育の徹底、そして第3は、小学校修身教科書の文部省編纂の要請です。これらの要請から、20世紀に入ったところで、新しい時代を迎えていたことがわかります。

与謝野晶子

いかに新しい時代にはいったのか、女流歌人の登場からも確認できます。図4-2は、与謝野晶子（写真）が『みだれ髪』(1901年)に収録した短歌で、「やは肌の　あつき血潮に触れもみで　さびしからずや道を説く君」です。石川啄木は与謝野晶子の模倣から短歌に入ったと言われる程、「『みだれ髪』は、若い人々のバイブル」でした。女性が率直に自分の感性を表現することは、いかにも時代の変化を象徴する大変な出来事であったに違いありません。このような文芸思潮の高まりに見られように、新しい時代に適合した新しい教育理念が求められ、古い道徳は揺らぎ始めていたのでした。

図4-2 与謝野晶子の歌

逆に見れば、新しい時代を迎え、古い修身教育が効果を失いつつあったということです。これを問題視し対処するために、立憲社会、産業社会に適合した新しい公民の教育、あるいは逆に古い教育勅語教育の徹底と修身教科書の文部省編纂などの提案がなされたのでした。かつては教育勅語教育が迷いなく徹底され、その実施方式も決まっていたのに、新しい時代では、その効果が薄れ、教育勅語と修身教育自体も危ういものになってきたということです。

小学校令施行規則の修身教育の内容に戻るなら、このような背景にあればこそ、やはり改めて教育勅語の徹底を求めつつ、「進取の気象」という新しい項目を付加する、矛盾に満ちた対応をしなければならなかったのです。

算術・理科教育の実際化と効率化

算術は、「日常ノ計算ニ習熟セシメ生活上必須ナル知識ヲ与ヘ兼テ思考ヲ精確ナラシムルヲ以テ要旨トス」と規定され、(1)日常計算の習熟、(2)生活上必須の知識教育、(3)正確な思考形成という3点が目的です。1891年小学校教則大綱では、(3)と(2)が逆の位置づけで、「傍ラ生業上有益ナル知識ヲ与フル」というように、生活上の知識教育は低く位置づけられていましたが、今回は2番目の目的に格上げされました。

民本主義の産業社会で実用的な公民像 ―産業革命と1900年小学校令施行規則―

尋常小学校では、「二十以下ノ数ノ範囲内ニ於ケル数ヘ方、書キ方及加減乗除」、次いで「百以下」と「通常ノ加減乗除」、さらに小数の加減、度量衡、貨幣、時制、そして高等小学校では、簡易な小数、分数、比例、百分算、求積または日用簿記が内容です。前回の教則大綱では、「百以下」という教授順序はなく、「万以下」へと一気に飛んでいましたが、今回は、児童生徒の発達に対する配慮が見えます。

なお、珠算と筆算の問題については、筆算による算術教育が原則とされ、土地の情況によって珠算を併用することも認められました。中学校に接続する小学校教育のあり方が浸透してくることによって、高等数学への準備として、算術よりも数学教育の役割が大きな比重を占めるようになったからでした。

理科は(1)自然現象への知識教育、(2)人生との関係認識を与える教育、かねて(3)精密な観察力と(4)自然への愛情を育成するという目的です。教育内容は、植物、動物、鉱物及び自然の現象について児童の目撃できる事項を授けて、特に、重要な植物と動物の名称・形状・効用・発育について教え、学年

表4-2 1900(明治33)年
小学校令施行規則の尋常小学校教育課程表

表4-3 1900(明治33)年小学校令施行規則の高等小学校教育課程表

65

が進んでは、物理化学上の現象、元素・化合物、器械構造・作用、人身生理を教えるという内容です。教育課程表を見ると、5・6学年では植物・動物・鉱物、7・8学年で物理・化学という設定で、従来に比して、「実験」のタームが初めて規定され重視されることになりました。

日本歴史重視と地理教育内容の変化

日本歴史は、「国体ノ大要ヲ知ラシメ兼テ国民タルノ志操ヲ養フヲ以テ要旨トス」と規定され、(1)国体教育と(2)国民志操形成とが目的とされました。前回は地理の後に位置づけられていた日本歴史が、修身・国語・算術に次ぐ順位に上げられました。開発主義教授法以来、その理論的関係から地理科が重視されてきましたが、ヘルバルト主義を経てきたこの段階では、教育勅語にもとづいた「品性陶冶」及び人物養成の観点から歴史がより重視される科目となったのです。

教育内容は、前回の教則大綱をそのまま継承した皇国史観の内容です。教授方法も、修身教育と関連づけながら、図画・地図・標本等を示して天皇制教育を進めることが求められ、修身と歴史を中心教科とした思想教育を進めることが規定されました。

地理は、(1)地球及び人類生活への認識形成、(2)日本の国勢への理解、兼ねて(3)愛国心を養成することが目的とされました。前回は日本地理と外国地理の2科目でしたが、今回は1科目構成となりました。

図画・唱歌・体操・裁縫・手工・英語

図画は「通常ノ形態ヲ看取シ正シク之ヲ画クノ能ヲ得シメ兼テ美感ヲ養フヲ以テ要旨トス」と規定され、(1)正しく画くことと、(2)美感養成が目的です。前回の「眼及手ヲ練習シテ」という開発主義的な項目は削除されました。

唱歌は、「平易ナル歌曲ヲ唱フコトヲ得シメ兼テ美感ヲ養ヒ徳性ノ涵養ニ資スルヲ以テ要旨トス」と、(1)唱歌指導、(2)美感養成、(3)徳性涵養が目的とされました。前回あった「本邦古今ノ名家ノ作ニ係ルモノヨリ之ヲ撰ヒ」という限定は削除され、より広い世界から優れた歌曲を導入する道が開かれました。

体操は、(1)身体発育、(2)機敏性の養成、(3)快活・剛毅な精神の養成、(4)規律遵守の精神、(5)協同の習慣養成で、尋常小学校は、遊戯から普通体操へ、高等小学校では、普通体操と兵式体操（男子）とされるなど、日清戦争から日露戦争に至る過程での、軍隊養成の一階梯として体操が位置づけられていることがわかります。

裁縫は、(1)通常の裁縫への習熟、(2)節約利用の習慣養成が目的、手工は、(1)物品製作と(2)勤労の習慣形成とが目的、農業商業は、その知識と同時に「勤勉利用ノ心ヲ養フヲ以テ要旨トス」と規定されました。

そして英語は、簡易な会話と易しい文章理解が可能になる英語力をつけることとし、それによって「処世」の資質を養成することが目的とされました。前回の規定では、「外国語」ということで、英語に限定されていませんでしたが、実情をふまえて英語に絞られたのでした。

以上が1900年の小学校令施行規則の内容ですが、すでに澤柳政太郎の主張で

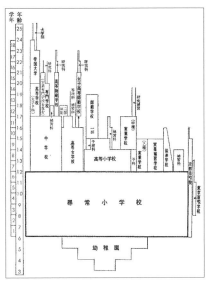

図4-3 1908(明治41)年教育制度図

明らかなように、国際競争に勝てる効率的な教育の志向が教育課程全体のコンセプトとして採用されました。日本の資本主義の急進撃を支える人材供給を過不足なく進めること、国際競争に勝てる効率化・実際化・高度化を図ること、他方、児童生徒の発達を促進することなど諸課題に対処できる新しい教育課程のあり方が求められていました。

1900年の教育課程改革は、この後1907年の義務教育延長、1926年の高等小学校の教育課程改善へと小さな修正はされるものの、1941(昭和16)年国民学校令による教育課程改革をむかえるまでは基本的内容に大きな変化はありませんでした。その意味で、1900年の教育課程改革は戦前日本を支配した重要な改革でした。

1907(明治40)年の義務教育6年制

日本資本主義の急速な進展があり、工業のみならず農業においても、新しい技術が必要とされ、国民全体の資質向上を求めて義務教育の延長が要請されるようになりました。

世界的にはすでに義務教育6年制が主流になっていましたし、日本でも工場労働者の学歴への要請も上がり始め、高等小学校進学以上の者が急激に増加しつつありました。もはや4年制の修業年限が短すぎることは明白でした。1907(明治40)年

表4-4 1907(明治40)年小学校令施行規則の尋常小学校教育課程表

表4-5 1907(明治40)年小学校令施行規則の高等小学校教育課程表

に義務年限が6年に延長され（表4-4）、かつ、高等小学校（表4-5）は、実用的で生活的な教育を与える機関として改善が進められました。例えば、農業科を加設した学校には、農業地設置と教員の模範的な農業従事とが要請され、商業科の場合には、土地の情況に適切に対応すると同時に、商業道徳の涵養に努めることが求められました。

高等小学校は完成教育

さらに1911（明治44）年7月29日小学校令が改正され、農業・商業の「一課目ヲ課スルモノトス」と改められ、他方、「英語」が削除されました。改正の趣旨は明らかです。高等小学校の非進学・実務的性格が明確に打ち出されたのでした。手工・農業・商業の実業課目を設置している学校は、その施設設備が整えられましたので、今回の改正では、随意課目ではなく必修課目とされ、3科の内1科目は必ず課すこととされました。また教授時数も大幅に増加され、「高等小学校本来ノ目的ヲ貫徹」させることが目指されました。

こうして、高等小学校は国民大衆の完成教育機関として位置づけられたのでした。戦後、新制中学校になる母体がこの頃から本格的に整備されることになりました。

臨時教育会議後の国史教育と教練

さて、大正期に入りますと、大正成金時代と言われる繁栄を極めます。1917（大正6）年に開催された臨時教育会議では、大正デモクラシーや労働争議など懸念すべき問題への対応と日本の生産力をいっそう高めるという課題意識のもとに、教育課程に関して、第1に、国史教育に重きを置くこと、第2に、高等小学校の教科目は選択幅を広げること、第3に、国民教育及道徳教育の徹底を期すること、などが答申され、1919（大正8）年に小学校令施行規則が改正されました（表4-6）。

まず、国史教育と国民教育の点から、日本歴史と地理において、尋常小学校では、両教科合わせて6時間から8時間に増加されました。高等小学校でも、同様に別々に4時間が最終学年まで課されることになり、日本歴史と地理への教育が従来よりも重視されるようになりました。

また、同じく第3の国民教育と道徳教育重視の点から、体操では、教育内容に「教練」が明確に位置づけられました。従来でも、尋常小学校第5学年から高等小学校最終学

表4-6 1919（大正8）年小学校令施行規則の教科書構成表

尋常小学校6年	高等小学校2年	高等小学校3年
修身 国語 算術 日本歴史 地理 理科 図画 唱歌 体操 裁縫　（女） 手工　（加）	修身 国語 算術 日本歴史 地理 理科 唱歌 体操 裁縫　　　　（女） 手工　　　（随）（選） 農業　　　（随）（選） 商業　　　（随）（選） 家事　（女）（随）（選） 図画　　（加）（随）（選） 外国語　（加）（随）（選）	修身 国語 算術 日本歴史 地理 理科 唱歌 体操 裁縫　　　　（女） 手工　　　（随）（選） 農業　　　（随）（選） 商業　　　（随）（選） 家事　（女）（随）（選） 図画　　（加）（随）（選） 外国語　（加）（随）（選）

（欠）は「欠クコトヲ得」の科目
（加）は「加フルコトヲ得」の科目
（女）は「女子ノ為」の設置科目
（随）は「随意科目トナスコトヲ得」の科目
（選）は「選択科目トナスコトヲ得」の科目

図4-4 学校教練

年まで「兵式体操」が課されていましたが、今回は、兵式体操重視の臨時教育会議建議を受けて、尋常小学校第1学年から「教練」として設定されました。

世界の軍縮協定への対応として、現役将校を温存し、かつ国民への軍隊教育をいっそう強化するために1925（大正14）年4月には陸軍現役将校配属令が公布され、中等学校以上の学校に陸軍現役将校が配属され、軍事教練（図4-4）が実施されることになったのです。この文脈において学校への「教練」が導入されました。以後、学校は軍隊養成所へと変質していきます。

高等小学校での選択幅拡大

そして第2の選択幅拡大の点では、高等小学校において、図画が随意科目に変更され、女児のために家事科が付加され、土地の情況により外国語が付加されました。女児はこれまでのように裁縫だけでは新しい時代に対応することが不十分になってきたので、家事経済面の教育を強化したのです。また図画・手工・農業・商業科も含めて、選択幅が広げられることになりました。

高等小学校の外国語科設置は、高等小学校が大衆化しつつも相変わらず進学の予備校的性格を有しているという二重の役割を担っていたことによります。1919（大正8）年段階でも中学校入学者のうち高等小学校を経由する者は40%の割合を占めており、進学希望者向けの英語教育が必要とされていたのでした。

1911（明治44）年以来、高等小学校における実業教育重視の路線は確定されましたが、それでも初等「後」教育へのニーズは一様ではなく、むしろ、時代の進展によっ

て、ようやく高等小学校水準の労働者が本格的に必要とされ、様々なニーズに応えるべく、英語あるいは実業科目など選択幅拡大の施策が出されたのでした。

　この時期の教育課程の特徴は、やはり臨時教育会議での審議結果を反映したものと言えます。個性と経済性そして国際化をキーワードとして新しい時代に対応しようとしたものでしたが、他方では、兵式教練及び国体明徴の建議を受けて、教練・修身・地理・歴史等の国民教育と道徳教育が重視されるようになり、暗い時代に向けて、それが拡大されていったのでした。

大正自由教育

　他方、臨時教育会議とは性格を異にする、いわゆる児童中心主義の観点から新たな実験的追究が見られました。例えば、1917年に澤柳政太郎が創設した成城小学校（図4-5）では、入学児童の語彙調査を行い、その成果をふまえ1923（大正12）年に掲載の教育課程（表4-7）を作成しました。「聴方」を設置すべきこと、「修身」は4年生からが適切であること、自然現象に関心が深いので「理科」を1年生から、また、「英語」も1年生から教える必要があること、唱歌ではなく音楽、図画ではなく美術にすべきこと、そして総合学習である「特別研究」が必要であるなど、教育課程に関する実験的追究が展開されました。J.デューイやダルトン・プランを提唱したH.パーカーストの影響が大きかったようです。

図4-5 成城小学校の絵

表4-7 1923（大正12）年成城小学校の各科学習時間表

　また、奈良女子高等師範学校附属小学校の木下竹次は、1920年から合科学習を展開しました。「大合科学習」（図4-6：虫とり）は、低学年を対象に、「人生全体」を生活単位で学習を進め、中学年の「中合科学習」では、文科・理科・技術などの範囲で合科し、高学年に至って「小合科学習」で、

各学科を教えるという教育課程でした。

教育課程の構想ではこの2つの実験的研究が注目されますが、この時期は「大正自由教育」、「大正新教育」の時代と言われ、多くの新課程が編み出されました。世界的にも新教育の理念による教育改革の時代でした。

図4-6 奈良女子高等師範学校附属小学校の大合科学習「虫とり」

1926（大正15）年改正

教育課程政策に戻しますと、1926（大正15）年に小学校令施行規則が改正され、時代の進展を受けて、高等小学校の教育課程だけが改善されました（表4-8）。第1に、手工科・農業科・商業科で、知識よりも技能重視の教育が求められました。第2に、手工科で、製図教育の重視と女子に対する手芸教育の採用がなされました。第3に、工業の項目も付加され、知識技能の教育、勤勉綿密な態度、創意工夫の習慣形成が目的とされ、その内容は、木工・竹工・金工・塗工・染織の5領域で、材料の性質・用法と工具の使用法そして保存法についてでした。教授する際には、地理・理科・図画・手工科と関係づけ、また、土地の情況に応じて実際の工場を見学させ、かつ実際の業務と密接な関係を結ぶよう規定されました。また、実業科目ではありませんが、教育の実際化を図る観点から算数の教育内容も改正され、土地の情況によって日用簿記と珠算を課すことが求められました。

高等小学校では、大正末期に至って実業教育重視の教育課程が本格的に展開されることになったといえます。それだけ初等「後」教育を受けた工場労働者・農業及び商業従事者が大量に必要とされる産業の発

表4-8 1926（大正15）年・1927（昭和2）年小学校令施行規則教科書構成表

尋常小学校6年	高等小学校2年	高等小学校3年
修身 国語 算術 国史 地理 理科 図画 唱歌 体操 裁縫（女） 手工（加）	修身 国語 算術 国史 地理 理科 図画 手工 唱歌 体操 実業 家事（女） 裁縫（女） 外国語（加）（随） 其他必要ナル科目（加）（随）	修身 国語 算術 国史 地理 理科 図画（3年のみ随） 手工 唱歌（3年のみ随） 体操 実業 家事（女） 裁縫（女） 外国語（加）（随） 其他必要ナル科目（加）（随）

（欠）は「欠クコトヲ得」の科目
（加）は「加フルコトヲ得」の科目
（女）は「女子ノ為」の設置科目
（随）は「随意科目トナスコトヲ得」の科目
（選）は「選択科目トナスコトヲ得」の科目

達段階に至ったからでした。

表4-9は、各年度の第7学年の推定児童数ですが、文部省はこの時世界の教育改革を調査研究して、新しい高等小学校の在り方、すなわち、高等小学校を中等教育の一環に組み込む構想を立てたのでした。しかし、結局、それは未発に終わり、旧来の枠組みから抜けきれない高等小学校観で教育課程を改正することに終始してしまいました。国民全体の教育に中等教育が導入されるのは、第2次大戦後の6・3・3・4制を俟たねばなりませんでした。

表4-9 各年度第7学年推定児童数

年度	前年度末尋卒者数	中等諸学校入学者	高等小学校第1学年入学者	実業補習学校入学者数	不就学見込者	差引残数（強制就学セシヘムキ者）
1922年	1,149,383 (100%)	109,005 (9.48%)	643,533 (55.99%)	107,553 (9.35%)	16,666 (1.45%)	272,626 (23.73%)
1923年	1,192,140 (100%)	118,976 (9.98%)	698,952 (58.63%)	111,465 (9.35%)	17,285 (1.45%)	245,461 (20.59%)
1924年	1,236,488 (100%)	129,584 (10.48%)	757,596 (61.27%)	115,612 (9.35%)	17,929 (1.45%)	215,767 (17.45%)
1925年	1,282,485 (100%)	140,817 (10.98%)	819,636 (63.91%)	119,912 (9.35%)	18,596 (1.45%)	183,524 (14.31%)
1926年	1,330,193 (100%)	152,706 (11.48%)	885,243 (66.55%)	124,373 (9.35%)	19,288 (1.45%)	148,583 (11.17%)

図4-7 関東大震災で崩壊した東京

さて、大正期半ば以降になりますと、高度経済成長が行き詰まり、かつ1923（大正12）年の関東大震災による大打撃を受けて東京が壊滅し（図4-7）、発展しつつあったデモクラシーも転換期を迎え、急速に軍国主義への道を辿ることになりました。その結果、兵式教練や国体明徴（天皇制特有の国家体制を明らかにすること）など国家主義の教育が要請されることになります。

また1925（大正15）年には治安維持法も公布されて、共産主義思想はもちろん自由主義や反戦思想も取り締まりの対象となっていきますので、急速に大正自由主義の思想や教育は衰退していきます。関東大震災の1923年から1925年の時期は、まさに歴史の大きな転換点となりました。

産業社会の到来に対応できる実用的な公民像

以上、1900年から1925年までの教育課程の基準の動向を見てきましたが、一言でいえば、本格的な資本主義の発達により産業社会が到来し（図4-8）、生産力向上に貢献できる実用的な公民像が打ち出され

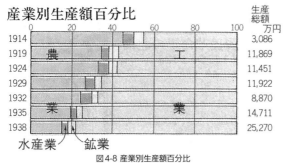

図4-8 産業別生産額百分比

たと言えます。端的には、1900年の国語教育改革に見られるように、教育の合理化、効率化によって、生産性を高める知識と技能の教育が高度化し強化されました。

そして産業の発達と就学率・進学率の急上昇と相まって、義務教育六年制から高等小学校へと重点が移行し、技能労働者には高等小学校の学歴が求められるようになってきました。その結果、高等小学校では、本格的に産業構造に適合した即戦力を育成する実業教育の教育課程が要請されるようになり、中等学校への予備校的な性格よりも国民教育の完成教育機関としての性格が確立されました。

国民の道徳的資質については、産業社会の日常生活における社会的なエチケットや心構えのような公民的道徳が増加し、かつ、自由主義的な時代思潮に対抗するための国家主義と皇国史観の国史教育が要請されるようになりました。特に、関東大震災以後、陸軍現役将校の配属と治安維持法の制定とによって急速にその路線が強まっていきました。

結局、「教練」を通して天皇制を支える強固な精神と身体を有し、かつ、高等小学校までの教育によってこれまでよりも水準の高い実用的な知識と技能を備えて、産業社会で有用に働く人材となるような人間像が理想とされたのでした。

◆ 参考文献

1. 楫西光速編『日本経済体系 6 近代 下』東大出版 1975年6月
2. 『公文類聚第24編 明治33年 23巻 学事門 学制 文書第3』（総理府内閣総理大臣官房総務課）
3. 文部省内教育史編纂会代表関屋隆吉『明治以降教育制度発達史』第4～7巻 教育資料調査会 1938年
4. 梶山雅史『近代日本教科書史研究』ミネルヴァ書房 1988年
5. 成城学園澤柳政太郎全集刊行会『澤柳政太郎全集』第1巻・第3巻 国土社 1975年・

1978年
6. 海後宗臣『井上毅の教育政策』東京大学出版会　1968年
7. 西川俊作・阿部武司『日本経済史 4 上』岩波書店　1990年1月
8. 国立教育研究所『日本近代教育百年史 4 学校教育2』財団法人教育研究振興会　1974年
9. 住谷三喜男著『日本賃労働の史的研究』お茶の水書房　1976年10月
10. 三羽光彦『高等小学校制度史研究』法律文化社　1993年4月
11. 阿部磯雄『帝国議会教育議事総覧 Ⅱ 自第十三議会至第二十五議会』芳文閣　1990年
12. 成城学園60年史編集委員会『成城学園60年』成城学園　1977年
13. 樋口勘次郎『統合主義新教授法』「小序」同文館　1899年
14. 中野光『大正自由教育の研究』黎明書房　1975年
15. 谷本富『系統的新教育学綱要』六盟館　1907年
16. 国立教育研究所編集『資料 臨時教育会議 第1集』1979年
17. 海後宗臣編『臨時教育会議の研究』東京大学出版会　1960年
18. 北村和夫著『大正期成城小学校における学校改造の理念と実践』成城学園沢柳研究会　1977年
19. 国立教育研究所『日本近代教育百年史 5 学校教育(3)』財団法人教育研究振興会　1974年
20. 国立教育研究所内日本近代教育史料研究会編『資料 文政審議会 第2集 総会議事速記録(1)』明星大学出版部　1989年

◆ 図表等

扉の図(1)　1919(大正8)年学校系統図、文部省『学制120年史』ぎょうせい　1992年
扉の図(2)　小学修身書、文部省『児童用 尋常小学修身書 巻1』1918年
扉の図(3)　奈良女子高等師範学校附属小学校の相互学習、文部省『目で見る教育のあゆみ』東京美術　1967年
図4-1　製造工業の産業別生産額、楫西光速編『日本経済体系 6 近代 下』東京大学出版　1975年
図4-2　与謝野晶子の歌、野ばら編集部『漢字書体字典』野ばら社　1985年
図4-3　1908(明治41)年教育制度図、前掲『学制120年史』
図4-4　学校教練、文部省『目で見る教育のあゆみ』東京美術　1967年
図4-5　成城小学校の絵、成城学園60年史編集委員会『成城学園60年』成城学園

	1977年
図4-6	奈良女子高等師範学校附属小学校の大合科学習「虫とり」、文部省『目で見る教育のあゆみ』 東京美術 昭和42年
図4-7	関東大震災で崩壊した東京、監修松本清張・三木敦・藤原彰『写真記録 昭和の歴史1 昭和の幕開け』 小学館 1984年
図4-8	産業別生産額百分比、児玉幸多編『日本史年表・地図』 吉川弘文館 2009年
表4-1	字音仮名遣いの表 1900年小学校令施行規則改正第2号表、『明治以降教育制度発達史』第4巻 1938年
表4-2	1900(明治33)年小学校令施行規則の尋常小学校教育課程表、同上 第4巻
表4-3	1900(明治33)年小学校令施行規則の高等小学校教育課程表、同上 第4巻
表4-4	1907(明治40)年小学校令施行規則の尋常小学校教育課程表、同上 第5巻
表4-5	1907(明治40)年小学校令施行規則の高等小学校教育課程表、同上 第5巻
表4-6	1919(大正8)年小学校令施行規則の教科構成表、同上 第5巻
表4-7	1923(大正12)年成城小学校の各科学習時間表、前掲『成城学園60年』
表4-8	1926(大正15)年・1927(昭和2)年小学校令施行規則教科構成表、『明治以降教育制度発達史』第7巻
表4-9	各年度第7学年推定児童数、国立教育研究所日本近代史料研究会『資料 文政審議会参考資料(上)』 明星大学出版会 1989年
写真	澤柳政太郎 成城学園澤柳政太郎全集刊行会『澤柳政太郎全集』第1巻 国土社 1975年
写真	与謝野晶子 永栄潔『朝日クロニクル 週刊20世紀 1905年明治38年』 朝日新聞社 2000年

第5章

皇国の道へ「行」的錬成に励む皇民像
— 軍国主義の1941年国民学校令 —

(1) 1944(昭和19)年学校系統図

(2) 1933(昭和8)年と1941(昭和16)年の教科書

(3) 学芸会「進軍」(小学6年生)

国民学校令

1941（昭和16）年3月1日、勅令第148号国民学校令により国民学校が発足し（図5-1）、その教育課程は画期的な構成がとられました。

国民学校令では、「国民学校ハ皇国ノ道ニ則リテ初等普通教育ヲ施シ国民ノ基礎的錬成ヲ為スヲ以テ目的トス」と規定されました。ここには国民学校、「皇国ノ道」、初等普通教育そして「国民ノ基礎的錬成」という4つの新しい概念が見られます。国民学校は初等科と高等科という2段階の構成とされ、土地の状況によっては、高等科が単独設置可能とされたことで、新制中学校のように高等科は固有の発達を遂げる可能性を有することになりました。初等科の修業年限は6年、高等科は2年とされ、国民の基礎教育を8年間で完成させることになりました。

図5-1 明石国民学校

図5-2 国体の本義

国民学校の教育目的は「皇国ノ道」で、それは1938年に『国体の本義』（図5-2）により、欧米や中国からの輸入思想を排除して、日本固有の天皇制思想によって教育することを意味していました。

明治以来、日本は欧米の文物を輸入して文明開化を図り、先進諸国が認める近代国家にまで成長したものの、教育面では多くの無理が生じていました。知・徳・体の調和が崩壊し、思想問題を初めとして様々な次元での行き詰まりに直面する結果となりました。そこで欧米思想に対する懐疑的あるいは否定的な考え方が出現し、日本精神主義の思想が台頭してきたのです。欧米の思想は、元来、個人主義と利己主義そして流血の歴史を有するものと捉えられ、中国のそれは王朝が変化する易姓革命論の系譜に連なる思想と捉えられ、これらの影響下では真の日本人は形成されない、「万世一系」の天皇を翼賛する「皇国ノ道」こそ日本人が真に進むべき道であると説かれました。

日本は政治・経済・社会のあらゆる面において閉塞状況に陥り、これを打開するために教条主義的な「皇国ノ道」が教育方針として採用されるに至りました。個人主義・利己主義・民主主義・共産主義のいずれの主義も利己的な合理主義思想の系

譜に連なるものとして捉え、これらに打ち勝つためには、日本固有の思想、教育勅語の精神の原点に戻るしかないという認識でした。

そのような思想を排除する結果、知育偏重批判・徳育重視に至り、合理的な科学的思考をも排除しかねないので、当時の文部省の中野学務局長は、「真の知育がともすれば不当に蔑視される」ことを懸念し、「真の学問」「真の知育」を施すべきことを強調していました。真理追究に熱意を持ち科学的研究のできる子どもを育てるためには「真の知育」が必要であり、上からの詰め込み教育では、創造力のある子どもは育たないし、自立した科学を創り出すことは不可能であるという説明がなされました。

第2次大戦下の科学戦争に打ち勝つためには、科学的力のある児童生徒を育成しなければなりませんでしたので、文部省のこの種の懸念と期待は理解できます。興味深いことに、次章でみる数年後の戦後改革期のカリキュラム論でも、同様の論理が展開されます。もちろん学務局長の説明はあくまでも皇国民錬成が目的です。ですから、「国民学校の教育は立派な日本人をつくることを目的とする。日本人であることを真に自覚した美しい、すこやかな第二の国民を養成することを目的とする。自ら考へ、自ら創造する能力のある人間を錬成することを目的とする」と論じられました。

創造能力や自ら考える力を育成する施策は、天皇制国家のための皇国民養成が目的であって、その教化の限界内にありましたので、極めて矛盾に満ちたものでしたが、それでも、日本の事実に根ざした新しい科学と教育が必要であるという認識が、「皇国ノ道」を追究する中で重視され、各教科では、以前にも増して科学的内容・方法・精神が強調されるようになりました。多数の人を殺すための毒ガス、あるいは防ぐためのマスクを開発するなど(図5-3)、有力な武器を創造し科学する力を育成しなければ戦争に勝てないからでした。

図5-3 国民学校生徒の防毒ガスマスク訓練

もう一つの懸念は、科学的教育を強化すると物質変化の原因・結果を論理的に考える力がついて唯物論に陥る危険があるということでした。当時は、多くのエリート青年が相次いで共産主義化するという時代で、天皇制の国体護持の観点から危険思想と認定された者は、思想警察によって弾圧され、あ

るいは、殺害されました。これは当時「赤化」問題として国家的に非常に憂慮されていた事態でした。ですから、児童・生徒に科学的な思考力をつける教育をすると唯物論的に原因・結果を考える論理的思考力がついてしまうのではないか、その結果、天皇制体制にとって取り返しのつかない危険思想の青年を育成することになるのではないか、ということが教育審議会では真剣に検討されました。

科学的思考力が唯物論思想に陥ることなく「皇国の道」を進ませるためには、通常の修身教育では不十分であるとして、国民学校令は「錬成」という「行」的な教育方法を新たに採用しました。文部省の説明によると、「『錬成』は教育の方法を示すもので錬磨育成の意である。児童の全能力を錬磨し、体力、思想、感情、意志等、要するに児童の精神及び身体を全一的に育成する事を指す。ここに『基礎的』とは錬成の程度を示したものである。之を比喩的に言へば、小さい木が大樹の基礎であるといふ意味の『基礎的』である。小さい木は小さい木として完成しながら大樹がそれから発展する基礎である如く、国民学校の教育は夫自身完成教育でありながら、同時に将来の教育の基礎であり生涯持続せらるべき自己修養の根幹である」と説明されました。

精神と身体とを全一的に育成するとは、「行」的活動を通して精神・知識を血肉化することで、知識だけ、あるいは体力だけという各教科に分断された与え方は否定されました。「行」的活動によってこそ生涯にわたって自己修養できる持続性が形成されると捉えられました。その教育構想は、生涯発達を見越し、体験活動や科学的実験などを媒介として知識の教育を行うことで生涯にわたる自己修養力を育成しようとしたもので、一種の新学力観でした。皇国民育成の目的のもと、「自ら考へ、自ら創造する能力のある人間を錬成する」ために「行」的な活動が重視されたのです。その「行」的活動は、皇国民育成の観点から、儀式・行事的活動重視に傾斜することで思想統制を導く方法となりました。文部省普通学務局長は、「体育と情操教育を重視することによって

図5-4 新国民礼法掛図

図5-5 大日本国民教育会『文部省制定 礼法要項』

誤った知育から生ずる負担の過重を矯めねばならない。その他、従来我が国の教育にはとかく欠けていた礼法や躾の訓練も必要であらうし、儀式、学校行事等の教育的意義を重んずることも忘れてはならない」と強調しました（図5-4・5）。

図5-6 竹やり訓練

　この「行」的教育活動は、理論的には、児童・生徒の自発性と経験を重視し、活動的で合科的な授業を展開した大正自由教育の成果を継承する側面がありましたが、皇国民錬成の一貫に組み込まれることで、実際は、軍事教練、勤労奉仕作業や軍国主義的学校行事に費やされてしまいました（図5-6）。

　それから初等普通教育という言葉は、国民学校教育の8年間を包摂する、国民の基礎教育を意味する概念として初めて創り出されました。文部省は、「国民全般に共通な従って平易な教育の意味で、この教育の上に他の一切の教育は行はれ、この教育によって人格発展の基礎が築かれるのである」。また「この教育あるが故に国民は相互に理解し合ひ、又一致団結をもなし得る」ところに「普通教育の精神的意義」がある、と説明しました。要するに、初等普通教育とは、①平易な教育、②人格発展の基礎教育、③国民相互理解・団結の基礎形成がその意義です。

国民学校令施行規則

　国民学校令に引き続いて国民学校令施行規則（1941年3月14日）が定められ、同第1条では10項目の教育方針が規定されました。

　第1項は、「教育ニ関スル勅語ノ趣旨ヲ奉体シテ教育ノ全般ニ亙リ皇国ノ道ヲ修練セシメ特ニ国体ニ対スル信念ヲ深カラシムベシ」とあり、やはり教育勅語が教育の基本として再確認され、その内実を「行」的方法で体得することが「皇国ノ道ヲ修練セシメ」と表現されました。解説では、「単にそれを知的に把握しただけではいかぬ、道を体得し実践せしめること、即ち知識と実行、精神と

図5-7 勤労奉仕

身体とを一体たらしめることを意味する」。「特に万邦無比の我が国体に対する信念を深からしめることが核心」で、教育の任に当たる者は、「教育に関する勅語は言ふまでもなく、その他の聖訓の御趣旨を奉体し、諸般の文献をも研究し、国史の成跡に鑑みて、国体の本義を十分に体認して、教師自からが皇国

図5-8 中目黒国民学校生徒の奉安殿前で捧げ銃

の道の行者であり先達であることの実を挙げるやうに努力修養いたすべきである」と説かれました。掲載図の中目黒国民学校の生徒のように、天皇と教育勅語が祀ってある奉安殿に「捧げ銃」をするとか、神社参りをするとか、あるいは奉仕活動（図5-7・8）をすることで「皇国民」としての知識と精神を練り上げることが要請されました。

その場合、教師は、あたかも修行僧の如く率先垂範して知と行に励み、国民の導き手となって「皇国ノ道」を歩むよう修養することが期待されました（図5-9）。究極的には、天皇制国家を積極的に支える「国体ニ対スル信念」の形成が目的とされました。「信念は存在以上の存在」であり、これを「児童の時代」に徹底することで、「真に忠良な皇国民」が養成されると捉えられるなど、これほど信念形成の教育が重視されることはありませんでした。

図5-9 栃木県師道修養会

第2項は、生産活動・社会生活に不可欠な知識技能と情操の教育を行うことで心身の発達が目的とされましたが、知識技能の「体得」、情操の「醇化」そして心身の「育成」というところに、「知行合一」「心身一体」の「錬成」観が表れています。

第3項は、「我ガ国文化ノ特質」あるいは「皇国ノ地位ト使命」とありますが、それは『国体の本義』の日本文化論と「東亜新秩序の建設」宣言・大東亜共栄圏構想がその内容に想定され、「大国民タルノ資質」とは中国・東南アジアへと侵略するための新しい資質が想定されていたのでした。第1・2・3項は、主として教育精神・教育内容に関するもので、全3項は一体であると説明されています。

次いで、第4項以下は教育方法への指示です。第4項は、従来の教授・訓練・養護という分類を否定し、心身一体の教育が強調されました。従来、教授は、主として知識

図5-10 国民学校3年生への修身教育

を教師が一斉授業等により伝授することであり、訓練は、主として身体的なそれであり、そして養護は、「心身の成長発達を保護する教育作用」でした。従来通りの3分類の教育では「皇国民」の育成はできないので、「行」的な教育方法によって一体化を図ります。

第5項は、皇国の道へ「錬成」するために、各教科目間の関係を緊密にすることが求められました。従来は、修身・国語・算術・国史・地理・理科・図画・手工・唱歌・体操・実業（農工商）・家事・裁縫の13教科目が設置されていましたが、それぞれの教科自体の完結性が優先して、ひとつの教育目的に向けて全教科目が緊密な関係をとることが困難であったと反省されました。図5-10の修身教育では地理と歴史を融合した教育が行われています。各教科を合科以上に融合して「練成」するために、後に見る独特な教科目編成をとることになります。

第6項は、儀式と学校行事等による教育が重視されました。教室における教科教育だけではなく、・朝礼・式典・奉仕活動・皇居参拝等の訓示・訓練を織りまぜた教育の重視です。1891年の「小学校祝日大祭日儀式規程」以来、儀式が学校で執り行われてきましたが、その形骸化とともに教育的効果が薄れつつあったので、より「行」的手法で強力に「皇国の道」につなげる教育を行うことが求められたのでした。

図5-11 出征兵士を見送る

第7項は、家庭及び社会との連携も統制的に進めることが求められました。例えば出征兵士を見送る行事（図5-11）など、もはや学校教育固有の目的を超えて、軍国主義的国民形成の目的がそのまま直截に入りこんでしま

図5-12 作業実習

い、国防婦人会の「竹やり訓練」(図5-6)が学校と一体となって展開されるなど、その意味で、家庭及び社会との連携が要請されたのでした。

第8項は、知識の生活化・実際化を図る教育が求められ、かつ、高等科では現実社会の職業生活に合致させる教育のあり方が求められました。図5-12は、千葉県豊岡国民学校高等科の「作業実習」の時間です。

第9項は、児童心身の発達論が従来の施行規則に比して、低い位置づけに落とされたことと、復古主義的男女観の項目が立てられました。それは時代の課題を表しています。

最後に第10項で、「児童ノ興味ヲ喚起シ自修ノ習慣ヲ養フニカムベシ」と、大正自由主義教育の影響の見られることが注目されます。ただし自修は自習ではなく、「自己修養の意味」であり、「皇国の道」に自ら精進する修行僧の姿が彷彿させられます。

教科構成と教育課程の特徴

戦時下の改革は、その教科構成と教育内容の基本構造を根本的に改めた教育課程となりました。国民学校令第4条「国民学校ノ教科ハ初等科及高等科ヲ通ジ国民科、理数科、体錬科及芸能科トシ高等科ニ在リテハ実業科ヲ加フ」とされました。これは何を意味するのかというと、従来の教科を改めて科目に格下げし、その上に科目群をまとめる5大教科を新たに設定したことです。国民科・理数科・体錬科・芸能科・実業科の5大教科とされました(表5-1)。これが第1の特徴です。

第2の特徴は教育課程構成の原則ですが、文部省の「国民学校教則案説明要領(草案)」によれば、「従来小学校の教科目も中等学校の学科目も学問の分科より生れ出たものと考へられる弊に陥って居った。然し国民学校の教科は学問の分科より生じたものではなく、皇国民錬成に必要なる国民生活の各分野の陶冶として生れたものであ

表5-1 1941(昭和16)年の国民学校教科構成表

1941(昭和16)年小学校令施行規則改正 (学齢期間の義務教育)			
初等科 6年		高等科 2年	
国民科	修身 国語 国史 地理	国民科	修身 国語 国史 地理
理数科	算数 理科	実業科	農業 工業 商業 水産業 外国語(加) 其ノ他(加)
体錬科	体操 武道(女欠)	理数科	算数 理科
芸能科	音楽 習字 図画 工作 裁縫(女)	体錬科	体操 武道
		芸能科	音楽 習字 図画 工作 家事(女) 裁縫(女)

(女)は女児だけに課す科
(女欠)は女児だけ「欠クコトヲ得」の科
(加)加設科目

る」と説明されました。つまり、従来の教科目は、学問系統の分科から編成されたものですが、今回は教育目的から教育課程の編成を構想したというのです。

皇国民に必須な資質は何か、次の5項目を立てて、教育課程を構成したというのです。①国民精神を体認し、国体に対する信念を確立し、皇国の使命に対する自覚を有すること。②日進の科学に対する一通りの認識を有し、生活を数理的科学的に処理し、創造し、よって以て国運の発展に、貢献すること。③闊達剛健なる心身と献身奉公の実践力を有すること。④高雅な情操と、芸術的技術的な表現能力とを有すること。⑤一定の職業に従事し、職業を通して国に奉じる熱意を有すること。

以上の5点が国民に不可欠な資質とされ、その資質形成の観点から、上記5点がそのまま国民科・理数科・体錬科・芸能科・実業科とされました。5教科は、皇国民錬成の目的に向けてつなげられ、各教科の中に旧来の各科目が包摂されました。科目について、「一教科に属する各科目は夫れ自身系統を保持しながら相互に密接なる関連を有し、且有すべきは固よりであるが、同時に一の教科に属する科目と他の教科又は他の教科に属する科目とも出来る限り相互の関連を保持せねばならぬ」と、各教科間・各科目間の連携が強く求められました。「皇国民」錬成の教育目的を最優先し各科目の系統性はそれに従属して構成することが原則とされました。

表5-2 国民学校初等科の教育課程表

教育課程の構成は、個々人の生活から組み立てる生活経験主義や科学・学問の系統性を重視した系統主義ではなく、皇国民錬成という目的から演繹的に導かれるもので、「目的原理主義」と言えます。

皇国民錬成の目的を5領域に分類し、そこに目的に向けた課題を設定して、その課題から教育課程内容を割り振る発想です。従来も天皇制教育が目的とされていましたが、それは必ずしも教育課程全体を再

編する構成にまでは至りませんでした。ところが戦時下の改正では、皇国民錬成という目的が、単に目的だけに留まらないで教科再編の原則にまで貫かれたことが注目されるところです。

教育課程の時間表は、表の通りですが、主な改正の特徴点を検討しておきます。まず、時間設定で1時間を40分とし、従来の45分から短縮されたことです。この理由について、「児童の負担を適正」にすることを目指したという説明です。

表5-3 国民学校高等科の教育課程表

しかし、目を時間数全体に転ずると、合計時間数が増加しており、別の意図があったことも見逃せません。結論を先に言えば、旧規定の1919（大正8）年尋常小学校教育課程表と比較して、体錬科と芸能科関係教科目の時間数が激増しており、この時間増加のための時間捻出がなされたのです。説明では、「各学年共現行のものより増加して児童の負担を増したやうにも見えるが、分を単位として見れば、実質においては必ずしも増加しては居ない」と言われていますが、実質的に時間増しないで、1コマ40分授業とすることで、30時間のコマ数を捻出したのです。

その増えたコマ数はどこに使用されたのか。説明では、「今回の課程表に於て著しく教授時数を増加せるは芸能科音楽と体錬科とである」とあります。時間表の備考に「男児ニ在リテハ体錬科ニ於テ毎週凡ソ二時ヲ教練ニ充ツベシ」とあり、軍事教練の観点から体錬科が重視されたことは言うまでもありませんが、音楽は、軍歌を中心とした国民的情操形成の要請があり、さらには、聴力育成のために海軍から絶対音感教育が要請されたのでした。軍事的要請から体錬科と芸能科音楽が重視されたのでした。

その他の教科の時間数では、国民科の時間数減少がひどく、皇国民養成の中核的教科とは名ばかりで、実質的に時間数が減らされ、従来、随意科目とされてきた実業教科及び唱歌・図画・手工などの技能教科に回されたことがわかります。時間数

で見る限り、理数科もやや減少し、体錬科と芸能科・実業科を重視した教育課程編成でした。つまり、主知的な教科の時間数が減少して、実業的・技能的教科の時間数が増大したことが特徴です。

それと関連して、錬成のために「行」的活動が重視されました。教科外の施設に関する但書においても、勤労の習慣を養ひ、身体的作業を楽しみ、且つ土に親ましめ、自然に対する興味を喚起」することが強調され、さらには、施行規則第31条に、「各教科及科目ノ毎週授業時数以外ニ於テ毎週凡ソ三時ヲ限リ行事、団体訓練等ニ充ツルコトヲ得」と、やはり「行」的訓練のための時間が時間外にも確保されていました。

それから注目すべきは、綜合教授の採用です。施行規則第27条に「第一学年ニ在リテハ学校長ニ於テ地方長官ノ認可ヲ受ケ全部又ハ一部ノ教科目及科目ニ付綜合授業ヲ為スコトヲ得」と、部分的ながら「周到なる監督の下」に条件において綜合教授法が認められました。この用心深さの意味は、教育審議会で慎重審議されたことですが、要するに自由主義思想の影響を受けた教授法研究が横行してしまうことが懸念されたのです。自由主義教育を文部省が肯定したことになると、教育課程の自由化を招来して、国家治安上、大変なことになるのではないか、という懸念で、そのために限定的な綜合教授の採用を打ち出したのでした。

観点を変えれば、国民学校では、そのリスクを犯しても、合科教授による効果的な教育を展開したかったのです。実際、教育課程表を見ればわかるように、5大教科にして一定の合科学習が予定されていましたし、教科書についてもその種の融合された教材開発が期待されたのでした。例えば、修身・国語・地理・歴史を総合した教材が開発されるなら、一つの教材で総合教授ができることによって、4倍の効果を生じるので、少ない時間で大きな効果をもたらすことになります。ただし、その合科的な教科書作りに対しては、文部省の教科書編集の関係者は懐疑的でした。

皇国史観の特質・国民科

さて、教科の趣旨を検討します。まず、国民科は、施行規則第2条で「国民科ハ我ガ国ノ道徳、言語、歴史、国土国勢等ニ付テ習得セシメ特ニ国体ノ精華ヲ明ニシテ国民精神ヲ涵養シ皇国ノ使命ヲ自覚セシムルヲ以テ要旨トス」と、国民科全体の目的が規定されました。道徳・言語・歴史・国土国勢が教育内容の素材を示し、それによって国民精神を養成し皇国民の使命を自覚させることが目的です。

国民科では、日本の国家体制の生粋の美点を明らかにすることで皇国民精神を養

皇国の道へ「行」的錬成に励む皇民像 ―軍国主義の1941年国民学校令―

成し、天皇制国家としての日本のあるべき使命、すなわち侵略を正当化する大東亜共栄圏の盟主という使命を自覚させることを目的としています。『国体の本義』で強調された日本の歴史と国土の由来、そして神国日本と選民思想の正当性とを説くことで日本文化の優越性を教え込み、その教化によって創造発展の精神が養成できると考えら

図5-13 国定の国語教科書『ヨミカタ1』

れ、国民科には修身・国語・国史・地理の４科目が設置されました。

　ここで注意が喚起されているのは、「道徳・言語・歴史・国土国勢等」の内容がそのまま修身・国語・国史・地理という４科に分かれるのではなく、全体として「不即不離」の関係において教育されることです。そうしないと、国民科は４科を束ねただけで、国民科という名称が単なる「帽子」になり、「国民科といふものは殆ど実態のない、形式的・名称的存在に過ぎない」ことになってしまうからです。道徳・言語・

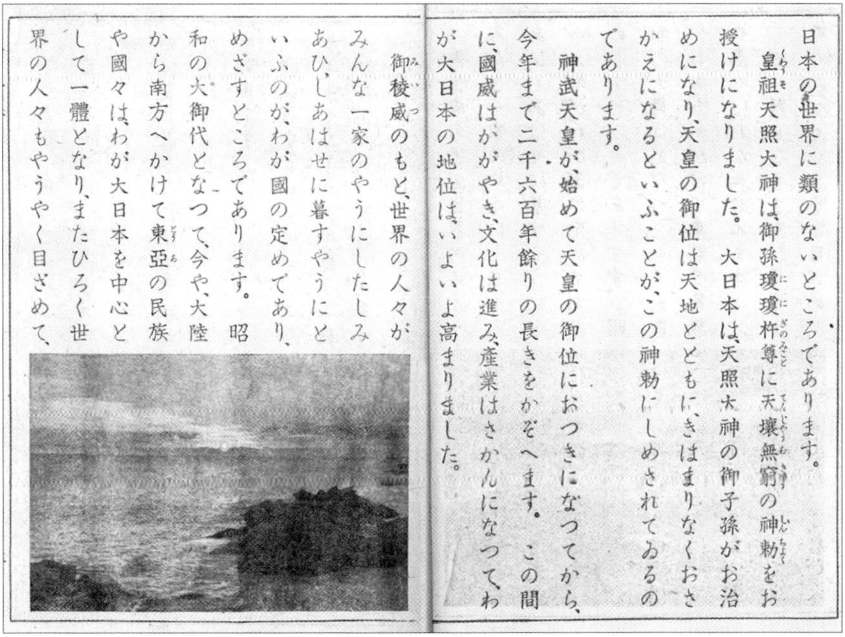

日本の世界に類のないところであります。
皇祖天照大神は御孫瓊瓊杵尊等に天壌無窮の神勅をお授けになりました。大日本は天照大神の御子孫がお治めになり、天皇の御位は天地とともにきはまりなくおさかえになるといふことがこの神勅にしめされてあるのであります。
神武天皇が、始めて天皇の御位におつきになってから今年まで二千六百年餘り長きをかぞへます。この間に、国威はかがやき、文化は進み、産業はさかんになって、大日本の地位は、いよいよ高まりました。
御稜威のもと、世界の人々がみんな一家のやうにしたしみあひしあはせに暮すやうにいふのが、わが国の定めであり、めざすところであります。昭和の大御代となつて、今や、大陸から南方へかけて東亜の民族や国々は、わが大日本を中心として一體となり、またひろく世界の人々もやうやく目ざめて、

図5-14　国定の修身教科書『初等科修身3』

歴史・国土国勢等は、「国民科の4科目を通じて融通無碍に取扱ひ得る」ことの方が、教育効果が高まるという判断でした。国民科の教授方針として、

　①皇国ニ生レタル喜ヲ感ゼシメ敬神、奉公ノ真義ヲ体得セシムルコト
　②我ガ国ノ歴史、国土ガ優秀ナル国民性ヲ育成シタル所以ヲ知ラシムルト共ニ我ガ国文化ノ特質ヲ明ニシテ其ノ創造発展ニ力ムルノ精神ヲ養フコト
　③東亜及世界ノ大勢ヲ明ニシテ大国民タルノ資質ヲ啓培スルコトニ力ムルコト
　④他教科ト相俟チテ政治、経済、国防、海洋等ニ関スル事項ノ教授ニ留意スルコト

とあります。各科目の素材としながら、皇国民としての喜び、敬神崇祖の念、神国日本の選民思想、そして侵略する大国民の資質を養成できるよう他教科とも連絡を密にしながら、単に知的観念としてではなく「行」的に「体得」させることなどが教授方針とされていました。国民科は中核教科であるから、それだけ一層他教科との関係を緊密にすることが求められますが、とりわけ、政治・経済・国防・海洋に関しては留意して教授することが求められました。

理数科　理数科はどうでしょうか。「理数科ハ通常ノ事物現象ヲ正確ニ考察シ処理スルノ能ヲ得シメ之ヲ生活上ノ実践ニ導キ合理創造ノ精神ヲ涵養シ国運ノ発展ニ貢献スルノ素地ニ培フヲ以テ要旨トス」と、事物の現象を捉える能力、これを生活に導いて合理的な創造を可能にする精神を養成することで国家の将来に貢献する基礎を培うことが目的とされました。教材構成について、「一つの系統に組織すべきか、或ひは従来の如き算術、理科に分つべきか」大問題ですが、「現在としては既に算術、理科と云ふ二つの相当系統あり組織ある体系が構成せられてゐるのであるから、十分研究せられた後ならば別として、早急の間に一つの系統に体系づけることは大なる冒険である」とし、「文部省としては漸を追うて進むの方針の下に、従来の算術、理科の二系統に従ふことにした」と言います。ただし、従来の「算術」はもはや現代的ではないとして否定され、かつ「数学」ではあまりに学問的過ぎるという理由で「算数」とされました。

同規定はさらに続き、「科学ノ進歩ガ国家ノ興隆ニ貢献スル所以ヲ理会セシムルト共ニ皇国ノ使命ニ鑑ミ文化創造ノ任務ヲ自覚セシムベシ」と、科学の国家的重要性と文化の創造における役割を強調する規定がなされ、「国防ガ科学ノ進歩ニ負フ所大ナル所以ヲ知ラシメ国防ニ関スル常識ヲ養フベシ」と、やはり国防の観点から科学重視が説かれました。

そして数学及び自然科学に対する研究能力の形成を課題とし、そこでは、自発的で持久的な研究態度、また分析的で論理的に考察できる力、さらには全体を直観的に把握する能力も重視されました。従来になく周到な規定で、能力への把握がきめ細かくかつ能力形成について極めて野心的です。

それは日本思想と自然科学・数学との調和を進め、日本独自の科学思想を創造しようとするためでした。日本人は「独創性のない模倣性を持った国民」であるという批判を基に、西洋文化・科学を摂取することに専心せざるを得なかった日本近代化の事情としてやむをえないと捉え、これを克服するために、持久的な研究態度・分析的論理的考察能力・全体的直観的把握力を強調したのでした。近頃の傾向は、便利な出版物によって「極めて手軽」に解決法を得るようになり、「児童自ら考へ自ら解決する熱意が失はれつつある」という現状分析が土台にありました。

また、自然に敵対し征服する「西洋式の分析的、論理的考へ方」だけでなく、日本的思考方法をも重視すべきであるとして全体的で「直覚的な方法」をも採用することが求められました。日本人は肇国の由来からして、「自然に和する態度」を有しているので、「全人格が全く自然に溶け込み、自然と一体となる」ことができるので、これを反映した理数科教育法として、全体的で直観的方法が強調されました。

体錬科

体錬科に目を転じてみましょう。体錬科は、「身体ヲ鍛練シ精神ヲ錬磨シテ闊達剛健ナル心身ヲ育成シ献身奉公ノ実践力ニ培フヲ以テ要旨トス」(第10条)と規定され、(1)身体と精神を一体として鍛えること、(2)国家に奉仕できる実践的な力量を養成することの2点が目的とされ、科目として体操と武道とが設置されました。

解説では、「今回の国民学校案では、特に心身一体の原理を高唱して、あらゆる精神教育は実践と云ふ身体的要素を欠いてはならぬ、あらゆる体育は精神の陶冶を含ましめなくてはならぬ」として、心身一体の原則が強調され、また、「体育と云ふの語は身体を育てると云ふ意味ではない。体育と云ふの

図5-15 縄ない競争

は、身体を通して皇国臣民を錬成し、国家発展のために心身強健なる人的資源を作る教育なのである」として、国家目的を優越し奉仕する原則が強調されました。図5-15は「縄ない競争」で、戦時用の縄を作ることと日常的なお手伝いと心身の鍛練が期待されていました。

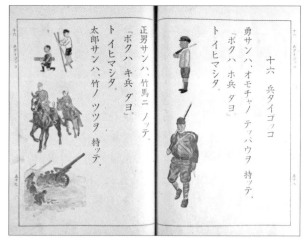

図5-16 国定国語教科書『ヨミカタ2』

体錬科教授上の注意も4点規定されました。(1)躾・姿勢・行動など日常生活で具体化すること、(2)年齢に応じ、かつ、男女の違いをふまえて適切な指導をすること、(3)衛生養護も重視され、(4)戦時下の国防的観点から体力と精神力とが求められました。

芸能科　施行規則第13条で、芸能科には、音楽・習字・図画・工作・裁縫・家事の6科目が設置されました。いずれも実践的な科目で、その実践的「行」を通して、各科目の技能を修練し、情操を陶冶することが目的とされました。「修練」とは、「心身一体の教育を意味し、勤労実践の性格を陶冶し、実習又は体験を通して情操を淳化すること」でした。

教授方針として、単に技能を伝達するだけでなく、技能の修得を通じて精神を訓練すること、例えば、音楽では、歌唱の技術指導だけでなく、愛国精神、敬虔の念、純美な心を涵養すること、習字では、字の練習だけでなく児童の心構えと態度を、裁縫では女子固有の美徳と情操とを養うことが求められました。

教授上の注意では、芸能科は他教科に比して個性を伸ばすことが重視されますが、「従来の所謂個人主義的教育を考へるものでないことは勿論であって、その分に応じて全体に奉仕し、皇運を扶翼し奉る有為なる国民の素質を啓培せんとするものである。尚この際個人主義競争意識をそそるが如き学習態度は厳に戒むべきことであって、個性を発揮しつつも全体に奉仕する態度を養ふべきであり、一層協同相互の精神を養成することが肝要である」と力説されました。

実業科

　実業関係の教科も束ねられて実業科が設置されました。同第20条で農業・工業・商業・水産に関する基礎的知識技能の教育及び勤労の習慣形成と国家的使命感の形成とが目的とされました。

　科目設定については、農山村・商工都市・漁村等の地方の状況に応じて、他科目教材を併合して課することが可能とされました。また、職業指導と外国語の項目も独自に規定され、両項目ともに国民大衆教育の課題として認識されつつあったことがわかります。

　時代的課題は、戦時下特有の要請とも結びつけられ、同規定には、産業と国防そして海外発展に関して適当な指導をすることが規定されました。「近時の戦争が所謂『総力戦』であり、国防が国家の経済力、産業の充実に負ふ」という認識の下に、産業と国防と侵略とを関連づけて実業科教育を進めることが求められました。

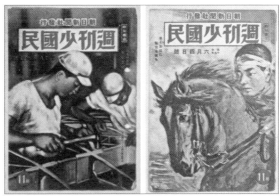

図5-17 少年雑誌「週刊少国民」

　以上、(1)国民科、(2)理数科、(3)体錬科、(4)芸能科、(5)実業科の5教科とそれを構成する各科目の特徴について検討してきました。戦時下の軍国主義的要請を受けることで、効果的で効率的な教育内容・方法への追究がなされ、第2次大戦前としてはかなり近代化されたものに改善されました。科学戦争、総力戦に対応するために大正期・昭和期における諸科学の発達及び教育実践の研究成果を取り込まざるを得なかったからでした。

軍国主義下の人間像

　さて、軍国主義化の教育課程において、どのような人間像が期待されたのかをまとめておきましょう。教育課程の基準では、従来の領域概念よりも能力開発が重んじられ、随所に育成すべき「力」と「能力」が明示されています。たんに各教科などの領域の知識を与えればよいというのではなく、それらが確実に機能するための能力を育成することが要請されています。その意味で、これまで以上に科学的な知識と技術が求められ、創

造的で開発的な自ら考える力が求められるようになりました。そのために実験的で実践的、あるいは体験的活動を通しての学習が重視されるようになりましたが、さらに「行」的に「修錬」することが求められています。

　そうなると、ある種の神がかり的な臭みを伴うことになります。そこで期待される人間像は、天皇制国家の臣民として生れたことを喜びとして両親を敬い神に感謝し天皇に身をささげ、戦争が起きた時は戦士としてお国のために戦うという精神、この精神を具現化するための実践的な修養として各教科・学校行事の体験的活動が位置づけられています。そしてこれを体得した臣民は、他国の国民よりも優れていると過信し、他国への侵略を正当化してしまうのです。それが天皇の臣民として国家に奉仕することであると信じてしまう人間像でした。

◆ 参考文献

1. 文部省内教育史編纂会代表関屋隆吉『明治以降教育制度発達史』 第7巻・第8巻 教育資料調査会　1938年・1939年
2. 文部省実業学務局編纂『公民教育講演集』 1924年
3. 水原克敏『現代日本の教育課程改革』 風間書房　1992年
4. 文部省普通学務局編纂『公民教育資料集成』 帝国公民教育協会　1933年
5. 山田孝雄『国体の本義』 宝文館　1936年
6. 文部省普通学務局『郷土教育講演集』 刀江書院　1933年
7. 文部省『国民学校教則案説明要領及解説』 日本放送出版協会　1940年
8. 『現代史資料 42 思想統制』 みすず書房　1976年
9. 近代日本教育制度史料編纂会石川謙『近代日本教育制度史料』 第2巻、第7巻、第14巻　講談社　1979年、1980年、1980年
10. 堀尾輝久『天皇制国家と教育』 青木書店　1987年
11. 村上重良『国家神道と民衆宗教』 吉川弘文館　1982年
12. 『国語教育講座　国語教育問題史』 刀江書院　1951年
13. 三羽光彦『高等小学校制度史研究』 法律文化社　1993年
14. 戸田金一著『昭和戦争期の国民学校』 吉川弘文館　1993年
15. 文部省教育調査部『高等学校関係法令の沿革』 1940年
16. 山本信良・今野敏彦『近代教育の天皇制イデオロギー』 新泉社　1987年

17. 『教育審議会総会会議録 附録第1〜8輯』近代日本教育資料叢書 史料編3 宣文堂 1971年
18. 『教育審議会諮問第一号特別委員会会議録 第1巻 第1〜4輯』 近代日本教育資料叢書 史料編3 宣文堂 1970年
19. 『教育審議会諮問第一号特別委員会会議録 第2巻 第5〜8輯』 近代日本教育資料叢書 史料編3 宣文堂 1970年
20. 『教育審議会諮問第1号特別委員会整理委員会会議録 第5巻 第1〜2輯』 近代日本教育資料叢書 史料編3 宣文堂 1970年

◆ 図表等

扉の図 (1)　1944 (昭和19) 年学校系統図、文部省『学制120年史』 ぎょうせい 1992年
扉の図 (2)　1933 (昭和8) 年と1941 (昭和16) 年の教科書、唐澤富太郎『明治百年の児童史 下』 講談社 1968年
扉の図 (3)　学芸会「進軍」、『写真記録 昭和の歴史2 非常時日本』 小学館 1984年
図5-1　明石国民学校、『写真記録 昭和の歴史3 太平洋戦争と進駐軍』 小学館 1984年
図5-2　国体の本義、文部省『国体の本義』 文部省 1937年
図5-3　国民学校生徒の防毒ガスマスク訓練、前掲『写真記録 昭和の歴史2 非常時日本』 1984年
図5-4　新国民礼法掛図、前掲『明治百年の児童史 下』
図5-5　大日本国民教育会『文部省制定 礼法要項』、大日本国民教育会 1941年
図5-6　竹やり訓練、1943年岡山県御休村尋常高等小学校で国防婦人会の竹槍訓練『庶民のアルバム 明治・大正・昭和』 朝日新聞社 1975年
図5-7　勤労奉仕、唐澤富太郎『図説 近代百年の教育』 国土社 1967年
図5-8　中目黒国民学校生徒の奉安殿前で捧げ銃、前掲『写真記録 昭和の歴史3 太平洋戦争と進駐軍』
図5-9　栃木県師道修養会、同上
図5-10　国民学校3年生への修身教育、前掲『写真記録 昭和の歴史3 太平洋戦争と進駐軍』
図5-11　出征兵士を見送る、前掲『写真記録 昭和の歴史2 非常時日本』
図5-12　作業実習、前掲『写真記録 昭和の歴史3 太平洋戦争と進駐軍』
図5-13　国定の国語教科書『ヨミカタ1』、文部省 日本書籍 1941年
図5-14　国定の修身教科書『初等科修身3』、文部省 1943年

図5-15	縄ない競争、前掲『写真記録 昭和の歴史2 非常時日本』	
図5-16	国定国語教科書『ヨミカタ2』、日本書籍　1941年	
図5-17	少年雑誌「週刊少国民」(1944年)、前掲『明治百年の児童史 下』	
表5-1	1941(昭和16)年の国民学校教科構成表、文部省『国民学校並二幼稚園関係法令ノ沿革』調査資料第11輯　1943年	
表5-2	国民学校初等科の教育課程表、同上	
表5-3	国民学校高等科の教育課程表、同上	

第6章 第2次大戦後の民主主義社会を担う市民像
―経験主義の1947年・1951年学習指導要領―

(1) 1949（昭和24）年学校系統図

(2) 教科書『民主主義』

(3) 学級自治会

GHQの日本占領による民主主義改革

第2次大戦後は、GHQ（連合国軍司令官最高司令部）が日本を占領統治し、明治維新に次ぐ過激な民主主義改革を進めました。項目だけ挙げておきますと、(1)日本軍隊の解体と非軍事化、(2)言論・思想信教の自由、(3)政治犯釈放と軍国主義者の公職追放、(4)6・3・3・4の教育制度、(5)女性の参政権、(6)財閥解体、(7)農地改革、(8)労働運動の奨励などです。

戦前は複線型教育制度でしたが、戦後改革では民主主義を志向して、誰もが中等教育や高等教育を受けやすいように、6・3・3・4制度の単線型教育制度が採用されました。その根底には、民主主義社会を形成する上で、男女とも18歳まで中等教育を修了していることが不可欠であるという認識がありました。戦前の教育制度は複線型で、多くの国民は小学校に次いで職業的な学校に進んでも、中等学校や高等学校には進学できない袋小路の教育制度になっていましたし、女性に至ってはさらに差別された進学条件にありました。戦後改革では、それらの問題が改められて、いわゆる「男女平等」と「教育の機会均等」を重視した単線型教育制度が設定されたのでした。能力さえあれば誰でも中等教育から高等教育まで進学することが容易になりました。

図6-1 GHQ の民主主義改革

1947(昭和22)年学習指導要領(小学校)

さて、教育課程ですが、1947(昭和22)年の学習指導要領と1951(昭和26)年改訂により基準が試案として出されました。小学校・中学校・高等学校のそれについて検討します。

戦後最初の『学習指導要領　一般編』（試案）が文部省より出版されたのは、教育基本法と学校教育法が制定される前の1947年3月20日でした。同年5月23日の学校教育法施行規則によって、小中高の教育課程の基準は「学習指導要領による」と規定されますが、厳密には事前の学習指導要領に適用されませんので、学習指導要領（試案）は改めて1948年5月5日に修正発行されました（図6-1）。これによって法的位

置付けのある学習指導要領が出されたことになります。ただし修正発行されたことが、その法的整合性を確保するためか、単なる誤植修正かは学習指導要領には明示されていません。いずれにしても、当初は戦後の動乱の中で、その法的位置づけがなされないままに、新学期に間に合わせるために、まず教科書が作成され、次いでこれに合わせて学習指導要領が作成され、最後に法的整備が図られるという展開でした。

図6-2 昭和23年度の学習指導要領一般編(試案)

さて、学習指導要領は新しい時代を次のように表現しています。「この書は、学習の指導について述べるのが目的であるが、これまでの教師用書のように、一つの動かすことのできない道をきめて、それを示そうとするような目的でつくられたものではない。新しく児童の要求と社会の要求とに応じて生まれた教科課程をどんなふうにして生かして行くかを教師自身が自分で研究して行く手びきとして書かれたものである。」と。

まず、「教育の一般目標」では、個人生活・家庭生活・社会生活・経済生活及び職業生活それぞれについて、数項目の目標があげられ全25項目に及んでいます。児童・生徒の生活を豊かにするために教育を計画する、一言でいえば、生活経験主義の教育課程です。そのために第2章で「児童の生活」が分析され、「目標に向かって行く場合、その出発点となるのは、児童の現実の生活」であると、教育課程編成の原則が明示されています。戦前のように国家ではなく児童の側から編成するという原則です。

図6-3 昭和20年代の子どもたち

そして学習指導要領は、教育課程について、「どの学年でどういう教科を課するかをきめ、また、その課する教科と教科内容との学年的な配当を系統づけたものを教科課程」であるとしています。その設定については、「教科課程は、それぞれの学校で、その地域の社会生活に即して教育の目標を吟味し、その地域の児童青年の生活を考え

て、これを定めるべきものである」と強調していました。この時代は「教科課程」という名称でしたが、後年、教科のほか教科外の活動と様々な学習経験も入れて教育する計画を立てるようになると、教育課程という概念が使われるようになります。

小学校の教科　小学校の教科は、国語・社会・算数・理科・音楽・図画工作・家庭・体育・自由研究の9科目が設定されました。従来の修身・公民・地理・歴史がなくなり、社会科・家庭科・自由研究の3科が新しい科目です。文部省によりますと、社会科は、「従来の修身・公民・地理・歴史を、ただ一括して社会科という名をつけたというのではない。社会科は、今日のわが国民の生活から見て、社会生活についての良識と性格とを養うことが極めて必要であるので、そういうことを目的として、新たに設けられたのである。これまでの修身・公民・地理・歴史などの教科の内容を融合して、一体として学ばれなくてはならないのであって、それらの教科に代わって、社会科が設けられたわけである」と説明されています。修身・公民・地理・歴史の教科を融合した科目ということでしたが、その内容と教え方はどうしたらいいのか、大きな問題になりました。社会科は戦後民主主義を進める重要な科目として、また教育課程のコア・カリキュラムとしての役割を担うことになります。

家庭科（図6-4）は、「これまでの家事科と違って、男女ともにこれを課することをたてまえとする。ただ、料理や裁縫のような、内容が女子にだけ必要と認められる場合には、男子にはこれに代え、家庭工作を課することに考えられている」と説明されました。ここには戦後

図6-4 男女とも裁縫の授業

民主主義の男女平等観が表れています。「女子にだけ必要」という時代的限界はあるものの、とりあえず男女ともに課されたことは画期的なことでした。

自由研究　自由研究はどうでしょう。学習指導要領では、「児童の個性によっては、その活動が次の活動を生んで、一定の学習時間では、その活動の要求を満足させることができないような場合」に「自由研究」をすると説明しています。例えば、音楽の時間に器楽を学び、人並み以上の関心を持つ児童生

徒が居たとすると、これを教育的に生かそうという考え方です。毛筆に関心を持つ児童生徒が居るなら、「自由研究として書道を学ばせ」るということです。その結果、「ある児童は工作に、ある児童は理科の実験に、ある児童は書道に、ある児童は絵画に」特別の関心を示すなら、「学年の区別を去って、同好のものが集まって、教師の指導とともに、上級生の指導もなされ、いっしょになって、その学習を進める組織、すなわちクラブ組織」が発足することになります。音楽クラブ、書道クラブ、手芸クラブ、スポーツクラブ等々です。なお、学校・学級全体のための委員や当番の仕事を自由研究の時間にあてる仕方もひとつの方法であると付言されています。いずれにしても、「児童の負担を考えて、その伸縮をすることは、これまた、教師や学校長の判断に委せたい」ということでした。

さて、表6-1は学習指導要領掲載の時間数ですが、様々な教育的配慮から時間数を変化させることが認められています。「たとえば、学芸会、全校運動会、農繁期の手伝いといったことの教育的価値を認めるならば、そのために、十分の時間をとっておくようにしなくてはならないし、理科の指導は、自然の活動の盛な時に、多くの時間をあてるように計画する」などです。1年の計画、各学期・月・週の計画という段取りで遂行しますが、教師はこれを主体的に立案することが肝要で、その場合、学級会、学校園・農園作業、協議会、遠足、見学、学校放送などの児童活動を組み入れることが大切であると注意されています。

表6-1 1947(昭和22)年の小学校の教育課程と時間数

	1	2	3	4	5	6
国　語 [1260-1365]	175(5)	210(6)	210(6)	245(7)	210—245 (6—7)	210—280 (6—8)
社　会 [980-1050]	140(4)	140(4)	175(5)	175(5)	175—210 (5—6)	175—210 (5—6)
算　数 [805-910]	105(3)	140(4)	140(4)	140—175 (4—5)	140—175 (4—5)	140—175 (4—5)
理　科 [525-595]	70(2)	70(2)	70(2)	105(3)	105—140 (3—4)	105—140 (3—4)
音　楽 [420-525]	70(2)	70(2)	70(2)	70—105 (2—3)	70—105 (2—3)	70—105 (2—3)
図画工作 [525-560]	105(3)	105(3)	105(3)	70—105 (2—3)	70(2)	70(2)
家　庭 [210]					105(3)	105(3)
体　育 [630]	105(3)	105(3)	105(3)	105(3)	105(3)	105(3)
自由研究 [210-420]				70—140 (2—4)	70—140 (2—4)	70—140 (2—4)
総　時　間 [5565-5915]	770(22)	840(24)	875(25)	980—1050 (28—30)	1050—1190 (30—34)	1050—1190 (30—34)

※( )内の数字は、1週間の平均授業時間数。総時間数は年間35週の計算。
※[ ]内の数字は、筆者が合算したもの。

興味深いのは、3年生以下については6日間通学が負担になるので、週休2日制も可能であるとか、また、時間の持ち方も、一時間を20分×3、あるいは30分×2などのありかたも提案されていることです。それは「児童の発達、教科の性質」をふまえ、活動を効果的に編成することが求められるからです。例えば、児童が相談しあう時間、理解のための時間、熟練のための時間、情操を高める時間、表現のための時間、自由時間そして休み時間などを組合せることです。そして1日のプログラムが提案されています。

図6-5 「山びこ学校」の教育実践

9:00	相談の時間。歌を歌う。できごとを話し合う。今日の計画を話し合う。
9:15	社会科。仕事の進行について話し合い、その仕事をおたがいに反省し、今日の話し合いの題をきめる。話し合う。これに関係した表現活動をする。
10:15	体育、自由遊戯。児童一人一人について栄養と休息のプログラムを話し合う。
11:10	国語、話し方、作文－お話を書く。
12:00	昼食、休み。運動場で遊ぶ。
1:00	算数。個人指導を主とする、特殊の児童たちには新しく考える問題を提出する。
1:40	音楽、練習、鑑賞。
2:00	休憩。
2:10	国語。読みの練習を主とする。成績のわるい児童の指導をする。
2:40	図画工作、または自由研究。
3:30	放課。

国民学校令時代のカリキュラムと比較するなら、社会科と自由研究とによって児童生徒の生活を尊重し、その観点から学習全体が計画されていることは、まさに国民主権への転換と言ってよいでしょう。社会科と自由研究両科の総時間数に占める割合は、6年生の場合30％〜20％に及び、児童生徒の社会認識と自発性の形成とが、いかに大きな割合を占めていたかがわかります。児童生徒が学習の主体であることを確認し、その発達と生活そして思考・表現・休憩等々を考慮して、教育課程が計画されていたと言えます。

1951(昭和26)年改訂(小学校)

4年後には学習指導要領が改訂されました。『学習指導要領　一般編(試案)昭和26年(1951)改訂版』によって、提示された教科とその性格、そして時間数(表6-2)について見てみましょう。表6-1と比較するなら、(1)時間配当が時間数ではなく割合(％)で表示され、かつ一定の裁量の余地が広げられたこと、(2)教科が大きく4領域に分けられて表示され、その構成原理に変化が予想されること、そして(3)新教育の眼目のひとつであった自由研究が見当たらないことが特徴です。

まず、特徴の第1点、戦後教育の児童尊重・地方自治の原則の反映です。「地域社会の必要や子供の必要を考えて、教育課程を作るべきであるという原則からいえば、各教科に全国一律の一定の動かし難い時間を定めることは困難である」と説明されました。その結果児童生徒の発達をふまえ、学年毎の総時間数については、1～2年生870時間、3～4年生970時間、5～6年生1050時間(教科と教科外活動)と「基準」が設定され、その上で、「この教科に対する時間配当表は、およその目安をつけるために作られたものであって、これを各学校が忠実に守ることを要求するものではない。これは各学校がそれぞれの事情に応じて、よくつりあいのとれたよい時間配当表を作るための参考資料に過ぎない」と、学校毎の時数設定が奨励されました。

表6-2 1951(昭和26)年小学校の時間配当の例

	1　2	3　4	5　6
国語算数	45～40％	45～40％	40～35％
社会理科	20～30％	25～35％	25～35％
音楽図画工作家庭	20～15％	20～15％	25～20％
体育	15％	10％	10％
計	100％	100％	100％

備考
1. この表は教科の指導に必要な時間の比率だけを示しているが、学校は掲げられた教科以外に教育的に有効な活動を行う時間を設けることがのぞましい。
2. 教科と教科以外の活動を指導するに必要な一年の総時間は、基準として次のように定められる。
　第1学年および第2学年　　　870時間
　第3学年および第4学年　　　970時間
　第5学年および第6学年　　 1050時間

第2は時間数の配当が教科毎ではなく、4領域に分けられたのは、どのような理由によるのでしょうか。文部省の説明では、「主として学習の技能を発達させるに必要な教科(国語、算数)、主として社会や自然についての問題解決の経験を発展させる教科(社会科、理科)、主として創造的表現活動を発達させる教科(音楽、図画、工作、家庭)、主として健康の保持増進を助ける教科(体育科)に分ち、それぞれ4つの領域に対して、ほぼ適切と考えられる時間を全体の時間に対する比率をもって示した」ということでした。国語と算数は、他の教科などを学習するための道具であり、

第2次大戦後の民主主義社会を担う市民像 ―経験主義の1947年・1951年学習指導要領―

社会科と理科は、人間が現実に直面する問題領域の教科で、音楽・図画工作・家庭科は、美的・生活的表現活動の領域の教科、体育は健康維持・体力増進の教科という位置づけです。4領域構成ですが、「同じグループに集められた教科は、それを統合して扱うことを必ずしも意味しない。いくつかの教科の領域を統合して扱うどうかは、学校の事情によって決定せらるべきことである」と説明されました。それは、当時推進しつつあった経験主義の学習法すなわち「郵便屋さんごっこ」・「ままごと」など合科学習の教育実践を進めることが期待されていたものと判断されます。

図6-6 社会科教科書『たろう』

教科以外の活動

自由研究から変更して「教科以外の活動」が設定されました。表6-2では、教科指導の時間だけを表示していますが、その備考1によると、「学校はここにかかげられた教科以外の教育的に有効な活動を行う時間を設けることがのぞましい。」として時間設定を求めています。ただし、その教科以外の教育の時間数がどの程度に想定されていたかは知ることができません。文部省の説明では、教科及び教科外を含めた総時間数が記されているだけで、1～2年生は1週間に23時間、3～4年生は同25時間30分、そして5～6年生は28時間、1年38週の指導とあるだけです。

元来、自由研究のありかたとして、(1) 教科の発展としての自由な学習、(2) クラブ組織による活動、そして (3) 当番や学級委員の仕事などがあげられていましたが、今回の改正でも入れられています。しかし、(1) の点は、「各教科の学習の時間内にその目的を果たすことができるようになったし、またそのようにすることが教育的に健全な考え方」であると判断されて、自由研究の内容から外されました。(2)(3) は、児童会・委員会・学芸会・展覧会・音楽会・クラブ活動などで「教育的に価値」があるとして残され、名称変更して「教科以外の活動」とされました。

その第1の分類が (1)「民主的組織の下に、学校全体の児童が学校の経営や活動に協力参加する活動」で、(イ) 児童会、(ロ) 児童の委員会、(ハ) 児童集会、(ニ)

奉仕活動などです。児童会はこれまで自治会でしたが「自治会というときには学校長の権限から離れて独自の権限があるかのように誤解されるおそれがある」ということで、児童会とされました。第2の分類は「学級を単位としての活動」で、(イ)学級会、(ロ)学級内の各種委員会です。「学級に関するいろいろな問題を討議し解決するために、学級の児童全体が積極的に参加する組織」で、「民主社会のよい市民としての性格や態度」形成が目的です。そして第3の分類は「クラブ活動」です。「学年の区別を去って特殊な興味をもつ子供が、クラブを組織し自己の個性や特徴を」伸ばすことが目的とされ、例えば、音楽クラブ、演劇クラブ、科学クラブ、絵画クラブ、手芸クラブ、スポーツクラブなどが想定されています。

このような活動によって、学校組織・運営への参加による自治能力、意見の発表能力、学校の問題を解決する能力、企画力・協同性、奉仕の精神、健康な体力増進、有効な時間の活用能力そして芸術への鑑賞力など新しい時代への社会的資質形成が目的とされたのでした。

1947(昭和22)年学習指導要領(中学校)

さて、新制中学校ですが、これは6・3制の中核となる画期的な学校として誕生しました。『新学校制度実施準備の案内』(1947年)では、「国民学校初等科を卒える者の約20％だけが中等学校へ進み、残りの約80％は国民学校高等科と青年学校に入るのであって、このようなことは非民主的で教育的にも不合理であり、また国家再建に対して国民の能力を充分に発揮させるゆえんでもない」。改革の「最も重要な点は、すべての者に対して一様に小学校と中学校とを通して9年間の教育を行うということである」。「中学校の主な目的は、青少年を健康で責任感の強い且つ立派な公民に育て、おのおのその才能を発揮させるように援助し指導することにある」と力説されています。

図6-7 新潟県下の新制中学校の発足

しかし、これまで存在しなかった学校ですので、校舎をはじめ入学生徒の指名や教育課程の設定など新制中学校の創設には大変な苦労がありました。図6-7は机も椅子もなくて床で勉強している中学生たちです。

最初の『学習指導要領　一般編（試案）昭和22年度』によれば、中学校の教科は、表6-3のように、国語・習字・社会・国史・数学・理科・音楽・図画工作・体育・職業（農業・商業・水産・工業・家庭）の10科目が必修科目で、外国語・習字・職業・自由研究の4科が選択科目とされました。職業科は男女にかかわらず5教科から1科目又は数科目を選択して学習しますが、「生徒がどの科目を選択するかについては、その将来の生活について、十分考えるように指導して、これを決定させ」るとされています。選択科目は4教科ですが、職業科の科目も含めると、延べ8科目に及び、かなり広い範囲の中で、生徒の選択が認められたことになります。

表6-3 1947（昭和22）年の新制中学校教科課程の時間数

		7	8	9
必修科目	国　語	175(5)	175(5)	175(5)
	習　字	35(1)	35(1)	
	社　会	175(5)	140(1)	140(4)
	国　史		35(1)	70(2)
	数　学	140(4)	140(4)	140(4)
	理　科	140(4)	140(4)	140(4)
	音　楽	70(2)	70(2)	70(2)
	図画工作	70(2)	70(2)	70(2)
	体　育	105(3)	105(3)	105(3)
	職　業（農業、商業、水産、工業、家庭）	140(4)	140(4)	140(4)
	必修科目計	1050(30)	1050(30)	1050(30)
選択科目	外国語	35—140 (1—4)	35—140 (1—4)	35—140 (1—4)
	習　字			35(1)
	職　業	35—140 (1—4)	35—140 (1—4)	35—140 (1—4)
	自由研究	35—140 (1—4)	35—140 (1—4)	35—140 (1—4)
	選択科目計	35—140 (1—4)	35—140 (1—4)	35—140 (1—4)
総	計	1050—1190 (30—34)	1050—1190 (30—34)	1050—1190 (30—34)

※（　）内の数字は、1週間の授業時間数。1年は35週。

　学習指導要領も説いているように、この教科表で一番注意されるのは、必修科目と選択科目とを設けたことです。「これらのどれを選ぶかは、生徒の考えできめるのを本来とするが、学校として生徒の希望を考慮してきめてもよい」、「外国語2時間、職業科2時間をあてることもできるし、自由研究に4時間をあててもよい」とされています。全体的に、生徒個人の要求を前提としていますが、学校側で設定しても良いとされたことで、実質的に学校側が選択して設定することになりました。

　ところで、新制中学校は大変画期的な制度でしたが、1947（昭和22）年の学習指導要領の説明は総2頁と少なく、妙に具体的なイメージが結べない内容でした。教育課程・内容に具体性が欠けたのは、やはり、時間不足で間に合わなかったということでしょう。

1949（昭和24）年「新制中学校の教科と時間数」改正

　間もなく1949（昭和24）年5月28日「『新制中学校の教科と時間数』の改正について」が出され、当面の措置として表6-4のように改正されました。この時期になると、ようやく具体性が持て、1単位時間を50分、休息時間10分そして年間授業時数なども

確定されました。主要な改正点は、第1に、各科の授業時数に幅を持たせたこと、第2に、必修教科の総時間数を少なくし、選択教科の数及び時間数を増したこと、第3に、体育科を保健体育にしたこと、第4に、国史を日本史に変更したこと、第5に、家庭科と職業科を共通の時間設定にしたこと、第6に、自由研究を廃止して特別教育活動に変更したこと、そして第7に、選択教科に「その他の教科」を設定したことという7点です。

表6-4 1949(昭和24)年5月中学校教育課程時間配当表

		1学年	2学年	3学年
必修教科	国 語	140-240	140-210	140-210
	習 字	35-70	35-70	
	社 会	140-210	105-175	140-210
	日 本 史		35-105	35-105
	数 学	140-175	105-175	105-175
	理 科	105-175	140-175	140-175
	音 楽	70-105	70-105	70-105
	図画工作	70-105	70-105	70-105
	職業家庭	105-175	105-175	105-175
	保健体育	105-140	105-140	105-140
小 計		910-1015	910-1015	910-1015
選択教科	外 国 語	140-210	140-210	140-210
	職業家庭	105-140	105-140	105-140
	その他	35-210	35-210	35-210
特別教育活動		70-175	70-175	70-175

新制中学校の教育課程・内容上の大きな問題は、国民全体の教育機関という新たな位置づけに対応して、国民共通の教養をどう捉えるか、また、普通教育と職業教育の在り方をどうするか、という2点に集約されます。

表6-5 1951(昭和26)年の中学校教科課程の時間配当

		1	2	3
必修教科	国 語	175—280	175—280	140—210
	社 会	140—210	140—280	175—315
	数 学	140—175	105—175	105—175
	理 科	105—175	140—175	140—175
	音 楽	70—105	70—105	70—105
	図画工作	70—105	70—105	70—105
	保健体育	105—175	105—175	105—175
	職業・家庭	105—140	105—140	105—140
小 計		910—1015	910—1015	910—1015
選択教科	外 国 語	140—210	140—210	140—210
	職業・家庭	105—140	105—140	105—140
	その他の教科	35—210	35—210	35—210
特別教育活動		70—175	70—175	70—175

備考
(a) 本表の時間数は1年間の最低および最高を示し、1単位時間を50分と表わしたものである。ただしこれには教室を移動する時間は含まれていない。
(b) 教室移動および休憩に要する時間は10分以内にとどめるのが望ましい。ただし昼食のための休憩は、50分までのばすことができる。これらの時間はこの表に計算されていない。
(c) 必修教科についての年・学期・月・週および日の指導計画は最低910時間、最高1015時間の範囲内で計画されなければならない。
(d) 最低総時数を1015時間とする。この最低時数で授業する学校では必修教科の時数は、年間のその最低時数たる910時間にすることが望ましい。
(e) これまでの習字は国語の中に、日本史は社会の中に含まれている。その運営は各学校の生徒の必要に応じて適宜計画されるものとする。

従来、進学校に進んでいた者も同一の中学校に収容して、職業科と家庭科の両科を男女ともに必修として課したことは画期的なことでした。その内容は両科とも社会生活・家庭生活の基礎的知識と実技に内容を限定して共通必修とし、特に、中学校だけで学校教育を終了する者には、職業科及び家庭科を選択させ、「職業を得るのに有用な知識と技能を与え」、「生徒の必要と社会の要請にこたえ得るように計画すること」と指示されました。

また、自由研究から特別教育活動への変化については、前節での小学校教育課程の「教科以外の活動」の趣旨と同様ですが、「特別教育活動は、運動、趣味、娯楽、ホームルーム活動、その他生徒会などの諸活動、社会的公民的訓練活動等を含む」という内容で、ホームルームだけは特に「週あたり少なくとも一時限以上実施」することとし、その意義について、「生徒の諸活動及び生徒指導の基礎集団として、即ち『学校における家庭』として、まず生徒を楽しいふん囲気におき、生徒の諸問題をとりあげてその解決に助力し、その個人的、社会的、公民的な成長発達をはかるものである」と説明されました。

1951（昭和26）年改訂（中学校）

　さらに『学習指導要領　一般編（試案）昭和26年改訂版』において（表6-5）、教科は、必修教科として国語・社会・数学・理科・音楽・図画工作・保健体育・職業家庭の8科目に、選択科目として外国語・職業家庭・その他の教科の3種類の科目に、そして特別教育活動という構成となりました。小学校の学習指導要領では、教科が4領域構成で合科教授も可能とするなど著しく経験主義的でしたが、中学校では、経験主義を基調としつつ、すべての教科が独立し分科した配置であることと、「特別教育活動」が設定されたことが相違点です。

　各教科の動向を見ると、まず習字と日本史の取り扱いについては、それぞれ国語と社会科に含められました。保健体育は、「身体活動と保健衛生の両面を含む」ことになりました。職業・家庭科は、農業・商業・水産・工業・家庭の5科目に分かれていましたが、「この組織では広い分野にわたる職業的、家庭的な経験を生徒に与えることは困難」であったと反省して、一科にまとめられました。

特別教育活動

　それからこの時期の学習指導要領には、特別教育活動についての熱い思いが感じられます。そこでは、「教育の一般目標の完全な実現は、教科の学習だけでは足りないのであって、それ以外に重要な活動がいくつもある。教科の活動ではないが、一般目標の到達に寄与するこれらの活動をさして特別教育活動と呼ぶのである。したがって、これは単なる課外ではなくて、教科を中心として組織された学習活動でないいっさいの正規の学校活動なのである」。「特別教育活動は、生徒たち自身の手で計画され、組織され、実行され、かつ評価されねばならない」、教師の指導は「いつも最小限度にとどめるべきである」。

「生徒はみずから民主的生活の方法を学ぶことができ、公民としての資質を高めることができる」と説明されました。

主要なものとしては、ホームルーム、生徒会、クラブ活動そして生徒集会の4本柱で、ホームルームは、「大きな学校生活を構成する一つの単位として、すなわち『学校における家庭』」という位置づけであり、生徒会は、「民主主義の原理を理解することができ、奉仕の精神や協同の精神を養い、さらに団体生活に必要な道徳を向上させること」ができる有意義な活動と位置づけられました。全生徒は各種委員会や評議会活動を通して「学校生活を改善するためのいろいろな問題の解決に参加する」ことが期待されました（図6-8 学級自治会）。

図6-8 学級自治会

表6-6 1947（昭和22）年の高等普通教育を主とする新制高等学校の教科と時間数

教科			総時数	第1学年	第2学年	第3学年
必修教科	国語		315	105 (3)	105 (3)	105 (3)
	社会		175	175 (5)		
	体育		315	105 (3)	105 (3)	105 (3)
	小計		805	385 (11)	210 (6)	210 (6)
選択教科	国語	漢文	210	70 (2)	70 (2)	70 (2)
		書道	210	70 (2)	70 (2)	70 (2)
		文学	210	70 (2)	70 (2)	70 (2)
	社会	史学史	175		175 (5)	175 (5)
		東洋史	175		175 (5)	175 (5)
		西洋史	175		175 (5)	175 (5)
		人文地理	175		175 (5)	175 (5)
		時事問題	175		175 (5)	175 (5)
	数学	解析(1)	175	175 (5)		
		幾何	175		175 (5)	
		解析(2)	175		175 (5)	
	理科	物理	175		175 (5)	
		化学	175		175 (5)	
		生物	175		175 (5)	175 (5)
		地学	175		175 (5)	175 (5)
		音楽	210	70 (2)	70 (2)	70 (2)
		図画	210	70 (2)	70 (2)	70 (2)
	工作		210	70 (2)	70 (2)	70 (2)
	外国語		525	175 (5)	175 (5)	175 (5)
	実業	農業				
		工業				
		商業	1400	350 (10)	525 (15)	525 (15)
		水産				
		家庭				
総計			3150～3570	1050～1190 (30)～(34)	1050～1190 (30)～(34)	1050～1190 (30)～(34)

備考 1. 社会・数学および理科はそれぞれの内1科目は選択の上必修すべきものとする。
2. 上記の時間数は1年を35週とみた場合の総時数および週当りの時数を表したものである。
3. 学習総時数並びに選択教科配当時数はその基準を示したものであるから学校長の裁量により適宜増すことができる。

この説明から、生徒会活動を問題解決学習の実際的な訓練の場として位置づけられていたこと、さらには、民主主義の市民形成にとっても欠かすことのできない経験であると捉えられていたことを知ることができます

さらに、クラブ活動ですが、「当然生徒の団体意識を高め、やがてそれが社会意識となり、よい公民としての資質を養うことになる。また、秩序を維持し、責任を遂行し、自己の権利を主張し、いっそう進歩的な社会をつくる能力を養うこともできる」と説明されています。そして全校生

徒集会では、討論・演劇・音楽会など「生徒がみずから企画し、司会することによって、上級生も下級生も、進んで語り合い、発表し合うことは、生徒の個性の成長を促すとともに、よい校風をかもし出させる上にも、たいせつなことである」と説明されています。

　以上が、『学習指導要領　一般編（試案）昭和26年改訂版』の中学校に関する特徴ですが、まとめますと、第1に、時間裁量の幅を設定し、地域の実情と学校・子供の側の必要性の観点から選択可能になったこと、第2に、習字と日本史の扱いも含めて国語と社会科の教科編成が確定したこと、第3に、体育に保健が付加されて保健体育に改正されたこと、第4に、職業・家庭科というひとつの科が成立したこと、第5に、自由研究が「その他の教科」と「特別教育活動」とに分けられ、それぞれの独自の意義と役割が提示されたこと、そして第6に、「特別教育活動」は民主主義の原理と生活の方法を学ぶ活動として位置づけられたこと、という6点が特徴です。

高等学校の教育課程

　新制高等学校は、戦後民主主義の新しい制度として発足しました。1947（昭和22）年3月31日の学校教育法で、「高等学校は、中学校における教育の基礎の上に、心身の発達に応じて、高等普通教育及び専門教育を施すことを目的とする」と定められました。そして同年12月27日の「新制高等学校実施準備に関する件」では、「希望者がもれなく進学し得るようになることが望ましい」ことと、「新制高等学校の教育を受け得る機会は男子にも女子にも同じように与えられるべきであり、その教育内容も全く同じ水準でなければならない」という原則が明らかにされました。「過去においては中等学校は上流あるいは中流階級の子女のためにのみ限定された傾向もあったが、新制中（等）学校は階級的な差別をことごとく払い去って資質があれば誰でも均しく一様に学修できるようにしなければならない。そして新制高等学校はその教育を通して旧弊な封建的思想を排除して、正しい民主的思想を樹立するように活動するべきである。これを要するに学校の少ない地方においては、総合的な学校が地方の必要性に最も適合すると思われるので、この行き方を勧奨する」という民主主義の理念が強調されました。

国民に共通の教養

　新制高等学校の教科課程に関する初めての措置であった「新制高等学校の教科課程に関する件」（1947年4月7日）では、戦前まで複線型教育制度によってエリートと庶民教育とが分断

されていた後期中等教育段階が等しく高等学校として位置づけられ、3種の教育課程（教科課程）が提示されました。(1) 高等普通教育を主とする教育課程の「進学課程」と「職業課程」の2種、そして (2)「実業を主とする教科課程」の29種で、合計31種が設定されました。いずれの場合も卒業に必要なのは85単位で、国語・社会・体育を必修教科（20〜25%）とし、「国民に共通の教養」の形成と進路に応じた教科選択・単位取得の方法が採用されました。

「国民に共通の教養」（表6-7）は、進学課程か職業課程かにかかわらず共通に学ぶべき課程として構想され、国語・社会・体育・数学・理科の5教科38単位で設定されました。高校進学者は民主主義社会の中堅的役割を担うことが期待されていたので、どんな進路に進もうとも「国民に共通の教養」を学ぶべきこと、また、

表6-7 国民に共通な教養

教　科	単位数
国　語	9
社　会	10
体　育	9
数　学	5
理　科	5
計	38

その内容は社会科中心（最多10単位）で編成されたのでした。次いで、定時制高校が、民主主義社会を志向する観点から勤労者への学習の道を開くために積極的に位置付けられ、転学と弾力的な学習を可能にする単位制が採用されることになりました。

なお例示された時間表の説明では、「社会科のような科目は各学年共これを課する必要がある」が、「過渡期」であるので、「適当に教科を按配して行くことが必要」であるということでした。注目されるのは、「自由研究」という科目が小・中学校のみならず高等学校の「実業を主とする教科課程」でも設定されていることです。社会科と自由研究の重視から、この教育課程が民主主義社会において一人ひとりが自律的判断のできる市民像を育成しようとしていることがわかります。

1948（昭和23）年改正（高等学校）

1948年1月27日に「高等学校設置基準」が制定され、前年に引き続いて同年10月11日には、高等学校の教育課程が改正されました。1951（昭和26）年の学習指導要領改訂では、この1948年改正がほぼそのまま踏襲されることになりますので、戦後の高等学校は、実質はこの改正の趣旨によって1949年4月から新しい教育課程が編成されることになりました。

この詳細な説明は、1951年学習指導要領改訂を俟たねばなりませんが、週当たり30乃至34時間で年間35週以上が条件とされ、すべての生徒が履修すべき科目として、(1) 国語（※）、一般社会、体育、(2) 社会（一般社会を除く）、数学、理科のそれ

第2次大戦後の民主主義社会を担う市民像 ―経験主義の1947年・1951年学習指導要領―

表6-9 1948(昭和23)年の高等学校学科課程表

教科		※教科別総時数（単位数）	学年別の例		
			第1学年	第2学年	第3学年
国語	国語	※315(9)	105(3)	105(3)	105(3)
	漢文	70(2)-210(6)	70(2)	70(2)	70(2)
	漢文	70(2)-210(6)	70(2)	70(2)	70(2)
社会	一般社会	175(5)	175(5)		
	国史	175(5)		175(5)	
	世界史	175(5)			175(5)
	人文地理	175(5)			175(5)
	時事問題	175(5)			175(5)
数学	一般数学	175(5)		175(5)	
	解析(1)	175(5)		175(5)	
	幾何	175(5)		175(5)	
	解析(2)	175(5)			175(5)
理科	物理	175(5)		175(5)	
	化学	175(5)		175(5)	
	生物	175(5)		175(5)	
	地学	175(5)		175(5)	
体育		315(9)	105(3)	105(3)	105(3)
芸能	音楽	70(2)-210(6)	70(2)	70(2)	70(2)
	図画	70(2)-210(6)	70(2)	70(2)	70(2)
	書道	70(2)-210(6)	70(2)	70(2)	70(2)
	工作	70(2)-210(6)	70(2)	70(2)	70(2)
家庭	一般家庭	245(7)-490(14)	245(7)	245(7)	
	家族	70(2)			70(2)
	保育	70(2)-140(4)		70(2)	70(2)
	家庭経理	70(2)-140(4)			140(4)
	食物	175(5)-350(10)		175(5)	175(5)
	被服	175(5)-350(10)		175(5)	175(5)
外国語		175(5)-525(15)	175(5)	175(5)	175(5)
農業に関する教科		1645(47)以内	1645(47)以内		
工業に関する教科					
商業に関する教科					
水産に関する教科					
家庭技芸に関する教科					
その他職業に関する教科					

それの教科群において生徒の選択する各一教科ということだけが指示されました。例の「国民に共通な教養」として国語・社会・体育・数学・理科の5教科38単位の線が今回も踏襲され、それ以外は選択科目ということで変化はありませんでしたが、社会科で国史、数学で一般数学、家庭科で6科目、そして外国語の独立枠が新設され、時数も弾力的な選択が可能になるなど、進路に応じた履修が計画しやすくなったことが大きな変化でした。なお卒業の85単位に変化はありません。

職業課程については、必要な場合に、適当な時間数の実習を85単位外に課したり、週34時間をこえて課したりすることができること、また、社会・数学・理科の単位数を必要に応じて、表6-9に示す数よりも減少させることが可能とされました。

1951（昭和26）改訂（高等学校）

1951年改訂は教科・科目・授業時間数および単位数表を見ると1948年の微調整にすぎず、基本方針はそのまま継承されたことがわかります。まず、2種類の国語が甲乙と名称が付されたことと、国史から日本史に名称を変更したこと、そして体育に保健も付加されて保健体育となるなどの微調整でした。職業教科も総時間数（単位数）と学年別の時数配分例が一覧表となり、教育課程の基準としてみると、ようやく落ち着いた構成となったと言えます。小中学校と同様に1947（昭和22）年学習指導要領の応急的措置が1951（昭和26）年学習指導要領改訂によって補正・整備されたのでした。

教科課程表を概括するなら、第1に、教育課程の構成が構造化され、「青年に共通に必要とされる最低限度の教養」科目38単位がコアとして位置付けられつつ、他の科目は周辺に位置付けられて選択とされています。

第2に、教科の科目構成に一定の整理がなされてきました。例えば国語、社会、数学、理科などの普通教科は、それを構成する科目が定着してきました。

表6-10 1951（昭和26）年改訂学習指導要領（高等学校教育課程表）

教科	科目	総時間数（単位数）	学年別の例 第1学年	第2学年	第3学年
国語	国語（甲）	315(9)	105(3)	105(3)	105(3)
	国語（乙）	70(2) 210(6)	70(2)	70(2)	70(2)
	漢文	70(2) 210(6)	70(2)	70(2)	70(2)
社会	一般社会	175(5)	175(5)		
	日本史	175(5)		175(5)	
	世界史	175(5)		175(5)	
	人文地理	175(5)		175(5)	
	時事問題	175(5)		175(5)	
数学	一般数学	175(5)		175(5)	
	解析(1)	175(5)		175(5)	
	幾何	175(5)		175(5)	
	解析(2)	175(5)		175(5)	
理科	物理	175(5)		175(5)	
	化学	175(5)		175(5)	
	生物	175(5)		175(5)	
	地学	175(5)		175(5)	
保健体育	保健体育	315(9) 385(11)	105(3)	105(3)	105(3)
芸能	音楽	70(2) 210(6)	70(2)	70(2)	70(2)
	図画	70(2) 210(6)	70(2)	70(2)	70(2)
	書道	70(2) 210(6)	70(2)	70(2)	70(2)
	工作	70(2) 210(6)	70(2)	70(2)	70(2)
家庭	一般家庭	245(7) 490(14)	245(7)	245(7)	
	家族	70(2)			70(2)
	保育	70(2) 140(4)		70(2)	70(2)
	家庭経理	70(2) 140(4)			140(4)
	食物	175(5) 350(10)		175(5)	175(5)
	被服	175(5) 350(10)	175(5)	175(5)	175(5)
外国語		175(5) 525(15)	175(5)	175(5)	175(5)

第3に、単位制度が採用されて、固定的な学級による授業ではなく、個人の選択学習が可能になりました。そして「一科目だけに失敗した生徒が一年間原級」で「全科目のやり直し」ということは「なくなる」と説明されました。

　第4は、社会科において、戦前の皇国史観から科学的な歴史観へと変化し、国史から日本史に変わったことです。これは社会科にとどまらず教育課程全体の教育目的にかかわる大切な変化でした。科目構成は一般社会を基礎に、日本史・世界史・人文地理を学び、かつ時事問題で全体的にディスカッションする力をつけることで、民主主義社会のオピニオンリーダーを養成しようという意図が明確に表れています。特に、「政治・経済・社会生活における民主化の諸問題として、労働問題・農地改革や国土資源の開発計画の問題・財政金融の問題・国際的理解の問題」について討論できることが重視されました。

　第5に、小中学校の経験主義カリキュラムの考え方が高校にも一貫していることです。社会科でとりあげられた諸問題もそうですが、生活的で現代的な事象をあげて、その本質的な問題を考えさせる方法が採用されています。理科の説明では、「生徒の発達に応じ、将来の必要を考え身近な事物現象を中心としてとりあげ、これを組織的に研究していく」、「このような方法は、学問的な体系を、その順に追って学習していくことにはならないし、また取り上げる材料が、その学問の全体をおおうことには必ずしもならないが、学習の結果は、むしろ科学的方法や体系をいきいきと理解することになるであろう」と期待されています。系統的な学習よりも経験的で生活的な事物や現象を中心に学習することのほうが効果的であると考えられていました。

　それから、第6に、授業時数表には明示されませんでしたが、特別教育活動の時間数に一定の目安が与えられたことも今回の特徴です。「教科の学習に重点をおき過ぎるあまり、特別教育活動が軽視されることのないように注意しなければならない」とされ、「特別教育活動の時間としては、週あたり少なくとも、ホームルーム1単位時間、生徒集会1単位時間、クラブ活動1単位時間をとることが望ましい。したがって高等学校では年35週として、週あたり教科の学習30単位時間と特別教育活動の3単位時間を加え、少なくとも33単位時間としたい」と指示されました。これらの活動の重要性については、中学校で説明したとおりです。

職業課程　『学習指導要領　一般編（試案）』1951（昭和26）年改訂版では、「高等学校には、普通教育を主とする課程と、職業教育を主とする課程とがある」と2分類し、前者を「普通課程」、後者を「職業課程」としました。「職業課程とは農業・工業・商業・水産・家庭技芸などいっそう広く深く専門的に学習し、卒業後、それを自己の職業として選択しようとする生徒によって選ばれる課程である」と位置づけられました。

履修の仕方は、前述の「青年に共通に必要とされる最低限度の教養」という38単位のほかに、職業関係の科目を最低30単位取得することが求められています。ただし、30単位は最低単位ですから、30＋38単位＝68で、残りの17単位は、普通教科か職業関係の教科から選択することになります。職業課程での履修における特色は、実習への特別の配慮です。「実習にあてられた7割までは、現場作業にふりわけることが認められる」ということです。なお、各職業に関係した学科の最後に、それぞれ「その他特に必要な教科」も付されていました。

経験主義教育課程の理論　さて、小中高の学習指導要領を見てきましたが、その小中高の教育課程の概略を図示したのが図6-9です。この教育課程の編成原則、すなわち経験主義について検討します。1951（昭和26）年改訂では、「本来、教育課程とは、学校の指導のもとに、実際に児童・生徒がもつところの教育的な諸経験、または、諸活動の全体を意味している。これらの諸経験は、児童・生徒と教師との間の相互作用、さらに詳しくいえば、教科

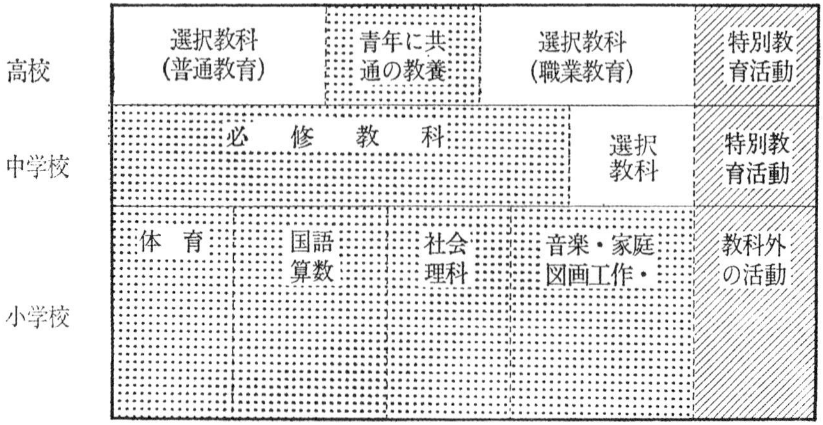

高校	選択教科 （普通教育）	青年に共通の教養	選択教科 （職業教育）	特別教育活動
中学校	必　修　教　科		選択教科	特別教育活動
小学校	体育	国語算数	社会理科	音楽・家庭図画工作・	教科外の活動

図6-9　1951（昭和26）年学習指導要領の小学校・中学校・高等学校の教育課程図

書とか教具や設備というような物的なものを媒介として、児童・生徒と教師との間における相互作用から生じる。それらの相互のはたらきかけによって、児童・生徒は、有益な経験を積み教育的に成長発達するのである。しかも、児童・生徒は一定の地域社会に生活し、かつ、それぞれの異なった必要や興味をもっている。それゆえ、児童・生徒の教育課程は、地域社会の必要、より広い一般社会の必要、およびその社会の構造、教育に対する世論、自然的な環境、児童・生徒の能力・必要・態度、その他多くの要素によって影響されるのである。これらのいろいろな要素が考え合わされて、教育課程は個々の学校、あるいは個々の学級において具体的に展開されることになる」と説明されています。

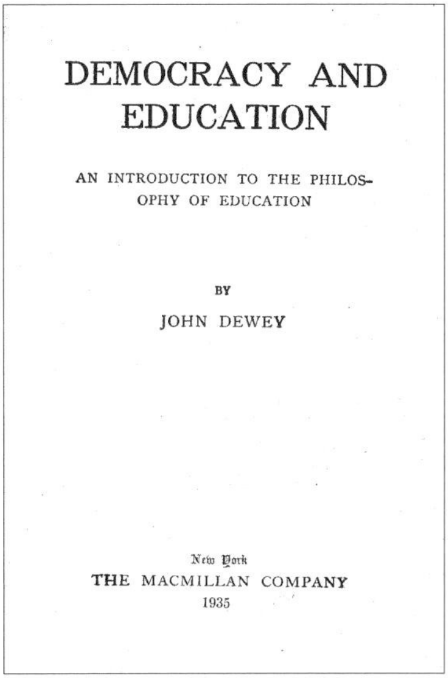
DEMOCRACY AND EDUCATION

AN INTRODUCTION TO THE PHILOSOPHY OF EDUCATION

BY

JOHN DEWEY

New York
THE MACMILLAN COMPANY
1935

図6-10 デューイの民主主義と教育

教育課程は「教育的な諸経験」と「諸活動の全体」であるという定義ですが、いかにも経験主義の理念を背景にした定義です。デューイ（J.Dewey）の「教育とは経験の再構成」（『民主主義と教育』）であるという考え方が基本にあります。経験主義の教育課程では、児童・生徒が地域社会で経験してきたことを、組織的に整えた環境（ 学校 ）によって豊かなものに拡大成長させ、その結果、地域社会の問題を解決する能力を有する市民を形成することを目的としています。そのためには、学校は「児童生徒の生活地域社会」化しなければならないという考え方です。

学習指導要領では、教育課程の構成に当たっては、(1) 目標の設定と、(2) 学習経験の構成という2点が大切なポイントとしてあげられています。興味深いことに、(1) 目標の設定については、個々の学校に「目標設定委員会」を設置することが提案されています。「児童・生徒の必要、社会の必要を適切にとらえるために、たとえば、種々の文献による調査研究・質問紙法・活動分析法・面接や質問による調査研究・観察、さらにもろもろの記録の参照などを行うこと」、また、「いろいろな領域の専門家や両親・教師・一般社会人等からなる目標設定のための委員会を設けて、意見をきき、それをまとめることもよい方法であろう」という提案です。

教育課程編成の原則は、児童生徒の必要と社会の必要という「必要の原理」を踏ま

えることです。このような学校と教育課程の考え方は、民主主義社会における庶民の生活のための学校教育を志向している意味で、新しい価値観でした。

　経験主義を原則とする場合、その経験とはどのようなものをさしているのでしょうか。学習指導要領では、学習経験が6領域にわたって説明されています。(1)学習を進める上で必要な技能を用いたり、発展させたりする経験、(2)集団生活における問題解決の経験、(3)物的、自然的な環境についての理解を深める経験、(4)創造的な表現の経験、(5)健康な生活についての経験、(6)職業的な経験の6領域です。(1)は「読むこと、書くこと、話すこと、聞くこと、観察すること、数えること、計算すること、物をつくること、問題を分析すること、推理することなどの技能」で、国語・算数の基礎的技能が中心です。(2)は「民主社会のりっぱな公民としての資質を発展させるための」経験で、例えば児童生徒が家庭・学校・地域社会・国家・世界の有能な一員として行動するための「個人や集団生活の問題を解決する経験」です。主として社会科及び教科外活動・特別教育活動等の領域です。(3)は「人間が、自然や物的環境にどのように依存しているかの理解や、人的自然的資源を保存し、開発し、利用する知識や技能を発展させる科学的な経験」の領域で、主として理科の領域です。(4)は「美術・音楽・文芸・リズム活動などを通して、自分の考えや感情を表現するゆたかな機会を与える」ことで、主として美術・音楽・文学・体操等の領域です。(5)は「調和のとれた心身の成長発達」と「健康と安全についてのさまざまな知識や技能を習得させる」経験で、主として保健体育の領域です。(6)は「日常生活や職業生活に必要な知識・技能や態度」を習得する経験で、主として職業家庭科の領域です。

　このように学習経験を6領域に分けたなら、次にこれらを教育課程としてどのように組織するかですが、学習指導要領では、その「有効な一つの方法」が、「教科による組織のしかた」であると結論しています。これは、学習指導要領が経験主義による教科構成であることを表明したものと解釈されます。そして「小学校の低学年などでは、教科の区別にあまり強くとらわれることなく、むしろ内容の関連ある教科は、融合して広い範囲の学習内容を準備するほうが実際には効果的である」として、合科学習的な方法を奨励し、また、「中学校では、教科を必修と選択とに分け、高等学校では、単位制を採用するというような方法によって、発達段階や個人差に応じた弾力性ある組織のしかたをすることが必要」であることも注意しています。合科学習と選択制・単位制等の方法によって、児童生徒の発達段階に即した学習経験の発展を図ることが期待されていたのでした。

第2次大戦後の民主主義社会を担う市民像 ―経験主義の1947年・1951年学習指導要領―

民主主義社会に期待される市民像

戦前の軍国主義への反省として戦後は民主主義社会の担い手としての市民が期待される人間像となりました。そして義務教育9年制となり、15歳まですべての国民が教育を受ける権利を有することが認められました。それは民主主義社会を形成する上で、国民全員が最低限、前期中等教育を経ていることの重要性が承認されたことを意味します。民主主義社会にとって、すべての児童生徒が国家社会の大切な情報を平等に共有し、公平で公正な判断力を持つことが不可欠ですので、それを保証する上で必要な教育だからです。本来は、「すべての者に中等教育を」(トウニイ)という宣言がありましたが、財政的な状況もありました

デューイ (J.Dewey)

ので、前期中等教育までを義務教育としました。その場合、特に社会科学的教養が重視されました。戦前は、政治経済社会についての認識が制限され、国民の多くは公正な判断力を持つことができませんでした。これを改善するために、戦後改革では、社会科は社会を民主的なものへと改造する教科として位置づけられ、教育課程のコアとなることが企図されました。この改革の根底には、デューイ(写真)の教育思想の影響があったことはよく知られています。

学校は社会訓練の場ととらえられ、知識の習得に終わらないで実際に経験的に学習することが重視されました。社会認識の教養は、生徒会・学級会・ホームルーム・学校行事などの実際的な活動を通して、社会的に使えるスキルを身につけることが期待されました。民主

図6-11 民主主義の説明図

119

主義に関する知識だけでなく、実際に生徒会を運営することを通して、民主主義社会の在り方を学習し、同時に社会を変革するスキルを身につけることが重視されました。その意味で、学校は社会化され理想化された場所であることが期待されました。

　まさに戦後改革では、民主主義社会における市民像の育成が目的とされました。その市民は民主主義社会を担うことができる知識とスキルを持ち、たえず社会の民主化に向けて前進する人であることが理想とされたのでした。

◆参考文献

1. 『戦後日本教育史料集成 第1巻 敗戦と教育の民主化』 三一書房 1982年
2. 近代日本教育制度史料編纂会代表石川謙『近代日本教育制度史料』第2巻・第18巻・第19巻・第20巻・第23巻・第25巻・第26巻 講談社 1980年
3. 稲垣忠彦・肥田野直編著『教育課程総論 戦後日本の教育改革6』 東大出版 1971年
4. 鈴木英一『日本占領と教育改革』 勁草書房 1983年
5. 伊ヶ崎暁生・吉原公一郎『戦後教育の原典 2 米国教育使節団報告書』 現代史出版会 1975年
6. 宮原誠一・丸木政臣・伊ヶ崎暁生・藤岡貞彦『資料 日本現代教育史 I』 三省堂 1976年
7. 海後宗臣編『教育改革 戦後日本の教育改革 1』 東大出版 1975年
8. 仲新『日本現代教育史』 第一法規 1969年
9. 上田薫編『社会科教育史資料 1』 東京法令出版 1974年
10. 吉村達二『教育山脈』 学陽書房 1974年
11. 日本教育新聞編集局『戦後教育史への証言』 日本教育新聞社 1971年
12. 宗像誠也編『教育基本法』 新評論 1974年
13. 『戦後日本教育史料集成 第2巻 新学制の発足』 三一書房 1982年
14. 鈴木英一『教育行政』 東大出版 1972年
15. 日本近代教育史料研究会 (代表 佐藤秀夫・寺崎昌男・橋口菊)『教育刷新委員会第10特別委員会議事録』 岩波書店 1998年
16. 『学習指導要領 一般編 (試案) 昭和26年改訂版』(『文部省 学習指導要領 1 一般編』日本図書センター 1980年)
17. 板倉聖宣・永田英治編著『理科教育史資料 第1巻』 とうほう 1986年

18. 『勝田守一著作集 1 戦後教育と社会科』 国土社 1972年
19. 教師養成研究会『教育課程―カリキュラムの構成と展開―』 学芸図書 1951年
20. 『学習指導要領 理科編（試案）昭和27年改訂版 文部省』（『文部省 学習指導要領 9 理科編（1）』 日本図書センター 1980年）
21. 『学習指導要領 国語科編（試案）昭和26年改訂版 文部省』（『文部省 学習指導要領 2 国語科編（1）』 日本図書センター 1980年）
22. 『学習指導要領 算数科編（試案）昭和26年改訂版 文部省』（『文部省 学習指導要領 7 数学科・算数科編（1）』 日本図書センター 1980年）
23. 倉沢剛『近代カリキュラム』 誠文堂新光社 1948年
24. 梅根悟『梅根悟教育著作選集 2』 明治図書 1977年
25. 馬場四郎『コア・カリキュラムの運営』 誠文堂新光社 1949年
26. 梅根悟・海老原治善・中野光『資料日本教育実践史 4 1945～1955年』 三省堂 1979年
27. 大田堯『地域社会と教育』 金子書房 1949年
28. 大田堯『地域教育計画』 福村書店 1949年
29. 岡津守彦監修『教育課程事典 総論編』 小学館 1983年
30. 広岡亮蔵『基礎学力』 金子書房 1953年
31. 城丸章夫『現代日本教育論』 新評論 1962年
32. 『世界教育学名著選 19』 R.H.トウニイ著　成田克矢訳「すべての者に中等教育を」 明治図書 1973年

◆ 図表等

扉の図（1）　1949（昭和24）年学校系統図、文部省『学制120年史』ぎょうせい　1992年
扉の図（2）　教科書「民主主義」、文部省『民主主義 上下』 教育図書　1948～1949年
扉の図（3）　学級自治会、『朝日クロニクル週刊20世紀 1947昭和22年』 朝日新聞社 1999年
図6-1　GHQの民主主義改革、『朝日クロニクル週刊20世紀 1946昭和21年』より作成
図6-2　昭和23年度の学習指導要領一般編（試案）、文部省『学習指導要領 一般編』日本書籍 1948年修正印刷・発行
図6-3　昭和20年代の子どもたち、『昭和2万日の全記録 第9巻』 講談社 1989年
図6-4　男女とも裁縫の授業、小西四郎『写真図説明治百年の歴史』 講談社 1968年

図6-5	「山びこ学校」の教育実践、監修伊藤正直・新田太郎『昭和の時代』 小学館 2005年
図6-6	社会科教科書『たろう』、文部省（社会科教科書3学年用） 日本書籍 1949年
図6-7	新潟県下の新制中学校の発足、前掲『朝日クロニクル週刊20世紀 1947昭和22年』
図6-8	学級自治会（一ツ橋中学校）、『昭和2万日の全記録 8 占領下の民主主義 昭和22－24年』 講談社 1989年
図6-9	1951（昭和26）年学習指導要領の小学校・中学校・高等学校の教育課程図、水原作成
図6-10	デューイの民主主義と教育、JOHN DEWY、Democracy and Education、1935年
図6-11	民主主義の説明図、『日録20世紀 1947年昭和22年』 講談社 1997年
表6-1	1947（昭和22）年の小学校の教育課程と時間数、『学習指導要領 一般編（試案）昭和22年度』 1947年
表6-2	1951（昭和26）年小学校の時間配当の例、『学習指導要領 一般編（試案）昭和26年改訂版』 1951年
表6-3	1947（昭和22）年の新制中学校教科課程の時間数、『学習指導要領 一般編（試案）昭和22年度』 1947年
表6-4	1949（昭和24）年の中学校教育課程の時間配当表、『近代日本教育制度資料』第23巻
表6-5	1951（昭和26）年の中学校教科課程の時間配当、『学習指導要領 一般編（試案）昭和26年改訂版』 1951年
表6-6	1947（昭和22）年の高等普通教育を主とする新制高等学校の教科と時間数、『近代日本教育制度資料』 第23巻
表6-7	国民に共通な教養、同上
表6-8	1947（昭和22）年の新制高等学校機械科の教科と時間数、同上
表6-9	1948（昭和23）年の高等学校学科課程表、同上
表6-10	1951（昭和26）年改訂の高等学校教育課程表、『学習指導要領 一般編（試案）昭和26年改訂版』 1951年
写真	デューイ（J.Dewey）、デューイ著、大浦猛編、遠藤昭彦・佐藤三郎訳『実験学校の理論』（世界教育学選集） 明治図書 1977年

第7章

経済復興に努力する勤勉な国民像
―系統主義の1958年・1960年改訂―

(1) 1952（昭和27）年の「すし詰め学級」

(2) 1954（昭和29）年5月11日京都市立旭丘中学で分裂授業（市教育委員会側と教職員組合側が別々に授業）

(3) 戦後復興期の諸相

123

経済復興に努力する勤勉な国民像 ―系統主義の1958年・1960年改訂―

戦後復興と日本的な教育への回帰

戦後の教育改革は、アメリカ軍の強力な指導のもとに民主主義教育を進めてきましたが、1952(昭和27)年に日本は主権を回復すると、伝統的な日本の教育に回帰しようとしました。また、戦後まもなく、アメリカ自体がソ連や中国など共産圏との戦いで日本占領政策を転換しつつありましたので、日本は、その状況を利用して、経済復興を進め、かつ教育の方針転換を図ったのでした。

この時代は、ソ連と中華人民共和国が共産主義を拡張しようとしていたので、朝鮮半島の次に日本を共産主義化するという段階でした。そうした中で、1950(昭和25)年に朝鮮戦争が起きました。このアメリカとソ連の冷戦の幕開けは、政治・経済はもちろん、教育でもその基本政策にかかわる大きな影響がありました。

図7-1 東西冷戦の幕開け

なかでも日本の軍隊復活が注目されます。アメリカは日本国憲法第9条で日本に軍備を持たせないように仕組みましたけれども、ソ連と中国への対抗上、日本を再軍備させる方針に変更します。1950(昭和25)年に警察予備隊に始まり、1953(昭和28)年保安隊そして1954(昭和29)年自衛隊へと発展します。再軍備は日本の教育方針に、特に「道徳の時間」の特設に影響します。

朝鮮戦争では、九州が軍事基地となり、アメリカ軍の戦闘機が朝鮮半島に飛んで爆撃しました。戦争の結果、北緯38度線で北と南、つまり共産主義対資本主義に分断されました。

この少し前、1949(昭和24)年、中華人民共和国が成立します。アヘン戦争が1840年ですから、その後100年間、中国は列強に侵略されて荒れ果てましたが、戦争に次ぐ戦争の後、ようやく毛沢東が統一しました。その2年後、1951(昭和26)年に、日本はサンフランシスコ講和条約と日米安全保障条約に調印します。翌年条約が発効し、日本はアメリカ側につく仕方で、主権を回復しました。ソ連や中国などとは講和条約を結びませんでした。

図7-2 ソ連の人工衛星の成功でスプートニク・ショック(1957年)

125

それから間もなく、1955（昭和30）年にいわゆる55年体制が成立しました。図7-2のように自由党と民主党が合併して自由民主党という一大政党が誕生し、長期政権が誕生しました。他方、社会党も左右が統一されましたので、自民党対社会党という二大政党時代の到来と言われました。実質は、絶対多数の自由民主党の長期政権が始まったこと、かつ、社会党との二大政党制で、資本主義か社会主義かというイデオロギー対立が始まったこと、そして長期政権の誕生によって日本の社会は安定性を持ち、経済復興から高度経済成長へと向かう条件ができたことが大きな変化でした。以後、政治・経済・社会の全面において55年体制は日本の戦後的な体質を作ることになります。

　そういうわけで、戦後改革の民主主義路線はそう単純ではなくなります。冷戦構造で世界が2分されて、日本は共産主義陣営への防波堤の役割がはっきりしてきます。そうなると教育方針も変わってきます。

図7-3 自由民主党の結成

教育課程政策の転換

　教育政策を大きく転換する契機になったのは1951（昭和26）年5月、吉田茂首相の私的諮問機関である政令改正諮問委員会の答申でした。その答申では、「終戦後に行われた教育制度の改革は、過去の教育制度の欠陥を是正し、民主的な教育制度の確立に資するところが少なくなかった。併し、この改革の中には国情を異にする外国の諸制度を範とし、徒らに理想を追うに急で、わが国の実情に即しないと思われるものも少なくなかった。これらの点は十分に検討を加え、わが国の国力と国情に合し、真に教育効果をあげることができるような合理的な教育制度に改善する必要がある」と述べています。戦後のアメリカ的な民主主義改革を見直すという宣言です。

　教育課程については、「従来の生活経験中心カリキュラム方式に偏することを避け、論理的なカリキュラム方式を加味すること」という示し方で、系統主義カリキュラムへの転換を要請していました。そして教育課程行政においても、戦後改革では、学習指導要領編成権は都道府県教育委員会にあるのが本来のあり方とされ、その準備が整うまでの間、文部省が代行していましたが、1952（昭和27）年7月の文部省設置法改正によって、文部省にのみ権限が属するように改正されました。同様に、

翌年8月には学校教育法が一部改正され、教科書検定の権限が文部省に属することも確定されました。結局、文部省は、昭和1956（昭和31）年6月に教育委員会法を廃止して、新たに「地方教育行政の組織及び運営に関する法律」を制定しました。以後、学習指導要領は告示形式で改訂され、「教育課程の国家基準」として法的拘束力を持つことになりました。

図7-4 イデオロギーの対立と乱闘国会

このような強権的な教育課程政策は、社会主義と自由主義とのイデオロギー対立と政治的対立の時代を反映したもので、自由民主党という長期安定政権が成立することで可能になったと言えます。

学力論争　経験主義から系統主義への転換には、政策の転換のみならず、基礎学力の低下問題がありました。経験主義は、系統的な知識よりも児童生徒の経験を大切にする考え方でしたから、調べて討論するということが重視されました。しかし、その成果を出すにはそれだけの条件整備が必要でした。当時の貧しい環境においては、かなりの困難があり、結局、戦前に比して1～2年分基礎学力が低下したという調査結果が出され、「這い回る経験主義」として批判されました。地域を調査して回る学習方法が「這い回る」だけの学習法として批判されたのでした。しかし、古い学力観のテストで経験主義の学力を測れば低くなるのは当然ですので、何をもって本来の学力というのか、という論争に発展しました。

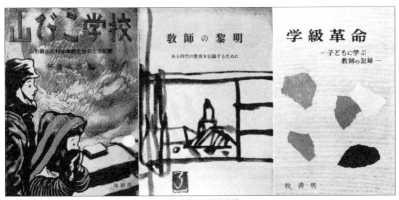

図7-5 3つの教育実践

その結果、読書算重視の論、国民的教養のミニマム・エッセンシャルズ論、3層4領域の学力論、プラグマティズム批判、生活力としての学力論、そして能力測定論など、じつに様々な観点から、学力とは何かが論じられました。

小学校、系統的学習と基礎学力

1958（昭和33）年改訂の学習指導要領は、GHQ廃止後、日本が初めて独自に実施した全面的改訂でした。教育課程審議会への諮問事項説明では、「民族の独立と国家の繁栄を確保していくためには、現在の小・中学校教育の実情にかんがみ、これをいかに改善充実すべきか」という基本テーマから、特に、(1) 道徳教育の徹底、(2) 基礎学力の充実、(3) 科学技術教育の向上、そして (4) 職業的陶冶の強化、という4点が重点項目とされました。

さて、小学校における改訂の第1の特徴は、経験主義を否定して系統性重視の原則で教育課程が編成されたことです。学習指導要領解説では、「こどもたちの身辺にあるところの事柄を雑然と教えるのではなく」、「もう少し系統的に学習を整理していく」、「原理、原則あるいは基本的なものをしっかり身につけていく」と説明されました。

表7-1 1958（昭和33）年改訂の小学校教育課程の時間配当

		第1学年	第2学年	第3学年	第4学年	第5学年	第6学年
教科	国語	238(7)	315(9)	280(8)	280(8)	245(7)	245(7)
	社会	68(2)	70(2)	105(3)	140(4)	140(4)	140(4)
	算数	102(3)	140(4)	175(5)	210(6)	210(6)	210(6)
	理科	68(2)	70(2)	105(3)	105(3)	140(4)	140(4)
	音楽	102(3)	70(2)	70(2)	70(2)	70(2)	70(2)
	図画工作	102(3)	70(2)	70(2)	70(2)	70(2)	70(2)
	家庭					70(2)	70(2)
	体育	102(3)	105(3)	105(3)	105(3)	105(3)	105(3)
道徳		34(1)	35(1)	35(1)	35(1)	35(1)	35(1)
計		816(24)	875(25)	945(27)	1,015(29)	1,085(31)	1,085(31)

備考
1 この表の授業時数の1単位時間は、45分とする。
2 かっこ内の授業時数は、年間授業日数を35週（第1学年については34週）とした場合における週当たりの平均授業時数とする。
3 第24条第2項の場合において、道徳のほかに宗教を加えるときは、宗教の授業時数をもってこの表の道徳の授業時数の一部に代えることができる。

図7-6 道徳教育のための手引書

第2は基礎学力の重視です。時間数が増加したのは国語科でした。小学校での「いっさいの学習能率向上」にとって「いちばん基礎となる」という考え方に立って、「特に低学年において強化」されました。算数も、基礎学力の充実という観点から、中・高学年での指導時間数が増加されました。

第3には、道徳教育の徹底を目的とした道徳の時間の特設です。学校教育全体で進めている道徳教育をさらに深く掘り下げたり、あるいは断片的なものを統合したりする

128

という意味で特設したと説明されました。道徳の特設の理由については、学校教育内の問題だけでなく、戦後復興期の社会的荒廃と対共産主義の冷戦など時代状況を考慮することが必要です。同時に、国民統合のシンボルとして、「君が代」を初めとした文部省唱歌が積極的に位置づけられたことも注目されます。

中学校の進路・特性に応ずる教育

中学校学習指導要領の特徴は、小学校の3点を共有しつつ、さらに次の4点があります。第1に、「生徒の進路、特性に応ずる教育」で、中学校3年生からの選択制が大幅に採用され、選択教科が9教科に及び、外国語はもちろんのこと、農業・工業・商業・水産・家庭科、さらには、数学・音楽・美術など、進路に応じて、かなり大胆に選択できる科目が設置されたのでした。文部省としては、「上級学校に進まないで、そのまま社会にでていく人たちにとっては、農、工、商業、水産、家庭というように、それぞれ必要な教科を選択履習できるように配慮したのであります。その点はけっして進学組と就職組とわけたわけではありません。」と説明していましたが、以後、中学校では、進学・就職組の2コースが実態として進行することになりました。

特徴の第2は、日本の国民性を陶冶する観点から、地理・歴史・古典(国語)・君が代の教育などが重視されたことです。特に社会科の説明では、系統主義教育の観点から、地理的分野を1年生、歴史的分野を2年生、政治・経済的分野を3年生で学習させることを原則とし

図7-7 技術革新の時代が来た

表7-2 1958(昭和33)年改訂の中学校教育課程の時間配当

区分		1	2	3
必修教科	国語	175(5)	140(4)	175(5)
	社会	140(4)	175(5)	140(4)
	数学	140(4)	140(4)	105(3)
	理科	140(4)	140(4)	140(4)
	音楽	70(2)	70(2)	35(1)
	美術	70(2)	35(1)	35(1)
	保健体育	105(3)	105(3)	105(3)
	技術・家庭	105(3)	105(3)	105(3)
	小計	945(27)	910(26)	840(24)
選択教科	外国語	105(3)	105(3)	105(3)
	農業	70(2)	70(2)	70(2)
	工業	70(2)	70(2)	70(2)
	商業	70(2)	70(2)	70(2)
	水産	70(2)	70(2)	70(2)
	家庭	70(2)	70(2)	70(2)
	数学	—	—	70(2)
	音楽	35(1)	35(1)	35(1)
	美術	35(1)	35(1)	35(1)
道徳		35(1)	35(1)	35(1)
特別教育活動		35(1)	35(1)	35(1)
年間最低授業時数の計		1,120(32)	1,120(32)	1,120(32)

備考
1. かっこ内の授業時数は、年間授業日数を35週とした場合における週当たりの平均授業時数である。
2. 特別教育活動の授業時数は、そのうちの学級活動にあてる授業時数である。

たという説明と同時に、次の歴史的分野の説明が注目されます。「日本史の学習に重点をおきまして、世界史のあらましに触れるように、特に近代史については、あまり細かいことに立ち入らないで、大きな筋をつかむ」程度に留めることと説明され、以後、近代史を深く教えない歴史教育が展開されることになりました。

本来は、日本の進路を選択する上で、近代史に関する教養が必要な時代に入っていたのですが、イデオロギー対立の時代状況において、社会科学的教養は危険思想視され排除されたのでした。なぜなら社会科学はマルクスの影響を強く受けていましたので、社会科学を教育すると、自由な市民にとどまらず共産主義者や反体制論者を育成してしまうと捉えられていたのです。

第3は、科学技術教育の向上を図る観点から、数学・理科・技術家庭科の系統主義的改善がされたことです。例えば、数学の場合、「従来は、生活の類型」でしたが、「今度は内容を数学的な系統によって」、程度を一段高めることが可能になり、中学校では2次方程式まで加えられました。理科では、第1分野は物理的なものと無機化学的な内容とし、第2分野は、生物的、地学的、生化学的、化学工業などに関するものというように系統主義を重視したことが説明されました。

第4は、男女別の技術家庭科教育の性格が明確にされたことでした。文部省は「男子向け、女子向け、の2系列を設け、男子には工作とか、技術的な内容を修得させ、女子には家庭科的内容を中心として技術という観点から」、「内容の精選をいたしまして、系統的な学習ができる」ようにしたと説明しました。

図7-8 世界一となった日本の造船（1957年）

改訂への批判

このような戦後改革を一大転換する学習指導要領改訂に対しては厳しい批判がなされました。まず毎日新聞社説「拙速に過ぎた新教育方針」（1958年3月19日）では、基礎学力と系統的知識の不足をもたらした経験主義をやめて、系統性重視の教育課程に改善したことは当然であると肯定していますが、他面、中学校3年で、進学組と就職組とに分ける教育に疑問を呈し、かつ、準備不足のまま道徳教育を開始したことも批判しました。

日教組はより強い批判を展開しました。第1は、系統主義への疑念で、文部省の

系統主義は、教科の真理に根ざした真に科学的な系統性ではない、第2は、社会科の改訂内容が、民主主義教育の根底をなす社会科学の認識を薄弱にさせるものであると批判しました。

図7-9 日本教職員組合の勤務評定反対闘争（1958年）

高等学校学習指導要領改訂と中堅産業人養成

高等学校学習指導要領も1960（昭和35）年10月に改訂されました。教育課程審議会への諮問事項は、第1は、能力・適性・進路に応じた多様な教育課程のあり方、第2は、道徳教育の充実徹底の方策、第3は、基礎学力と科学技術教育の向上の方策でしたから改訂の重点がわかります。

改訂の基本方針を概括するなら、日本産業の発展を展望し、そのための人材開発を目的として高等学校を中堅産業人養成の学校と位置づけ、その観点から、能力・適性・進路に応じた課程別教育を基本に、基礎学力と科学技術の教育そして倫理・社会による道徳教育の充実を志向したのでした。事実、日本の産業界は、1960年の池田首相による「所得倍増計画」発表を皮切りに、この後10年間の高度経済成長に突き進むことになります。

高等学校のコース類型

学校教育法施行規則第57条で、高等学校の教育課程は「教科」「特別教育活動」「学校行事」の3領域とされ、第2項では、小・中学校同様に学習指導要領が教育課程の基準とされました。また、85単位が卒業の最低単位とされ、高等学校では各教科の「標準」単位数をふまえ、一定程度の裁量幅が与えられました。

注目すべきは、改訂学習指導要領ではコースの基本的類型が付録に掲載されたことです。高度経済成長の結果、図7-7のように高校進学率が一気に上昇する時代に入りましたが、経済的要請に見合う人材供給体制にはなっていませんでした。特に高校生の60％が在籍している普通課程が問題で、在籍生徒の1／4しか大学に進学しないのに、「普通課程すなわち大学進学課程」という位置付けは不自然であるというのが諮問理由でした。要するに、高度経済成長路線に合わない高等学校の人材供給体制を改善しようというわけです。

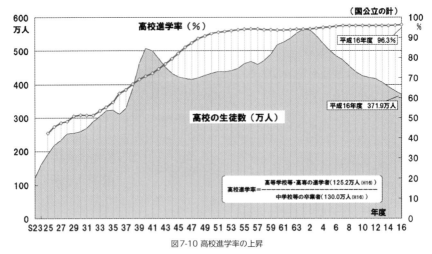

図7-10 高校進学率の上昇

　諮問理由としては、「普通課程の生徒には、能力・適性・進路等から見て、さまざまな違いがあり」「これをさらに進めて、能力や適性の違いに応じて、必要な場合には教科科目の内容の程度に若干の段階を設け」、「その種類も変えてそれぞれ特色のある類型別の教育を行うべき」である。「ヨーロッパ諸国においては、学校制度はおおむね複線型」であり「2種類以上の学校形態」が設けられているように日本も同様の教育制度を採用すべきである、と説明されました。

　その結果、能力・適性・進路に応じたコース分けが提案されたのでした。コース類型と同時に必修科目増加の措置もとられ、かつ、教科内が細分化されました。例えば古典甲・乙ⅠⅡ、世界史A・B、地理A・B、数学ⅡA・B、物理A・B、化学A・Bと分けられ、「Aの科目はゼネラルな内容、Bの科目はややアカデミックな内容」とされました。要するに、普通課程の同一教科名でも、就職組用と進学組用とに分けて教育内容が編成されたことを意味するのです。職業課程では、その教育を充実させるために、専門科目の必修単位を30単位から35単位に、普通科目も39単位から44単位まで引き上げられ、時代の要求する「中堅産業人」養成を目的とする教養形成が図られました。

道徳教育の充実　　また道徳教育の充実策として「倫理社会」が新設され、その内容は、①民主主義社会における社会集団と人間関係、②青年期の問題を中心とした人間の心理、③古今東西の先哲を素材とした人生

経済復興に努力する勤勉な国民像 ―系統主義の1958年・1960年改訂―

表7-3 全日制課程普通科の基本的類型の例

			A 類 型 (どの教科にも比較的片寄らないもの)				B 類 型 (国・社・数・理・外の5教科に重点をおくもの)			
教科	科目	単位数	1年	2年	3年	計	1年	2年	3年	計
国語	現代国語	7	3	2	2	} 12	3	2	2	} 15
	古典甲	2								
	古典乙 I	5	2	3			2	3		
	古典乙 II	5							3	
社会	倫理・社会	2		2		} 13		2		} 15
	政治・経済	2			2				2	
	日本史	3			3				3	
	世界史 A	3		3						
	世界史 B	4						2		
	地理 A	3	3							
	地理 B	4					4			
数学	数学 I	5	5			} 9	5			} 15
	数学 II A	4		2	2					
	数学 II B	5						5		
	数学 III	5							5	
	応用数学	6								
理科	物理 A	3		3		} 12				} 15
	物理 B	5						3		
	化学 A	3		3						
	化学 B	4							4	
	生物	4	4				4			
	地学	2	2				2			
保健体育	体育	7	男4女2	3	2	男11 女9	男4女2	3	2	男11 女9
	保健	2		1	1			1	1	
芸術	音楽 I	2				} 6				} 4
	音楽 II	4								
	美術 I	2								
	美術 II	4	2	2	2		2	2		
	工芸 I	2								
	工芸 II	4								
	書道 I	2								
	書道 II	4								
外国語	英語 A	9	3	3	3	} 9				} 15
	英語 B	15					5	5	5	
	ドイツ語	15								
	フランス語	15								
	その他の外国語の科目	15								
家庭	家庭一般	4	女2	女2		女4	女2	女2		女4
	以下略									
農業		〃								
工業		〃								
商業		〃		男6女4	9	男15女13				
水産		〃								
音楽		〃								
美術		〃								
その他の教科										
特別教育活動(ホームルームの週当たり時間)		3	1	1	1	3	1	1	1	3
計			29	31	30	90	32 女31 女33	31	30	93(女95)
増加単位			5	3	4	12	2 3(女1)	4	9(女7)	

(備考) 1 この表は, 各学年とも標準として週当たり34単位時間の授業を行なうことを予想して作成したものである。
2 この表にいう増加単位とは, 各学校においてその必要と裁量により適当と認められる教科・科目または特別教育活動の授業に適宜増加して課することのできる単位である。

観、④現代社会の特色と文化などが挙げられました。高等学校では、高校生の発達段階を考慮し、専門的教養のある教師が倫理思想史的背景のもとに指導をすることが効果的であると考えられて「倫理社会」が新設されたために、小・中学校と違い、道徳の時間は特設されませんでした。ただし、ホーム・ルーム指導の週1時間が設定されることで、クラス担当教員による生徒指導を強化することが期待されました。

基礎学力と科学技術教育の重視

科学技術教育の充実策としては、普通課程で、理科が現行の2倍の12単位必修とされ、また基礎学力の充実策として「現代国語」新設と「外国語」の必修化、そして各科の系統的な教育内容と指導という方策が立てられました。まず、理科では、重複を省き、基本的事項を身につけさせることと、能力・適性・進路に応じた履習が可能になるように、物理A・B、化学A・B、生物、地学という6科目とされて、いずれも実験・観察・実習などがいっそう重視されました。数学も、数学Ⅰ、数学ⅡA、数学ⅡB、応用数学の5科目とされ、生徒の能力・適性・進路に応じて、「実用的で平易」なAの科目か、系統的なBの科目かに分けられました。また「現代国語」が新設され、現代国語の読解力と作文能力そして国語の基礎学力を高めることがねらいとされました。それはすべての生徒に毎学年共通履習とし、内容も文学的なものだけでなく論理的な表現・理解をも重視する改訂となりました。古典では、系統的指導のために「古典乙Ⅰ」「古典乙Ⅱ」という構成がとられました。

図7-11 当時世界一高い333mの東京タワー完成(1958年)

改訂方針への批判

このような改訂に対して、東京都高教組は、「『高等学校教育課程の改善について』の批判」(1960年4月1日)で次のように批判しました。能力・適性・進路に応じた教育を志向しているが、その実は「階層的差別教育」である。「就職組にはやさしく実用的なA系列、進学組には入試準備のための理論的体系的なB系列」という差別教育である。また男女の差別もあり、祝祭日の儀式を強制し、『君が代』を歌わせるなど全教育活動にわたっ

て復古反動的統制を加えようとしている」、そして答申の基礎学力観も問題で、「社会生活を正しく営むための社会科学的認識能力」を排除していると批判しました。

他方、全国高等学校長協会は、学習指導要領の草案段階で「高等学校学習指導要領改定草案にたいする意見」(1960年8月31日)を上申し、各教科の内容で不十分と思われるいくつかの点について注文していました。例えば理科では、「生物の内容は生物学の神髄に触れ、学問体系より見ればまことに結構であるが生化学的内容が多く、理論的に偏したきらいがあるので、この点考慮されたい」。あるいは社会科では、「『倫理・社会』は世界史を履習してからが効果的である。人生観・世界観(西洋の考え方、東洋の考え方、日本の考え方──)の確立に資するためには史的考察の態度と理解がとくに重要である」などです。学習指導要領改訂の方針を基本的に肯定しつつ、より効果的に進めるための意見でした。

イデオロギー対立と経済復興過程における勤勉な国民像

以上、1958年の小・中の学習指導要領改訂と1960年高等学校学習指導要領改訂とを見てきましたが、米軍による占領から独立して初めての本格的な改革であり、戦後改革の理念を転換する大きな修正であることが確認できました。この時の想定された人間像は、イデオロギー対立の中でもゆるがない道徳的信念を持ち、かつ科学・技術力を有して、経済復興に邁進する勤勉な国民像と言えます。

道徳的であるというのは、イデオロギー対立が深刻な時代、しかも世界的な冷戦構造において、自由主義の穏健な思想と共産主義に対して揺るがない道徳的信念が重視されました。共産主義を報じるソ連と中国が、しだいにその勢力を伸ばし、思想的な影響を日本にもたらし、労働運動などを通してかなりの広がりを見せていましたので、自由主義の精神と日本の伝統的な道徳を教育することが必要とされ、道徳の時間が設置されたのでした。

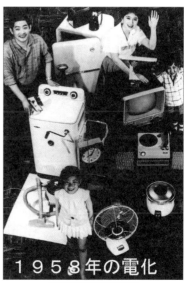

図7-12 3種の神器の電化

ですから道徳教育の本当のねらいは対共産主義にありましたが、実際の道徳教育の内容は自由主義と伝統的な社会規範そのものでした。学習指導要領では、穏健な考え方を有し、経済復興を担って勤勉に働く国民像が想定されていたのでした。

　ごく最近まで、日本人に対して、勤勉な国民として模範視する見方が世界的にありましたが、それはこの時代に志向された国民像であったと言えます。経済が右肩上がりで、高度経済成長に至るこの時期は、努力すれば目に見えて報われる時代の始まりでした。まだ本格的な高度経済成長期ではないので、そのマイナスの副作用は顕在化せず、むしろはるか遠くに着実なプラスを信じることのできる時代でした。人々は日々努力することに励みと感謝の念が持てる、少なくともそういうことを理想とすることができた時代でした。所得は年々上がり、電化製品が徐々に広がりつつありましたので、そのことが人間らしい生活をもたらし、勤勉に働けば、きっと明るい時代が来るに違いない、いい異性と結婚できてリッチな「団地族」となり、ダイニング・キッチンなどの近代的な生活ができるにちがいない、そう信じて日々勤勉に努力する国民、これが学習指導要領改訂のめざす期待される人間像でした。その意味で1958年・1960年改訂では、(1) 道徳教育の徹底、(2) 基礎学力の充実、(3) 科学技術教育の向上、そして(4) 職業的陶冶の強化という方針がとられたのでした。

図7-13 あこがれの近代的な団地（1957年 武蔵野緑町）

◆ 参考文献

1. 『戦後日本教育史料集成』第3巻・第4巻・第5巻・第6巻・第7巻、三一書房　1982～1983年
2. 『近代日本教育制度史料　第19巻』　講談社　1980年
3. 宮原誠一・丸木政臣・伊ケ崎暁生・藤岡貞彦編『資料日本現代教育史 2』　三省堂　1974年
4. 稲垣忠彦・肥田野直編著『教育課程総論 戦後日本の教育改革 6』　東大出版　1971年
5. 中島太郎『戦後日本教育制度成立史』　岩崎学術出版社　1970年
6. 上田薫編集『社会科教育史資料 2』　東京法令出版　1975年
7. 石川松太郎編『現代日本教育制度資料』第4巻・第6巻・第8巻・第13巻・第14巻・第18巻　東京法令　1984年～1987年
8. 自由民主党編『自由民主党二十年の歩み』　1975年
9. 文部省『中学校学習指導要領 社会科編 昭和30年度改訂版』　1956年
10. 文部省『高等学校学習指導要領 一般編 昭和31年改訂版』　1956年
11. 文部省『わが国の教育水準』　1981年
12. 日教組教育新聞、昭和33年4月18～5月30日

◆ 図表等

扉の図 (1)　1952 (昭和27) 年の「すし詰め学級」、竹内惇編『朝日クロニクル 1952昭和27年』　朝日新聞社　1999年

扉の図 (2)　1954 (昭和29) 年5月11日京都市立旭丘中学で分裂授業 (市教委側と教組側が別々に授業)、同上『朝日クロニクル 1954昭和29年』　朝日新聞社　1999年

扉の図 (3)　戦後復興期の諸相 (統合図)、同上『朝日クロニクル』　1949年・1950年・1951年・1955年より作成

図7-1　東西冷戦の幕開け、亀井高孝・三上次男・林健太郎・堀米庸三編『世界史年表・地図』　吉川弘文館　2009年

図7-2　ソ連側の勝利でスプートニク・ショック (1957年)、竹内惇編『朝日クロニクル 週刊20世紀 1957』　朝日新聞社　1999年

図7-3　自民党の結成、竹内惇編『朝日クロニクル 1955昭和30年』　朝日新聞社　1999年

図7-4　イデオロギーの対立と乱闘国会、前掲『朝日クロニクル 1954昭和29年』

図7-5	3つの教育実践、唐澤富太郎『図説 近代百年の教育』国土社 1967年
図7-6	道徳教育のための手引書、同上
図7-7	技術革新の時代が来た、竹内惇編『朝日クロニクル1956昭和31年』朝日新聞社1999年
図7-8	世界一となった日本の造船 (1957年)、相賀徹夫『写真記録 昭和の歴史5 成長の三十年代』小学館 1984年
図7-9	日本教職員組合の勤務評定反対闘争 (1958年)、同上書
図7-10	高校進学率の上昇 http://www.mext.go.jp/b_menu/shingi/chukyo/chukyo6/gijiroku/05031601/007/002.pdf
図7-11	当時世界一高い333mの東京タワー完成 (1958年)、同上書
図7-12	3種の神器の電化、竹内惇編『朝日クロニクル1958昭和33年』朝日新聞社1999年
図7-13	あこがれの近代的な団地 (1957年 武蔵野緑町)、同上書
表7-1	1958 (昭和33) 年改訂の小学校教育課程の時間配当、『小学校学習指導要領』1958年
表7-2	1958 (昭和33) 年改訂の中学校教育課程の時間配当、『中学校学習指導要領』1958年
表7-3	全日制課程普通科の基本的類型の例、『高等学校学習指導要領』の付録 1960年

第8章 高度経済成長下、生産性の高い目的追求型の国民像
―構造主義の1968年・1969年・1970年改訂―

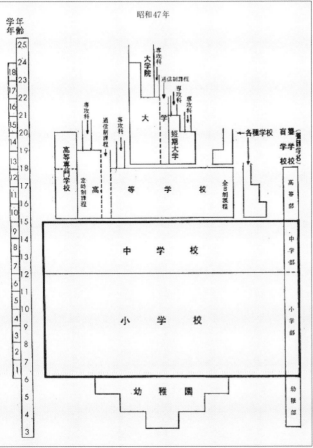

(1) 1972 (昭和47) 年学校系統図

(2) 1970 (昭和45) 年前後の時代
　①モウレツ社員掲載
　②ミニスカート
　③同棲時代
　④ピル解禁へのデモ

139

所得倍増計画にともなう長期教育計画

日本の1960 (昭和35) 年は、戦後日本最大の分かれ道でした。実際は、すでに55年体制によって、保守政権の絶対多数の安定化は決定的となっていたのでしたが、最大の山場である1960年安保闘争を経ることで、その後の高度経済成長の政治的基盤が確立されました。教育課程政策を分析する観点からは、産学協同路線に基づく保守党の政策と経済成長に見合う人材開発計画とが注目すべき点です。一言でいえば、「教育の現代化」と「高校教育の多様化」がポイントです。1960年は、そのような政策と人材開発計画とが出発した重要な年となりました。

まず、経済審議会教育訓練小委員会は、同年10月25日に「所得倍増計画にともなう長期教育計画」を打ち出し、次いで翌月1日には経済審議会が国民所得倍増計画を答申、そして12月17日に閣議決定し、「経済基本計画」すなわち高度経済成長政策を遂行することになりました。所得倍増計画で予想される経済指標は、下記のような発展が計画されていました。

図8-1 安保闘争

	1956～1958 (昭和31～33年)	1970 (昭和45) 年
(1) 就業構造		
就業者総数	4,154万人	4,869万人
第1次産業就業者	1,645万人	1,154万人
第2次産業 〃	1,008万人	1,568万人
第3次産業 〃	1,275万人	1,808万人
(2) 国民所得	79,926億円	21,232億円
一人当たり国民所得	88千円	209千円
雇用者一人当たり賃金俸給	211千円	404千円
(3) 国民総生産	97,425億円	260,000億円

所得及び総生産の発展だけでなく、就業者が第1次産業から第2次・第3次へ、とかなり移動することが予想されています。この発展を十全に成し遂げるためには、「人力政策の超長期の見通し」を立てることと、「人間資源」の有効な活用が必要です。長期的に重要な政策は「中等教育の完成」であり、短期的に重要なものは「科学技術者及び技能者の新規増員計画」と、「既就業者の教育再訓練」です。「将来、職業訓練、

各種学校などの教育訓練についても中等教育完成の一環とする」ことが必要であるとして、後期中等教育の多様化と専門学校の創設が進められることになります。

経済審議会の「所得倍増計画」では、「将来の社会経済の高度発展を維持しつづけていくには、経済政策の一環として、人的能力の向上を図る必要がある」というよう

図8-2 集団就職

に、経済と人材開発とを直結させることが宣言されています。中等教育については、「この際わが国における長期的課題は中等教育の完成である。しかし、この計画期間中最も重要なことは、科学技術者および技能者の量的確保とその質的向上である」として、その結果、1962（昭和37）年には国立高等専門学校が新設されることになります。高等教育については、「倍増計画期間内においておよそ17万人の科学技術者の不足が見込まれるので、理工学系大学の定員について早急に具体的な増加計画を確立するものとする」と提案され、理工系学部の2万人定員増がなされました。

1960年以降は、日本はその種の人材養成を進め、日本特有のモウレツ（猛烈）社員の経済戦士が頑張って、ぐんぐんと生産性を上げていきます。ついに日本の経済成長は、1968年、アメリカに次いでGNP世界第2位の経済大国になりました。グラフの1番上がアメリカでその下2番目

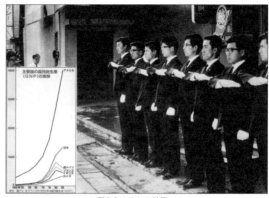

図8-3 モウレツ社員

が日本のGNP国民総生産です。その下が西ドイツ・フランス・イギリス・カナダです。ものすごい経済発展を遂げましたので、日本の青年は勤勉だという神話にまでなり、アジア諸国のモデルになりましたが、一人当たりの国民所得では20位前後で、アメリカ・西ドイツの1/3に過ぎませんでした。

全国一斉学力テストの導入

さて、「経済基本計画」の教育政策ですが、文部省の1962（昭和37）年11月の教育白書『日本の成長と教育─教育の展開と経済の発達』において、「教育投資」の観点から教育政策を進めることが説かれています。従来の日本経済の目覚ましい成長は安価で優れた労働力の供給があったからで、その意味で「労働力が経済成長の阻害要因となることはほとんどなかった」というのです。この後も経済成長の予測に見合った労働力供給を確保することが「人的能力政策」の基本として確認されました。本格的な教育計画の始まりをここに確認できます。

その一環で、科学的な根拠に基づく人材の能力開発を求めて全国中学校学力一斉テストが1961年から開始されます。その目的は、①能力・適性等に応じて進学させ、教育を受けさせる資料とすること、②選抜時の学力テストと、内申書依存の選抜方式を改善する資料とすること、③民間会社等における就職時の学力テストの無駄を省くこと、④平常時の勉学を奨励し、受験勉強の弊を除くこと、⑤各学校における生徒の学力水準を正確に把握し、教育水準の向上を図ること、という5点でした。一番のねらいは人的能力政策を予測通りに推進することでした。

図8-4 全国学力一斉テスト

図8-5 教員たちの学力テスト反対

日本教職員組合は直ちに「学テ反対闘争」を宣言し、学力テストは中学校を予備校化するものと批判しました（1961年7月22日）。朝日新聞は、「『学力』とはなにか」と疑問をなげかけ、いわゆる主要5科目だけを試験する学力の考え方を批判しました（同年8月30日）。また、教育学者の太田堯は、公教育の「ものさし」的学力観と批判し、勝田守一・広岡亮蔵・東洋は、能力モデルなど学力及び能力を捉えるための仮説的枠組みを提案しました。

「教育の現代化」と「調和と統一」

　そのような批判や理論的課題が提起されましたが、政策としては、所得倍増計画と高度経済成長路線とを具体化する教育計画を遂行する時代にありましたので、1968（昭和43）年改訂の学習指導要領では、よりいっそう現代科学の成果を反映させるための、高度で科学的な教育を進める「教育の現代化」の方針が打ち出されることになりました。

　ただし、本来は、この時の改訂のねらいは「調和と統一」に主眼がありました。学習指導要領全体の基本的課題が4項目立てられ、第1・第2項ともに学習・身体・生活の基礎基本を重視し「調和と統一」ある人間形成が求められました。高度経済成長の過程でテスト主義の競争が熾烈に展開された結果、青少年に過度の人間的ゆがみが生じていましたので、十全な成長発達を求める「調和」の理念が打ち出されたのです。

図8-6 空前の入学難の都立高校

　また、「統一」というのは、国家的国民的統合性の問題で、高度経済成長過程での階層分化と反社会的行為の増大に対応した理念です。それで、第3項目で正しい判断力、第4項目で、国家社会への「責任感と協力の精神」が強調されたのでした。朝日新聞は社説で次のようにこの時代の課題を説明しています（1967年7月26日）。

　　戦後、わが国の学校教育は生活と経験を重視するアメリカ教育の影響をつよくうけたが、この流れに"生活綴方"や"社会科学的"な社会科がまじりあって、活気はあるが一種の混迷状態が続いた。しかしその後、新教育による学力低下

と非行問題がクローズアップされ、(昭和)33年に小、中学校の教育課程は全面的に改訂された。このときの改定は基礎学力の向上と道徳教育の強化を重点的にとりあげ、これが現在にもひきつがれている。しかし、この改訂も現実に実施してみると、進学競争のもとでは、詰めこみ教育の弊害が目だち、他方、体育や情操面が軽視されることになった。(中略)(改訂では)各教科について詰めこみをやめ、教育内容をしばることにし、知育、体育、徳育のバランスのとれた教育をめざしている。教育の正常化という意味あいから、この趣旨には異論のないところだ。

という肯定的評価がなされました。ところが「調和と統一」のための「教育内容の精選と現代化」であるはずでしたが、むしろ「教育内容の精選と現代化」の側面が大々的に取り上げられ、研究者や教育現場では、現代科学の成果と科学的方法の導入が重視されることになります。その理由は、時代のニーズがバランスよりも高度経済成長にあったからでした。

3領域構成の教育課程

この改善方針のもと1968(昭和43)年7月11日に小学校学習指導要領が改訂されました。従来の4領域(各教科・道徳・特別教育活動・学校行事等)の教育課程から、国語・社会・算数・理科・音楽・図画工作・家庭及び体育の各教科、道徳並びに特別活動の3領域とされました。授業時数は掲載表のように従来の「最低授業時数」から「標準授業時数」に改められ、各学年の時間数及び総時間数は、前回の学習指導要領と同一ですが、「標準時数」と規定されたことによって、その増減の幅が認められ、かつ1時間の授業時間も45分を標準としつつ40分の場合もあり得るとされました。弾力的運営は時間数だけではなく、教育課程改善に資する研究のためには規定によらない特例も認められることになりました。

表8-1 1968(昭和43)年改訂の小学校の標準授業時数

		第1学年	第2学年	第3学年	第4学年	第5学年	第6学年
各教科	国語	238(7)	315(9)	280(8)	280(8)	245(7)	245(7)
	社会	68(2)	70(2)	105(3)	140(4)	140(4)	140(4)
	算数	102(3)	140(4)	175(5)	210(6)	210(6)	210(6)
	理科	68(2)	70(2)	105(3)	105(3)	140(4)	140(4)
	音楽	102(3)	70(2)	70(2)	70(2)	70(2)	70(2)
	図画工作	102(3)	70(2)	70(2)	70(2)	70(2)	70(2)
	家庭					70(2)	70(2)
	体育	102(3)	105(3)	105(3)	105(3)	105(3)	105(3)
道徳		34(1)	35(1)	35(1)	35(1)	35(1)	35(1)
計		816(24)	875(25)	945(27)	1,015(29)	1,085(31)	1,085(31)

備考
1 この表の授業時数の1単位時間は、45分を標準とし、40分もあり得る。
2 第24条第2項の場合において、道徳のほかに宗教を加えるときは、宗教の授業時数をもってこの表の道徳の授業時数の一部に代えることができる。
3 時間は前回と同一であるが、従来の「最低授業時数」から「標準授業時数」に切り替えて弾力化した。 ※( )内の数字は、筆者が週当りに換算したもの。

道徳と特別活動の重視

「総則」で、第1に教育課程一般が述べられ、特に第2項で道徳教育、第3項で体育があげられていることは、道徳教育と体育とが「調和と統一」をテーマとする改善方針にとって、大変重要であることを示していました。その一環で特別活動も重視されました。それは、児童活動・学校行事・学級指導から成りますが、注目すべきは学校行事です。儀式（入学式・卒業式・始業式・終業式・祝日の儀式・朝会その他）、学芸的行事（学芸会・展覧会・映画会その他）、保健体育的行事（運動会・健康診断その他）、遠足的行事（遠足・修学旅行その他）、安全指導的行事（安全指導・避難訓練その他）などが内容項目です。児童活動と学級指導も含めて特別活動では、集団としての活動に関わる人間形成が重視されました。その背景として、図8-7「かぎっ子」のように急速に集団的な活動が減り、児童・生徒の環境は、孤立化の傾向を強めつつあったので、学習指導要領はその対策として学校行事を重視したのでした。

図8-7 かぎっ子

小学校の数学と理科

「教育の現代化」を最も反映したのは、数学と理科でした。算数は、「現代の数学教育の発展を考慮して数学的な考え方」を育成することが目標とされました。その観点から教育内容が精選され、複雑な技能的内容は軽減されつつも、数量や図形に関する基礎的な概念や原理と集合・関数・確率などの新しい概念などが導入され、かつ、小学1年生から集合論の教育を求めるなど従来の指導過程は大きく変更されました。例えば、分数の計算などは一応小学校で完成すること、乗法九九は3年から2年生に移され、不等号の使用は中学校から小学校2年生に、分数の四則計算の完成も中学校から6年生に早めるなどの水準向上策が取られました。理科も算数と同様で、対象の区分が、A.生物とその環境、B.物質とエネルギー、C.地球と宇宙の3領域など、現代科学の成果をふまえて整理されました。

神話の教育

当時、多くの論議を呼んだのが、歴史教育における神話の扱いでした。文部省は、「歴史についての学習のなかで、日本の神話や伝承も取り上げ、これらが古代の人びとのものの見方や国の形成に関す

る考え方などを示す意味をもっている」と説明しましたが、実際の意味は、公民的資質形成の観点からの神話の利用という点にあり、歪んだ歴史認識が与えられないかという問題で論議を呼んだのでした。日本教職員組合は、「歴史教育において神話をおりこんだ国の統一からはじめて、天皇と人物中

図8-8 建国記念日反対

心の歴史を展開することとし、あの無謀な戦争と悲惨な体験、日本の敗戦のきびしい反省にもとづく平和と民主主義・基本的人権の尊重の確立の歴史をゆがめる意図をますます濃厚に打ち出し、かつての『国史』教育を想起させる内容となってきている」と批判しました。また朝日新聞は、「科学としての歴史」が排除されて「政治の具」となる危険性を警告しました（1968年5月31日）。特に、前年の建国記念日の創設と軌を一にして展開されたことが、危機感を募らせることになりました。

時間数増加の中学校

1969（昭和44）年4月14日に中学校学習指導要領が改訂されました。小学校と同じく教育課程は、教科（必修教科・選択教科）・道徳・特別活動の3領域で構成され、必修教科が、国語・社会・数学・理科・音楽・美術・保健体育・技術家庭の8教科、選択教科が外国語（英語・ドイツ語・フランス語その他の外国語）・農業・工業・商業・水産・家庭の6教科で構成されました。

改善点は、3領域に構成されたことと、選択科目から数学・音楽・美術が削除されたことでした。また、時間数は、175時間の増加となり、週あたり2時間増加して32時間から34時間となりました。その結果、国語が第2学年で35

表8-2 1969（昭和44）年改訂の中学校の標準授業時数

区分		1	2	3
必修教科	国語	175(5)	175(5)	175(5)
	社会	140(4)	140(4)	175(5)
	数学	140(4)	140(4)	140(4)
	理科	140(4)	140(4)	140(4)
	音楽	70(2)	70(2)	35(1)
	美術	70(2)	70(2)	35(1)
	保健体育	125(3.5)	125(3.5)	125(3.5)
	技術・家庭	105(3)	105(3)	105(3)
道徳		35(1)	35(1)	35(1)
特別活動		50(1.5)	50(1.5)	50(1.5)
選択教科の時数		140(4)	140(4)	140(4)
総授業時数		1,190(34)	1,190(34)	1,155(33)

備考
1 この表の授業時数の1単位時間は、50分とする。
2 選択教科等にあてる授業時数は、1以上の選択教科にあてるほか、特別活動の授業時数等の増加にあてることができる。
3 選択教科の授業時数については、外国語は各学年105を標準とし、農業、工業、商業、水産、家庭又は中学校学習指導要領第3章に特に必要な教科は、それぞれ第1学年及び第2学年において35、第3学年において70を標準とする。
4 第3学年の選択教科等にあてる授業時数については、農業、工業、商業、水産、家庭又は中学校学習指導要領第3章で定めるその他の必要な教科を外国語と合わせて履修する場合等、学校において特に必要がある場合には、175を標準とする。この場合においては、総授業時数は、1,190を標準とする。

時間増、数学が第3学年で35時間増、美術が第2学年で35時間増、保健体育が計60時間増、そして特別活動が計45時間増加となりました。この時代は、日本の学校は勉強時間が多く、教育内容水準は世界一であると言われ、少し誇りに感じていました。

学習指導要領で第1に注目されることは、総則で「学業不振児に対する配慮」即ち能力別指導を可能としたことでした。「学業不振児」の場合は、「各教科の各学年または各分野の目標及び内容に関する事項の一部を欠くことができる」とされました。これは、個性・能力・特性などによって振り分ける教育課程政策を具体化したもので、当時、「能力主義」として批判されました。

第2は、道徳教育を機軸とした公民的資質形成が強調されました。従来の学習指導要領における内容構成が、日常生活の行動様式：道徳的心情：公民的道徳性の項目数が5：10：6であったのが、3：5：5となり、公民的道徳の比率は29％から38％を占める程になりました。その内容例をあげるなら、「日本人としての自覚をもって国を愛し、国家の発展に尽くすとともに人類の福祉に寄与する人間になることを目ざす」というテーマで、「(1) わが国の国土と文化に対する理解と愛情を深め、すぐれた伝統の継承と創造に役だとうとすること」、「(2) 常に国際的な視野に立って、世界の平和と人類の幸福に貢献することのできる人間になろうとすること」などが目標とされました。特別活動では、「国民の祝日」や儀式などを行う場合、「国旗を掲揚し、『君が代』を斉唱させることが望ましい」と指示されました。この時は、まだ「望ましい」ですが、以後改訂ごとに、義務化が強められます。

図8-9 日大全共闘

同時に、政府は、1967年1月23日に、「2月11日」を「建国記念日」として指定し、「民族としての共同体意識と日本人としての自覚」の形成を期待する首相談話を発表したのでした。灘尾文相は、さらに国防教育論を訴えました。「国防を考えない国民はあり得ない。子どもの時から国を守るとか、自国の安全保障について、自覚と認識を養うことが必要だと思う。いつまでも国防意識をタブー視してはいけない。今

の国民は自分一個のことや家族のことしか考えないような傾向がある。これを改めて、よき日本人としての自覚を持たせ、自らの国を守ることの必要性を認識させることが大事だ」。「学習指導要領が改訂されようとしているが、こうした考え方が反映されるように、必要ならば指示する方針である。学習指導要領は最終的には文相の権限と責任で決めるものだ」と述べていました。

教育内容精選と現代化

第3点の特徴が、「教育内容の精選・現代化」です。理科を例に見ると、従来の学習指導要領は「基本的な科学概念の理解の重要性が強調されていない」と批判され、新たな目標として、(1) 科学の方法の習得と創造的な能力の育成、(2) 基本的な科学概念の理解と自然に対する総合的、統一的な考察力の要請、(3) 科学的な見方や考え方と科学的自然観の育成、という3方針が立てられました。従来は、「生活や産業の基礎となる自然科学的な事実や原理の理解」を目標として「生活単元的なまとまりが一部においてなされて」いましたが、今回は、「基本的な科学概念を中心とする内容の再構成」が目標で、第1分野は、物質に関する事物・現象、第2分野は生物と自然の事物・現象」とに分けられ、「基本的な科学概念」を核にして構成されました。かつ、知識そのものよりも、「科学の方法の習得」が重視されました。従来は、「実験・観察と理論との関連」が曖昧であったという反省に立って、「探究の過程を重視して、これを通して科学の方法を習得」させることが狙いとされています。そのために測定・分類・モデル形成などの科学の方法が教育内容に取り入れられたのでした。

他方、精選された内容事項はかなり多く、例えば、水の表面、水の精製、熱の伝わり方、力のモーメント、動力の伝達、音波とその伝わり方、音の性質、光の反射、電波とラジオ、生物資源、天然資源と化学工業などを削除し、さらに集約化と軽減などが図られました。例えば理科では、第1分野が、物質に関する事物・現象、第2分野が生物と自然、に分けられ、「基本的な科学概念」を核にして、特に「科学的方法」を習得することが重視されました。

図8-10 宮城県涌谷中学校のグループ発表

多様化志向の高等学校学習指導要領

1970（昭和45）年10月15日、高等学校教育課程は「各教科に属する科目及び各教科以外の教育活動」の2領域とされ、従前の「特別教育活動及び学校行事等」は改められました。改訂の基本方針は、(1)調和のとれた発達、(2)国家及び社会の有為な形成者、(3)教育課程の弾力的編成、(4)教育内容の精選という四点でした。ただし、実際は、(3)による「高校教育の多様化」と(4)による「教育の現代化」が改革の軸になりました。

第1点の、調和のとれた発達については、特に道徳教育や体育・芸術・教科外活動の改善が重視されました。例えば、普通科では、体育・芸術の最低単位数を増加して、「調和」の意味が込められました。体育が最低7単位から11単位へ、芸術が2単位から3単位へ増加し、かつ音楽・美術・工芸・書道の科目もそれぞれⅠⅡⅢまで設置されました。

また、クラブ活動がすべての生徒に課され、「情操の陶冶、協力精神の涵養及び心身の健全な発達を図るとともに友情を深め、学校生活をより豊かにする」こととし、ホームルームでは、「人間として望ましい生き方に関する問題」を中心に指導の充実を図るなど、人間形成における「調和と統一」が志向されたのでした。

第2点では、社会科で、国家社会の有為な形成者を養成することが冒頭に掲げられ、第1項目では、「進んで国家・社

表8-3 1970（昭和45）年改訂の高等学校の標準単位表

教科	科目	標準単位数	教科	科目	標準単位数
国語	現代国語 古典Ⅰ甲 古典Ⅰ乙 古典Ⅱ	7 5 2 3	芸術	書道Ⅰ 書道Ⅱ 書道Ⅲ	2 2 2
社会	倫理・社会 政治・経済 日本史 世界史A 世界史B 地理A 地理B	2 2 3 2 3 2 3	外国語	初級英語 英語A 英語B 英会話 ドイツ語 フランス語 外国語に関するその他の科目	6 9 5 1 3 1 1
数学	数学一般 数学Ⅰ 数学ⅡA 数学ⅡB 数学Ⅲ 応用数学	6 6 4 5 5 6	家庭	家庭一般 以下略	4
			農業	〃	
理科	基礎理科 物理Ⅰ 物理Ⅱ 化学Ⅰ 化学Ⅱ 生物Ⅰ 生物Ⅱ 地学Ⅰ 地学Ⅱ	6 3 3 3 3 3 3 3 3	工業	〃	
			商業	〃	
			水産	〃	
			看護	〃	
			音楽	〃	
保健体育	体育 保健	7〜9 2	美術		
			理科		
芸術	音楽Ⅰ 音楽Ⅱ 音楽Ⅲ 美術Ⅰ 美術Ⅱ 美術Ⅲ 工芸Ⅰ 工芸Ⅱ 工芸Ⅲ	2 2 2 2 2 2 2 2 2	その他特に必要な教科		

※すべての生徒に履修させる教科・科目は次のとおりとする。
ア 国語　「現代国語」および「古典Ⅰ甲」
イ 社会　「倫理・社会」、「政治・経済」の2科目「日本史」、「世界史」および「地理A」または「地理B」のうち2科目
ウ 数学　「数学一般」または「数学Ⅰ」
エ 理科　「基礎理科」または「物理Ⅰ」「化学Ⅰ」「生物Ⅰ」および「地学Ⅰ」のうち2科目
オ 保健体育　「体育」「保健」
カ 芸術　「音楽Ⅰ」「美術Ⅰ」「工芸Ⅰ」および「書道Ⅰ」のうち1科目
備考
① すべての生徒に履修させる教科・科目の単位数は、別表の標準単位数を下らないものとすること。
② 国語のうち「古典Ⅰ乙」を履修する場合は、「古典Ⅰ甲」の履修を要しないものとすること。

会の進展に寄与しようとする態度を養う」ことが指示されました。そして、政治経済では「良識ある公民」、日本史では「国民としての自覚」、世界史では「国際社会に生きる日本人としての自覚」、そして地理でも「国民としての自覚」が新たに第1目標に入れられるなど、公民的資質形成が重視されました。教科外活動でも、その中核となるのは、学校行事の儀式による教育で、「国民の祝日などにおいて」「国旗を掲揚し、『君が代』を斉唱させることが望ましい」と指示されました。日本の教育政策は、政治主義的な動きと教育課程とが絡み合って進展するので、この後、自由民主党政権下で学習指導要領改訂ごとに国旗・国歌の教育が強化されていきます。

図8-11 輸出する自動車

　第3点の弾力的な教育課程編成とは、生徒の能力・適性・進路に応じて「多様化」した教育課程を編成するということです。日本は、自動車（図8-11）や電化製品を初めとして輸出産業が成長し、かつコンビナート（図8-12）も主要地域に設置されるなど本格的な工業化社会を迎え、これらを中心に高度経済成長をいっそう進める上で、「後期中等教育の多様化」が急務となり、その「多様化」のために、教科・科目の編成そして履習の仕方まで変更されました。

　まず、教科は、国語・社会・数学・理科・保健体育・美術・外国語・家庭・農業・工業・商業・水産・看護・理数・音楽・美術・その他特に必要な教科という17教科から成り、従前よりも看護と理数の2教科を増加しました。各教科は表8-3のようにさらに科目が細分化されました。進学しないで数学や理科の学習を終える者を対象として数学一般と基礎理科が新設されました。英語では、初級英語と英語会話が新設されました。

　専門教科は、家庭・農業・工業・商業・水産・看護など職業に関する教科と音楽・美術・理数などの専門に関する教科で、それぞれかなり多くの科目が設定されました。例えば、工業の教科に属する科目だけでも164科目にも及び、

図8-12 コンビナート

かつ「その他の科目」があります。しかも、「その他の科目」では、「その科目の名称、目標、内容、単位数等については、その科目の属する教科の目標に基づきその学校の設置者の定めるところによる」として、学校設置者（例えば、都府県や学校法人等）の判断で既成の科目以外の科目を設置することが可能とされました。専門教科においても、高等学校における「多様化」を実質的にするために、実に多種の科目が設置されました。これらの組み合わせによって、職業科に限らず普通科も含めて多様な設定ができることになりました。

　学習指導要領では、「生徒の能力・適性・進路等に応じてそれぞれの適切な教育をほどこすため、必要により、教育課程の類型を設け、そのいずれかの類型を選択して履習させるようにすること」と指示されました。教育課程審議会答申では、普通科でも、「文科系に重点をおくもの、理科系に重点をおくもの、文・理科系科目を平均的に履習させるもの、職業教育に関する科目を多く履習させるもの、家庭に関する科目を多く履習させるもの」などの類型が提案されていましたので、学習指導要領はこれを受けたものでした。

　さらに高校生が進むコースとしての学科を見ると、実に多くの学科が設定されています。農業に関しては、木材加工科・食品製造科を新設・改廃し全10学科（従前は9学科）、工業については、金属工業科・情報技術科・工業計測科・設備工業科・地質工学科・環境工学科・繊維工学科・インテリア科・工業管理科などを新設・改廃して全21学科（従前は17学科）、商業については、経理科・事務科・情報処理科・秘書科・営業科・貿易科を新設して全7科（従前は1科）、水産については、水産科・漁業経営科などを改廃して全6科（従前は7科）、家庭については、服飾デザイン科を新設して全5科（従来は4科）、そして看護について衛生看護学科を新設して全1科ということで、職業専門の学科は合計44（従前は38）になりました。

　なお、職業に関する教科指導での留意事項では、「現場実習をもって実習に替えることができる」とされ、企業の工場・事務所あるいは家庭での農作業などを「現場実習」とみなし、「実習」に振り替えることが認められました。

　このように、教科及び科目の編成と履習の仕方、あるいは実習単位の読替えなども含めて、教育課程の弾力化が図られ、高校教育の多様化への条件が整えられました。

　第4は、「教育内容の現代化」です。教育課程審議会答申では、例えば、数学について、「現代における数学の発展と社会で果たす数学の役割を考慮して、新しい観点から内容を質的に改善し、基本的な概念が十分に理解され、数学的な見方や考え

方がいっそう育成されるようにすること」と提案され、理科についても、「現代における自然科学の発展や科学教育の趨勢を考慮して、自然の探究の過程を通して科学の方法や自然科学における基本的な概念の理解を深め、科学的な見方や考え方がいっそう育成されるようにすること」と提案されました。要するに現代の進歩に見合った科学教育の強化で、科学的な方法と知識の構造を重視する考え方です。

ブルーナーの構造主義理論

この教育課程改革には、ブルーナー（J.S.Bruner）の影響が見られます。彼は構造主義の心理学者で、その「構造」とは、ある問題、分野の最も普遍的な原理をさしますが、彼の提起するカリキュラムでは、児童生徒が学ぶ教科を、学問の分野として考えます。それぞれの学問の本質となる「構造」を、児童・生徒に獲得させることが学習のポイントと捉えられ、その「構造」の学習は、教師が教え込むのではなく、「発見学習」によるべきであるとされます。ですから断片的な知識を暗記暗唱したり、結論を教えたりするのでなく、結論に至るプロセスを児童・生徒にたどらせることが重視されます。それによって学習の方法や仕方が学習され、学習する能力すなわち自己学習能力がつくというわけです。「発見学習」では、直観と検証、法則の適用や類推、あるいは当て推量などが奨励され、教師の役割は、これを系統的に補助することにありました。

図8-13 ブルーナーの『教育の過程』

「教育の現代化」は、戦後改革時の経験主義教育課程か、あるいは1958年改訂の系統主義教育課程かという2項対立を止揚して、その両者の長所を統合した構造主義の教育課程を志向したものと捉えることができますが、その背景にはブルーナーの理論的影響があったのでした。

学習指導要領の新設科目「基礎理科」にそれを端的にうかがうことができます。その

図8-14 宮城県涌谷中学校の理科実験

目標(1)では、「自然の事物・現象の中に広く自然科学的な立場から問題を見いだし、観察や実験を行い、情報を集め、推論し、仮説をたて、検証を行うなどにより、科学の方法を習得させ、創造的な能力を育てる」。目標(2)では、「探究の過程を通して自然の事物・現象に関するいくつかの基本的な概念や原理・法則を理解させ、これらを活用する能力を伸ばし、自然のしくみやはたらきを分析的ならびに総合的に考察する能力と態度を養う」。そして目標(3)では「自然の事物・現象に対する科学的な見方や考え方を通して科学的な自然観を育て、また、自然科学が人類の福祉の向上に役だつことを認識させる」というように、現代科学の方法と基礎的な概念・原理・法則を系統的に習得させることが目標とされました。

科学技術の発達と産業社会の大規模化とによって、現代を構成する知識・技術が爆発的に増大し、もはや学校で教育するには膨大な量になってしまいましたので、これを精選する観点が必要とされていたのです。それがブルーナーの構造主義であり、その影響を受けた「教育内容の現代化」論でした。

「多様化」への差別教育批判

さて、これらの教育課程改革の動向に対してどのような評価や批判があったでしょうか。日本教職員組合は、この改革を「多様化」路線として、「今日学力差を生み出している原因に眼をつぶり、学力を固定的にとらえることによって青年を差別し、『能力に応じた教育課程の弾力的編成』と称して差別教育を用意している」と批判しました(1969年9月27日)。

また朝日新聞は、「『数学一般』『基礎理科』『初級英語』など、就職むきのやさしい科目を新設」したことについて、「この主張は、高校教師の間でも強い。現実の重みを背負っている人たちの意見であるだけに、観念論だけで、これに異論をとなえようとは思わない」。ただし、それを選んだ者は、進学の道を閉ざされることになり、「高校教育のスタートにおいて、このような袋小路の教科を作っておくのは現実主義の行きすぎではないか」。と批判しました。「多様化路線にふみ切るだけの準備が、い

図8-15 フーテン族

まの高校にあるかどうか。おくれた生徒のための教育に、ほんとうに力を入れられるだろうか」。「こうした準備なしに多様化すれば、結局、大学進学者だけを念頭にした教育になってしまう」。「方向としては多様化には賛成だが、その形と時期になお検討を望みたい」という主張でした。さらに、「男女の特性に応じた教育」として、女子に「家庭一般」の科目を必修にし単位数も増加して「婦徳」を強要しようとしていることについて、問題を含んでいるので慎重に対応してほしい、とも主張していました（1969年10月3日）。

その他の新聞の論調を見ると、日教組の指摘する差別に陥りかねない危険性を指摘しつつも、日本が生き残るためには、「多様化」はやむをえないという認識で一致していたようでした。

期待される人間像

この時代、日本はどのような人間像を志向していたのか、最後に、1966（昭和41）年10月に中央教育審議会が答申した「期待される人間像」についてまとめておきます。「第一部　当面する日本人の課題」、「第二部、日本人にとくに期待されるもの」とあります。

第一部に挙げられた「当面する日本人の課題」としては、①人間能力開発。高度経済成長に見合う日本人の能力開発。②世界に開かれた日本人、要するに世界に経済進出していく日本人の育成。③民主主義の確立という3点です。つまり、第1が効率的な人材開発の教育、第2が世界への進出、そして第3は不平があっても話し合いで合意する、という趣旨です。特に第3は、学生運動を中心にある種の暴力的な革命運動が頻発していましたので、これを意識したものでしょう。

第二部が、「日本人にとくに期待されるもの」。個人として、家庭人・社会人・国民としてとありますが、そのうちの社会人として、「一、仕事に打ち込むこと」が大切。「社会は生産の場であり」、その生産を「高めなければならない」。「そのためには、われわれは自己の仕事を愛」することが必要である。どんな仕事に就こうとも、「職業に貴賎の別がない」、と述べています。

「社会は生産の場」と断定して、その生産第一主義を明確に打ち出している

表8-4 1966年の「期待される人間像」

1966年「期待される人間像」第4章

第4章国民として
1. 正しい愛国心をもつこと
2. 象徴に敬愛の念をもつこと
   ・日本国を愛するものが、日本国の象徴を愛するということは、論理上当然である。
   ・天皇への敬愛の念をつきつめていけば、それは日本国への敬愛の念に通ずる。けだし日本国の象徴たる天皇を敬愛することは、その実体たる日本国を敬愛することに通ずるからである。このような天皇を日本の象徴として自国の上にいただいてきたところに、日本国の独自な姿がある。

ことが最大の特徴です。いかにも高度経済成長で世界一の生産を目指していた時代を象徴しています。第2の特徴は、高度経済成長の過程で出世と貧富の差が出てきて、社会が不安定になりがちですので、どんな貧しい職業でも価値があるのだから、がんばりなさい、と励ましています。この励ましは生産第一主義のマイナス面を補っているわけです。高度経済成長は、社会階層の移動が激しくなりますので、活力源にもなりますが、他面、不満や厭世感を持つ人も増加するので、その対策をとらざるを得ない状況が広がりつつあったのでしょう。

みんなで競争して頑張るのはいいのですが、何のために頑張るのかというと、日本の国のためです。日本の国を愛し日本の国を盛り上げるために頑張る、そのシンボルとして、戦後初めて「天皇」が出てきます。「期待される人間像」では「日本国を愛するものが、日本国の象徴を愛するということは、論理上当然である。天皇への敬愛の念をつきつめていけば、それは日本国への敬愛の念に通ずる。けだし日本国の象徴たる天皇を敬愛することは、その実体たる日本国を敬愛することに通ずるからである。このような天皇を象徴として自国の上にいただいてきたところに、日本国の独自な姿がある」と述べています。つまり、何をもって日本人というか、何をシンボルにしてみんなが統合するかというと、具体的には天皇であるというのです。そのシンボルのために自分たちは頑張る、そういうふうにすると、競争が全体として生きてくるというわけです。これには当然、賛否の議論がありました。

日本は、この時期ようやく世界第2位の経済大国になりましたが、その裏では、国民全体が勝ち組・負け組に割れ始め、やる気のない人たちが出始めていましたので、その分裂を融和して国民を統合し、全体としてやる気を起こさせることが課題になっていたのです。そこで天皇に登場してもらい、その敬愛の念のもとに仕事に打ち込むことは尊いことである、という教えを打ち出しました。

1966（昭和41）年、高度経済成長の真っ只中、新しい指導理念を出さなければならなかった時代の課題が見えると思います。もはや教育基本法の理念では対応できない、次の発展段階を迎えていたということでしょう。未曾有の高度経済成長の過程で、次の時代を展望できる新しい指導理念が必要な段階にあったにもかかわらず、「期待される人間像」は、戦前の教育勅語や戦後の教育基本法に比して、文章の格調が低く、かつ新しい時代を洞察することができなかったために、あまり影響力を持たないまま、忘れ去られることになりました。

その意味では、「教育の現代化」は「期待される人間像」とは矛盾する新しいコン

セプトの教育課程でした。児童生徒の経験や実験を大切にして「発見学習」を導入し、かつ学問への構造的な認識を獲得させる考え方は、まさに経験主義と系統主義を止揚して教育課程を現代化しようとするものでした。高度に科学・技術が発展した時代にふさわしい思考法が入っており、新しい資質を有する国民像が提起されていましたが、それは成功しませんでした。一言でいえば、教育現場不在であったと言えます。

　すでに文部省と日本教職員組合とはイデオロギー対立と不信の関係にあり、かつ構造主義の教育課程は(自然)科学者が独占的にリードしたものでしたから、教育現場からの声は届かず、むしろ、この時代は高度経済成長をめざす産業界のニーズが優先されたのでした。

◆ 参考文献
1. 『戦後日本教育資料集成』第7巻・第8巻・第9巻　三一書房　1983年
2. 文部省『日本の成長と教育』　1962年
3. 田中耕太郎『教育基本法の理論』　有斐閣　1981年
4. 大田堯『学力とはなにか』　国土社新書　1969年
5. 勝田守一『人間の科学としての教育学』著作集 6　国土社　1973年
6. 総務庁青少年対策本部『青少年行政事務提要』(付録)　1989年
7. 現代日本教育制度資料編集委員会『現代日本教育制度資料』第33巻・第34巻・第35巻・第37巻　東京法令出版　1988年・1989年
8. 文部省『小学校学習指導要領』　1968年
9. 文部省『中学校学習指導要領』　1969年
10. 文部省『高等学校学習指導要領』　1970年
11. 佐藤三郎・鈴木祥蔵訳　J.S.Bruner『教育の過程』　波書店　1963年

◆ 図表等
扉の図(1)　1972(昭和47)年学校系統図、文部省『学制120年史』　ぎょうせい　1992年
扉の図(2)　1970(昭和45)年前後の時代　①モウレツ社員、図8-3に同じ、②ミニスカート、近藤達士『日録20世紀　1969昭和44年』　講談社　1997年、③同棲時代、近藤達士『日録20世紀　1972昭和47年』　講談社　1997年、④ピルを要求す

	るワシントンのウーマンパワー、近藤達士『日録20世紀　1970昭和45年』講談社　1997年
図8-1	安保闘争、竹内惇『朝日クロニクル1960昭和35年』朝日新聞社　1999年
図8-2	集団就職、近藤達士『日録20世紀1961昭和36年』講談社　1997年
図8-3	モウレツ社員、近藤達士『日録20世紀1969昭和44年』講談社　1997年
図8-4	全国学力一斉テスト、『昭和2万日の全記録 第12巻』講談社　1990年
図8-5	教員たちの学力テスト反対、近藤達士『日録20世紀1961昭和36年』講談社　1997年
図8-6	空前の入学難の都立高校、近藤達士『日録20世紀1963昭和38年』講談社　1997年
図8-7	かぎっ子、永栄潔『朝日クロニクル1965昭和40年』朝日新聞社　1999年
図8-8	建国記念日反対、近藤達士『日録20世紀1967昭和42年』講談社　1997年
図8-9	日大全共闘、近藤達士『日録20世紀1968昭和43年』講談社　1997年
図8-10	宮城県涌谷中学校のグループ発表、宮城県涌谷中学校『能力・適性等に応ずる教育課程の編成』1971年　帝国地方行政学会
図8-11	輸出する自動車、近藤達士『日録20世紀1968昭和43年』講談社　1997年
図8-12	コンビナート、『昭和2万日の全記録 第12巻』講談社　1990年
図8-13	ブルーナー（J.S.Bruner）の『教育の過程』
図8-14	宮城県涌谷中学校の理科実験、前掲『能力・適性等に応ずる教育課程の編成』
図8-15	フーテン族、近藤達士『日録20世紀1967昭和42年』講談社　1997年
表8-1	1968（昭和43）年改訂の小学校の標準授業時数、学校教育法施行規則　1968年7月
表8-2	1969（昭和44）年改訂の中学校の標準授業時数、同上　1969年4月
表8-3	1970（昭和45）年改訂の高等学校の標準単位表、『高等学校学習指導要領』1970年
表8-4	1966年の「期待される人間像」、水原作成

第9章 成熟社会で多様な価値観の国民像
―「ゆとり」志向の1977年改訂―

(1) 1976（昭和51）年学校系統図

(2) 同時代の背景
① G6
② 宅急便の登場
③ サラ金地獄
④ ピンクレデイ
⑤ 高額のワープロ

成熟社会で多様な価値観の国民像 ―「ゆとり」志向の1977年改訂―

現代化路線から人間化へ

1960年代の高度経済成長の過程は、教育の世界では「教育革新の時代」と言われ、教育工学の導入、プログラム学習、チーム・ティーチングそして教育内容の高度化と効率的改善を求めて「現代化」の試行錯誤を重ねました。しかしその試みはうまくいきませんでした。その原因のひとつは、現代化を織り込んだ教科書作りに成功しなかったことです。その先進的研究をしていた米国ですら、UMCSM数学、PSSC物理、BSCS生物、CBA化学の教科書はまるで大学の教科書のようで、生徒にとっては興味の持てない内容でした。別の見方をすれば、その開発は研究者中心であり、現場の教員にとっては参加する気になれなかったでしょう。授業のあり方を見ても、視聴覚機器やコンピュータを利用した新式の授業はまだ本物にはなっていませんでした。また、カリキュラムの開発研究は物理・化学・生物など自然科学中心で、人文社会領域など人間性を生かす教育については中心課題になりませんでした。

図9-1 現代化の教科書

さて、高度経済成長は終わり、低経済成長のなかで、人間的なゆとりをもった成熟した社会を希望する時代になりました。世界的なカリキュラム改革の動向は「人間化」で、改訂学習指導要領の基本テーマもその意味で「ゆとりと充実」でした。

高度化・能率化を追求した「現代化」路線の結果、学校荒廃などの問題状況が顕在化したことで、学習指導要領は大きな転換点を迎えました。その最中、文部省がOECD教育研究革新センターと協力して開いた国際セミナーが、改訂の方向に大きな影響を与えたと言われています。そのセミナーでは、従来のカリキュラム開発が、大工場の大量生産に似た人間味のない「工学的アプローチ」であると総括され、むしろ教授学習活動の創造性と即興性を重んじ、教材と教師と子どもの出会いを大事にする「羅生門的アプローチ」が望ましいという提案がなされ、注目されました。

もう一つ、日本の学習指導要領改訂に大きな影響を与えたのは、全米教育協会の、『70年代のためのカリキュラム』と『70年代及びそれ以降のための学校』で、そこでは、人間性重視の教育課程のあり方が主張されました。「教育の現代化」は教材革命をもたらした画期的な側面はありましたが、本来、カリキュラムでは、「現代社会を

生きていく一人の人間として」、全人としての児童生徒はどのようにあるべきなのか、この問題をこそ検討すべきで、「教育の現代化」では、個々の科学と教育方法については極めて現代的な追究がなされながら、本来人間はいかにあるべきか、という観点が忘れ去られていた、と言うのです。

図9-2『脱学校の社会』

高度経済成長志向の教育に対して、次の時代は、人間性を回復するような教育をしなければいけないということが課題になりました。この時代、イリッチ(I.D.Illichi)の『脱学校の社会』(Deschooling Society)(図9-2)が一世を風靡したことが象徴的です。本来、学校は人間の幸せを達成するために設置されたにもかかわらず、しだいにシステムとしての価値を強制する装置となり、人間を抑圧する機関に転化してしまった。すなわち、個々の人間の主体的な選択権は奪われ、あらゆるものがパッケージ化された教育として設定され、それを消化できたか否かによって能力が査定され、その上で学歴が付与されるという巨大システムに変化し、人間を支配し歪めるものに転化してしまった、というのです。別の言い方をすれば、学校の教育機能が肥大化し、文化遺産の伝承を超えて、学校システムが人間を支配し抑圧してきたということで、次の時代は学校を如何にして人間化するかということが課題になってきたのです。

また、シルバーマンは、その著書『教室の危機』で、教育のあり方がいかに旧態依然であり、無味乾燥であり、功利的かつ便宜的になっているかを明らかにし、学校の冷たさ、非人間性を指摘していますが、これに対して、米国の教師たちは学校教育の「人間化」あるいは「人間性回復」への運動を展開するようになったと言われています。

日本でも、この影響を受けて、カリキュラムの人間化への試みが模索され、昭和52年及び平成元年の学習指導要領では、「ゆとり」あるいは「自己教育力」の回復を志向する改訂が進められることになります。

それは教育を支える時代背景の変化が大きく影響しています。日本資本主義の戦士「モウレツ社員」たちの、昼夜を厭わない過激な労働の結果、日本は、世界有数のお金持ちの国になりました。高度経済成長を目指した時は、単一の目的に向けて必

死になって突進してきたわけですが、経済発展が頂点に達するにつれて、価値観が多様化してきました。

例えば、前章で示した写真のように多様な女性が出てきました。ミニスカートの時代で、自分の好みで色々な服を着る人たち。ウーマンリブ運動で、ピルを自由に飲んで、妊娠するかどうかを自分で決めたい、男に管理されたくないと主張する女性たち、それから同棲時代の始まりです。女性が結婚前から同棲するということが一般的ではなかったのに、そういうことも一つの人生のあり方として広がり始めました。

商品の世界も変化しました。百円ライターも出てきて、お金持ちでなくてもライターが持てるようになったり、安価な自動カメラが出て皆がカメラを持てるようになったり、さらにはインスタントラーメンも出てきました。すべてが大量生産で安い商品が出回り、個々人の所得も倍増しましたので、高価な物から安物まで容易に好みに応じて選択して手に入れることができるようになりました。

こうして能率的・合理的であるよりも人それぞれが色々な好みや価値観の中で生きていくことがプラスに判断される時代になりました。選択肢が多くなった社会の到来で、人はいかに生きるべきか、私

図9-3 時代の流行

たちはその豊かさのあり方を問い始める時代に入りました。一言で言えば、成熟社会となり個々人のニーズに応じる教育が必要とされる時代に入りました。

未体験の新しい課題

さて、1971年、中教審答申によって、「未体験の新しい課題」が提案されます。

1、科学技術の進歩と経済の高度成長に伴う自然と人間との不調和
2、社会の都市化・大衆化の中での連帯意識の衰退と主体性の喪失
3、家庭生活と血縁的な人間関係の変化による教育的機能の低下
4、人間の寿命の伸長の中で新しい人生設計の未確立
5、女性の社会進出・参加という新事態への不適応
6、国際交流とマスメディアの発達による価値観の動揺

図9-4 ダムに沈む民家

「未体験の新しい課題」とは何か。第1は、科学技術の進歩と経済の高度成長に伴う自然と人間との不調和です。ほとんどの道路がアスファルトになり、河川もコンクリートに整備されるなど大工場を設置する条件は整ってきましたが、自然と人間との不調和が出てきました。2点目は、社会の都市化・大衆化の中で連帯意識が衰退し、人々は主体性を喪失していきました。「モウレツ社員」として多くの男性が大都会で働き、家庭を顧みないでがんばりましたが、過激な競争の結果、連帯意識がなくなり、かつ、大半の人は過重な労働で人間性をかなり歪めてきました。そうなると3点目、家庭が教育力を失い、地域としても連帯意識が弱まってしまい、青少年を育成する地域全体の教育機能も低下してきました。4点目、お金持ちになって生活が楽になり人間の寿命が伸びてきましたが、人生をいかに生きるべきか、新しい人生設計は未確立で生きがいを持つことが難しいという問題が出てきました。職業人としての設計はありましたが、退職後20年以上に及ぶ長い老後の設計はまだ十分には考えられてきませんでした。5点目は、女性の社会進出・参加という新事態への不適応です。この進展も男女によって認識は違うでしょうが、新たな事態に対処する社会的システムの不整備が目立ってきました。それから6点目が、国際交流とマスメディアの発達による価値観の動揺です。国際交流が盛んになり、マスメディアも発達して情報がいっぱい入ってくるので、決めつけの価値観で教育しても、生徒たちはもはや素直には従わない、一人一人が違った情報源から影響を受ける時代になりました。

教育方針では、「人間形成の真の姿」として(1)自然界に生きる人間として、(2)社会生活を営む人間として、(3)文化的な価値を追求する主体的な人間としての生き方が挙げられています。これは逆に見れば、実態はそういう人間でなくなってきたことへの反省です。「モウレツ社員」になって、世界の人々からエコノミック・アニマルと揶揄されて初めて気づいてみたら、いつのまにか家庭も地域も崩壊し、人間性までも歪み始めていたという課題認識でしょう。この課題に応えつつ、他方では、教育のレベルも上げなければ日本の未来が危ないということで、教育課程については、次のような方針が打ち出されました。

成熟社会で多様な価値観の国民像 ―「ゆとり」志向の1977年改訂―

教育課程の改善策

教育課程の改善策は4点です。1点目は、小学校から高等学校まで一貫性をいっそう徹底すること。これは高度経済成長の結果、グラフのように1977(昭和52)年の高校進学率が90%まで上がりましたので、小学校から高校まで一貫したカリキュラムで国民教育を効果的に展開しようというわけです。今までは6・3の9年で完結するカリキュラムでしたが、今後は高校を含めた6・3・3で12年のカリキュラム

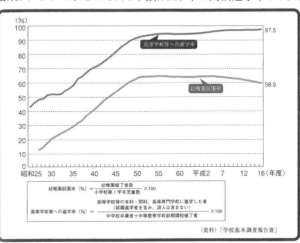

図9-5 高校進学率と幼稚園就園率

になるので、国民教育全体のレベルは上がります。2点目は、小学校段階では基礎教育の徹底を図るため、教育内容の精選と履修教科の再検討をすることです。教育の現代化で、高度化・合理化をしましたが、逆に基礎基本が身についていない事態になっていることへの反省です。3点目は中学校、前期中等教育段階では基礎的共通的なものをより深く修得させる教育課程を履修させながら、他方では、個人の特性の分化に十分配慮して、将来の進路準備段階としての観察指導を徹底すること。4点目は高等学校、後期中等教育段階で能力・適性・希望などの多様な分化に応じて教育内容を多様化するということです。従来は能力・適性・進路でしたが、個々人の希望を優先するということで「進路」から「希望」に変えられ、人間化の具体的キーワードとなりました。

基本は教育課程を人間化すること。それから小中高を一貫させること。小学校は基礎基本、中学校は選択の準備段階、そして高等学校では多様なコースの教育課程という基本方針でした。この時、新しい指導法を導入することも求められています。グループ学習、個別学習、無学年制、飛び級制という大胆な提案です。やる気のない生徒が増えてきたことに対策を講じると同時に、伸びる生徒は一層伸ばして能力開発を図りたいということでした。

小学校学習指導要領の改訂

それでは具体的にどのように改訂されたのでしょうか。小学校学習指導要領では、(1)知・徳・体の調和のとれた人間性、(2)基礎基本、(3)ゆとりある充実した学校生活、そして(4)教師の自発的な創意工夫の4点が基本方針とされました。要するに、これまで高度な内容を上から強制するようにして教育を進めてきましたが、今後は、「ゆとりある充実した学校生活」を保障することで、人間的な調和と基礎基本を大切にしよう、そのためには、教師が児童生徒の実態に合わせて創意工夫して教育することが必要であると提案されたのでした。

これによって、通称「ゆとりの学習指導要領」と言われました。ただし、2000年前後からの「ゆとり教育」への学力低下批判は、1998（平成10）年改訂への批判が中心です。1998年改訂について文部科学省としては「ゆとり教育」という用語は使用していませんが、それは「ゆとり」路線の発展形として認識されたからでしょう。

具体的改訂では、第1に基準の大綱化です。今までは学習指導要領で細かいことまで決めていたのですが、これからは、ゆとりある学校生活をするために、細かいことまで規制しないから、学校で独自に内容を考えなさいというのが大綱化の意味です。

第2に、授業時数が大きく削減されて350時間減少しました。時間減を学年配当でみると、第4学年で週2時間、第5学年で週4時間ですから土曜日1日分が減りました。ただし、学校での教育時間は減らしませんでした。これは何を意味するかというと、その減少した時間は「学校が創意を生かした教育活動を行う時間」に充てら

表9-1 1977（昭和52）年改訂の小学校標準授業時数

		第1学年	第2学年	第3学年	第4学年	第5学年	第6学年
各教科	国語	272(8)	280(8)	280(8)	280(8)	210(6)	210(6)
	社会	68(2)	70(2)	105(3)	105(3)	105(3)	105(3)
	算数	136(4)	175(5)	175(5)	175(5)	175(5)	175(5)
	理科	68(2)	70(2)	105(3)	105(3)	105(3)	105(3)
	音楽	68(2)	70(2)	70(2)	70(2)	70(2)	70(2)
	図画工作	68(2)	70(2)	70(2)	70(2)	70(2)	70(2)
	家庭	—	—	—	—	70(2)	70(2)
	体育	102(3)	105(3)	105(3)	105(3)	105(3)	105(3)
道徳		34(1)	35(1)	35(1)	35(1)	35(1)	35(1)
特別活動		34(1)	35(1)	35(1)	70(2)	70(2)	70(2)
計		850(25)	910(26)	980(28)	1,015(29)	1,015(29)	1,015(29)

※授業は年間35週以上（第1学年については34週）以上にわたって行うように計画。
※（ ）内の数字は、筆者が週当たりに換算したもの。

成熟社会で多様な価値観の国民像 ―「ゆとり」志向の1977年改訂―

れることになります。それは「ゆとりあるしかも充実した学校生活」を創りだすことが目的で、各学校では「ゆとりの時間」とか「創意工夫の時間」と呼んでいました。教育課程審議会答申では、「各教科の授業時数の削減により生じた時間については、上記の観点などに照らして、国としてはその時間や幅や内容を特に定める基準は設けないこととし、各学校において創意を生かした教育活動が活発に展開されることを期待する」と小・中学校に要請されました。時間割は、表9-2のように「創意工夫の時間」や学級会、クラブ活動などが設定されました。

表9-2 ゆとりの時間割（小学校）

	月	火	水	木	金	土
1						
2						
3						創
4						創
5		ク		学		
6			創	創		

　なお、これは知・徳・体の調和だけでなく、週休2日制すなわち学校5日制への準備の側面も大いにありました。余談になりますが、世界有数の経済大国になった日本は、労働時間が過重で大幅な黒字国となり、その結果世界的な貿易不均衡をもたらしているということで、休日を増やさなければならなくなり、回りまわって学校の週五日制が導入されるという経緯がありました。

　時数削減の中身ですが、知・徳・体の調和を図る観点から知育面の時間が減少しました。教科別時間数は、国語が週当たり2時間減、社会が3時間減、算数が1時間減、理科が2時間減、音楽・図画工作ともに1時間減、家庭・体育・道徳・特別活動は変化なしでした。社会科の3時間減が最高で、次いで国語・理科2時間減が大きな変化でした。戦後改革以来重視されてきた社会科は総時数の11％から9.6％に落ち、特別活動・道徳・体育・音楽・図画工作の占める割合は、33％から34％に上がりました。これは知・徳・体の調和をねらいとして、社会科と理科の「知」が削減されたためです。

表9-3 1977（昭和52）年改訂の中学校標準授業時数

区　分		1	2	3
必修教科	国　　語	175(5)	140(4)	140(4)
	社　　会	140(4)	140(4)	105(3)
	数　　学	105(3)	140(4)	140(4)
	理　　科	105(3)	105(3)	105(3)
	音　　楽	70(2)	70(2)	35(1)
	美　　術	70(2)	70(2)	35(1)
	保健体育	105(3)	105(3)	105(3)
	技術・家庭	70(2)	70(2)	105(3)
道　　徳		35(1)	35(1)	35(1)
特別活動		70(2)	70(2)	70(2)
選択教科の時数		105(3)	105(3)	140(4)
総授業時数		1,050(30)	1,050(30)	1,050(30)

※（ ）内の数字は、筆者が週当たりに換算したもの。

第3に教育内容も授業時間数が減ったのでそれに見合う分だけ削除するか中学校に移さなければなりませんでした。教科ごとに改正点をあげると、算数で、集合・柱体の求積・回転体を削除して中学校へ移行したことを初めとして、国語では、従来の3領域（聞くこと・話すこと・読むこと及び書くこと）から「表現」及び「理解」の2領域に改められました。社会科では「各種の産業を網羅的に取り上げることを改め」（5学年）、歴史学習でも「各時代についての歴史的事項を網羅的に取り扱うことを改め、我が国の伝統を尊重する立場から、歴史上の人物の働きや文化遺産などを重点的に取り上げ」、政治学習でも、「そのしくみを詳しく取り扱うことを改め」、そして「特色ある気候的条件のもとで生活している世界の人々の様子」は削除されました。理科では、「程度の高い実験を伴うものや取扱いが高度になりがちなもの」、「高い抽象的な説明を要するもの」、あるいは「2個学年以上にわたって繰り返し発展的に取り扱っている内容」について削除・集約するとして、細胞と核、キノコの成長、樹相、トリの卵、水溶液の電気伝導、まさつ、打撃による熱の発生、火山活動、地球の自転、昆虫の変態、そして星の動きなどが対象とされました。

表9-4「自主的活動の時間」の単元一覧表（中学校）

「自主的活動の時間」の単元一覧	4月	5月	6月	7月	8月	9月	10月	11月	12月	1月	2月	3月
1年	A「郷土の自然と社会」を調べる	A「郷土の自然と社会」を調べる B 花壇コンクール	A 学級新聞コンクール	A はにわ・土器づくり		B 体育祭に参加しよう	A 図書館まつり	B 学年対抗球技大会 文化祭に参加しよう	B 音楽コンクール	A「郷土の昔話」発行	A「郷土の昔話」発行	B 卒業生を送る会
2年	A「わが家の歴史」を調べる	A「わが家の歴史」を調べる B 花壇コンクール	A 学級新聞コンクール	A「私の旅行計画」		B 体育祭に参加しよう	A 図書館まつり	B 学年対抗球技大会 A 文化祭に参加しよう	B 音楽コンクール	A「私の絵本」づくり	A 学級対抗弁論大会	B 卒業生を送る会
3年	A 個人読書新聞の発行	A「私の修学旅行のしおり」づくり B 花壇コンクール	A 学級新聞コンクール	A 文学散歩		B 体育祭に参加しよう	A 図書館まつり	B 学年対抗球技大会 A 文化祭に参加しよう	B 音楽コンクール		A「卒業記念誌」発行	A「卒業記念誌」発行

音楽は、5領域（基礎、鑑賞、歌唱、器楽及び創作）から「表現」及び「鑑賞」の2領域に、図画工作も、5領域（絵画、彫塑、デザイン、工作及び鑑賞）から「表現」及び「鑑賞」の2領域に改め、家庭科も4領域（被服、食物、すまい及び家庭）から「被服」「食物」「住居」に整理統合され、そして体育も、6領域（体操、機械運動、陸上運動、水泳、ボール運動及びダンス）から「基本の運動」と「ゲームを主とする運動」の2領域に整理統合されました。

表9-5「自主的活動の時間」の月別・学年別時間数一覧

3	2	1	12	11	10	9	7	6	5	4	
5	5	3	3	6	6	3	2	4	4	3	1年
5	4	3	3	6	3	3	2	2	5	3	2年
2	6	3	3	6	3	6	3	2	6	2	3年

この時の学習指導要領で、各教科の領域構成が大きく変更されていたことがわかりますが、教科のあるべき領域構成についての深い議論は一般には見えませんでした。

そして第4に国歌・国旗の尊重です。高度経済成長の果てに価値観が多様化し、みんなバラバラになったり対立意識を持ったりしてきたので、日本の国旗・国歌を尊重する教育によって、日本人としてのアイデンティティを強めようという計画です。この種のシンボル操作でそれが強まるかどうか議論のあるところですが、教育政策としては、今後ますます強化されることになります。

中学校の1977（昭和52）年改訂

中学校に関しても同じ原則です。第1に大綱化、第2に授業時間数の減少、中学校1・2学年では各140時間（週当たり4時間）、第3学年で105時間（週3）と大きく削減されました。各教科を見ると、国語・社会・理科・技術家庭はいずれも70時間減、保健体育が60時間減、数学も35時間減と軒並み削減されました。音楽・美術・道徳は従来と変わらず、特別活動は増加して、「人間性の育成」に関わる時間として重視されました。

第3に、時間数は減少しても、学校教育の合計時間数は減らさないで、各学校での「創意工夫の時間」に充てることが要請されました。これは前掲の小学校の時間割表と同じです。例えば、教育課程審議会答申では、体力増進活動、自然・文化の体験的活動、教育相談活動、集団的訓練活動あるいは休憩時間やクラブ活動などに適用することが挙げられ、国家的な基準は設けず、何をしても良い、いわゆる「白

ぬきの時間」で、やはり学校の創意を生かすことが期待されました。多くの学校では土曜日に創意工夫の時間を設定して、地域の人たちとの交流の時間にあてたので、昔の子どもたちの遊びを老人から学ぶ姿がテレビなどで報道されました。あるいは、表9-4のように「自主的活動の時間」を設定して、「郷土の自然と社会を調べる」、「わが家の歴史を調べる」、「個人読書新聞の発行」、「学級新聞コンクール」等々の様々な課題追求や活動などを実施している例が見られました。総合的な学習の時間に近いですが、学習指導要領の構想としては、調査研究よりも「ゆとりある活動」によって人間性回復を図ることに重点がありました。

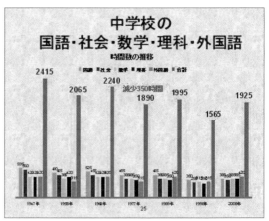

図9-6 中学校の5教科の時間数の変遷

第4に教育内容も減らされ、一部は高等学校に移されました。特に「教育の現代化」によって高度化した数学と理科は見直され、高等学校で集約して指導するほうが適切なものは削除・軽減されました。例えば数学でも、不等式は2学年から扱われることになり、連立2元1次不等式は削除されました。「関数の意味」は1学年から3学年に移され、逆関数は削除されました。図形の領域では、「合同変換と相似変換の意味」、「図形の位相的な見方」は削除されました。確率・統計の領域では、順列組合せの考え方や期待値の意味が削除されました。また理科では、抽象度の高いもの、例えば、運動の第2法則、イオンの反応、天体の形状と距離の一部、動植物の分布、遷移などが削除され、化学変化の量的関係、原子の構造、地殻の変化と地表の歴史などが、高等学校の内容との関連で軽減されました。

第5に選択教科の拡大。青年期として中学校あたりから青年らしい個性が分化するので選択教科を音楽・美術・保健体育・技術家庭・外国語としました。なお、外国語は戦後から一貫して選択科目ですが、平成10年の学習指導要領改訂で初めて必修になります。

そして第6に、小学校と同様に、特別活動の儀式において「国旗を掲揚し、国歌を斉唱させることが望ましい」と指示されました。

高等学校の1978(昭和53)年改訂

高等学校学習指導要領はどうでしょう。特徴の第1は、国民共通の教育期間を10年間としたことにより、高等学校1年の教育水準を相応に下げ、中学校教育との関連性が強化されたことです。標準単位数を示していますが、国語Ⅰ、社会、数学Ⅰ、理科Ⅰ、体育及び保健、芸術(音楽Ⅰ・美術Ⅰ・工芸Ⅰ及び書道Ⅰから1科目)の科目は、「高等学校教育として共通的に必要とされる基礎的・基本的な内容」として位置づけられ、卒業単位は85単位から80単位になりました。

表9-6 1978(昭和53)年改訂の高等学校標準単位数表

教科	科目	標準単位数	教科	科目	標準単位数
国語	国語Ⅰ 国語Ⅱ 国語表現 現代文 古典	4 4 2 3 4	保健体育	体育 保健	7～9 2
社会	現代社会 日本史 世界史 地理 倫理 政治・経済	4 4 4 4 2 2	芸術	音楽Ⅰ 音楽Ⅱ 音楽Ⅲ 美術Ⅰ 美術Ⅱ 美術Ⅲ 工芸Ⅰ 工芸Ⅱ 工芸Ⅲ 書道Ⅰ 書道Ⅱ 書道Ⅲ	2 2 2 2 2 2 2 2 2 2 2 2
数学	数学Ⅰ 数学Ⅱ 代数・幾何 基礎解析 微分・積分 確率・統計	4 3 3 3 3 3	外国語	英語Ⅰ 英語Ⅱ 英語ⅡA 英語ⅡB 英語ⅡC	4 5 3 3 3
理科	理科Ⅰ 理科Ⅱ 物理 化学 生物 地学	4 2 4 4 4 4	家庭	家庭一般	4

※上記の表以外の教科即ち、外国語(ドイツ語、フランス語、外国語に関するその他の科目)、家庭、農業、工業、商業、水産、看護、理数、体育、音楽、美術、英語(総合英語、英語理解、英語表現等、以下略)、そしてその他特に必要な教科に関する標準単位数については、設置者の定めるところによる、とされた。

第2は、第1との関連で、高校2年以降は、「生徒の能力・適性等の的確な把握に努め、その伸長を図り、生徒に適切な各教科・科目や類型を選択させる」という選択科目中心の方針が出されたことです。つまり、文系・理系あるいは就職系などコースを設けて選択させることが勧められています。その場合、コース化によって硬直化した教科設定にならないよう、「生徒が自由に選択履修することのできる各教科・科目を設けたりする」ことが指示されています。

特徴の第3は必修科目等の弾力化です。「各教科・科目の特質及び生徒の実態からみて、著しく履修が困難であると認められる場合に限り、その単位数の一部を減ずることができる」。その際、「教科及び科目の目標の趣旨を損なわない範囲内で、その科目の内容に関する事項について、基礎的・基本的事項に重点を置き適切に選択して指導する」とされました。また逆に、「学校においては、生徒の実態等を考慮し、特に必要がある場合には、標準単位数の標準の限度を超えて単位数を増加して配当することができる」とも指示されました。これは要するに、能力・適性に応じて教育内容を変えてもよい、趣旨を変えない限りは減らしても増やしてもよいという趣旨です。

　特徴の第4は、第3の結果、習熟度別学級編成とつながります。指導計画の作成等に当たって配慮すべき事項の6の(5)に「各教科・科目の指導に当たっては、生徒の学習内容の習熟の程度などに応じて弾力的な学級の編成を工夫するなど適切な配慮をすること」、(6)「学習の遅れがちな生徒、心身に障害のある生徒などについては、各教科・科目等の選択、その内容の取扱いなどについて必要な配慮を行い、生徒の実態に即した適切な指導を行うこと」と指示されました。

　第5は、専門教育を主とする学科の単位の弾力化です。専門教育単位数が、従来の35単位から30単位になり、専門教育の単位数が30単位を下らないことを条件としながらも、「同様の成果が期待できる場合」には、普通教育の単位を5単位まで上記単位に含めることができる、あるいは、専門教育の教科・科目の履修によって、必修教科・科目と同様の成果ができる場合も、専門教育のそれによって必修教科の「単位数の一部又は全部の履修に替えることができる」とされました。農業高校とか工業高校に行けば、今まで専門教育の単位は35単位でしたが、今度は30単位まで下げ、しかも5単位は普通教育から国語や数学に替えても良いというのです。商業学科に至っては外国語10単位まで含めることができるとされ、大学受験に対応し易くなりました。

　第6は、勤労体験学習の重視です。高校生の大半が普通科に所属して職業に関する教育がありませんので、労働になじめない青年が増えています。「普通科においては、地域や学校の実態、生徒の進路・適性や興味・関心等を考慮し、必要に応じて、適切な職業に関する各教科・科目の履修について配慮するものとする。その際、勤労にかかわる体験的な学習の機会の拡充についても留意するものとする」と指示されました。

高校生の6割ぐらいが普通科に在籍していて、そのうちの半分ぐらいが進学しないで就職するのに、就職のための指導はしていませんでしたので、この種の生徒への対策として勤労体験学習を入れようというのです。

第7は、小学校・中学校同様に、教科外活動の儀式における「国旗」掲揚と「国歌」斉唱とが求められました。この政策に対して、高等学校は教員組合が強く反対しており、一部の高校生も反対闘争に参加したので、様々な事件を惹起することになりました。

肯定的な世論と批判

当時の学習指導要領改訂に対する新聞論調を見ますと、おおむね肯定的論調でした。例えば朝日新聞では、「すべての高校生に最低限必要とされる共通必修は、今度の案で、現行の47単位から32単位に減らし、その代わり、選択科目をふやすことになった。そのほか、生徒ひとりひとりの学習の習熟度にあわせた学級の編成、職業・普通の課程の別を問わぬ勤労の喜びの体験学習、理容・美容・ホテル・観光・写真などの新学科を設置者が主体的に定めうるとしたことなど、さまざまな新しい考えをもりこんでいる」と評価されました。ただし、習熟度別学級編成について、その具体的な手立てを教師・学校及び教育委員会がよく考えてゆかないと、「失敗すれば、差別を固定化する」という注意が喚起されました。第2に、学校教育の整備だけで学習指導要領の志向する理念は実現しない、大学入試の受験競争があり、校外に予備校・塾が氾濫している。「総合的な教育政策を欠くと、新指導要領案も絵に書いたモチになる」と指摘しました（1978年6月23日）。

当時、この種の警告はありましたが、全般的には、「ゆとり教育」に対して好意的な世論が多く、このころは学力が下がるという批判はありませんでした。

日本教職員組合は「国旗」掲揚と「国歌」斉唱について、「主権在民の憲法原理と教育基本法の民主的教育理念」に反すると批判しました。また、社会科について、建国神話の格上げ、市民革命の格下げ、核や公害問題の「環境教育」へのすり替え、いずれも「憲法の平和主義」と「人間尊重の理念」に反すると批判しました（1983年11月30日）。

他方、読売新聞は、もっと飛び級とか落第とか単位制を入れて、オールラウンドじゃなくて自分の好きな勉強で高校が修了できるような、そういう新しい高校にしたらどうかという提案をしていました（1978年6月23日）。

まとめ

「ゆとりと充実」をめざした学習指導要領の特質についてまとめますと、(1)これまで「教育の現代化」ということで、高度経済成長を目指して高度の教育内容を与えてきましたが、その頂点を過ぎたころには青白い子どもたちが増加し、学校荒廃もひどくなりましたので、教育の「人間化」へと方針転換をしなければなりませんでした。

(2)そのためには学校の実態に即した教育ができるように学習指導要領を大綱化しました。(3)また、ほとんどの青年が高等学校に進学する時代になりましたので、高等学校まで含めて完成教育として企画し、特に、高校1年までの10年間は共通教育とし、高校2年目から進路に応じて分化する教育課程を原則としました。(4)もはや高等学校はエリート教育ではないので、ひとりひとりの能力・適性にあわせて、習熟度別あるいはコース別教育する方策が出されました。

(5)そして国民としてのアイデンティティ教育のために国歌・国旗の教育が強化されました。高度経済成長を成し遂げてきたところで、国民は競争とイデオロギー対立の果てに階層分化し、価値観が多様化し、国家的、国民的アイデンティティが共有し難くなってきたからです。これからは道徳教育が困難な時代に入りました。

高度経済成長後の成熟社会において、ひとりひとりが多様な価値観を有し、様々な進路を選択的に歩むことが想定されています。従来は、画一的で平均的な教育による進路選択でしたが、成熟した社会を迎えたことで、能力・適性・希望に応じて、それぞれに自己目標を達成し、その結果として国家社会の繁栄があるという考え方に変化してきました。

ですから、国家的なひとつの目的に向かって強制をかけることはなくなりましたが、実は、先進国に追いつき・追い越せという共通の目標を見失い、高度経済成長の果てに何を目指すべきなのか、一人ひとりが人間性を回復したとしても、いったいどこに向かうべきなのか、見えなくなりつつありました。

政策的には、せめて国歌と国旗の教育を進めることで日本国民としてのアイデンティティを確認させようとしていますが、成熟社会における「人間化」とはいったい何なのか、一人ひとりが自己実現をする生き方をするとしても、その自己実現は何を実現することなのか、衣食住が満たされた時代になってしまいましたので、かえって迷いが深くなってきたように思われます。従来型の進路指導や道徳教育で対応することが、大変むずかしい時代に入りました。

◆ **参考文献**

1. 全米教育協会編・山本正訳『よみがえる学校』 サイマル出版会 1976年
2. 日本数学教育会『数学教育の現代化』 培風館 1972年
3. 全米教育協会『教育の現代化』(森昭・岡田渥美訳) 黎明書房 1965年
4. J.S. ブルーナー (J.S.Bruner) 著『教育の過程』(鈴木祥蔵・佐藤三郎訳) 岩波書店 1963年
5. C.E. シルバーマン (Charls.E.Silberman)『教室の危機』(Crisis in the Classroom.1970) (山本正訳) サイマル出版会 1973年
6. 全米教育協会『人間中心の教育課程』(Curriculum for The Seventies 1970) (伊藤博訳) 明治図書 1976年
7. イヴァン・イリッチ (I.D.Illichi)『脱学校の社会』(東洋・小沢周三訳) 東京創元社 1977年
8. 河野重男・新堀通也編著『教育学講座 1 教育革新の世界的動向』 学研 1978年
9. 森戸辰男『第三の教育改革』 第一法規 1973年
10. 文部省『教育改革のための基本的施策』 1971年
11. 『戦後日本教育史料集成』 第10巻・第11巻・第12巻 三一書房 1983年
12. OECD 教育調査団・深代惇郎訳『日本の教育政策』 朝日新聞社 1973年
13. 教育制度検討委員会編(梅根悟)『日本の教育はどうあるべきか』 勁草書房 1971年
14. 教育制度検討委員会編(梅根悟)『日本の教育をどう改めるべきか』 勁草書房 1972年
15. 小林直樹編『教育改革の原理を考える―中教審答申の批判―』 勁草書房 1972年
16. 教育制度検討委員会編(梅根悟)『日本の教育改革を求めて』 勁草書房 1974年
17. 中央教育課程検討委員会『教育課程改革試案』 一ツ橋書房 1976年
18. 日本経済調査協議会編『新しい産業社会における人間形成―長期的観点からみた教育のあり方―』 東洋経済新報社 1972年
19. 教育情報センター編『教育課程基準改善の基本方向・解説と資料』 明治図書 1975年
20. 現代日本教育制度史料編集委員会『現代日本教育制度史料』 第44巻 東京法令出版 1990年
21. 文部省『小学校学習指導要領』 1977年
22. 吉本二郎編集『中学校 学習指導要領の展開 総則編』 明治図書出版 1977年
23. 文部省『高等学校学習指導要領』 1978年

◆ 図表等

扉の図 (1)　1976 (昭和51) 年学校系統図、文部省『学制120年史』 ぎょうせい　1992年
扉の図 (2)　同時代の背景　①第1回G6サミット、近藤達士『日録20世紀 1975 昭和50年』講談社　1997年、②クロネコ、『日録20世紀 1976 昭和51年』 1997年、③サラ金地獄、『日録20世紀 1979 昭和54年』 1997年、④ピンクレデイ、『日録20世紀 1977 昭和52年』 1997年、⑤ワープロ、『日録20世紀 1978 昭和53年』 1997年
図9-1　現代化の教科書
図9-2　『脱学校の社会』(Deschooling Society)、I. イリッチ (Ivan.D.Illichi) 著　東洋・小澤周三訳・東京創元社　1977年
図9-3　時代の流行、前掲『日録20世紀 1975 昭和50年』
図9-4　ダムに沈む民家、同上
図9-5　高校進学率と幼稚園就園率、文部科学省『データからみる日本の教育2005』
図9-6　中学校の5教科の時間数の変遷　水原作成
表9-1　1977 (昭和52) 年改訂の小学校標準授業時数、学校教育法施行規則　1977年7月
表9-2　ゆとりの時間割 (小学校)、堀久・岩亀幸三朗編著『「ゆとりの時間」の運営と展開—学校の創意の生かし方—』 明治図書　1977年
表9-3　1977 (昭和52) 年改訂の中学校標準授業時数、学校教育法施行規則　1977年7月
表9-4　「自主的活動の時間」の単元一覧表 (中学校)、全国SLA教育課程委員会編『ゆとりある教育の展開—学校図書館の活用を通して—』 全国学校図書館協議会　1978年
表9-5　「自主的活動の時間」の月別・学年別時間数一覧、同上
表9-6　1978 (昭和53) 年改訂の高等学校標準単位数表、『高等学校学習指導要領』 1978年

第10章

生涯学習社会を自己教育力で切り拓く国民像
―新学力観の1989年改訂―

(1) 1992（平成4）年学校系統図

(2) 生活科の実践

(3) 体験的学習

大衆享楽文化とパーソナル化・おたく族

1977(昭和52)年に「ゆとりの学習指導要領」が出たころから、日本及び世界は時代が急速に変化してきました。高度経済成長が終わると同時に、日本は世界標準による構造改革、グローバル資本主義への改革を余儀なくされ、伝統的な経済・社会運営ができなくなります。日本社会は新たなコンセプトによって大変革をすべきステージに入ったと言えますが、その変革を進めるための構造改革は容易なことではなく、2010年現在でも漂流したままにあります。日本は少子・高齢化とリッチな生活で活力を失い、大衆は享楽文化に浸り、青年はパーソナル化と「おたく」化に走り、教育面では「高度経済成長の負の遺産」が露出してくることになりました。

安定成長期に入って大量生産と所得向上そしてインフレにより従来裕福な人しか持てなかった家や車などを多くの庶民もローンなどで購入できる消費社会を迎え、一億総「中流」意識に酔いました。古い家の建て直しが一巡し、子どもたちが自分の個室を持つことが一般化しました。子供の個室化は一見受験勉強には有効でしたが、個室化に対応した家庭教育の方法は日本の伝統にありませんでしたので、多くの家庭では十分に躾を教えることができず、この後、そのマイナス面が拡大することになります。

国民生活が豊かになり、システム手帳や文具セットなど安くて便利な小物が出回り、テレビなどのメディア文化と共にノーパン喫茶などの大衆享楽文化の花までも開き始めました。他面、「まじめに努力する」とか、汚い・きつい・危険(3K)な仕事をすることが嫌われるようになりました。

同年、歌手のピンク・レディーが登場し、水着姿に近い服装で、大胆に太ももを開くヤクシーな歌い方け、伝統的な歌手のあり方と違うことが論議を呼びましたが、以後、歌謡界では一般的になりました。翌1978(昭和53)年には、日本発のカラオケが誕生し、日本人の多くが歌手さな

図10-1 ピンクレディ

がらに歌うようになり、今ではすっかり世界にまで普及しています。元来、恥ずかしがりやの日本人がどうしてカラオケに興じるようになったのか文化論的には興味あるところですが、とにかく新しい娯楽文化が誕生しました。

翌1979年にはパソコンが16万円で出てくるなど、一人ひとりがコンピュータを持つ時代が始まりました。歩きながら音楽を楽しむウォークマンが出たのもこの年で、イヤホンを耳に入れて歩く若者のファッションが流行しました。以後今日まで、人とのコミュニケーションよりも、自分

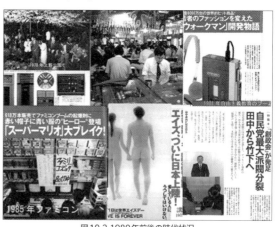

図10-2 1980年前後の時代状況

だけの内なる世界に没入している青年の姿が増えつつあります。あらゆるものを個人で購入することが可能になり、いろいろなレベルでパーソナル化が進展しました。それまでは一つの物を共同で使う時代でしたが、ここに至って個人の様々な生活スタイルが見えるようになりました。

日本の社会は、急速に伝統的モラルが後退し享楽的で軽薄な雰囲気が漲ってきました。1970年頃に「昭和元禄文化」と言われましたが、それなら1980年代後期からは文化文政になぞらえて「化政文化」と言えるかも知れません。テレビのコマーシャルでは、「私はこれで会社をやめました。」とサラリーマン風の男が小指を立てて言うセリフが受けました。1985(昭和60)年には、多くのサラリーマンが勤務の終わった後コンピュータ・ゲームに夢中になっていました。同じ年に「スーパーマリオブラザーズ」の発売やエイズの日本上陸がありました。ビデオやパソコンなど、1人でできるものだけを相手にし、直接的な人間関係を作ることのできない若者たちの自閉的な傾向を表す「おたく族」という言葉が出たのは1988(昭和63)年でした。

女性の時代の始まり

他方、目に見えて変化したのは新しいタイプの女性の登場でした。1980(昭和55)年には、女性の就職・転職情報誌「とらばーゆ」が創刊されました。「とらばーゆする」という言

葉はキャリア形成を考える女性が積極的に転職することを意味する流行語となりました。それだけ女性の社会進出が目覚しかったと同時に、転職が積極的な意味に変じた時代世相を表しています。

1980年代は女性の社会進出の在り方が次のステージに入った時代と言えます。1986（昭和61）年には日本社会党の党首土井たか子の登場、1989（平成元）年にはマドンナ旋風で女性議員22人が当選するなど、政界の新しいステージが開かれました。出版界では、1986年の上野千鶴子『女という快楽』、1987年に俵万智『サラダ記念日』、1989年に吉本ばななの『キッチン』、スポーツ芸能界では、「女三四郎」の山口香（1984年）、松田聖子の結婚と生き方（1985年）など、80年代後半は、従来型の「やさしい」女性とは違い、主義主張の輪郭がはっきりした女性が登場してきた時期でした。それでも、男女共同参画社会基本法ができるのはさらに10年後の1999（平成11）年です。

世界標準の構造改革の要請

国際政治の3極時代（米国・中国・ソ連）も始まりました。1979（昭和54）年には、米国と中国が国交回復し、以後、中国の存在感が年々増すようになっています。観点を変えれば、中国が無視できないほどに力をつけて国際舞台に登場してきたということと、米・ソが弱り始めたということで、国際政治の構造変化すなわち3極化が始まった時代と言えます。米国は、前年の貿易収支が283億ドルに及ぶ史上最大の赤字を記録し、うち、116億ドルが対日赤字ということで、働き過ぎ、もうけ過ぎの日本は批判され、世界標準の資本主義へと構造変革することが要請されます。実は、学校5日制（週休2日制）はそのひとつの結果であって、教育的配慮の結果ではありません。

1980（昭和55）年に、日本は自動車生産で米国を抜いて世界一になりましたが、貿易摩擦はいっそう厳しくなってきました。米国での日本車のボイコット運動をはじめ、1982（昭和57）年、FBIによる「おとり捜査」によって日本の大企業の社員が逮捕されるという、いわゆる「IBM産業スパイ事件」が起きました。これは情報化社会におけるソフトの著作権という新しい価値観を確立する契機になりましたが、同時に日本経済が米国にとって強い脅威になっていることを多くの日本人が実感しました。

他方、ソ連は1985（昭和60）年からゴルバチョフ書記長によって政治体制のペレストロイカ（改革）を進めつつありました。そして1989（平成元）年には、中国でも

自由化の要求運動が起き、天安門事件での弾圧へと発展しています。今にして思えば、この頃から世界的に政治の地殻変動が始まっていたのでした。社会主義国家の崩壊、冷戦の終結、イデオロギー対立の終焉などが話題になり始めました。日本でも、自民党の最大派閥が1985年に分裂し、2010年現在の自民党と民主党の2大政党につながる動きが始まったのでした。

世界第2位の経済大国となった日本では、世界標準による改革が課題となりましたが、実際は米国の要求による経済システムの再編で、1982 (昭和57) 年に行革大綱「今後における行政改革の具体化方策」を決定し、1987年の国鉄 (JR) を初めとして民営化、自由化と規制緩和を導入し、従来の国家的保護による「護送船団方式」を改革する時代に入りました。従来の日本のシステムは資本主義的な競争とはいえない、国家が企業を保護することは不公正であるとアメリカから批判されたのでした。

図10-3 1987年のJR誕生

それでも日本は安定成長期に入って繁栄を極め、1988 (昭和63) 年には日産が高額の「シーマ」を売り出してヒットしました。円高と好景気の日本社会にアジアから出稼ぎ労働者が殺到し不法入国者の問題が大きくなってきました。前年度の出入国管理法違反事件の摘発者は約1万4千人でした。以後、日本の国際化は、様々な次元で難しい問題を顕在化させることになります。

繁栄の裏でいじめと暴力の横行

経済の繁栄の裏には、20歳の予備校生が金属バットで両親を殴り殺す痛ましい事件が起きました (1980年)。エリート志向の学歴主義と受験戦争が背景にある事件で、これまでの教育のあり方が問い直されました。さらに翌1981 (昭和56) 年「いじめ」問題も続発することになりました。教員までも葬式ごっこに加わっていじめに加担するなど、教員の未成熟が悲劇に輪をかけた事件でした。

そのような学校荒廃が進行する中にあって、戦前の自由主義教育の思い出を書いた黒柳徹子著『窓ぎわのトットちゃん』(1981年) が多くの人に読まれました。750万部を越えたそうですが、同書には「もっと楽しく豊かな教育をする学校があって

いい」という自由で理想主義的な雰囲気があります。読者の多くが、従来の詰め込み教育から脱皮して何か新しい教育がほしいと思い始めていたのでしょう。そういえば、この時代の学習指導要領は、文部省の意図を超えて「新学力観

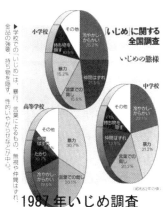

図10-4 1987年のいじめ調査

図10-5 『窓ぎわのトットちゃん』

の学習指導要領」という名称で呼ばれましたが、実は世論が「新学力観」を望んでいたものと思われます。

　1983（昭和58）年は、教員に対して生徒が殴る蹴る、椅子を投げつけるなどの校内暴力が続出し、全国1347校もの「荒れる学校」の卒業式に警察が立ち入り警戒する事態となりました。高度経済成長の陰で家庭教育が崩壊し、地域の教育力も衰え、教員の人間力も落ちてきた時代に入ったことを実感させられました。

　このような状況の中で、1984（昭和59）年に中曽根首相は、行き詰まりを見せている戦後教育の総決算をめざすとして臨時教育審議会を設置しました。

新保守主義の臨教審路線

　日本は世界第2位の経済大国となりましたが、お金のために夜も寝ないで働く日本人は、世界から「エコノミック・アニマル」と揶揄されました。そのような経済至上主義の日本のあり方は深刻な教育病理を抱えることになり、これについて臨教審は「高度経済成長の負の副作用」と総括しました。

　答申には、「(1) 物質的・人間的環境の変化・破壊の結果、自然との触れ合いの喪失、直接経験の減少、実生活体験と学校教育の分離、頭脳・身体を補う便利が増大し、本来人間が持っていた資質が退行し、幼稚化し、モラトリアム人間化をしていること」とあります。

　昔の少年は、学校が終わったら、毎日のように山とか川とか野原に行って、魚を捕まえてやろうとか、山に行って刀と弓を作ろうなどと、わくわくして遊びの計画を考えていましたが、現代の少年は、そのような直接経験、実体験が少なくなりま

した。実体験があればこそ、抽象化の意味がありますが、実体験もない中で抽象語を聞かされると教科書の内容は暗記暗誦の対象でしかなくなります。輪をかけて便利な自動機械が開発されるものですから、本来人間が持っていた知能と心と体の機能が退行しました。経験が少なければ、具体的な意欲も減退せざるをえず、社会的経験も乏しいために、若者がモラトリアム人間化する、すなわち自分のアイデンティティの確立を先延ばしにして、本当の意味で大人になり切れないまま大人になってしまうという問題が出てきました。

第2には、「(2)豊かな社会は、貧しさ、不便さ、抑圧、不平等などの逆境をなくし、自立心、自己抑制力、忍耐力、責任感、連帯感、思いやりの心、感謝の気持ち、祖先への尊敬、自然・超越的なものへの畏敬の心、宗教心などを衰弱させてしまった」とあります。貧しい

図10-6 臨時教育審議会第1回総会

国の子どもたちは、「いつかはお父さんお母さんを幸せにしてあげたい」と言いますが、どうしてあんなに惨めな生活にある子どもたちが親に感謝できるのでしょう。やはり、貧しさの中で親子が一緒になって、貧しさから抜け出そうと頑張った事実の重みが、そういう思いに至らせるのではないでしょうか。日本人も、懸命に子どもたちを教育していますが、受験勉強の強制と甘やかしの結果、必ずしも感謝の念は出てこないで、しばしば親を恨むような結果が出ています。おそらく子供たちは、本当の意味で厳しい愛を求めているのだと思います。

そして(3)は、「近代工業文明は、家庭・地域社会の人間関係を崩壊させ、ばらばらの個人と大衆社会化状況を造出して、価値意識の多様化、相対化、伝統的社会規範の弱化、社会統合力の低下等々の事態を現出している」とあります。大衆は付和雷同して俗な理屈だけで動きがちですが、そうすると価値観も多様化している状況においては、何が正しい価値か分からなくなります。伝統的社会規範も崩れ、社会的なまとまりも欠けてきたというのです。

こうした事態が課題であると臨教審は総括するわけです。そこで臨教審は、従来の保守主義を継承しつつ、日本の国と社会をより強く活性化して再生しようということで、新保守主義の路線を打ち出しました。新保守主義は、市場原理の自由化・競争・民営化を採用することで経済的活性化を図り、他方では、伝統文化とナショナリズムを強調して国家への帰属意識を高めようとする政治思想です。『小さな政府』論と文化的伝統主義が特質で、教育の自由化・個性化そして国際化論が打ち出されてきます。

　これは、2009年まで流れてきている大きな路線ですが、自由競争・民営化・「小さな政府」論について、民主党の新政権が2010年以後どのように舵を切るか、注目されます。

学校を人間化する

　新保守主義の教育改革は、科学技術生産の競争で世界一を志向しましたが、困ったのは教育荒廃問題です。今までのような能率と学力水準をあげる教育をすれば、子どもは勉強が嫌になって、校内暴力、いじめ、自殺、果ては、気味悪い犯罪まで出てきます。ある種の生徒にとっては学校が苦しみの源であるとして恨みの対象になっているので、学校の窓ガラスを破壊したり教員を襲ったりすることになります。

　反省として、学校を人間化しよう、もっと多様な人間が楽しめる学校にしなければいけない、という考え方が出てきました。それで学校の人間化と個性化が改革のテーマになりました。人間化は「ゆとり教育」を、個性化は能力・適性に応じた教育を求めることになりましたが、実は、人間性回復と同時にそれとは必ずしも調和しない「競争原理の導入」が新保守主義の政治路線によって社会全体に全面的に展開されることになりましたので、「学校の人間化」は困難な事態を迎えることになりました。

　元来、学歴主義がはびこる競争社会にあってかなりの無理と矛盾を含んだ人間化志向ですので、結局、各学校の力点の置き方によって、例えば個性化教育は習熟度別学習とか運動部の強化などのいずれかに傾斜することになり、もともとの趣旨から外れた結果をもたらしました。さらに新保守主義が採用した新自由主義経済によって、競争原理がダイナミックに社会全体を塗り替えていく結果となり、学校においては、本来の人間化志向の「ゆとり」はねじれた結果を出すことになりました。

　他方では、国民を統合する天皇、日の丸、君が代に関する教育が求められました。

それは日本国のシンボルを中心に国民を統合すると同時に、一種の国民的な癒しを提供する役割を担いました。マスメディアを通した様々な皇室物語は、国民的な統合のみならず苦労や悲しみへの癒しをもたらすという二重の機能を持っていますので、そこでは天皇の温かい言葉が不可欠です。そうしてこそ天皇、日の丸、君が代、そのシンボルのもとにみんなが一緒になって競争するという一体感と、日本国への帰属意識を高めることができるからです。

新学力観の学習指導要領

1989（平成元）年3月15日、幼稚園から小学校・中学校・高等学校まで、前回の「ゆとり」を継承しつつ「新学力観」を標榜し、学習指導要領が同時に改訂されました。「ゆとり」によって「学校の人間化」を志向しましたが、それだけでは、新しい時代を担う青少年を育成するのに十分ではありません。今までのような暗記暗誦とはちがう新しい学力、しかも自分で自分を教育する自己教育力のある学力を創り出さなければいけません。

そこでこの学習指導要領改訂で打ち出された「新学力観」とは、知識・理解・技能の習得以上に、児童生徒の関心・意欲・態度を重視し、思考力・判断力・表現力に裏づけられた自己教育力を獲得する学力観を理念型としています。

それは、中央教育審議会、臨時教育審議会そして教育課程審議会答申における教育課程改善のねらいに表れています。(1)心豊かな人間の育成、(2)自己教育力の育成、(3)基礎・基本の重視と個性教育の推進、(4)文化と伝統の尊重と国際理解の推進という4項目です。

第1のねらいは、「心豊かな人間の育成」です。生活習慣・態度、道徳教育、生き方の教育、公民教育、自然との触れ合い、そして奉仕体験等の用語が見られますが、その意味するところは、幼稚園時代から、生活習慣と生活の態度を形成して他人とかかわりが持てるようにさせ、小・中学校に入った段階では、自然との触れ合いや奉仕体験等をさせながら道徳教育を施し、高等学校では、さらに人間としての在り方と生き方について考えさせ、かつ新設の公民科に

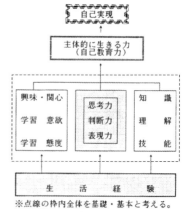

図10-7 新学力観の概念図

よって、国民としての在り方、社会人としてのあるべき姿を教えるという仕方で、「心豊かな人間」を育成しようというものでした。

第2のねらいは、いわゆる「新学力観」の中核をなす「自己教育力の育成」でした。思考力・判断力・表現力・論理的思考力・創造力・直観力・情報活用能力をあげ、知識だけの教育ではなく、それらの諸能力を結実させることで、「自己教育力」をつけようとしました。それは変化の激しい社会において、生涯を通じて学習し、逞しく生き抜いてゆくための基礎となる能力として期待されたのです。

第3のねらいは、「基礎・基本の重視と個性教育の推進」でした。国民として必要とされる基礎的・基本的な内容を重視するという観点から、小・中・高等学校の一貫性を確保しつつ教育内容の精選を図ることと、幼稚園と小学校低学年での生活・学習の基本の確立を図ることがあげられました。また、個性教育では、中学校・高等学校での選択幅拡大と多様な科目設定、そして習熟度別指導があげられました。

前回、高等学校1年を中学校4年に見立てて国民教育を10年間（6＋3＋1）で構想し、能力・適性の教育を高等学校2年間（文系・理系・専門等々）で組み立てていましたが、今回の改訂では、国民教育に幼稚園を含めて10年間（2＋6＋2）と構想し、中学校3年から高等学校全期を通じた4年間（1＋3）を個性や進路に応じた多様な教育に充てるという方策をとりましたので、中学校3年からの選択幅が大きく拡大（最大280時間）されることになりました。

第4のねらいは、「文化と伝統の尊重と国際理解の推進」で、学習指導要領の解説では、国際化が進む社会で、次代を担う国民は、諸外国の生活と文化を理解すると同時に、我が国の文化と伝統を大切にする態度の育成を重視すべきことが強調され、その具体的項目として、①小・中学校の歴史学習、②中・高等学校での古典学習、③外国語学習、そして④「国旗」・「国歌」の指導による愛国心教育があげられました。

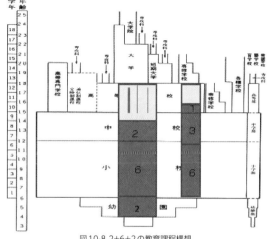

図10-8 2+6+2の教育課程構想

表10-1 1989 (平成元) 年改訂の小学校の標準授業時数

区分		第1学年	第2学年	第3学年	第4学年	第5学年	第6学年
各教科の授業時数	国語	(272)306	(280)315	280	280	210	210
	社会	(68)	(70)	105	105	105	105
	算数	136	175	175	175	175	175
	理科	(68)	(70)	105	105	105	105
	生活	102	105				
	音楽	68	70	70	70	70	70
	図工	68	70	70	70	70	70
	家庭					70	70
	体育	102	105	105	105	105	105
道徳の授業時数		34	35	35	35	35	35
特別活動の授業時数		34	35	35	70	70	70
総授業時数		850	910	980	1,015	1,015	1,015

備考　1. この表の授業時数の1単位時間は、45分とする。※（　）の時間は旧時間数である。
　　　2. 特別活動の授業時数は、小学校学習指導要領で定める学級活動（学校給食に係るものを除く。）及びクラブ活動に充てるものとする。
　　　3. 第24条第2項の場合において、道徳のほかに宗教を加えるときは、宗教の授業時数をもってこの表の道徳の授業時数の一部に代えることができる。（別表第2の場合においても同様とする。）

小学校の教育課程改善

さて、小学校の教育課程ですが、低学年の新教科として生活科が設置されたことが大きな変化でした。生活科は、具体的な活動や体験を通して、自分と身近な社会や自然に関心をもち、自分自身や自分の生活について考えさせるとともに、その過程において生活上必要な習慣や技能を身に付けさせ、自立への基礎を養うことをねらいとして構想されました。

これによって、低学年の社会科・理科は廃止され、その分の時間数は、生活科と国語科に当てられました。時間数から言えることは、生活科による基本的生活習慣形成と、国語科での基礎・基本の教育に重点がありました。基本的には、生活科を通して、分立した各教科の科学的知識につなごうという構想でした。

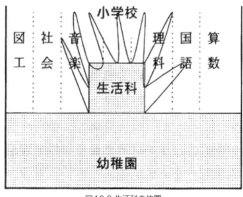

図10-9 生活科の位置

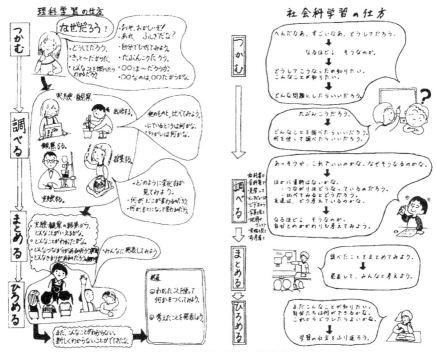

図10-10 新学力観に基づいた学習指導

合科的指導と体験的な活動

さらに、小学校教育の方法的改善が指示されました。幼稚園との連携の観点から、生活科を中心とした「合科的な指導」が要請されたのです。教育課程審議会答申では、「低学年においては、児童の心身の発達状況を考慮して総合的な指導を行うことが望ましいので、生活科の設定後においても教科の特設に配慮しつつ合科的な指導を一層推進するのが適当である」と説明されました。

また、各教科等の指導で、「体験的な活動を重視」し、児童の興味・関心によって「自主的・自発的な学習」を進めること、そして「学習内容を確実に身に付け」させるために「児童の実態等に応じ、個に応じた指導など指導方法の工夫改善」を図ることが要請されています。自己教育力の形成は、結局、児童生徒の一人一人の興味・関心から引き出すことが基本であり、そのためには可能な限り体験的な活動、または個別指導かグループ指導そして視聴覚教材・教育機器・学校図書館の利用などの方法を採用することによって、学習課題と密着させ、確実に習得させる必要があるからでした。

1989（平成元）年改訂、中学校の選択制拡大

小学校学習指導要領と同日に、中学校学習指導要領も改訂されました。中教審答申では、①自己を確立すべき中等教育の段階において、受験勉強に神経をすり減らし、青年期に望ましい経験をしたり、精神的に豊かな生活を送ったりすることが困難となっていること。②全体として、進学準備教育中心の教育課程が編成され、生徒の選択の余地の少ない、画一的な教育が行われていること。③高校入試の段階で、偏差値に大きく依存した進路指導が行われており、生徒の資質、能力、希望等が十分に斟酌されていないこと、という課題をあげて、これを改革するために、(1)量的拡大から質的充実へ、(2)形式的平等から実質的平等へ、(3)偏差値偏重から個性尊重・人間性重視へという改善策を提案していました。

これをふまえ、前回の学習指導要領と比較するなら、必修教科は同一ですが、選択教科が、「音楽、美術、保健体育、技術・家庭及び外国語の各教科並びに（略）」から「国語等及び外国語の各教科並びに」として全教科に拡大されたことが注目されます。

教育課程審議会答申では、「中学校の各教科については、中学校段階が生徒の能力・適性、興味・関心等の多様化が一層進む時期にあること及び今日の高等学校への進学状況や中学校教育の果たすべき役割などを考慮し、中学校教育を中等教育の前期

表10-2 1989（平成元）年改訂の中学校の標準授業時数

区分	必修教科の授業時数									道徳の授業時数	特別活動の授業時数	選択教科の授業時数等に充てる授業時数	総授業時数
	国語	社会	数学	理科	音楽	美術	保体健育	技術・家庭				
第1学年	175	140	105	105	70	70	105	70	35	35～70	105～140	1,050
第2学年	140	140	140	105	35～70	35～70	105	70	35	35～70	105～210	1,050
第3学年	140	70～105	140	105～140	35	35	105～140	70～105	35	35～70	140～280	1,050

備考
1. この表の授業時数の1単位時間は、50分とする。
2. 特別活動の授業時数は、中学校学習指導要領で定める学級活動（学校給食に係るものを除く。以下この号において同じ。）及びクラブ活動に充てるものとする。ただし必要がある場合には、学級活動の授業時数のみに充てることができる。
3. 選択教科等に充てる授業時数は、選択教科の授業時数に充てるほか、特別活動の授業時数に充てることができる。
4. 選択教科の授業時数については、外国語は各学年において 105から140 までを標準とし、外国語以外の選択教科は中学校学習指導要領で定めるところによる。

としてとらえ直す視点をこれまで以上に重視するとともに生徒の個性を生かす教育の一層の充実を図る観点から、必修教科の編成については現行通りとするが、選択教科については、選択履修の幅を拡大する」という考え方が示されていました。

中学校を「中等教育の前期」の段階ととらえ直し、選択履修の幅を拡大するために、学校教育法施行規則では、全教科が選択可能な科目として指定されたのです。第1学年の選択教科時間数は、最大140時間（週換算で4時間）、第2学年は210時間（週6時間）、そして第3学年では280時間（週8時間）に至り、大胆な選択が可能となる基準でした。

他面、第3学年の選択幅拡大は、その個性尊重の趣旨を超えて、受験準備偏重の体制を国公立にまで広げることになりかねない問題を含んでいます。なぜなら1991（平成3）年4月19日の中央教育審議会答申が指摘しているように、従来から、「一部の私立学校においては、特定の教科を実施しなかったり、標準時数に比べ一部の教科の時間数を大幅に逸脱して実施したりするなど受験準備に偏った教育課程を編成実施して」おり、「6年制一貫校のとりわけ中学校の段階」での逸脱がひどいという状況があったからです。

ただし、この問題は6年制一貫校を本気で進めるなら、単純な批判では済まない課題を含んでいます。私学側の言い分では、「弾力的」なカリキュラム運営をしなければ、6年制一貫校にした意味が半減するので大胆な選択をせざるをえないというのです。だから、学習指導要領の「逸脱」を責めるよりも、「どうこれを効率的、弾力的に運用」し「工夫をしているかというところを、もう少しよく見て」ほしいと訴えています。

第2に注目すべきことは、「生徒が自らの生き方を考え主体的に進路を選択することができるよう、学校の教育活動全体を通じ、計画的、組織的な進路指導を行うこと」が要請されていることです。これは青年期特有の問題で当然のことですが、この時の学習指導要領のテーマのひとつでもあり、新しく加えられた事項です。

図10-11 体験的活動の時間

主体的な進路選択のための進路指導は教育課程改革にとどまらず、1991年からの高校入試改革、すなわち偏差値廃止と業者テスト廃止に連動していくことになります。公立中学校で業者テストが公然と行われていること、さらには私立学校が模擬テスト業者から生徒の成績情報を入手して、入試以前にすでに合否を決定しているという事態にまでなっていることが問題視されたのでした。ただし、この種のテストと偏差値偏重が排除されることで、これ以後しだいに中学校教員は進路指導の実質的な資料を失うことで判断力が低下し、他方、生徒と保護者はこれまで以上に受験塾を頼りにして進学するという新たな問題を生んでいきます。

　その他では、言語環境の整備、体験的活動と自主的・自発的学習、教員と生徒及び生徒相互の人間関係づくり、学習内容の確実な習得、教師間の連携等々、小学校とほとんど同一の配慮すべき事項ですが、やはり、体験的活動の導入と自主的・自発的学習及び学習内容の確実な習得については、旧来の学習指導要領にはなかったもので、新学習指導要領の「新学力観」によるものでした。

高等学校の選択的な教育課程

　高等学校学習指導要領も小・中と同日に改訂され、前述の4点の教育理念が、高等学校でも求められました。総則では、特に道徳教育が重視され、「生徒が自己探究と自己実現に努め国家・社会の一員としての自覚に基づき行為しうる発達段階にあることを考慮し人間としての在り方生き方に関する教育を学校教育活動全体を通じて行うものと」するとあります。自己探究・自己実現を国家・社会の構成員としての自覚形成へと強力につなげ、その関係を前提した上での人間としての在り方・生き方を把握させようとしています。

　さらに、「勤労や奉仕にかかわる体験的な学習」と「望ましい勤労観、職業観の育成や奉仕の精神の涵養」という内容で、「奉仕」の体験学習と「奉仕の精神の涵養」が求められています。

　「在り方生き方の教育」と「奉仕の体験学習」は、時代が利己主義と暴力主義がはびこり、学校ではいじめ・校内暴力などが横行するなどの問題状況に対処する方策として打ち出されたのでした。

図10-12 ごみ拾いの奉仕体験

次に、高等学校の各教科・科目の編成及び単位数等についてですが、必修教科は、国語・地歴・公民・数学・理科・保健体育・芸術及び家庭です。
　男子も家庭科が新たに必修となりました。これは日本が1985(昭和60)年に批准した女性差別撤廃条約を実現したものでした。同5条には、「両性のいずれかの劣等性若しくは優越性の観念又は男女の定型化された役割に基づく偏見及び慣習その他あらゆる慣行の撤廃を実現するため、男女の社会的及び文化的な行動様式を修正すること」と明記されました。これがジェンダー問題として広く認識されるようになり、ついに家庭科の男女共修となったのでした。「男は男らしく、女は女らしく」という言葉には、偏見に満ちた古い男女観が秘められているので、以後、これをなくすことが日本でも本格化し、ジェンダー・フリーが叫ばれるようになりました。固定的な社会的性別(ジェンダー)に囚われないで、各人の個性や資質に基づいて、自分の生き方を自分で決定出来るようにしようという考え方です。家庭科男女共修は、学習指導要領が実施される1994(平成6)年以降の入学生から実施されました。

表10-3 1989(平成元)年改訂の高等学校標準単位数

教科	科目	標準単位数	教科	科目	標準単位数
国語	国語Ⅰ	4	理科	地学ⅠA	2
	国語Ⅱ	4		地学ⅠB	4
	国語表現	2		地学Ⅱ	2
	現代文	4	保健体育	体育	7～9
	現代語Ⅰ・Ⅱ	3		保健	2
	古典Ⅰ	3	芸術	音楽Ⅰ	2
	古典Ⅱ	3		音楽Ⅱ	2
	古典講読	2		音楽Ⅲ	2
地理歴史	世界史A	2		美術Ⅰ	2
	世界史B	4		美術Ⅱ	2
	日本史A	2		美術Ⅲ	2
	日本史B	4		工芸Ⅰ	2
	地理A	2		工芸Ⅱ	2
	地理B	4		工芸Ⅲ	2
公民	現代社会	4		書道Ⅰ	2
	倫理	2		書道Ⅱ	2
	政治・経済	2		書道Ⅲ	2
数学	数学Ⅰ	4	外国語	英語Ⅰ	4
	数学Ⅱ	3		英語Ⅱ	4
	数学Ⅲ	3		オーラル・コミュニケーションA	2
	数学A	2		オーラル・コミュニケーションB	2
	数学B	2		オーラル・コミュニケーションC	2
	数学C	2		リーディング	4
理科	総合理科	4		ライティング	4
	物理ⅠA	2	家庭	家庭一般	4
	物理ⅠB	4		生活技術	4
	物理Ⅱ	2		生活一般	4
	化学ⅠA	2			
	化学ⅠB	4			
	化学Ⅱ	2			
	生物ⅠA	2			
	生物ⅠB	4			
	生物Ⅱ	2			

教育課程に話を戻します。教育課程編成に当たって配慮すべき事項として2点が注目されます。

第1は、「生徒の特性、進路等に応じて適切な教育を行うため、多様な各教科・科目を設け生徒が自由に選択履修することのできるよう配慮するものとする」というように、生徒の適性・進路・意欲とを尊重する選択的な教育課程に編成するよう指示され、普通教育に関する教科・科目は、8教科43科目から9教科60科目に、職業に関する教科・科目は、157科目から184科目へと増加されました。

第2は、職業教育を加味することで、「普通科においては、地域や学校の実態、生徒の特性、進路等を考慮し、必要に応じて、適切な職業に関する各教科・科目の履修の機会の確保について配慮するものとする。その際、勤労にかかわる体験的な学習の機会の拡充についても留意するものとする」と要請されました。

表10-4 1989（平成元）年改訂の専門教育科目等の表

教科	科目
外国語	ドイツ語、フランス語
家庭	家庭情報処理、課題研究、被服、食物、保育、家庭経営、住居、家庭看護・福祉、消費経済、被服製作、被服材料、被服管理、服飾デザイン、手芸、調理、栄養、食品、食品衛生、公衆衛生、保育原理・技術、小児保健、児童心理、児童福祉
農業	農業基礎、農業情報処理、総合実習、課題研究、作物、栽培環境、農業経営、野菜、果樹、草花、畜産、飼料、農業機械、養蚕、育林、林業土木、林業経営、森林加工、測量、農業土木設計、農業土木施工、農業水利、農地開発、食品製造、食品化学、応用微生物、食品製造機器、生物工学基礎、造園計画、造園緑化材料、造園施工・管理、農業経済、農業会計、食品流通、食品加工、生活園芸
工業	工業基礎、実習、製図、工業数理、情報技術基礎、課題研究、機械工作、機械設計、原動機、計測・制御、電子機械応用、自動車工学、自動車整備、造船工学、電気基礎、電気機器、電力技術、電子技術、電力応用、電子回路、電子計測制御、通信技術、電子情報技術、プログラミング技術、ハードウェア技術、ソフトウェア技術、コンピュータ応用、工業計測技術、建築構造、建築施工、建築構造設計、建築計画、建築法規、設備計画、空気調和設備、衛生・防災設備、設備施工、測量、土木施工、土木設計、水理、土質力学、土木計画、地質工学、工業化学、化学工業、化学工学、化学工業システム技術、化学工業安全、環境工学、環境保全、材料製造技術、工業材料、材料加工、セラミック化学、セラミック材料、セラミック技術、セラミック工業、繊維製品、繊維技術、染織デザイン、染色技術、インテリア計画、インテリア装備、インテリアエレメント生産、木材工芸、デザイン史、デザイン技術、デザイン材料、電子基礎、工業管理技術、工業英語、材料技術基礎

教科	科目	教科	科目
商業	流通経済、簿記、情報処理、計算事務、総合実践、課題研究、商品、マーケティング、商業デザイン、商業経済、経営、商業法規、英語実務、国際経済、工業簿記、会計、税務会計、文書処理、プログラミング、情報管理、経営情報	看護	看護基礎医学、基礎看護、成人看護、母子看護、看護臨床実習、看護情報処理
		理数	理数数学Ⅰ、理数数学Ⅱ、理数物理、理数化学、理数生物、理数地学
		体育	体育理論、体操、スポーツⅠ、スポーツⅡ、スポーツⅢ、ダンス、野外活動
水産	水産一般、水産情報処理、総合実習、課題研究、漁業、航海・計器、漁船運用、水産経済、船用機関、水産工学、機械設計工作、電気工学、通信技術、電気通信理論、水産情報技術、栽培漁業、水産生物、漁場環境、操船、水産食品製造、水産食品化学、水産食品衛生、水産食品流通	音楽	音楽理論、音楽史、演奏法、ソルフェージュ、声楽、器楽、作曲
		美術	美術概論、美術史、素描、構成、絵画、版画、彫刻、ビジュアルデザイン、クラフトデザイン、図法・製図、映像、コンピュータ造形、環境造形
		英語	総合英語、英語理解、英語表現、外国事情、英語一般、時事英語、ＬＬ演習

情報教育と課題研究の重視

さらに続いて、職業に関する教科・科目では、情報処理と課題研究の科目が新設されました。「専門教育科目等の表」を見ると、家庭科・農業科・工業科・商業科・水産科・看護科に、それぞれ情報に関する科目が設置されました。例えば、家庭情報処理科では、(1)産業社会とコンピュータ、(2)コンピュータの活用、(3)ハードウェア、(4)ソフトウェア、(5)コンピュータと通信、(6)家庭生活に関する各分野の職業とコンピュータの利用といった6領域の指導が求められました。

また、商業科に新設された課題研究では、「商業に関する課題を設定し、その課題の解決を図る学習を通して、専門的な知識と技術の深化、総合化を図るとともに、問題解決の能力や自発的、創造的な学習態度を育てる」ことが目標とされました。内容は、(1)調査・実験・研究（流通経済、国際経済、簿記会計等）、(2)作品製作（販売活動のパンフレット等の製作、包装紙のデザイン製作、コンピュータソフト作成、データベース構築）、(3)産業現場等における実習、(4)職業資格の取得、等の組合せによって課題を設定するものでした。

なお、選択的なカリキュラムの幅を広げ、特色あるカリキュラムづくりを要請されましたが、これを具体化する場合には、コース制を採用するのが実際的で、普通科のコース例として、情報科学コース、情報・理数コース、美術コース、外国文化コース、日本文化コースなどが見られました。

単位制と総合学科

その後、1991（平成3）年4月19日、中央教育審議会答申「新しい時代に対応する教育の諸制度の改革について」で、高等学校の新しい在り方が提案され、この施策を進めるために、同年6月に設置された「高等学校教育の改革の推進に関する会議」は4次にわたる報告を出しました。その内容は、①全日制単位制高等学校の制度化（第1次報告）、②専修学校における学修成果の単位認定（第1次報告）、③技能審査の成果の単位認定（第1次報告）④高等学校入学者選抜の改善・進路指導の改善（第3次報告）、⑤総合学科の制度化（第4次報告）で、より一層の弾力的で選択的な高等学校のあり方が志向されました。

特に、普通科でも職業教育を主とする学科でもない第3の学科として打ち出された総合学科は、「単位制や種々の単位認定制度の活用、多様な選択科目の開設や自分の学びたい科目の主体的な選択などにより、生徒の興味・関心等に応じて一人一

人の生徒がそれぞれ違った時間割で学習することができる高校で」、「高校卒業後は進学を考えているが、職業に関する科目も勉強したい」、「商業科目と工業科目を一緒に勉強したい」、「中学校卒業時の15

表10-5 1989(平成元)年改訂の職業教育を主とする学科の種類

区　　分	学　科　名
農業に関する学科	農業科、園芸科、畜産科、林業科、農業土木科、食品科学科、造園科、農業経済科、生活科学科
工業に関する学科	機械科、電子機械科、自動車科、電気科、電子科、情報技術科、建築科、設備工業科、土木科、化学工業科、材料技術科、セラミック科、繊維科、インテリア科、デザイン科
商業に関する学科	商業科、流通経済科、国際経済科、会計科、情報処理科
水産に関する学科	海洋漁業科、水産工学科、情報通信科、栽培漁業科、水産食品科
家庭に関する学科	家政科、被服科、食物科、保育科
看護に関する学科	衛生看護科

歳で進路を決めることはできないが、高等学校の科目通じて自らの進路を決めていきたい」という趣旨で設置され、多様な生徒の入学が期待されました。

1989（平成元）年改訂の特質と人間像

1989（平成元）年改訂学習指導要領の特質と期待された人間像についてまとめておきましょう。第1に、人間性回復を求める「人間化」の施策、即ち詰め込み教育よりも「ゆとりと充実」を志向した「新学力観」の教育に転換されました。「新学力観」は思考力・判断力・表現力そして自己教育力を構成要件とするものであり、同時に知・徳・体のバランスをとる教育課程を要請するものでした。

　第2に、政策全体は新保守主義路線にあるので「人間化」とは矛盾が大きく、新自由主義の経済政策と相まって個性化と能力・適性・意欲による教育は、競争主義の教育に転化せざるを得ない側面がありました。

　第3に、選択的な教育課程の採用は、生徒一人一人の生き方、在り方など多様な価値観と選択を可能にすると同時に、学校及び生徒に自助努力と責任を要請することになりました。特に中学校段階において従来の平均的で画一的な教育を脱して、生徒の特性に応じた選択的な教育課程を採用することは、一面は個性尊重になりますが、同時に個性差ひいては格差をもたらすもので、両刃の剣となりました。そのマイナス面に対して「個性化教育」への幻想が批判されました。

　第4に、幼稚園も含めて、幼小中高の一貫した教育課程が要請されました。前回は小中高でしたが、今回は就学前の幼児教育まで視野に入れたことが大きな違いです。

　この改訂で志向された人間像は、知徳体のバランスを保ち、思考力・判断力・表現力に裏付けられた新しい学力を持って、自己教育に励む人でした。そのためには能力・適性に応じた進路を選択する必要がありますので、選択幅が大きく拡大した選択

的な教育課程が準備されました。これによって個性化を図ることが期待されました。生涯学習時代に入っていますので、もはや学校だけで教育を完結するのではなく、社会人となった後も自己教育によって、自分の進路を切り拓いて個性化を図っていく必要がありますので、学校教育では生涯を支える基礎学力の教育が求められました。ですからこれを支える基礎学力は、従来のように教員が上から押し付ける暗記・暗唱型の基礎学力ではなく、思考力・判断力・表現力に裏付けられた基礎学力（新学力観）でなければなりませんでした。指導ではなく「支援」によって、自ら主体的に学び、生涯にわたって学び続ける自己教育力のある人間像が志向されたのでした。

◆ 参考文献

1. 永井憲一・三輪定宣編『臨教審・教育改革の動向』エイデル研究所　1985年
2. 臨時教育審議会『臨教審だより 臨増7』昭和62年4月臨時増刊　第一法規
3. E.O. ライシャワー・納谷祐二・小林ひろみ『日本の国際化』文芸春秋　1989年
4. 臨時教育審議会「教育改革に関する第一次答申」1985年
5. 臨時教育審議会「教育改革に関する第二次答申」1986年
6. 臨時教育審議会編『教育改革に関する第四次答申』（最終答申）1987年
7. 雑誌『季刊 教育法』1990年秋季号82号　エイデル研究所　1990年
8. 文部省『小学校学習指導要領』1989年
9. 文部省『中学校学習指導要領』1989年
10. 文部省『高等学校学習指導要領』1989年
11. 文部省『高等学校学習指導要領解説 家庭編』1989年
12. 文部省『高等学校学習指導要領解説 商業編』1989年
13. 高等学校教育課程研究会『高等学校教育課程の編成と類型実例』日本教育新聞社　1990年
14. 文部省『幼稚園教育百年史』ひかりのくに株式会社　1979年
15. 日本幼年教育研究会編『幼稚園教育はどう変わるのか』明治図書　1989年
16. 宍戸健夫『日本の幼児保育－昭和保育思想史－下』青木書店　1989年
17. 現代日本教育制度史料編集委員会『現代日本教育制度史料』第2巻・第3巻・第25巻　東京法令出版　1985年・1984年・1987年
18. 日本幼年教育研究会編『新幼稚園教育要領の内容と解説』明治図書　1989年

◆ 図表等

扉の図 (1)　1992 (平成4) 年学校系統図、文部省『学制120年史』　ぎょうせい　1992年
扉の図 (2)　生活科の実践 (1991年の写真)　文部省小学校課幼稚園課編『初等教育資料』　東洋館　591号　1993年2月
扉の図 (3)　体験的学習、文部省中学校課高等学校課編『中等教育資料』　大日本図書596号　1992年4月
図10-1　ピンクレディ、近藤達士編『日録20世紀 1977 (昭和52) 年』　講談社　1997年
図10-2　1980年前後の時代状況、①ウォークマン、『日録20世紀 1979昭和54年』 1997年、②スーパーマリオ、『日録20世紀 1985昭和60年』 1998年、③カラオケ、『日録20世紀 1978昭和53年』 1997年、④田中派分裂、永栄潔編『朝日クロニクル 1985昭和60年』　朝日新聞社　2000年、⑤エイズ宣伝、同上、⑥インベーダーゲーム、『日録20世紀 1979昭和54年』 1997年
図10-3　1987年のJR誕生、永栄潔編『朝日クロニクル 1987昭和62年』　朝日新聞社　2000年
図10-4　1987年のいじめ調査、(文部省「児童生徒の問題行動等の事態と文部省の施策について」より)、『昭和2万日の全記録 第18巻』　講談社　1990年
図10-5　『窓ぎわのトットちゃん』、黒柳徹子　講談社　1981年
図10-6　臨時教育審議会第1回総会、教育政策研究会編『臨教審総覧 上巻』　第一法規　1987年
図10-7　新学力観の概念図、水原作成
図10-8　2+6+2の教育課程構想、水原作成
図10-9　生活科の位置、水原作成
図10-10　新学力観に基づいた学習指導、文部省編小学校課幼稚園課『初等教育資料』　東洋館　1993年7月　598号
図10-11　体験的活動の時間、文部省中学校課高等学校課編『中等教育資料』　大日本図書　1994年6月　633号
図10-12　ごみ拾いの奉仕体験、同上
表10-1　1989 (平成元) 年改訂の小学校の標準授業時数、学校教育法施行規則　1989年3月
表10-2　1989 (平成元) 年改訂の中学校の標準授業時数、同上
表10-3　1989 (平成元) 年改訂の高等学校標準単位数、『高等学校学習指導要領』　1989年3月
表10-4　1989 (平成元) 年改訂の専門教育科目等の表、同上
表10-5　1989 (平成元) 年改訂の職業教育を主とする学科の種類、同上

第11章

不透明な情報化時代を生き抜く国民像
―「生きる力」志向の1998年・2003年改訂―

(1) 1999（平成11）年学校系統図

(2) 中学生の卒業論文作成

(3) 小学生の総合的な学習の時間

競争原理の導入と個性化教育

新保守主義の要請として、教育の領域にも市場の競争原理を積極的にとり入れるということになりましたが、日本は、勝ち組・負け組の格差が顕在化しないように疑似的ながら平等を重視してきましたので、これを根本的に変えることは当然に批判がありました。

市場原理で教育を運営すると、結局お金持ちの人は高い付加価値のある教育を買う、例えば塾や私立学校に行ったり、家庭教師を雇ったりして能力を伸ばすことができますが、お金持ちでない人は、両親の学歴も含めて文化的環境に恵まれず、塾にも行けず家庭教師も雇えないので、学業成績はますます悪くなるという批判です。高度の教育を買える自由は、強者には都合がいいですが、お金のない弱者は高度の教育を買うことができないのでますます弱くなるというシステムだからです。それは図11-1「子どもの学習費総額の内訳」を見れば一目瞭然でしょう。

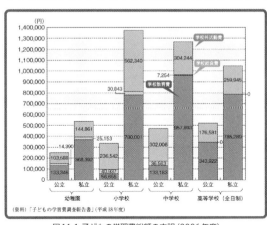

図11-1 子どもの学習費総額の内訳（2006年度）

しかし新保守主義政策の本旨は、そういうリスクを賭けても、国民全体を競争に追い込んでいかないと、汚い、きつい、危険な仕事をしなくなった日本人を変えることはできないという問題意識でした。この趣旨から、国会では、学校の運動会でみんなが手をつないで一緒にゴールインするという例が挙げられ、悪平等主義教育の典型として批判されました。ただし、この種の実践は、当該学校がどのような問題状況にあるかによって、その是非が論じられるべきです。この論議の時は、競争を放棄している教育としてやり玉に挙げられましたが、本来、具体的に何が良いかはその現場に即した各学校の判断が求められます。

今までは集団的画一主義の時代、これからは個性化の時代だ、あるいは個別教育の時代だというふうに転換されつつありますが、個性化教育や個別教育が競争原理と一緒になって出てきていますので、ちょうど個性化と格差とが表と裏の対になっている関係です。従来の日本の社会を見ると、実態はどうしても競争と絡まって展

開せざるを得ないために、恵まれた人は個性の花を咲かせる人もいますが、多くはやはり序列化のマイナスがつきまといます。

競争によるナンバーワンではなくてオンリーワン、いろんなオンリーワンが違った尺度でありうるならば個性化です。しかしオンリーワンということが必ずしも全員にはあり得ないとすると、同じ尺度でナンバーワンを競うことになりかねないから順位と格差がついてしまいます。

ナンバーワンでなくオンリーワンをめざすというのが、提案されている個性化のコンセプトですが、みんなそれぞれがオンリーワンになれるという話は、一応聞こえはいいですが、実はそうは行かなくて、結局ある種の序列の中で測られてしまうという問題、それのマイナスの副作用を如何に補正しながら次の時代を創ることができるのか、ここがポリシーの分かれ目になります。これは正解がなくて選択の問題になります。何が一番大切か、これをどう判断するかによって社会の在り方が違ってきますので、私たち一人一人が未来を考えてしっかり選択しなければいけません。

日本のポストモダンの特徴

1990（平成2）年から、東西を分けていたベルリンの壁が崩壊し、地球が1つになりました。今までは社会主義側の国と、資本主義側とで政治経済が分かれていましたが、以後、地球が一つになり、商品や情報が世界中を駆け巡っています。だから中国やロシアの製品もアメリカや日本にどんどん入ってくる時代が来ました。日本は経済バブルの崩壊後、どうして低迷状況が長く続いているのか、これを大局的に見ると、安い製品を売り出す中国とロシアの進出が大きいです。この両国に接している日本の将来性は脆弱なものであることに気付きます。日本は「物づくり」を強みにして世界と戦ってきましたが、「物づくり」の伝統を引き継ぐ若者は極端に減少し、中国を初め隣国から安いものがどんどん入って来るので、皮肉なほどに百円ショップが繁盛しています。

図11-2 1990年東西ドイツ統一

とすれば、我々日本は高度の知識・技術を生かして付加価値の高い物を生産しなければいけません。近隣の国々とは格段に違う先進的なものを創らなければ日本の

未来はありません。今までのように、決まりきったことを暗記暗誦させて、型にはまった物をつくるための教育は変えなければならない時期を迎えたのです。21世紀は、そういう新しいステージに入ったということです。一言でいえば、同一種類の物を大量に製造してきた近代的な大工場生産方式は終わりを告げ、少量異種、高度の知識・技術とアイデアに支えられたポストモダン型の生産と教育が必要になったということです。しかし、私たちは、この時代の意味を即座には理解できませんでしたので右往左往してしまい、日本経済の「失われた10年」などと言われたわけです。さらに10年が経って2010年現在ですが、中国は産業が発達し大規模市場へと変貌を遂げ、日本にとってプラス効果を持つようなステージに入りましたので、そろそろ日本は復活すべき時が来ています。

図11-3 文部省と日教組の和解

1995(平成7)年には、文部省と日教組が1955(昭和30)年以来の厳しい戦いをやめて和解しました。55年体制で、自民党(自由主義)対社会党(社会主義)の長い対立と不信の構造がありましたが、実は1990年の東西冷戦終結と社会主義国家の方針転換とがもたらした影響です。

社会主義国家の路線転換は、20世紀におけるイデオロギー対立の終焉を意味し、同時にいくつかの社会主義国家の独立をもたらすことで世界地図を塗り替えました。そして、社会科学の学問分野においても、それまでマルキシズムに依拠していた、世界の多くのインテリたちの分析方法と思想に大変影響を与えました。これは19・20世紀を支配していた社会認識のパラダイムを大きく転換するものでした。

もうひとつの大きな波はグローバルな情報化時代の到来です。それを具体的に進めたのが1995年のWindows95登場でした。コンピュータはWindows95によって、誰もが使える世界共通の道具に変わりました。特に、それまでの日本は世界とあまり互換性のない特有のシステムを採用していて、世界の安いコンピュータが輸入し難い状況だったので、「非関税障壁」と世界から批判されていました。当時はメーカーが違うと互換性がなかったのですが、Windows95が入ることによって、世界

図11-4 ウィンドウズ95発売

のコンピュータと一挙に互換性が持てるようになりました。コンピュータの部品も共通になりましたから、すごく値段が下がり、誰もがコンピュータを持てる時代となり、かつ、インタネットによって誰もがどこからでも情報交換に参加できる新しい時代を迎えることができました。

以後、情報化と国際化が重なって、時代が著しく急展開することになります。日本では、海外旅行者数が1千万人を突破するなど海外に出かけることは特別なことではなくなりました。世界の情報を瞬時に集めることができると同時に、世界旅行することも容易になったのです。

この時代の特徴的な風俗として、1997（平成9）年に「たまごっち」が爆発的に流行しました。画面の中の疑似的な卵に愛情をかけて育てるという「癒し」が流行したのです。子どもも大人もこぞって癒しを求める時代となりました。癒しの音楽、癒しの体操、癒しの文学、癒しの遊びが流行しました。第2次大戦後50年、一生

図11-5 たまごっち

懸命モウレツ（猛烈）社員として働いてきて、世界第2位の経済大国になったと思ったら、バブル崩壊で経済的低迷という、まるで受験競争にやぶれた後の青年の心境でしょうか、1億総「癒し」を求める時代で、以後、勤勉な国民性はめっきり失せてしまい、もはや「日本の青年はアジアの模範ではない」とまで外国の大統領に言われるようになりました。1998（平成10）年の日本社会では、「努力」よりも「やさしさ」が求められているという調査結果がニュースで報じられました。

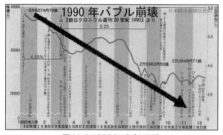

図11-6 1990年バブル崩壊

日本の少女たちの「へそ出しルック」が流行したのが1995（平成7）年で、平和な日本を楽しむ少女たちが明るく自己表出をしてくる時代となりました。世界の別の地域、例えばスーダンでは戦争があり、飢餓に陥って死にそうな子どもたちが大勢居たことと比較

すると、同じ地球とは思えないほどです。今にも死にそうな子どもの後ろで、鳥がこの子どもが死ぬのを待っているという写真が、ピュリッツァー賞を受賞し（1993年）、世界中に衝撃を与えました。しかし日本では、飢餓に苦しむ子どもたちのために、あるいは世界の平和のために立ち上がるという青年の正義感はすっかり消え果て、個人的で利己的に生きる時代となりました。

図11-7 盛り場で働く外国人女性

　繁栄を極めた日本には、アジアの国々からバーやキャバレーで働くために、女性たちがかなりやってきました。14・5歳の中学生あるいは高校生ぐらいの女の子が、性的に刺激する衣装で踊ったりして働くのです（写真）。そこに暴力団が介在し人身売買や密入国につながることがあり、日本は先進国の中できわだって人身売買の多い国として「監視対象国」に位置づけられました（米国国務省、人身売買に関する報告書、2005年2月）。アジア・中南米からの女性たちが性産業に売買される、その主要な到着地が日本なのです。

　他方、日本の青少年たちは心理的には必ずしも幸せではなく、「同情するなら金をくれ」（1994年）という言葉も流行りましたが、日本の子どもたちの特徴は、大人社会を見事に反映しており、家庭でのお手伝いも含めて、お金になるなら引き受けるというほどでした。事の軽重や是非にかかわらずお金で考える発想が充満してきました。

　あるいは、中高生同士が「優越ごっこ」などというかたちで、「一生青春してろ」、「人は裏切るものなんだ」とか、「まだまだ青いね」とか、ちょっと大人ぶった言い方で相手を見下したり、優越感を感じるような言い方で自分を閉じたり、あるいは人を言葉で脅したりいじめたりすることが流行しました。自分で自分を封印して他人が入れないようにして、かろうじて優越感を保とうとしているのです。それは青年たちの自信のなさと、他人への言い知れない恐怖感とでびくびくしている心的状況を表しています。

図11-8 同情するなら金

「人は裏切るものなんだ」などと、ものが分かったような言い方をして、自分ときちんと向き合うことを避け、人との関係も薄いままで済ませてしまうという、本当は寂しくて自信がない状態なのです。

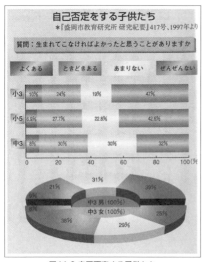

図11-9 自己否定する子供たち

その裏付けになりそうな調査結果も見られます。1996（平成8）年の盛岡市教育研究所が同市内の小中学生2900人を対象にした意識調査をみると、自己否定する子どもたちの割合が多いことに気づかされます。「生まれてこなければよかったと思うことがありますか」という問いに対して、小学3年生と5年生で約34％（よくある・ときどきある）、そして中学3年生で38％という結果です。大阪市教育文化センターの調査（1992年）でも同様の結果が確認できます。

要するに、自分自身を肯定的に捉えることのできずに、寂しくて自信のない心的傾向が多くの子供たちに広がっているということです。寂しくて自信がなければ「閉じこもり」に陥ったり、特定の領域だけでも優位を作りたくて「おたく」族になったり、変身願望を膨らましてゲームに没入したり、果ては、自分の魂の救済を求めてカルト教団に入って殺人したりするわけです。

図11-10 地下鉄サリン事件

あるいは、1992（平成4）年に自殺した「若者たちの代弁者」尾崎豊に身を託する人もいました。彼の「卒業」の曲を聴いている時だけは、時代に反抗しているような気分になりますが、人間的な鍛えが弱いので抗しようもなく時代に押し流されてしまい、プライドを守るために逃避し、結局は「癒し」として「卒業」を歌うだけになりがちでした。中には、精神的な病に陥ったり気味悪い殺人事件を引き起こしたりするケースも出て来ました。

このような青年たちを入学させている学校ではどんなことが起きているか、象徴的な事件は、1990（平成2）年7月6日の校門での生徒圧殺事件です。要するに、学校は成績と時間をきちんと管理するのが仕事ですから、遅刻生徒への取り締まりを厳しくします。2005（平成17）年に起こった福知山線の電車事故もそうでしたが、1分でも遅れたら罰金というように、時間を正確に管理して、能率的に仕事をするのが日本人のあり方ですので、学校ではそういう躾を厳しくしています。その結果学校の教員は

図11-11 校門で遅刻生徒を圧殺

時間厳守を毎日真面目に指導しますので、遅れてくる生徒に対してはだんだん腹が立ってきて、ついには飛び込んできた少女の頭を門扉で潰す事件を起こしてしまいました。教師の真面目さが裏目に出てしまった痛ましい事件でした。

「生きる力」を求める教育課程

　そういう時代状況を踏まえて、1998（平成10）年に学習指導要領が「生きる力」をテーマに改訂されました。改訂では「総合的な学習の時間」を設定したことに大きな特徴が見られます。一言で言えば、従来の教科の知識体系による縦割り型の学力に対して、それを横断的に総合化して課題対応型の学力をつけようというものです。そして可能な限り児童生徒一人一人の生き方につなげる「学び」を創り出そうしたもので、言わば、「知の総合化」と「知の主体化」とを志向した改革でした。それを、中教審答申では、いみじくも「自分探しの旅」を支援する教育と表現しました。後述するようにこれは学校教育と教育課程の大変な構造改革ですので、「ゆとり教育」批判など賛否両論が起きることになります。

　1995（平成7）年、新学習指導要領を構想するために文部省内に「教育課程に関する基礎研究協力者会議」が持たれていた時、私は、文部省から改革案を提案するよう求められました。同年8月31日に同会議に出席し、学習指導要領を歴史的に研究している立場から、戦後以来の学習指導要領を総括し、「知の総合化」と「知の主体化」とが構造的に欠如しているので、これを改善するために「総合学習」の時間を設定するよう提案しました。掲載の3枚の模造紙（図11-12・13・14）に大きく教育

課程の構造図を描いて、20分間提案し、次いで2時間討論しました。なお、委嘱研究として翌8年3月には『我が国の教育課程及び学力観に関する調査研究』を提出しました。

おそらく、私の学習指導要領への歴史的研究の観点だけでなく、外国比較のカリキュラム研究、あるいは各教科教育・道徳教育・特別活動の研究及び教育現場等の実態等から見ても、「総合的な学習の時間」を創設することが必要であるという認識に同協力者会議は到達したものと推測されますが、以下、その時の私の提案について再論し、現代の教育課程の構造改革を図る上で、「総合的な学習の時間」を設定することに意義があることを改めて明らかにしておきます。

学校という所は基本的に文化を子供たちに伝える場ですが、文化総体を丸ごとそのまま伝えることは困難で、言わば、「縦割りの教科」という構成によって教育を進めています。したがって、文化を伝えるという観点から見ると、学校教育ではどうしても伝えることのできない部分を相当残さざるを得ないことになります。かつ、縦割りを総合化することと、生徒一人一人が知識・技能を内側に取り込んで主体化することにおいて、カリキュラムの構造上、宿命的な欠点があります。私は掲載図に「知の総合化と主体化の課題」とタイトルをつけました。

元来、学校では、文化の基幹となる内容に限って、かつ伝達可能な領域に限って教科という形式で教育内容を構成しており、「縦割りの教科」による教育を受けた児童生徒は、各教科という部品を統一し、伝達が困難な文化も含めて、それらを自分なりに総合化して、各人固有の主体的な知性や感性を形成することが予定調和的に考えられていたのです。

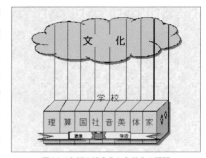

図11-12 知の総合化と主体化の課題

しかしこの予定調和観に問題があります。「知の総合化」や「知の主体化」を獲得するためには、実は、子供たち自身の自然体験や集団的遊びが不可欠であるのに、現代では、驚くほどに縮小し、「予定調和」を可能にする契機が乏しくなっているのです。一言でいえば、学校教育を支えてきた前提条件が崩壊しているということです。

他方、元来、国民としての基礎基本を教育することが目的であった各教科は、水準が高度化するとともに量も膨大となり、それらが忙しい授業の中では生煮えのま

ま子供たちに与えられ、そのため試験が終わったら容易に剥げ落ちてしまうという事態になっています。その結果、児童生徒は、与えられる知識に意味を見いだせず、むしろ学校は選抜と差別を生み出す源泉として否定的に捉え、ついには嫌悪感すら覚え不登校や中途退学に至っています。

　従来、学校教育では、「知の総合化」や「知の主体化」を助けるものとして道徳教育と学校行事や生徒会・学級会活動などの特別活動とがあります。特別活動と道徳教育は、各教科教育及び諸活動を結びつける役割を受け持っていますから、掲載図11-12では、各教科を横断的に結ぶリボンとして表しました。

　しかし、特別活動と道徳教育は、様々な悪条件によって機能不全に陥っていますから、教育効果はいかにも弱いです。たとえば道徳教育は、教師及び児童生徒ともにアレルギー的拒否反応があり、積極的に展開されていませんでした。生徒会・学級会活動などを見ても生徒の主体的な運営よりも教員からの指示待ちで動くなど、その役割は矮小化してしまっていますし、期待されている部活動も学校対抗の競争主義と選手養成に堕してしまっています。それでも指示通り動くことで高度経済成長を達成する時代までは確かに効果はありました。しかし、豊かな時代に入ったところで、主体性が自他ともに求められるようになり、部活動などが旧来のようには機能しなくなっていることに気づかなければいけません。

　そこで、改めて「知の総合化」と「知の主体化」を児童・生徒に獲得させるためにはどのようにすべきかと考えるわけですが、新たに総合学習をカリキュラムの中核に設定して、小・中・高の児童生徒すべてが課題解決学習あるいは自由研究、卒業研究・製作等を仕上げてゆくようにしてはどうかというのが私の提案でした。これが2枚目の図11-13でした。ただし、この時点では、学習指導要領改訂のメインテーマとなる「生きる力」というタームは入れていませんでした。

　私にとっては、新しいカリキュラムを構想する上でやはりコア・カリキュラムの歴史的経験が大きく、カリキュラムの構造改革を提案する上で戦後のコア・カリキュラムがヒントになりました。ただし、コア・カリキュラムは経験主義カリキュラムであって、平成10年改訂の学習指導要領とは基本的に構造が違います。それでもその教訓を

図11-13 総合的な学習の図

生かすなら、やはり「総合的学習の時間」をカリキュラムのコアとし、各教科との関係・連絡を密にすること、あるいは、各教科で学習した知識を積極的に使えるように、何らかの課題の観点からつないで、実際的な活動に組織することは意味があると考えて提案しました。カリキュラムが専門ではない委員にもわかりやすくするために、生活経験をカリキュラムのコアに位置づけて知的教科がそれを支えるという経験主義カリキュラムの概念図を3枚目に示しました（図11-14）。

戦後のコア・カリキュラムの実践を見ると、その最大の魅力は、児童生徒たちが調べる、発表する、討論する、体験することに熱中して学習していることです。これをうまく調整できるならば児童生徒の学習意欲と教師のやる気とを喚起できるのではないかと考えました。新学習指導要領改訂を機に、とにかく冷え切ってしまった児童生徒

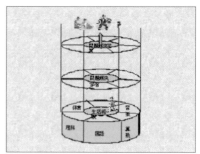

図11-14 コア・カリキュラムの図

と教師の学びへの意欲をかきたてなければ、学校は再生しないという思いでした。

コア・カリキュラムの歴史的経験に学ぶなら、コアの部分をあまり拡大しないことも同会議で忠告しました。教師も児童生徒も熱中し、全教科が総合学習化してしまうことで「縦割りの教科」の体系的な教育が弱くなり、児童生徒の基礎学力の形成があやしくなるからです。すでに進行中の環境教育の実践にその傾向が現れ始めていることも述べました。

さらに、戦後のコア・カリキュラムでは、社会科創出の意味合いからして、民主主義的な人づくりが教育目標に据えられていましたので、それに触発されて構想するなら、「総合学習の時間」を設定するに際して、道徳の時間を削除し、総合学習の時間に人づくりの観点を設定する方が良いのではないかとも考え、同会議では、道徳を総合学習に併合することを提案しました。この時、学校の教育課程を実質的に支配しているものとして、さらに部活と入試があるので、この再検討もお願いしました。

しかし、その後の忌まわしい事件の連続、そして自民党文教部会の道徳教育の実施率

図11-15 14歳の異常殺人

調査などによって、ますます「心の教育」など道徳教育の徹底が求められるようになりましたので、道徳の時間が廃止されることはありませんでした。私は直接的な道徳教育よりも、総合学習などで社会・自然そして人間の在り方を考えさせるほうがより効果的ではないか、また、教師も生徒もそのほうが意欲的に追求できるのではないかと思います。

さて、以上のような私の観点から1998（平成10年）改訂を見るとどのように捉えることができるのか、幼稚園から小学校、中学校、そして高等学校まで、その学習指導要領を貫く原則を確認してみます。

幼稚園教育要領

前回の1989（平成元）年幼稚園教育要領では、3つの観点から「関わり合う力」が弱っていると捉えられています。①他人と関わる力、②自然や事物と関わる力、③自分自身と関わる力です。この3つの力を形成すべく、教師は幼児の主体性を尊重し、可能な限り環境を構成するなど、もっぱら「支援」の役割を担うことが強調されました。

しかし、実際には、ややもすると「支援」は放任に堕しかねない課題を包含していました。1997（平成9）年11月4日の「時代の変化に対応した今後の幼稚園教育の在り方に関する調査研究協力者会議」最終報告では、「環境の構成や教師の役割などについて共通理解が不十分な点や大きな差異が見られる状況があり、現行の幼稚園教育要領の趣旨をよりよく実現していくための改善が求められている」と指摘されました。1998年改訂が前回の学習指導要領を継承しつつその実現を図るために改善するものであることを示しています。

図11-16 幼稚園教育要領解説本

その改善策の前提として幼児を取り巻く環境の変化と幼児の発達の状況とが踏まえられています。環境の変化では、少子化と情報化が大きく、その結果、過干渉と過保護、ゆとりと集団の中での遊びの喪失、また、家庭や地域の教育力の低下が問題視され、幼児の発達の状況では、読み書きなどの早期の獲得と情報機器を媒介とした間接的体験の増大、そして断片的で受身的な情報の受容が問題視されました。

特に問題にされている点は、総じて自我形成の機会が縮小したことです。この問題指摘は、前述の「知の

総合化」と「知の主体化」の問題に関わる重要な点です。多くの様々な情報が、幼児にとって主体的な意味を確認できないままに受身的に受容され、自我形成が中途半端になるからです。これは幼児期に限らず青年期にまで及ぶ重大な問題を含んでいます。

これを受けて新幼稚園教育要領では、幼児の主体的活動など幼稚園教育の基本が3点挙げられています。ここに見られる「幼児の主体的な活動」は単なる飾り文句ではなく、自我形成の基本に関わるものとして強調されています。「幼児の自発的な活動としての遊び」や「幼児の生活体験」と「幼児１人１人の特性」が強調されているのもその意味です。

実際的在り方は、上記最終報告が参考になりますが、結論として、幼児の教育は「将来にわたり学ぶ力の源泉となり、生涯学習の基礎を形成すること」が重要であり、そうであればこそなお一層「遊びを通して周囲の環境に触れ、知性や感性をともに働かせ、その意味と仕組みについて考え、それを周囲の人々と共有していく過程そのものが幼児期における知的発達を促す教育であり、小学校以降の教育で求めている自ら学び、自ら考える生きる力の基礎を形成していくことになるのである」と述べています。

新幼稚園教育要領は前回の線を基本的に継承しつつ、「生きる力」の基礎形成に向けて「環境を通して」幼稚園教育を行うよう指示したものとなっています。学校教育との関連で言えば、生活科や総合的な学習の時間を設定した趣旨に連結する幼稚園教育の原則を樹立しようとしています。人間形成の土台を幼児教育で実現させようとしていると捉えられます。

小学校の生活科と合科的な指導

幼稚園教育要領に限らず、教育課程の全体構造は、幼児・児童・生徒たちの自己実現と自我の形成を中核に据えたものとなっています。教育課程審議会答申では、「小学校教育においては、幼稚園教育における幼児の遊びを中心とした総合的な活動を基盤として、集団による教科の系統的な学習に次第に慣れるように」するということで、児童の興味関心を生かし、「低学年においては生活科を中核とした合科的な指導を一層推進するとともに、中学年以上においても合科的・関連的な指導を進め」と求めています。小学校に入って突然に細分化された「縦割りの教科」の学習をするのではなく、児童生徒にとって、生活科を土台とすることで自分の生

活の側から学びへの体験と関心を確保しつつ、抽象的な知的教科の学習に至る準備をするのです。

総合的な学習の時間

従来の教科構成は「現行通り」とされ、新たな教科の再編課題は継続して検討されることになりましたが、実質的に大きな改革は、やはり「総合的な学習の時間」の設定です。同答申では、「我々は、この時間が、自ら学び考える力などの『生きる力』をはぐくむことを目指す今回の教育課程の基準の改善の趣旨を実現する極めて重要な役割を担うものと考えている」と、特別な思いによってこの時間を創設したことが強調されています。

「総合的な学習の時間」を創設した趣旨について、答申は、「各学校が地域や学校の実態等に応じて創意工夫を生かして特色ある教育活動を展開できる」ようにしたこと、また「自ら学び考える力などの『生きる力』は全人的な力であることを踏まえ、国際化や情報化をはじめ社会の変化に主体的に対応できる資質や能力を育成するた

表11-1 1998(平成10)年改訂の小学校の授業時数

区分	国語	社会	算数	理科	生活	音楽	図画工作	家庭	体育	道徳の授業時数	特別活動の授業時数	総合的な学習の時間の授業時数	総授業時数
第1学年	272		114		102	68	68		90	34	34		782
第2学年	280		155		105	70	70		90	35	35		840
第3学年	235	70	150	70		60	60		90	35	35	105	910
第4学年	235	85	150	90		60	60		90	35	35	105	945
第5学年	180	90	150	95		50	50	60	90	35	35	110	945
第6学年	175	100	150	95		50	50	55	90	35	35	110	945

備考
1 この表の授業時数の1単位時間は、45分とする。
2 特別活動の授業時数は、小学校学習指導要領で定める学級活動(学校給食に係るものを除く。)に充てるものとする。
3 第24条第2項の場合において、道徳のほかに宗教を加えるときは、宗教の授業時数をもつてこの表の道徳の授業時数の一部に代えることができる。(別表第2の場合においても同様とする。)

めに教科等の枠を超えた横断的・総合的な学習をより円滑に実施するため」であると説明しています。各学校の創意工夫、・生きる力・横断的・総合的学習というキーワードが確認できます。

各学校の創意工夫に関して、「『総合的な学習の時間』の教育課程上の位置付けは、各学校において創意工夫を生かした学習活動である」とされ、それ故に、「国が目標、内容等を示す各教科等と同様なものとして位置付けることは適当ではない」、「内容等を限定することはしないことが望ましい」と明言しています。そして国の示す基準としては、この時間のねらいや必置の原則、授業時数を示すに留めることにしたというのです。

なお、この趣旨から、「各学校における教育課程上の具体的な名称は、各学校において定める」こととされ、より親近性のある名称を各学校で発案することが求められました。実際の時間の取り方も、各学校に委ねられて、「ある時期に集中的に行うなどこの時間が弾力的に設定できるようにするとともに、グループ学習や異年令集団による学習など多様な学習形態や、外部の人材の協力も得つつ、異なる教科の教師が協力し、全教職員が一体となって指導に当たるなど指導体制を工夫すること、また、校内にとどまらず地域の豊かな教材や学習環境を積極的に活用することを考慮することが望まれる」として、やはり学校の実態にあった取り組みが求められています。

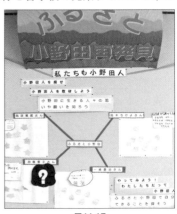
図11-17
宮城県西小野田小学校「ふるさと」(2001年)

総合的な学習の時間では、児童生徒の「興味・関心等に基づく学習」(関心・意欲の喚起)が原則で、「自ら課題を見つけ、自ら学び、自ら考え、主体的に判断し、よりよく問題を解決する資質や能力を育てること」(課題設定・解決能力の育成)、また「情報の集め方、調べ方、まとめ方、報告や発表・討論の仕方などの学び方やものの考え方を身に付けること」(学習方法の習得)、さらに

図11-18
宮城県西小野田小学校の総合学習の時間(2001年)

「問題の解決や探究活動に主体的、創造的に取り組む態度を育成すること、自己の生き方について自覚を深めること」（主体性の確立）、そして「各教科等でそれぞれ身に付けられた知識や技能などが相互に関連付けられ、深められ児童生徒の中で総合的に働くようになる」（総合化）ことが期待されています。

さらに小学校では、高学年から選択的学習が奨励されています。この意味は、すでに総合的な学習の時間の説明によって自ずから明らかですが、中学校での選択教科制に接続する役割を負っているので、次の中学校の説明によって替えることにします。

中学校は基礎・基本と選択幅拡大

教育課程審議会答申における中学校の位置付けは、第1に、義務教育の最終段階の教育として、社会生活に必要とされる基礎基本を確実に教育することと、第2に、中等教育前期の青年期教育という観点からみて、選択幅拡大等による個性伸長の教育が従来以上に重視されたことです。

まず、基礎・基本の教育についてですが、第1に、必修の教育内容を「基礎的・基本的な内容に厳選し、全体として縮減する」という原則が採用されました。この時の改訂の目玉は選択幅拡大と総合的学習の時間の設定ですが、本当はそれ以上に必修教科が重要であることは言うまでもありません。

内容の厳選は、中学校に限らず小中高いずれもなされていることですが、①削除、②移行統合、③軽減、④集約・統合・重点化、⑤選択という5種類の在り方がありました。このような教育内容の厳選をしたのは、文部省の学習指導要領解説によれば、「多くのことを教え込むことになりがちであった教育の基調を転換し、学習者である生徒の立場に立って、生徒に自ら学び自ら考える力を育成すること、時間的にも精神的にもゆとりある教育活動が展開される中で、厳選された基礎的・基本的な内容を生徒がじっくり学習しその確実な定着を図る」ことにありました。

第2には、従来の教科構成は基本的に継承されましたが、外国語科が選択から必修科目に入れられたことです。これは時代遅れの改訂にも見えますが、すでに実態は長期にわたって必修教科同様になっていましたので、特に混乱はありませんでした。「基礎的・実践的なコミュニケーション能力」を養成することが「どの生徒にも必要」であることが明示されたのでした。「基礎的・実践的なコミュニケーション能力」の強調は、グローバル化時代への対応であると同時に、従来の読み書き偏重の

英語教育を是正し、使える英語教育に転換する意図がありました。

　第3は、道徳の重視です。その全体の目標については総則に記され、特に、ボランティア活動と自然体験活動とが求められています。教育課程審議会答申では、「体験活動等を生かした心に響く道徳教育の実施」、「家庭や地域の人々の協力による道徳教育の充実」、そして「未来に向けて自らが課題に取り組み、共に考える道徳教育」が強調されています。中教審答申以来、心の教育が求められているので、これを受けたものです。

　次に個性伸長の教育として選択幅拡大が採用されましたが、「生徒の能力・適性、興味・関心等が次第に多様化してくることに適切に対応する観点から、選択の幅を一層拡大」するとされました。中学校1年より選択教科の設定が可能とされ、第2学年ではすべての生徒が1教科以上の選択教科を、第3学年では2教科以上を履修可能なように、時間数も、1学年では0～30時間、2学年では50～85時間、3学年では105～165時間という設定で、かつ各教科に許される上限の時間も70時間まで認められるなど、前回の学習指導要領に比して、実質的には選択幅が拡大された時間数となりました。また、選択できる教科の枠も学年ごとの制限が解かれ全教科に拡大されました。

　選択制の趣旨に大きな変化が見られます。教育課程審議会答申を見ると、「選択教科の内容については、各学校の主体的な判断により生徒の特性等に配慮しつつ、課題学習、補充学習、さらに学習を進めたいと考えている生徒に対するより進んだ内容を含む発展的な学習も含め一層多様な学習活動ができるようにする」として、補充学習と発展的学習とが積極的に打ち出されました。学習指導要領を見ると、たとえば「選択教科としての『数学』においては、生徒の特性等に応じ多様な学習活動が展開できるよう」「課題学習、作業、実験、調査、補充的な学習、発展的な学習などの学習活動を各学校において適切に工夫して取り扱うものとする」とあります。他の教科も同様です。

　全体的に見れば、期するところは、課題解決型の調査研究の学習が主で、補充的な学習と発展的な学習は従的に位置付けられていると見られますが、それでも補充と発展の学習はこの時に新たに付加されたものであり、その実際的影響はかなり大きいことが予想されます。従来の選択教科での学習は、課題研究や表現活動的なものが多く発表されていますが、これ以後、その方向が転換されて、補充学習が主になります。

表11-2 1998（平成10）年改訂の中学校の授業時数

区分	必修教科の授業時数										道徳の授業時数	特別活動の授業時数	選択教科等に充てる授業時数	総合的な学習の時間の授業時数	総授業時数
	国語	社会	数学	理科	音楽	美術	保健体育	技術・家庭	外国語					
第1学年	140	105	105	105	45	45	90	70	105	35	35	0〜30	70〜100	980
第2学年	105	105	105	105	35	35	90	70	105	35	35	50〜85	70〜105	980
第3学年	105	85	105	80	35	35	90	35	105	35	35	105〜165	70〜130	980

備考
1 この表の授業時数の1単位時間は，50分とする。
2 特別活動の授業時数は，中学校学習指導要領で定める学級活動（学校給食に係るものを除く。）に充てるものとする。
3 選択教科等に充てる授業時数は，選択教科の授業時数に充てるほか，特別活動の授業時数の増加に充てることができる。
4 選択教科の授業時数については，中学校学習指導要領で定めるところによる。

　全体的に教科学習の時間を減らし水準も下げたのですから、できる子には、さらなる発展学習が期待されるところでしたが、発展学習の教材開発は遅れてしまい、低学力批判が叫ばれることになりました。要するに、本来は能力に差があることを認め、習熟度に応じた教育を展開することが本当の狙いでしたが、実態は水準の下げられた内容に全員が引きずられる結果になったのでした。

　「総合的学習の時間」については、すでに小学校で詳述しているので再論はしませんが、設定された時間数を見ると、各学年とも大体1週に2〜3時間です。生徒たちが「自ら課題を見付け、自ら学び、自ら考え、主体的に判断し、よりよく問題を解決する資質や能力を育てること」、また「学び方やものの考え方を身に付け、問題の解決や探求活動に主体的、創造的に取り組む態度を育て、自己の生き方を考えることができるようにする」ことがねらいとされていました。

　前回の学習指導要領では、選択教科の学習において同様の課題を追求することが要請されていましたが、この改訂では「総合的な学習の時間」で進められることになったのでした。

さらに特別活動についても、集団活動を通した教育活動としての特質を生かすことが期待されています。「今回の、教育課程の基準の改善の柱の1つとして、答申では『各学校が創意工夫を生かし特色ある教育、特色ある学校づくりを進めること』が示されているが、この視点は、特別活動においては特に重要である」と解説されています。総合的な学習の時間が教育課程の中心に位置づいて、学校の課題に即した特色ある教育課程を展開するなら、当然にそれとの関係で対応できる特別活動の創出が期待されていたのでした。

図11-19 秋田県御所野学院中学校の卒業研究論文集（2001・2002年）

高等学校学習指導要領

さて、高等学校ですが、改訂の基本的ねらい4点は、具体的には次のような項目になります。第1に、「豊かな人間性や社会性、国際社会に生きる日本人としての自覚を育成すること」ですが、これは異文化理解及び尊重の態度の育成、ボランティア活動や就業体験等を通じた勤労の尊さや社会奉仕の精神の涵養、社会生活での役割や自己責任の育成などです。第2の「自ら学び、自ら考える力を育成すること」は、課題研究や主題学習を通じた体験的・問題解決的な学習の充実、自らの意見や考えをもち、論理的に表現したり、相手の立場を尊重して討論したりする力の育成になります。第3に「ゆとりある教育活動を展開する中で、基礎・基本の確実な定着を図り、個性を生かす教育を充実すること」は、卒業単位を74単位に縮減し、そのうち必修単位数を31単位に縮減し、かつ選択必修を基本に教育課程を設定したことです。第4に、「各学校が創意工夫を生かし特色ある教育、特色ある学校づくりを進めること」ですが、これは「総合的な学習の時間」を創設、学校設定教科・科目の導入、教育課程編成の弾力化などが該当します。

必修の基礎・基本的な内容

普通科・専門学科・総合学科のいずれにおいても、「ある程度幅広い分野について一定の基礎的・基本的な内容をバランスよく身に付けておくことが必要であり、高等学

校の段階では、そのような内容を必修として課すことが適当である」と教育課程審議会は答申しています。

　第1には、たとえば「数学基礎」や「理科基礎」などの科目が創設されました。「中学校で学習した内容を基礎とした数学史的な話題や日常の事象についての統計的な処理などを学び、数学的な見方や考え方を身に付けたり、また、科学の歴史、科学と人間生活との関わりなどを学び、科学的な見方や考え方を身に付けたりすることができる」よう期待されています。

　第2には、外国語を必修として、すべての高校生が外国語を使って日常的な会話や簡単な情報交換ができる実践的コミュニケーション能力の形成が期待されています。

　第3には、普通教育としての教科「情報科」が新設され必修とされました。情報化社会に対応するためには、「情報及びコンピュータや情報通信ネットワーク等の情報手段を適切に選択し活用するための知識、技能を身に付けることや、情報化の進展が人間や社会に及ぼす影響などを理解することが不可欠」との判断に立って、「情報社会に主体的に対応する能力」の形成が期待されています。

　第4には、必修教科・科目の具体的設定での工夫が見られます。ひとつは、「国の基準上、履習すべき単位の総数が縮減できるように」という趣旨で、各教科の必修となる科目は「可能な限り小さい単位数の科目を設ける」方法が採用されました。また、「生徒の実態に応じた一層適切な教育課程が編成できるよう、必修科目は、新たに設ける科目及び同一教科の中の他の基礎的な一又は複数の科目の中から選択的に履習できるようにする」という方法が採用されました。なるべく広い領域を生徒の実態等に応じて必修教科・科目を履習させようという積極的な試みでした。

選択的な学習内容と学校設定教科・科目

　高等学校では、特に「選択履習の趣旨を生かした適切な教育課程編成」が望まれています。「生徒の特性・進路等に応じた適切な各教科・科目の履習ができるようにし、このため、多様な各教科・科目を設け生徒が自由に選択履習することができるよう配慮するものとする。また、教育課程の類型を設け、そのいずれかの類型を選択して履習させる場合においても、その類型において履習させることになっている各教科・科目以外の各教科・科目を履習させたり、生徒が自由に選択履習することのできる各教科・科目を設けたりするものとする」と、

できる限り生徒の選択的履習条件を整えるよう要請されています。

　各学年の課程修了の認定では、「単位制が併用されていることを踏まえ、弾力的に行うよう配慮する」こととされ、「年次ごとに」「単位を認定する」こと、さらには、「単位の習得の認定を学期の区分ごとに行うことができる」とまで認められています。

　もうひとつ大きく推進されようとしたのが学校設定教科・科目です。「学校においては、地域、学校及び生徒の実態、学科の特色等に応じ、特色ある教育課程の編成に資するよう」設置することができるとされました。また、その履習形態についても多様化と弾力化が推進されています。実は、前回の学習指導要領でも同種の教科・科目は設定されていましたが、あまり普及しなかったので、この改訂では、「学校設定」という名称を冠しています。ここに、各学校で特色ある教育課程を設定してほしいという文部省の意気込みを窺うことができます。

　さらに弾力的な教育課程の編成と運用だけでなく、生徒1人ひとりが個性を開くために、課題研究、総合的な学習の時間、そして選択的な教科選択が設定されています。総合的な学習の時間は、「各学校において教育課程上必置とし、すべての生徒かがこの活動を行うものとする」と位置づけられ、小学校から中学校そして高等学校まで、総合的な学習の時間によって、児童生徒が自分の課題を発見し追究することになりました。

　時間のとり方は、「各学校の特色に応じた実施を可能とするため、卒業までに105ないし210単位時間を配当するとともに、これに付与する単位数は3ないし6単位とすることが適当である」とされました。職業に関する学科では、「総合的学習の時間」の内容に相当する学習活動をするものとして課題研究が設置され

表11-3　1998（平成10）年改訂の高等学校の単位表

教科	科目	標準単位数	教科	科目	標準単位数
国語	国語表現Ⅰ	2	保健体育	体育	7～8
	国語表現Ⅱ	2		保健	2
	国語総合	4	芸術	音楽Ⅰ	2
	現代文	4		音楽Ⅱ	2
	古典	4		音楽Ⅲ	2
	古典講読	2		美術Ⅰ	2
地理歴史	世界史A	2		美術Ⅱ	2
	世界史B	4		美術Ⅲ	2
	日本史A	2		工芸Ⅰ	2
	日本史B	4		工芸Ⅱ	2
	地理A	2		工芸Ⅲ	2
	地理B	4		書道Ⅰ	2
公民	現代社会	2		書道Ⅱ	2
	倫理	2		書道Ⅲ	2
	政治・経済	2	外国語	オーラル・コミュニケーションⅠ	2
数学	数学基礎	2		オーラル・コミュニケーションⅡ	4
	数学Ⅰ	3		英語Ⅰ	3
	数学Ⅱ	4		英語Ⅱ	4
	数学Ⅲ	3		リーディング	4
	数学A	2		ライティング	4
	数学B	2	家庭	家庭基礎	2
	数学C	2		家庭総合	4
理科	理科基礎	2		生活技術	4
	理科総合A	2	情報	情報A	2
	理科総合B	2		情報B	2
	物理Ⅰ	3		情報C	2
	物理Ⅱ	3			
	化学Ⅰ	3			
	化学Ⅱ	3			
	生物Ⅰ	3			
	生物Ⅱ	3			
	地学Ⅰ	3			
	地学Ⅱ	3			

ていますが、これもまた成果をあげている科目で、課題研究の履習をもって総合的な学習の時間の活動を行ったものとみなすとされました。

　高等学校では、青年期教育を担うだけに、やはり、自分の生き方在り方の教育が求められますので、その意味で、課題研究、「総合的な学習」、あるいは「産業社会と人間」のような科目は改訂学習指導要領の目玉でした。

　もしも小学校からきちんと「総合的な学習」が遂行されるならば、高等学校での成果はかなり大きなものになってくるはずでしたが、教科の独立性の強い、かつ入試勉強のある中学校と高等学校では不十分な対応しかできませんでした。何のために各教科を学習するのか、何を目的として生きてゆくのかなど、児童生徒が自己探究及び社会・自然の研究をする時間となることが期待されていましたが、多くの教員にとって負担が多い割に成果が出せない邪魔な領域として認識されることになります。

学習指導要領の構造

　1998（平成10）年改訂の学習指導要領のテーマは、「生きる力をはぐくむ」ということで、「総合的な学習の時間」等の創設を初めとして種々の改革がなされたことは注目すべきことですが、改訂の基本は、まず各教科の基礎・基本の教育を重視したことでした。その場合、従来以上に基礎・基本にしぼって、それを確実に定着させることが意図されていました。換言するなら、各教科の基礎・基本なくして、「生きる力」の土台形成は困難であるということです。まず、この土台形成をはかるための教育課程を構築することが求められました。

　同時に、教科の系統性を立てる原理とは異質の生活科と「総合的な学習の時間」とが設定されましたので、各学校では独自の構想の下に教育課程の中にこれを位置づけなければなりませんでした。

　この設定の意図については再論しませんが、要するに、児童生徒の内側において、各教科の知識・技能・方法がトータルに連結されて課題対応型の学力がつくこと、それによって「総合化」と「主体化」とがもたらされ、児童生徒は各教科の学習内容を自分自身の生き方にまでつないで考え、自我の形成と個性の開花へと至ることが期待されているのです。

　しかし、学習指導要領の期待する教育課程の基本構造はそのようにまとめられますが、問題は、上記の期待に沿った教育計画が作成できるか、そして教師たちが本

当にその期待に応える実践ができるかとなると、その事実を創出することはかなり困難なことでした。

それどころか、教科の時間減少と水準低下に対して、低学力批判という仕方で轟々と批判が起きたのでした。

2003（平成15）年学習指導要領の一部改正

文部科学省としては、学力低下問題に対する行政的対応をいろいろ取りました。その結果、社会的には教育課程政策に揺れがあると批判され、「生きる力」よりも「学力」に重点を移したと一般には受け取られました。その最中、改訂から5年目の2003（平成15）年12月26日、学習指導要領の総則を中心にその一部が改正されました。

改正の特徴は3点です。第1は、「学習指導要領の基準性を踏まえた一層の充実」で、学習指導要領は最低基準であるから、児童生徒の実態によっては学習指導要領に記述されていない内容でも加えて教えるように求められました。いわゆる「歯止め規定」の削除です。文部大臣の答弁では、「学習指導要領で誤解があったのは、『歯止め規定』がこれ以上学ぶ必要はないというようにとられまして、そうではなく、子どもの実態を踏まえ学習指導要領に示していない内容も必要に応じて指導できるのだということをわかりやすくするために今回一部改正をしたわけです」と説明されています。

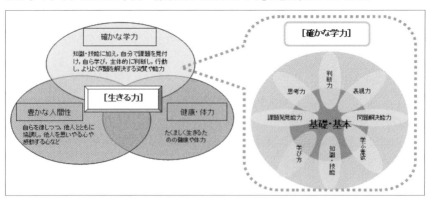

図11-20 確かな学力

ただし、従来は、学習指導要領の枠内で教えるべきことが厳密に言われてきましたので、これは従来の路線から見ると唐突な方針転換に聞こえました。学力低下批判への対応として苦し紛れの答弁のようでしたが、実際は、1998（平成10）年改

訂で個々人の選択的な学習が教育課程に入れられた段階で、すでに確定していたことでした。つまり全体の水準を下げつつも習熟度の高い児童生徒は枠を超えて発展的な学習をしてよいという路線を選択していました。しかし、その方針は学力格差が公然とつくことを認めることになりますので、あまり強調しては説明されなかったのです。また、発展学習の副教材など教育内容・教育課程の開発も遅れましたので、全体の水準が下がったことだけが目立ち、学力低下の元凶として批判されたのでした。

　第2は、「総合的な学習の時間の一層の充実」で、「知の総合化」が強調されました。すなわち各教科等で身に付けた知識・技能等を「相互に関連付け、学習や生活に生かし、それらが総合的に働く」ようにすること、また、各学校では総合的な学習の時間の目標及び内容、そして全体計画を作成して、より一層自覚的に総合化する学習をすることが求められました。総合的な学習の時間の在り方については、各学校の裁量にかなり任されていたものですから、「総合化」を志向せず全体計画も作成しないで、ドタバタしているだけの総合学習あるいは受験のための自習時間扱いに陥っている学校があるということで、その是正策が講じられたのでした。

　第3は、「個に応じた指導の一層の充実」で、習熟度別指導、補充・発展学習等を積極的に展開するようにその方法が例示されました。

　いずれも「一層の充実」で、基本方針に変更はありません。文部科学省としては、平成10・11年学習指導要領の原則が十分に実践されていないために学力形成に問題が出始めていると捉え、その対策として、掲載の図11-20を示して学習指導要領の趣旨を再確認し、「確かな学力」を形成する教育実践を要請したのでした。この改正に対して新聞テレビ等では、「ゆとり教育」から学力重視路線に転換したものとして報道されましたが、実際は、従来の方針の再確認と整備が改正の目的でした。

教育課程の基本設計と人間像

　最後に、学習指導要領改訂の構想と期待された人間像についてまとめておきます。改訂に至る1990年からの10年間は、経済バブル崩壊と右肩下がりの経済的低迷の中で社会不安が増大し、世紀末思想が流行し、これに便乗して危険なオカルト教団が暗躍するなど21世紀への明るい展望を見いだせないまま20世紀の終わりを迎えた時代でした。さらにwindows95の登場による爆発的な情報化時代の到来と社会主義国家の路線転換による国際政治の大転換という事態によって、新たな

グローバル社会が到来した時代でもありました。一言でいえば、地球を構成するパラダイムが大きく転換した時代でした。このあと日本及び世界はどうなるのか、経済の崩壊と情報網の一挙拡大、そして国際政治の激変によって、先の見えないままに猛スピードで暗い谷間を進んで行くような不安が広がりました。

そのような見通しの持てない不確実な時代にあればこそ、グローバルな情報を的確に判断できる「生きる力」を有する国民像が提起されたのでした。情報教育と課題解決型の総合的な学習の導入、そして選択的な学習による個性化教育を展開することで、それぞれの領域では意欲を持って高い水準の知識・技能に到達できる児童・生徒が育成できると構想されたのでした。

児童生徒たちは、高度経済成長期のような画一的な人生目的では満足できず、従来多くの人が求めた上昇志向に対して疑念を抱き、「まじめに努力する」ことを忌避するようになりましたので、選択と個性化の教育、つまりナンバーワンではなくオンリーワンの教育で対応しようとしたのです。

選択的な学習を可能にするために、全体に課す内容と時間が削減されましたが、それは基礎学力低下をもたらす元凶として批判されました。しかし基本的な考え方は、選択的な学習によって、それぞれの領域では高水準の発展的学習がなされること、また、英語と情報とを必修化することで、新時代に対応しようとしたのでした。

それにしても、英語と情報への対応はあまりにも遅かったと言わざるをえません。教育は、時代の波が来る前に準備しなければならないのに、波頭が見えてから堤防を作る羽目になってしまいました。

それから「総合的学習の時間」の導入は大変良いことでしたが、これを正しく導くためにはその本質理解と高い教育的能力が不可欠で、特に教員の調査研究に対する資質向上なしにはとても指導できるものではありませんから、本来なら、総合的な学習を導入する10年前に教員養成と現職教育を大学院修士レベルに上げておくべきでした。そのほか学校の人的・物的環境条件の問題も大きいのですが、いずれも後手に回ってしまいました。それでも、この時の学習指導要領が、ようやく新しいコンセプトの教育課程づくりに向けて動き出したことに意義を見出したいと私は思います。

※本章は、拙著「新学習指導要領の構造」(日本教育方法学会『教育方法 28』) 1999 (平成11)年10月 55～70頁をもとに書き改めました。

◆ 参考文献

1. 文部科学省『小学校学習指導要領 平成10年12月告示 平成15年12月一部改正』 2003年
2. 文部科学省『中学校学習指導要領 平成10年12月告示 平成15年12月一部改正』 2003年
3. 文部科学省『高等学校学習指導要領 平成11年3月告示 平成14年5月一部改正 平成15年4月一部改正 15年12月一部改正』 2003年
4. 時代の変化に対応した今後の幼稚園教育の在り方に関する調査研究協力者会議「時代の変化に対応した今後の幼稚園教育の在り方について(最終報告)」 1997年(文部省小学校課幼稚園課編集『初等教育資料』 692号 1998年9月臨時増刊号頁)
5. 『幼稚園教育要領』 1998年12月 (同上書 699号 1999年1月臨時増刊号)
6. 教育課程審議会答申『幼稚園、小学校、中学校、高等学校、盲学校、聾学校及び養護学校の教育課程の基準の改善について』 1998年
7. 「各教科等の厳選について」 (文部科学省中学校課高等学校課『中等教育資料』 728号 1999年2月臨時増刊号)
8. 湊屋治夫・坂口浩司「中学校学習指導要領の解説 総則等」、同上書
9. 森嶋昭伸・鹿嶋研之助「中学校学習指導要領の解説 特別活動」、同上書

◆ 図表等

扉の図(1) 1999(平成11)年学校系統図、文部省『2001 我が国の教育統計～明治・大正・昭和・平成～』 財務省印刷局 2001年
扉の図(2) 中学生の卒業論文作成、2001年 宮城県岩沼中学校
扉の図(3) 小学生の総合的な学習の時間、2001年 宮城県西小野田小学校
図11-1 子どもの学習費総額の内訳(2006年度)、『データからみる日本の教育(2008)』
図11-2 1990年東西ドイツ統一、永栄潔編『朝日クロニクル週刊20世紀 1990平成2年』 朝日新聞社 2000年
図11-3 文部省と日教組の和解、朝日新聞 1995年7月25日
図11-4 ウィンドウズ95発売、近藤達士編『日録20世紀 1995平成7年』 講談社 1999年
図11-5 たまごっち、「たまご」と「ウォッチ」が名称の由来という。
図11-6 1990年バブル崩壊、『朝日クロニクル週刊20世紀 1990平成2年』 (日本経

済新聞社提供「株価急落」による)。朝日新聞社　2000年
図11-7　　盛り場で働く外国人女性、『朝日クロニクル週刊20世紀 1988昭和63年』2000年
図11-8　　同情するなら金、『朝日クロニクル週刊20世紀 1994平成6年』 2000年
図11-9　　自己否定する子供たち、『日本の20世紀館』 小学館　1999年
図11-10　 地下鉄サリン事件、『朝日クルニクル週刊20世紀 1995平成7年』 2000年
図11-11　 校門で遅刻生徒を圧殺、永栄潔編『朝日クロニクル 1990平成2年』 朝日新聞社　2000年
図11-12　 知の総合化と主体化の課題、水原作成
図11-13　 総合的な学習の図、水原作成
図11-14　 コア・カリキュラムの図、水原作成
図11-15　 14歳の異常殺人、『朝日クロニクル週刊20世紀 1997平成9年』 2000年
図11-16　 幼稚園教育要領解説本、文部省『幼稚園教育要領解説』 1999年
図11-17　 宮城県西小野田小学校「ふるさと」(2001年)
図11-18　 宮城県西小野田小学校の総合学習の時間 (2001年)
図11-19　 秋田県御所野学院中学校の卒業研究論文集 (2001・2002年)
図11-20　 確かな学力、文部科学省初中局パンフレット「『確かな学力』と『豊かな心』を子どもたちにはぐくむために」 2004年
表11-1　　1998 (平成10) 年改訂の小学校の授業時数、学校教育法施行規則　1998年12月
表11-2　　1998 (平成10) 年改訂の中学校の授業時数、同上
表11-3　　1999 (平成11) 年改訂の高等学校の単位表、『高等学校学習指導要領』 1999年

第12章
グローバルな知識基盤社会で活躍する日本的市民像
―「活用能力」志向の2008年・2009年改訂―

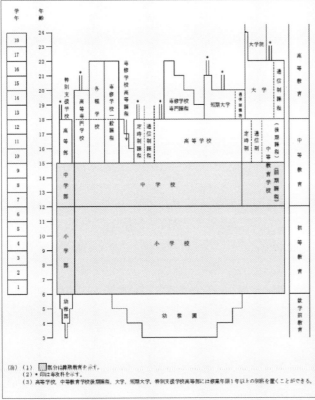

(1) 日本の学校系統図 (2008年)

(2) 調べる学習の発表会

(3) 全国学力一斉テスト

「生きる力」志向の教育課程の熟成

2008(平成20)年3月28日に幼稚園・小学校・中学校の学習指導要領が改訂され、また、2009(平成21)年3月9日には高等学校も改訂されました。

改訂経緯を見ると、1998(平成10)年の「生きる力」を求める学習指導要領改訂前後から、改訂の基本理念は「ゆとり教育」であるとして、それへの批判が激しく展開され、これに応えるために中央教育審議会は、2003(平成15)年に、「初等中等教育における当面の教育課程及び指導の充実・改善方策について」を答申し、その結果、同年12月に学習指導要領の一部改正が行われました。

さらに、中央教育審議会は10年ごとの定期的な改訂に向けて、2005(平成17)10月26日に「新しい時代の義務教育を創造する」を答申しました。2006(平成18)年12月22日教育基本法改正と2007(平成19)年6月27日学校教育法の改正を経て、中教審は、同年11月7日に「教育課程部会におけるこれまでの審議のまとめ」を出し、さらに2008年1月17日に「幼稚園、小学校、中学校、高等学校及び特別支援学校の学習指導要領等の改善について」を最終答申しました。これを受けて、戦後7回目の改訂がなされたのでした。

改訂の歴史を振り返って見ると、まず、1977(昭和52年)改訂で高度経済成長を目指した能力開発路線から「ゆとりある充実した学校教育」に転換し、それ以来、1989(平成元)年の「新しい学力観にたつ学習指導」への改訂、1998(平成10)年の「生きる力」への改訂、そして2008(平成20)年の「生きる力」V.2という一連の改訂として捉えられます。それは歴史的視点から見れば、「カリキュラムの人間化(humanization)」志向の第4ステージに当たり、ようやく「生きる力」志向の「教育課程の基準」が熟成したと位置付けられます。

1977(昭和52)年改訂では、「ゆとりある充実した学校生活」の提案がなされ、従来の詰め込み教育から「人間性回復」を主眼とする教育課程改革が企図されました。6・3の義務教育カリキュラムが6・3・1の10年間の共通教育カリキュラムに変更され、高校教育までを含んで完成教育とされたのでした。1977年改訂の「人間化」への路線転換は「ゆとり教育」として多くの人に歓迎されました。

次いで、1989(平成元)年改訂では、「ゆとり」だけでなく、その学力の在り方も変える必要があるとされ、「新しい学力観にたつ学習指導」が求められました。それは、習得された「知識・技能・理解」よりも、児童生徒自身の「関心・意欲・態度」が重視され、生活科に始まる学びによって生活経験に支えられた「思考力・判断力・表

現力」を育成しようとする学力観でした。そうしてこそ生涯にわたる「自己教育力」のある児童生徒を育むことができる、と見込まれたのでした。この改訂は、「新学力観」の学習指導要領と呼ばれるようになりました。

　しかし児童・生徒の実態は、様々な理由により学習への関心と意欲を失い、不登校、いじめ、自殺などの問題を引き起こしていたことに加え、不透明な時代の諸課題に対して積極的に解決できる力を育むことが要請されていたので、これらの課題に応えるために、1998(平成10)年改訂によって、「生きる力」を志向する教育課程づくりが基本方針とされました。改訂では、「総合的な学習の時間」が新たに導入され、それによって学んだ知識を総合化し、現代社会の課題を解決する能力を身につけることと、その知識の意味を確認すること、その過程で調べ方、まとめ方、発表の仕方などの学習方法を学ぶことで、自分にとっての学習の意味、生き方や在り方を自覚的に捉えることができ、ひいては「生きる力」につながることが期待されたのでした。

　この改訂に対する文部科学省の説明では、「平成14年度から実施する完全学校週5日制の下、ゆとりの中で特色ある教育を展開し、子どもたちに豊かな人間性や自ら学び自ら考える力などの〔生きる力〕を育成することを基本的なねらい」とするということでしたが、大幅な学習内容・時間の縮減を特徴としていましたので、「ゆとりの学習指導要領」として批判的に論議されることになります。本来の主旨は、「総合的な学習」を入れた特色ある教育課程によって「生きる力」を育成しようとするものでした。

　ところが、「総合的な学習」の指導は、実際は多くの教員にとって大変に困難であり、学力低下も含め、期待された成果を上げることができなかったので、「生きる力」志向の教育課程の在り方、そして「総合的な学習」の時間の是非までも議論されるようになりました。

　その結果が2003(平成15)年の学習指導要領一部改正による「確かな学力」への補正措置、そして2008・2009(平成20・21)年の「生きる力」V2の改訂となりました。

　学力低下批判は「ゆとり世代」という言葉が造語される程に大きなものとなりましたが、中央教育審議会は「総合的な学習」の意義をむしろ高く評価して存置する方針を採用しました。同審議会は2007(平成19)年11月7日の「教育課程部会におけるこれまでの審議のまとめ」において、従来の学習指導要領の理念について、「『生きる力』をはぐくむという理念はますます重要になっている」と肯定しただけでなく、OECD（経済協力開発機構）が提案した「キー・コンピテンシー」の考え方を「先取りしていた」とも述べています。

さらに注目すべきは、政治的に対立が激しかった教育基本法との関係について、「改正教育基本法及び学校教育法の一部改正によって明確に示された基本理念は、現行学習指導要領が重視している『生きる力』の育成にほかならない」と、法改正との整合性まで断言しています。実際はそれほどの強い関係性が認められないので、この説明の仕方に一種の政治的配慮が感じられます。

教育基本法との関係性は、その改正の趣旨をふまえたことを明示することで、愛国心教育を求める政治的圧力に対して、その影響を最小限に留めようとするある種の配慮が推察されますが、OECDの提案に対しては、すでに同様の教育方針をすでに進めてきたという自負がうかがわれます。

OECD提案のキー・コンピテンシー論

先進国によって組織されているOECDは2003（平成15）年に21世紀の青年に求められる資質としてキー・コンピテンシーを提案しています。それは、①自律的に活動する力、②相互作用的に道具を用いる力、③異質な集団で交流する力、の3点にまとめられています。OECDは、1997年に「青年や成人のコンピテンシー水準を測定する国際調査」のために「妥当な概念枠組みを提供するという目的」でDeCeCoプロジェクトを立ち上げ、その結果、「教育の分野だけでなく、経済や政治、福祉を含めた広い範囲での生活領域に役立つ概念」としてキー・コンピテンシーをまとめ、図12-1のように説明しました。

説明によれば、第1に、「個人は、その環境を効果的に相互作用するため広い意味での道具を活用できる必要がある」。その道具とは、情報テクノロジーなど物理的なものから言語など文化的なものまで含む。第2に、「いっそう助け合いの必要が増している世界の中で、個人は他者と関係をもてるようにする必要がある」。異質な人や集団と交流できることが求められる。第3に、「個人は、自分の生活や人生について責任を持って管理、運営し、自分たちの生活を広い社会的背景の中に位置付け、自律的に動く必要がある」というのです。

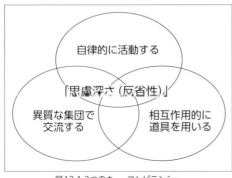

図12-1 3つのキー・コンピテンシー

それでは、この3領域が交差する「キー・コンピテンシーの核心」は何でしょうか。それは「思慮深さ（反省性）」であるといいます。「思慮深さ」とは、通常想定されることに加えて、「メタ認知的な技能（考えることを考える）、批判的なスタンスを取ることや創造的な能力の活用」を意味しています。「思慮深さの具体例」として、「単純な回答や二者択一的な解決法で即決するのではなく、むしろ、いろいろな対立関係を調整できること」で、「自律性と連帯性、多様性と普遍性、そして革新性と継続性」など「多面性を持つ相互的なつながりや相互関係を配慮して、いっそう統合的な方法で考えふるまうこと」ができることです。また、「反省性」とは、「状況に直面したときに慣習的なやりかたや方法を規定どおりに適用する能力だけでなく、変化に応じて、経験から学び、批判的なスタンスで考え動く能力」です。

　中央教育審議会は、このようなキー・コンピテンシー論に対して肯定的に捉え、「生きる力」の学習指導要領ではすでに先取りしているという認識を示したのでした。ただし、改訂学習指導要領の提案する「生きる力」の核心において、「思慮深さ（反省性）」が理念モデルの重要な軸として想定されているかと考えると、2008・2009年の改訂では「活用」の側面が表に出ていて、これを支える「思慮深さ（反省性）」の側面は弱い位置づけに見えます。それは学習指導要領の全体構造から見ると、おそらくそれは「言語活動の重視」という仕方で対応させているものと思われます。同改訂の最大の特徴は、これまでになく各教科と教育課程全体において言語活動を重視していることですが（参照：資料10「言語力」育成の表）、それは根拠に基づいて合理的に推測・判断し表現することを期待していますから、やはりその中心に「思慮深さ（反省性）」が求められると言えるでしょう。

　ただし、前回の1998年の改訂以来、各教科で学習した内容（知）は「総合的な学習」によって総合化し、自分の生き方や在り方あるいは地域の問題について探究し、児童生徒たちが意欲的に「生きる力」を獲得することが主眼とされているなど、やはり日本的事情が加味されているので、OECDの提案とは重点の置き方が違います。なぜなら、日本では児童生徒の不登校、いじめ、鬱、自殺、暴力、他殺、ひいては青年のニートなどの問題を抱えているからです。

　その点、OECDのキー・コンピテンシー論は、特定の国の課題を超えて21世紀は「変化や複雑性、相互依存性によって特徴づけられる世界」になると捉え、次のように説明しています。「(1)技術が急速に継続的に変化する世界では、技術に関する学習はプロセスの一時的なマスターだけでなく、高い適応可能性が求められる。(2)

社会がどんどん多様で細分化されるようになってきており、個人的な関係においても、いっそう異なった他者との交流が求められている。(3) グローバリゼーションは新しい形態の相互依存性を作りだしており、いろいろな行為は、経済競争のような影響と公害のような結果の両方にしたがうようになり、個人の地域共同体や国家共同体を越えて拡がっている。」と。

日本においてもこの未来観は共有できますが、高度経済成長の負の遺産とも言うべき状況、すなわち前述のように目前の児童生徒や青年が病んでいるという重い課題があり、どうしても「生きる力」から出発しなければならなかったのです。

さらに「思慮深さ（反省性）」の中で批判的思考が強く求められない、もう1つの深刻な理由があります。それは、戦後日本60年の歴史において、2009年の民主党政権に転換するまで、本格的な政権交代と市民的自治の経験がなかったという民主主義の未熟さです。日本では、物事を批判的に考察し、公明正大に議論し、未来を創出する能力を、日本の市民一人ひとりが本当の意味で要請されることがありませんでした。また、国家レベルでのイデオロギー対立が長く続いたために、反対意見は、対立したイデオロギーの表明として受け止められ、選択肢の提案として歓迎されることはありませんでした。そのため、議論の仕方も、ラディカルに批判することに価値があり、現実への「思慮深さ」や「反省」は弱みを露呈することになりかねないので、戦術的に敬遠されてきたのです。この私の解釈は異論があるかもしれませんが、政権交代が公明正大に行われる社会・文化のあり方は、いずれ私たちの思考方法に大きな影響を与えるに違いないと私は考えます。

そういう意味では、学校教育における言語活動の重視が今後どのように機能していくのか、期待して注目していきたいポイントです。市民としての自律的思考を獲得する契機となるのか、単に「おしゃべり」が多いだけの授業に堕してしまうのか、私たちは今その分岐点に立っているのです。

PISAテスト

さて、「生きる力」を志向する日本ですが、どのような事情にあれ、もはやグローバル基準で生きるしかない状況に日本はありますので、OECDによるPISAテスト (Program for international Student Assessment) が導入され、上述の観点から、読解リテラシー、数学的リテラシー、科学的リテラシーが測定・評価されることになりました。PISAテストのねらいは、教科書の知識を習得した量を測定するのではなく、「コンピテンシーの

枠組みを根拠とする知識や学習に対して、個人がどの程度思慮深いアプローチをしているかを知ることにある」といいます。言わば、「活用し判断する能力」を評価するものです。

　問題は、その3つのリテラシーですが、次のように定義されています。読解リテラシーとは、「自らの目標を達成し、知識と可能性を発達させ、社会に参加するために、書かれたテクストを理解し、活用し、深く考える能力（capacity）」であり、数学的リテラシーとは、「数学が世界で果たす役割を知り理解するとともに、社会に対して建設的で関心を寄せる思慮深い市民として、自らの生活の必要に見合った方法として数学を活用し応用し、より根拠のある判断を行う能力」であり、そして科学的リテラシーとは、「自然の世界および人間活動を通してその世界に加えられる変化についての理解と意思決定を助けるために、科学的知識を活用し、科学的な疑問を明らかにし、証拠に基づく結論を導く能力」であると定義されています。

　ありていに言えば、「人生の課題に対応するために必要な知識や技能をどの程度持っているか」、これを読解・数学・科学の3側面から測定しようというものがPISAテストです。

改訂学習指導要領の総則

　日本の学習指導要領改訂では、前回の「生きる力」の理念を継承しつつ、OECDのコンピテンシーの考え方も採用されました。その結果、上述のPISAに対応するために、従来型の学習である「知識・理解・技能」をさらに進めて「活用する能力」に力点を移したのでした。しかもそれは、言語の能力を中核としつつ、関係するすべての教科においてそれぞれ「活用する能力」を伸長させようとしたのです。言語の能力を中核とするということは、「思慮深さ（反省性）」と「判断する」ことの具体的要請です。

　だからこそ、総則の第4「指導計画の作成等に当たって配慮すべき事項」の2(1)では、「各教科等の指導に当たっては、児童の思考力、判断力、表現力等をはぐくむ観点から、基礎的・基本的な知識及び技能の活用を図る学習活動を重視するとともに、言語に対する関心や理解を深め、言語に関する能力の育成を図る上で必要な言語環境を整え、児童の言語活動を充実すること」と明記されたのでした。

　換言するなら、「総合的な学習の時間」を下支えすることができるように各教科の活用能力を重視したことが新しいポイントです。しかも活用能力はいつも「言語」を媒介とすることを通じて「思慮深さ（反省性）」を担保し、そうしてこそ本当の「生

きる力」が育成されるのです。

　新聞雑誌、テレビ報道等では、総合的学習の時間減少を根拠に「ゆとり教育から学力重視への転換」が報じられていますが、今回の教育課程の設計を見ると、実は、「総合的な学習」と各教科とを連結する上で不可欠な、各教科の活用能力、とりわけ言語能力の育成が各教科にわたって要請されているので、「生きる力」を志向した「教育課程の基準」はむしろ熟成したと捉えられます。

　ただし、下手をすると、「思慮深さ（反省性）」の乏しい安易な「活用」が過剰に展開しかねない危険をはらんでいます。言語を媒介とすることの意味の深さを自覚し「振りかえり」を大切にして実践することが求められますが、ややもすると軽い「おしゃべり」が氾濫する授業になりかねません。

新3層構造の学力観

　次に注目すべきは、新しい3層構造の学力観です。21世紀は「知識基盤社会」であるとし、それは①知識に国境がなくグローバル化が進む、②競争と技術革新が絶え間なく生まれる、③パラダイム転換に対応する幅広い知識と柔軟な思考力・判断力が必要、④性別や年齢を問わず社会参画する、などが促進される時代に入り、国際競争が激化し、規制緩和と自由化が進むことになりますので、「基礎的・基本的な知識・技能の習得やそれらを活用して課題を見いだし、解決するための思考力・判断力・表現力等が必要である。」と捉えられています。「思考力・判断力・表現力等の育成」では、①体験から感じとったことを表現する。②事実を正確に理解し伝達する。③概念・法則・意図などを解釈し、説明したり活用したりする。④情報を分析・評価し、論述する。⑤課題について、構想を立て実践し、評価・改善する。⑥互いの考えを伝え合い、自らの考えや集団の考えを発展させる、という6点の学習活動が重視されています。

　「これらの学習活動の基盤となるものは、数式などを含む広い意味での言語であり、その中心となるのは国語である。」「理科の観察・実験レポートや社会科の社会見学レポートの作成や推敲、発表・討論などすべての教科で取り組まれるべきものであり、そのことによって子どもたちの言語に関する能力は高められ、思考力・判断力・表現力等の育成が効果的に図られる」と構想されました。

　基礎的・基本的な知識及び技能の「習得」を確実にし、その上で、それを「活用」して思考力・判断力・表現力をつけ、そして主体的に「探究」する態度まで形成するということです。ここには、形成すべき学力について

① 基礎的・基本的な知識・技能の習得
② 知識・技能を活用して課題を解決するための思考力・判断力・表現力等
③ 主体的に取り組む態度（学習意欲）

という3つの要素から成ると明記され、広岡亮蔵が提起した古典的な3層構造論の学力観が想起されますが、第2層に当たる「活用能力」の概念は、OECDのキー・コンピテンシーの視点からPISAテストで評価される「活用」であることが想定されている点で広岡の論とは異なります。また、思考力・判断力・表現力に裏付けられた「活用能力」の第2層がかなり厚みを増している点でも異なります。したがって、これを新3層構造の学力観と捉えます。

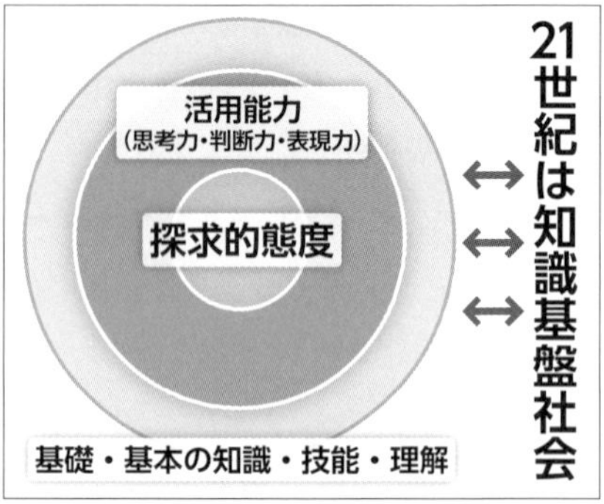

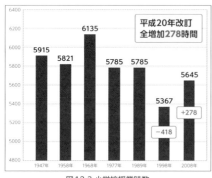

図12-2 新三層構造の学力観

広岡の3層構造論の時代は、基礎的・基本的な知識・技能の習得が大きな役割を担っていた時代であり、その意味する活用能力は「概括的認識」が中心でしたが、今回の改訂はそれを含みつつも、事象の意味・意義や特色、事象間の関連を説明したり、あるいは課題を追究したり、意見交換したりなど、その本質は「知識基盤社会」の世界に通用する活用能力の要請です。その意味で、前提となる基礎・基本の知識及び技能の習得がより一層重視されてはいますが、決して「詰め込み」学習への回帰ではありません。

なお、平成元年改訂の「新学力観」でも、「思考力・判断力・表現力」は重視されていましたが、当時はこれを含むのが基礎学力であるとされ、「知識・理解・技能」の位置はかなり弱められていたのでした。したがって、それを「指導」することは消極的に捉えられ、「指導」よりも「支援」することが要請されていました。しかし、2008年改訂では、「知識・技能」を習得し理解力をつけることが基礎・基本として位置づけられ、その「指導」をした上で、「思考力・判断力・表現力」のある学力を形成することが求められたのです。

図12-3 小学校授業時数

つまり、「知識・技能」が基礎的な第1層で、第2層が世界に通用する「思考力・判断力・表現力」などの活用能力、そして第3層が主体的に取り組む「探究的態度」という3層構造となっていま

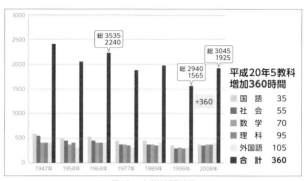

図12-4 中学校授業時数

す。ただし、第1層と第2層とに分ける捉え方には異論もあると思います。

今回の改訂は「生きる力」の路線を継承しましたが、同時に「学力低下批判」への対応、本格的には TIMSS 及び PISA など国際的な学力調査に対応する学力づくりと外国語教育とが重視されました。それは、国語、社会、算数数学・理科・外国語の5教科を中心に時間が大幅に増加したことに表れています。小学校各教科の合計時間は、順に1461時間、365時間、1011時間、405時間、70時間の合計3312時間（全体の59％）で371時間増加、中学校でそれぞれ385時間、350時間、385時間、385時間、420時間の合計1925（63％）時間で360時間が増加され、さらに全教科において（言語）活用能力を育む教育が求められました。

要するに、国際的水準の学力とコミュニケーション能力を身に付けた新しい日本人の資質形成が企図され、かつ、国際的学力調査におけるトップクラスへの復活を期したものと推測されます。IEA（国際到達度評価学会）の TIMSS は学校の学習内容をどの程度習得したかを検証するアチーブメント・テストで、言わば、教科書の基礎・基本的内容への知識・理解を見るもので、概して日本は良い成績を納めてきた経緯があります。

例えば中学校の数学では、1964年の第1回テストで2位（参加12カ国）、1981年の第2回で1位（同20カ国）、1995年の第3回で3位（同39カ国）、2003年の第4回で5位（同46カ国）であり、理科も同様に、1970年1位、1983年2位、1995年3位そして2003年6位でした。当時の文部省としては、「いずれもトップクラスを維持しており、国際的にみておおむね良好」と捉えていました。ただし、同じ調査の中で、「数学や理科が好きであるとか、将来これらに関する職業に就きたいと思う子供の割合が、国際的にみて最低レベルであるなどの問題」があるので、文部省は、

表12-1 小学校授業時数比較

区　　分		第1学年	第2学年	第3学年	第4学年	第5学年	第6学年	合計
各教科	国　　語	306	315	245	245	175	175	1461
	前　回　比	+34	+35	+10	+10	-5	0	+84
	社　　会			70	90	100	105	365
	前　回　比			0	+5	+10	+5	+20
	算　　数	136	175	175	175	175	175	1011
	前　回　比	+22	+20	+25	+25	+25	+25	+142
	理　　科			90	105	105	105	405
	前　回　比			+20	+15	+10	+10	+55
	生　　活	102	105					207
	前　回　比	0	0					0
	音　　楽	68	70	60	60	50	50	358
	前　回　比	0	0	0	0	0	0	0
	図画工作	68	70	60	60	50	50	358
	前　回　比	0	0	0	0	0	0	0
	家　　庭					60	55	115
	前　回　比					0	0	0
	体　　育	102	105	105	105	90	90	597
	前　回　比	+12	+15	+15	+15	0	0	+57
道　　　　徳		34	35	35	35	35	35	209
前回比		0	0	0	0	0	0	0
外　国　語						35	35	70
前回比						+35	+35	+70
総合的な学習の時間				70	70	70	70	280
前回比				-35	-35	-40	-40	-150
特　別　活　動		34	35	35	35	35	35	209
前回比		0	0	0	0	0	0	0
総　授　業　時　数		850	910	945	980	980	980	5645
前回比		+68	+70	+35	+35	+35	+35	+278

　この対策として「教育内容を3割程度減らし」、「ゆとりをもって」「自分で学ぼうとする意欲や学び方をしっかり身に付け」させるために「総合的な学習の時間」を設定したという説明をしていました。今回は改めて内容と時数を増加しました。

　さらにPISAテストへの本格的な対応もみられます。PISAは、その学校教育の基礎・基本を超えた活用能力を問う試験で、「日常生活で直面する課題に対する知識の活用の仕方までを対象」とし、「また、彼らの選択や意思決定を評価することによって、生涯を通じて学習を継続することのできる能力」までも含むことが報告書では説明されています。そのような活用できる知識・技能を意味する幅広い概念を

グローバルな知識基盤社会で活躍する日本的市民像 ―「活用能力」志向の2008年・2009年改訂―

表12-2 算数・数学・理科の成績

1) 算数・数学の成績(TIMSS)		
	小学校	中学校
昭和39年(第1回)	実施していない	2位／12カ国／地域
昭和56年(第2回)	実施していない	1位／20カ国／地域
平成7年(第3回)	3位／26カ国	3位／41カ国／地域
平成11年(第3回追調査)	実施していない	5位／38カ国／地域
平成15年(第4回)	3位／25カ国／地域	5位／46カ国／地域

(注) 小学校については4年生の成績。中学校については昭和39、56年は1年生、平成7年、11年、15年は2年生の成績。

2) 理科の成績(TIMSS)		
	小学校	中学校
昭和45年(第1回)	1位／16カ国	1位／18カ国／地域
昭和58年(第2回)	1位／19カ国	2位／26カ国／地域
平成7年(第3回)	2位／26カ国	3位／41カ国／地域
平成11年(第3回追調査)	実施していない	4位／38カ国／地域
平成15年(第4回)	3位／25カ国／地域	6位／46カ国／地域

(注) 小学校については昭和45年及び58年は5年生、平成7年は4年生の成績。中学校については各年とも2年生の成績。

表12-3 数学・理科・学校外の学習への意識

(2) 数学・理科に対する意識(中学2年)

1) 数学

	数学が「好き」または「大好き」	数学の勉強は楽しい	将来、数学を使う仕事がしたい	生活の中で大切
平成7年	53%（68%）	46%（65%）	24%（46%）	71%（92%）
平成11年	48%（72%）	38%（−）	18%（−）	62%（−）
前回との差	△5	△8	△6	△9

(注) ()内は国際平均値（−）内については国際平均値は発表されていない

2) 理科

	理科が「好き」または「大好き」	理科の勉強は楽しい	将来、科学を使う仕事がしたい	生活の中で大切
平成7年	56%（73%）	53%（73%）	20%（47%）	48%（79%）
平成11年	55%（79%）	50%（−）	19%（−）	39%（−）
前回との差	△1	△3	△1	△1

(注) ()内は国際平均値（−）内については国際平均値は発表されていない

(3) 学校外の学習(中学2年)

	1日の学校外での勉強時間	勉強や宿題をわずかでもする生徒の割合
平成7年	2.3時間（3.0時間）	72%（80%）
平成11年	1.7時間（2.8時間）	59%（80%）
前回との差	△0.6時間	△13

(注) ()内は国際平均値

表すために「リテラシー (literacy)」というタームが採用され、PISAでは、科学的リテラシー、読解リテラシー、数学的リテラシーの3種が調査されました。学習指導要領では、この3種のリテラシー教育を強化するために、関係3教科の時間数が増加されたのは前述の通りですが、さらには全教科でも「活用能力」が重視されました。例えば、算数・数学では、小・中に「算数的活動」・「数学的活動」が指導内容として規定され、これによって、学んだ知識・技能を全体的に関連付けて活用する能力を育成し、学ぶことの意義と有用性を実感できるように設定されました。算数は、「数と計算、量と測定、図形、数量関係」の4領域から成り、数学は、「数と式、図形、数量関係、資料の活用」の4領域から成っていますが、それぞれの知識・技能を生かして、全体的に関連付けて活用する能力を育成するための活動領域が新設されたのでした。

表12-4 中学校の各教科時数比較表

中学校		第1学年	第2学年	第3学年	合計
各教科の授業時数	国　　　語	140	140	105	385
	前　回　比	0	+35	0	+35
	社　　　会	105	105	140	350
	前　回　比	0	0	+55	+55
	数　　　学	140	105	140	385
	前　回　比	+35	0	+35	+70
	理　　　科	105	140	140	385
	前　回　比	0	+35	+60	+95
	音　　　楽	45	35	35	115
	前　回　比	0	0	0	0
	美　　　術	45	35	35	115
	前　回　比	0	0	0	0
	保 健 体 育	105	105	105	315
	前　回　比	+15	+15	+15	+45
	技術・家庭	70	70	35	175
	前　回　比	0	0	0	0
	外　国　語	140	140	140	420
	前　回　比	+35	+35	+35	+105
道徳の授業時数		35	35	35	105
前回比		0	0	0	0
総合的な学習の時間の授業時数		50	70	70	190
前回比		-20 〜 -50	0 〜 -35	0 〜 -60	-20 〜 -145
特別活動の授業時数		35	35	35	105
前回比		0	0	0	0
(選択教科)		-	-	-	-
前回比		0 〜 -30	-50 〜 -85	-105 〜 -165	-155 〜 -280
総授業時数		1015	1015	1015	3045
前回比		35	35	35	105

また理科では、小学校で、第6学年の目標の中に「推論」が新たに規定されたことと、「内容の取扱い」の項で、「観察、実験の結果を整理し考察する学習活動や、科学的な言葉や概念を使用して考えたり説明したりするなどの学習活動」を充実するよう求められました。中学校では、分野の目標の中に「観察、実験

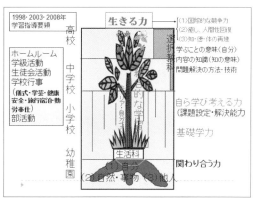

図12-5 幼小中高の教育課程概念図

の結果を分析して解釈し表現する能力」が新たに規定され、「学校や生徒の実態に応じ、十分な観察や実験の時間、課題解決のために探究する時間などを設けるようにすること。その際、問題を見いだし観察、実験を計画する学習活動、観察、実験の結果を分析し解釈する学習活動、科学的な概念を使用して考えたり説明したりするなどの学習活動」が新たに規定されました。

「総合的な学習」の時間においても、同様の改訂が見られます。学力低下批判の中で、「総合的な学習」の廃止が気になるところでしたが、中教審における論議を見ると、むしろその必要性が確認され、「生きる力」を形成する重要な時間として再設定されました。「横断的・総合的な学習」が批判されるところの這いまわるだけの活動にならないために、目標として「探究的な学習」であることが明示され、かつ、目標及び内容では、「日常生活や社会とのかかわりを重視すること」、育てるべき資質や態度では、「学習方法に関すること、自分自身に関すること、他者や社会とのかかわりに関すること」などの視点が提示されました。

そのほか全教科にわたって「活用能力」を求められているのが今回の学習指導要領改訂の大きな特徴で、国際的な学力、すなわち PISA 対策のリテラシー

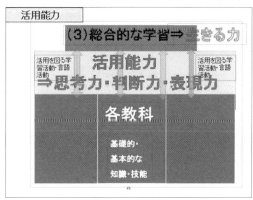

図12-6 活用能力の図

重視路線であると捉えられます。また、国際的なコミュニケーション能力育成のために外国語教育と外国語活動も一段と重視されるようになりました。

「教育課程部会におけるこれまでの審議のまとめ」を見ると、「中学校修了段階で簡単な外国語でのコミュニケーションができるように、中学校3年間を通して、教育内容を充実し、年間140単位時間（週4コマ相当）に授業時数を増加する」とされ、また、小学校では第5・6学年で外国語活動の時間（週1コマ）が新たに設定され、「小学校段階にふさわしい国際理解やコミュニケーションなどの活動」を通して、「コミュニケーションへの積極的な態度を育成するとともに、言葉への自覚を促し、幅広い言語に関する能力や国際感覚の基盤を培うこと」が目的とされました。

小学校の外国語活動の領域設定は教育課程の歴史に残る改革で、英語教育ではない「活動」であるなどの議論はあるにしても、小学生の段階から国際的なコミュニケーション能力をつける教育が始められることになりました。

教育課程全体の道徳化

今回の改訂では、教育基本法改訂と同時にされたことで、いわゆる「愛国心教育」に相当する教育の扱いが注目されました。具体的には、「道徳教育の目標に『伝統や文化』の継承・発展、『公共の精神』の尊重」が追加された点です。背景に、「愛国心教育」を強化しようという政治的要請がありました。

学習指導要領の総則でも、まず第1に、「教育基本法と学校教育法等に従って教育課程を編成することを明確化」したと明文化されましたが、その趣旨に積極性はあまり感じられません。むしろ「愛国心教育」を期待する勢力の側からは批判の出ることが予想される位にその色合いは弱いものになっています。自民党の野党化など政局が流動化している時代状況を反映しているのか、それとも文部科学省の独自のスタンスなのか、興味深いところです。

総則における道徳教育の説明では、「道徳教育は、教育基本法及び学校教育法に定められた教育の根本精神に基づき、人間尊重の精神と生命に対する畏（い）敬の念を家庭、学校、その他社会における具体的な生活の中に生かし、豊かな心をもち、伝統と文化を尊重し、それらをはぐくんできた我が国と郷土を愛し、個性豊かな文化の創造を図るとともに、公共の精神を尊び、民主的な社会及び国家の発展に努め、他国を尊重し、国際社会の平和と発展や環境の保全に貢献し未来を拓（ひら）く主体性のある日本人を育成するため、その基盤としての道徳性を養うことを目標とする」

と明記されました。

　前回の改訂に比して、上記下線部が新たに付加された箇所です。ただし注目されるのは、直前の２月改訂案では、「伝統と文化を継承し、発展させ、個性豊かな文化の創造を図るとともに、公共の精神を尊び、」とだけあり、この段階では、いわゆる「愛国心教育」に相当する「わが国と郷土を愛し」という文言は明確ではありませんでした。おそらくその後に政治的妥結が成って字句が挿入されたものと推測されます。

　さて、道徳教育は、「道徳の時間を要として、学校の教育活動全体を通じて行う」ものであることは従来通りですが、共通に取り上げることと、各学年・学校段階でとりあげるべき内容が次のように明確にされました。

　小学校の共通事項は、①自立心や自律性、自他の生命を尊重する心を育てること、②自己の生き方についての考えを深めることで、③低学年には、挨拶、人間として、してはならないことをしないこと、④中学年には、集団や社会のきまりを守ること、⑤高学年には、法やきまりの意義の理解、相手の立場を理解し、支え合う態度、集団における役割と責任意識をつくることです。

　中学校では、①自他の生命の尊重、法やきまりの意義の理解、社会の形成への主体的な参画、②道徳的価値に基づいた人間としての生き方について考えを深めることが狙いとされました。時間数は毎週１時間で従来通りです。児童生徒の崩れてきた規範意識をいかに高めるか、この課題に対応するという観点から、各学年の共通事項は繰り返し教えることとされ、かつ、成長と発達に応じて、各学年の重点事項が確定されたのでした。

　さらに、道徳教育を徹底するための新たな方策として、①道徳教育の推進役である「道徳教育推進教師」が設定され、その教師を中心に全教員が協力体制をとること、②各教科においても、道徳と関連づけて教育すること、さらに、③先人の生き方、自然、伝統と文化、スポーツなど、児童生徒が感動を覚える魅力的な教材の開発や活用を通して、児童の発達の段階や特性等を考慮した創意工夫ある指

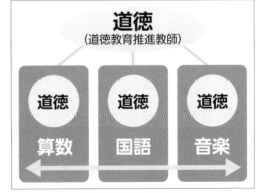

図12-7 教育課程全体の道徳化

導をすること、そして④自分の考えを基に、書いたり話し合ったりするなどの表現する機会を充実し、自分とは異なる考えに接する中で、自分の考えを深め、自らの成長を実感できるよう工夫することが求められました。

やはり注目されるのは、①道徳教育推進教師の設置で、担当者を特定することで責任体制が明確にされたことであり、また、②の各教科で、例えば国語科で、「道徳教育の目標に基づき、道徳の時間などとの関連を考慮しながら、第3章道徳の第2に示す内容について、国語科の特質に応じて適切な指導をすること」とされるなど、全教科それぞれに道徳教育に収斂する教育が求められるようになったことで、教育課程全体の道徳化システムが組織的かつカリキュラム的に図られたことが大きな特徴です。

共通教育課程と選択教科の欄外化

中学校で、選択教科が授業時数表から削除され、全科目必修で共通履修の徹底が期されることになりました。前回の改訂に比して毎週1時間増加で合計105時間増加したにもかかわらず、選択教科などで個別のニーズに対応するよりも、全科目必修の共通教育課程が基本構造とされました。

中教審教育課程部会の「審議のまとめ」を見ると、前回の改訂では、「総合的な学習の時間の創設とともに、生徒の選択能力の育成や個性の伸長を目指し、選択教科の授業時数を増加した一方で、必修教科の教育内容・授業時数については削減」する仕方がとられましたが、「子どもたちの学力や学習状況」は、基礎的・基本的な知識・技能を定着させる点や、「思考力・判断力・表現力等を育成」する点で「十分に達成できていない」。さらに、「選択教科に加え、総合的な学習の時間が導入され、教育課程が複雑化しすぎている」と反省されています。

他方、選択教科の実態は、「全体の6割以上が国語、社会、数学、理科、外国語に充てられており、その中でも補充的な学習に取り組まれている割合が高い」ので、

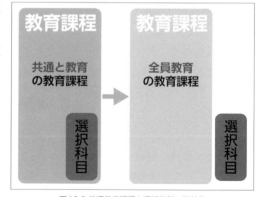

図12-8 共通教育課程と選択教科の欄外化

「教育課程の共通性を高める必要がある」と判断され、その結果、「選択教科については、第2・3学年において総合的な学習の時間の一部を充て得るとする」方策が検討されたということです。

選択教科自体は、総則の中で、「各学校においては、選択教科を開設し、生徒に履修させることができる。その場合にあっては、地域や学校、生徒の実態を考慮し、すべての生徒に指導すべき内容との関連を図りつつ、選択教科の授業時数及び内容を適切に定め選択教科の指導計画を作成するものとする」、「選択教科の内容については、課題学習、補充的な学習や発展的な学習など、生徒の特性等に応じた多様な学習活動が行えるよう各学校において適切に定めるものとする」など従来通りの内容です。

ただし、その選択科目数と時間設定については削除されたので、授業時数表には入れられませんでした。「検討素案」の段階では、欄外に備考として「改訂案における選択教科等の扱いについては、第2・3学年においてそれぞれ35時間を上限として総合的な学習の時間を充てることを可能とする」とあるので、その趣旨で運用されるものと推定されます。要するに、基礎・基本の不徹底な教育と教育課程の複雑化、そして選択教科の実際的内容から見て、共通教育課程をとるほうが妥当であると判断されたのです。

公教育における義務教育課程の在り方として見ると、義務教育の中学校では共通教育課程を編成し、個性化や個別のニーズに対しては、オプション扱いをするという新たな原則が採用されたことを意味するのです。義務教育費国庫負担の問題にも及ぶ原則として注目されます。

高等学校学習指導要領の改訂

2009年3月9日、高等学校学習指導要領が改訂されました。その基本的な考え方は小・中と同じで、「生きる力」の理念を継承し、基礎・基本的な知識・技能と同時に思考力・判断力・表現力など活用できる学力の育成、そして豊かな心と健やかな身体を育成するための道徳教育と体育の充実が挙げられました。

具体的項目をみると、議論のあった「総合的な学習の時間」については、「教科の枠を超えた横断的・総合的な学習、探究的な学習を行うものであることにより明確化する」として従来通り3～6単位（特に必要がある場合2単位まで減少可能）が設定されました。

表12-5 2009年改訂の高等学校単位数表

教科等	科目	標準単位数	教科等	科目	標準単位数
国語	国語総合	4	保健体育	体育	7〜8
	国語表現	3		保健	2
	現代文A	2	芸術	音楽Ⅰ	2
	現代文B	4		音楽Ⅱ	2
	古典A	2		音楽Ⅲ	2
	古典B	4		美術Ⅰ	2
地理歴史	世界史A	2		美術Ⅱ	2
	世界史B	4		美術Ⅲ	2
	日本史A	2		工芸Ⅰ	2
	日本史B	4		工芸Ⅱ	2
	地理A	2		工芸Ⅲ	2
	地理B	4		書道Ⅰ	2
公民	現代社会	2		書道Ⅱ	2
	倫理	2		書道Ⅲ	2
	政治・経済	2	外国語	コミュニケーション英語基礎	2
数学	数学Ⅰ	3		コミュニケーション英語Ⅰ	3
	数学Ⅱ	4		コミュニケーション英語Ⅱ	4
	数学Ⅲ	5		コミュニケーション英語Ⅲ	4
	数学A	2		英語会話	2
	数学B	2		英語表現Ⅰ	2
	数学活用	2		英語表現Ⅱ	4
理科	科学と人間生活	2	家庭	家庭基礎	2
	物理基礎	2		家庭総合	4
	物理	4		生活デザイン	4
	化学基礎	2	情報	社会と情報	2
	化学	4		情報の科学	2
	生物基礎	2	総合的な学習の時間		3〜6
	生物	4			
	地学基礎	2			
	地学	4			
	課題研究	1			

　基礎・基本的な知識・技能の習得では、義務教育段階の学習内容の確実な定着を図るための学習機会を設けて、これを促進することが要請されました。また、「共通性と多様性のバランスを重視」するという観点から、国語（国語総合）・数学（数学Ⅰ）・外国語（コミュニケーション英語Ⅰ）で共通の必履修科目が設定されました。

　卒業単位は現行74単位以上を踏襲していますが、多様性と個性化、学力向上を目

指す観点から、「週当たりの授業時数は標準である30単位時間を超えて授業を行うことが明確化」されました。教科をみると、英語では、標準的な単語数が現行の1300語から1800語に、中学・高校合わせて2200語から3000語に増加され、授業は英語で指導することが基本とされました。また、理数教育関係では、遺伝情報とタンパク質の合成や膨張する宇宙像、統計など、近年の新しい科学的知見が指導内容に反映されました。

今回の改訂で最も大きな変化は、学校内の知識教育にとどまらないで学校外でも通用する思考力・判断力・表現力などの育成をめざすために、各教科で言語活動が重視されたことです。その結果、国語をはじめ各教科で批評・論述・討論などの学習を充実させることが要請されました。数学では説明・議論が、理科では分析・解釈が、そして総合的な学習では、「言語により分析し、まとめたり表現したりするなど」の学習活動が求められています。

そのほか食育、環境・消費者学習、情報モラル教育、特別支援教育などの重視、部活動の意義と留意点を規定、そして「はどめ規定」の原則削除などが重要事項として挙げられています。

2008・2009（平成20・21）年改訂の特質と実践上の課題

2008年・2009年改訂の特徴は、(1)「生きる力」志向の教育課程の熟成版であること、(2)新しい3層構造の学力観であること、(3)国際的水準のリテラシーとコミュニケーションの資質形成を企図していること、(4)教育課程全体の道徳教育化を進めようとしていること、(5)共通教育課程の在り方を重視して選択教科を欄外扱いとしたこと、という5点の特徴にまとめることができます。

今回の学習指導要領改訂では、知識基盤社会と言われる21世紀を展望して新しい日本人の資質形成が企図されました。基礎・基本の知識技能とともに課題解決のための思考力・判断力・表現力などの活用能力、そして探究的な態度という3層構造の学力が育成されようとしています。そこに見られる日本人は、国際的水準のリテラシーとコミュニケーション能力を有し、道徳的資質も高く「生きる力」に満ちた人間像が構想されています。これは逆に言えば、21世紀を展望するとどうしても克服しなければならない日本の課題です。そのための義務教育課程の基準が、従来の問題点を見直し、熟成した形で打ち出されたと評価できます。しかし問題はこれ

を実践段階でどのように進めるかです。様々な課題が山積しており、いくつかの懸念があります。

　懸念の第1は、人的物的条件が整備されないので、本格的な教育実践には至らないでその場しのぎの対応が拡大する懸念です。教育現場の多忙な状況は大変なもので、腰を落ち着けて教育改革に取り組む余裕はありません。片や、学校の施設設備はIT環境を初め旧態依然としており、文部科学省も教育振興基本計画（国内総生産比5％）の財政的な目途を立てられないでいますので、教育現場としては、都合のよいところだけの「つまみ食い」の報告書づくりによって防衛することが想定されます。

　第2に、「活用能力」重視の指導は、ややもすると、基礎基本の教育を弱めて、個人的感想や好き嫌いを「おしゃべり」する教育に堕してしまう懸念です。「活用能力」とは、「受信」したものを「思考」（解釈・熟考）「判断」（評価）し「表現」（発信）する能力を高めることですが、従来の国語教育的な解析だけに終わる「読解」ではなく、登場人物の行動の妥当性について考えさせる「読解リテラシー」まで求められます。そうであるとすれば、「国語」の枠を超えたかなり高度な判断力が必要とされ、読解の仕方も変更せざるを得ません。

　しかし、学力低下批判を受けて、旧学習指導要領で3割削減した内容が復活し、教えるべき「知識・技能・理解」が増加したので、それだけでも時間不足となりがちですので、ややもするときちんと文章を解析することができないまま、根拠のない感想を言い合うだけの授業に堕してしまうのではないか。それでは、本当の「活用能力」ひいては「生きる力」の育成にはつながらないかもしれない、という懸念です。

　第3は、科学的リテラシー教育にかかわる懸念で、学力水準の低い生徒にはかなり困難ではないかという懸念です。この教育は、プロセス1：様々な現象を科学的知識・概念を使って説明したり証明できたりすること、プロセス2：科学的なデータを理解し処理すること、プロセス3：科学的な論拠をもって、様々な現象や問題を「解釈」すること、という仕方が求められていますが、それは基礎・基本の学力と時間的余裕のあることが前提となるはずです。しかし、3割削減が修正されて教えるべき項目が増加し、時間的余裕がなくなる事態を迎えることになるので、学力水準のレベルが高いクラスでしか対応できないのではないか、と懸念されるのです。

　第4は、「総合的な学習」が、特別活動での安易な代替が展開されてしまうのでは

ないかという懸念です。「総合的な学習」は、通常の教科教育において一定の優れた段階になければ展開することが困難で、これまで無理をして全国展開してきた経緯があり、とても「知の総合化」を目指すような教育は出来ない状況にあるのが一般的動向です。そういう中で、「総合的な学習」の時間数が週3時間から2時間に削られ充実した対応が一層難しくなったということで学校現場に「総合的な学習」を創出することへの諦めが生じることが懸念されます。

　本当は、各教科で「活用能力」をつけることと、特別活動に食い込んで「総合的な学習」を展開してもよいという規定になっているので、見かけ以上に「総合的な学習」を支える条件は強化されているのですが、ここ数年の種々の悪条件が重なって、学校現場はもう踊らされたくないという白け気分が横溢しています。「ゆとり教育」と「学力対策」に揺れ過ぎたと受け取られる文教政策への不信感、そして多忙と改革疲れのために、学校現場はかなり動きが鈍い状況に落ち込んでいます。

　学力日本一を獲得した秋田県を調査してみると、総合的な学習を重視し、教員評価の項目設定では、重要項目のひとつに入れて、小中高を通してよくこれを実践しています。総合的な学習が「ゆとり教育」の代名詞となり、学力低下の元凶のような扱いを受けている状況下で、秋田県では、「わかる授業とか、みんなが主体的に取り組める授業という形をつくるために総合的な時間は、むしろ活用に値する時間である」と捉え、「明確に各学校の方でも意識して」教育課程に位置付けて実践してきたと教育委員会は答えています。やはり、相互的な学習によって学ぶことの意味を確認することは、児童・生徒自身の学習意欲を起こし、理解を深めるうえでとても有効ですし、それは各教科の学力向上につながっているのです。ぜひ、各学校が意欲的に総合的な学習に取り組み、特色ある教育課程を編成することに成功してほしいものです。

　第5は、小学校の英語活動の導入に関わる懸念ですが、私立と学校外の塾で過熱した英語教育が展開されることです。学習指導要領では、「総合的な学習」から独立して小学校での英語活動を設置しましたが、しかし学習指導要領の趣旨である国際理解・活動の枠を超えて、過熱した英語教育が民間の塾や予備校で花盛りとなり、私立小学校は本格的な英

図12-9 山形県小国小学校でALTとの英会話授業

語教育へと走り、公立小学校との格差を売り物にする事態が進行するに違いありません。なぜなら必修科目の未履修問題への対応でも明らかですが、学習指導要領に規制される公立学校と、入試に過激に対応している私立学校というデュアルシステムが横行しているからです。これに対しては厳格な行政的対応が求められます。

しかし、そういう事態にあっても、日本の英語教育を改善することは喫緊の課題であり、良いと思われる方策はとにかく進める必要がありますので、マイナスの副作用をふまえつつ、やはり推進するしかないと思います。

図12-10 山形県小国小学校の英会話副読本

第6は、人づくりの問題への懸念です。道徳教育推進教師を設定し各教科でも道徳教育を進めるなど、教育課程全体の道徳化を強めることが予定されていますが、確かに、秋葉原の無差別殺傷事件（2008年）や中学生の親殺し事件（2009年）など、病んでいる時代の膿が噴き出している事態にあり、学校でも心の問題に対応が必要です。特に、青少年の中には、殺人者の心境に共感している者が多数現われていますので、今後も時代の進展次第では、第2・第3の事件を造出しかねない状況にあります。生徒はもちろんのこと指導に当たる教員も人間的な豊かさが欠如し痩せてきている傾向にありますので、学校全体の指導力の低下は否めません。

道徳担当教師を設定するにしても、価値観の多様化と格差の顕在化とによって、指導する教師は立ち往生させられることが多いと思います。現在、「早寝早起き朝ごはん」の運動によって原点から教育をやり直し、勤勉と感謝の心を育むようにしていますが、学校教育では、そのような地道な生活習慣づくりと「総合的な学習」及び特別活動の着実な実践を積み上げるしかないと思われます。

図12-11 米国カリフォルニア州 Hillview school の中学生の作品

本来ならグローバル社会の多文化共生時代に合致した、新たな市民育成のコンセプトへと本格的に切り替えるべきステージにあるのですが、これを行政的に一挙に進めることは問題が噴出しかねないので、古いバージョンのまま人づくりを

進めるしかない側面もあり、その結果、負の連鎖となり、効果が半減したり逆効果だったりするように思われます。当面、有効な手立てが見えず、本当に道徳教育がうまく行くのか心配な状況です。

　第7に、教育課程改革は教職員のチームワークなくして遂行することが困難ですが、そのような職場がどれだけあるか懸念されます。教員評価が導入されたことで教員の連携が困難になっていないか、職場での本音の話し合いはできているか、授業づくりの共同研究体制はできているか、これらはいずれも否定的な状況にあり、かつ職場よりも個人生活を優先する時代に入り、職場のチームワークは弱っている状況にあります。そのような細く限られた条件の中で新学習指導要領へ対応せざるを得ないというのが学校現場の状況のようです。

　以上7つの懸念、前途多難ですが、日本の21世紀の課題を考えると、どうしても改革を1つ1つ遂行するしかありません。「生きる力」志向の教育課程改革を成功させないと次の時代は開けないという状況にあります。

　困難な課題ばかりでこれを克服することは容易ではありませんが、私は、入試の在り方において、「総合的な学習」の成果を10％評価（論述試験か口述試験）するという強制装置をかけるしかないと考えます。入学試験できちんと評価されるということがなければ、前述の困難な状況では、あえて「総合的な学習」に挑む教員はかなり少ないように思われます。シンガポールではこの点は成功しているように思われます。

　「総合的な学習」の成果は、個人の努力に限らず親子の共同作業やグループ活動によるものが多く、入試の評価には適さないようですが、それでも、できれば次のような論述や口頭試問として課したいと考えます。

　「あなたは中学・高校時代、どのような研究や活動をしましたか、それによって何を学ぶことができましたか？」と問いたいです。その結果、思考力・判断力・表現力はもちろんのこと、周囲の人と協力して主体的に学ぶことのできるコミュニケーション能力と自己教育力を評価することができるはずです。この種の強制装置をかけないと、改訂の趣旨を実現することはかなり困難であると思います。

　これまでの教育改革を見ると、入試などで評価されない限り新しい試みは根づきません。今こそ青少年の資質を21世紀型に転換する最大のチャンスであるし、そうしなければ日本の未来は拓けないという覚悟が必要です。

グローバルな知識基盤社会で活躍する日本的市民像

　最後に、2008・2009年学習指導要領が志向する人間像についてまとめておきますと、学習指導要領では、21世紀をグローバル社会、知識基盤社会と規定し、その競争社会で日本の未来を背負って活躍する人間像が想定されています。そこで「日本的市民」と命名しましたが、それは新たな時代の市民性が求められつつも、市民性にとって大切な人権認識と批判的思考力の育成が弱いことを重視して、「日本的」と定義しました。日本の学習指導要領では、この欠如が伝統的に継承され、かつ批判されてきました。

　それは、本書で明らかにしたように、戦後改革以来の歴史的経緯、すなわちイデオロギー対立と自民党政権の長期化、そして高度経済成長路線の選択などが大きく影響しているからで、今回の学習指導要領もその枠組みから脱却できませんでした。2009年に民主党中心の新政権となりましたが、やはり政権交代が恒常的に可能な民主主義社会にならない限り、それは難しいと思われます。少数意見を堂々と言える社会、異質な意見が尊重される社会となることが必要条件ですが、それは近代以前からの日本的文化・風土の問題もあり、容易なことではありません。

図12-12 教え込みよりも深く考えさせる授業(米国 Hillview school)

　ちなみに、日本における市民教育の実践を見るとやはり「批判的思考力」の弱さを感じます。大体の実践は、ローカルとグローバルを素材として、国内の政治的対立と論争の問題は避けている授業が多いようです。たとえば地域のごみ問題と世界の環境問題は論じても、日本政府が採っている政策や対立的課題、政党間の論争には立ち入らないように授業が組み立てられています。もっぱら自分自身を反省させる内省志向の(世界)市民教育が展開されています。実際のところ、その枠内に留めないと学校教育では実践することがむずかしい環境にあるからです。その授業がめざす市民像は、地域と世界の発展に貢献する市民ではありますが、批判的思考力と人権認識の弱い市民像です。

そのような意味で「日本的市民」と命名しました。中教審答申と改訂学習指導要領には、従来型の「国民」の枠組みを超えた世界に通用する「市民性」を獲得しなければ日本の未来はないという危機感がベースにありますが、それでも批判的思考力と人権認識の育成への道筋は弱いと批判せざるをえません。

　2006（平成18）年の教育基本法の改正においても、直面している諸課題は条文化されましたが、批判的思考力やジェンダー認識育成など人権認識の根本にかかわる未来志向は弱く、他方、愛国心教育が政治的対立の果てに強化されました。学習指導要領改訂では、直接にはその改正を受けたわけではありませんが、やはり同様の弱点を共有していると捉えられます。

(注) 2015（平成27）年3月27日、学校教育法施行規則改正によって、これまで教育課程の1領域であった道徳が、「特別の教科である道徳」に改められ、同日、文部省告示第60・61号で小学校・中学校学習指導要領でも、「特別の教科　道徳」（第3章）と改正されました。人格形成の要の教科であること、一般教科のように数値による評価はなじまないこと、そして学級担任が担当することが理由で「特別の教科」とされました。一般教科にすると点数による評価がつきますし、道徳の教員免許が必要になります。道徳教育のあり方については、前年10月の中教審答申で、「考える道徳」・「議論する道徳」への転換が強調されたように、新しい道徳の進め方が求められています。元来、道徳の教科化は、いじめ問題への対策がねらいとされていましたが、背景に自民党・政府の道徳教育路線がありますので、次のステージでは教科書検定・採択問題が懸念されます。2015年度から移行措置で2018（平成30）年度完全実施です。

◆ 参考文献

1. Dominique Simone Rychen, Laura Hersh Salganik 編著『キー・コンピテンシー　国際標準の学力をめざして』(KEY COMPETENCIES FOR A SUCCSESSFUL LIFE AND A WELL-FUNCTIONING SOCIETY)　立田慶裕監訳、今西幸蔵・岩崎久美子・猿田祐嗣・名取一好・野村和・平沢安政訳　明石書店　2008年
2. 国立教育政策研究所編『PISA2006年調査　評価の枠組み OECD 生徒の学習到達度調査』ぎょうせい　2007年
3. 2008年1月中教審答申「幼稚園、小学校、中学校、高等学校及び特別支援学校の学習指導要領等の改善について」
4. 水原克敏『現代日本の教育課程改革』風間書房　1992年

5. 戦後日本教育課程研究会代表水原克敏『我が国の教育課程及び学力観に関する調査研究』(平成7年文部省依嘱研究「教育課程に関する基礎的調査研究」報告書) 1996年3月
6. 文部省編『平成12年度　我が国の文教施策』(教育白書) 2000年
7. 2007年11月中教審教育課程部会「教育課程部会におけるこれまでの審議のまとめ」
8. 文部科学省『小学校学習指導要領』 2008年
9. 文部科学省『小学校学習指導要領案』 2008年
10. 2007年10月30日中教審教育課程部会の参考資料2「中学校の標準授業時数について(検討素案)」

◆ 図表等

扉の図 (1)　日本の学校系統図 (2008年)、文部科学省『データからみる日本の教育 2008』日経印刷㈱
扉の図 (2)　調べる学習の発表会、宮崎県五ケ瀬中等教育学校の発表会　2005年3月
扉の図 (3)　全国学力一斉テスト、『読売報道写真集2008』(川口正峰 東京)
図12-1　3つのキー・コンピテンシー、前掲『キー・コンピテンシー』より作成
図12-2　新3層構造の学力観、水原作成
図12-3　小学校授業時数、水原作成
図12-4　中学校授業時数、水原作成
図12-5　幼小中高の教育課程概念図、水原作成
図12-6　活用能力の図、水原作成
図12-7　教育課程全体の道徳化、水原作成
図12-8　共通教育課程と選択教科の欄外化、水原作成
図12-9　山形県小国小学校でALTとの英会話授業
図12-10　山形県小国小学校の英会話副読本
図12-11　米国カリフォルニア州Hillview schoolの中学生の作品
図12-12　教え込みよりも深く考えさせる授業 (米国 Hillview school)
表12-1　小学校授業時数比較表、学校教育法施行規則より作成
表12-2　算数・数学・理科の成績、前掲『データからみる日本の教育 2008』
表12-3　数学・理科・学校外の学習への意識、文部科学省HPより
表12-4　中学校の各教科時数比較表、学校教育法施行規則より作成
表12-5　2009年改訂の高等学校単位数表、『高等学校学習指導要領』 2009年

第13章
知識創造社会で学びを変革する日本的市民像
―コンピテンシーを育む2017・2018年改訂―

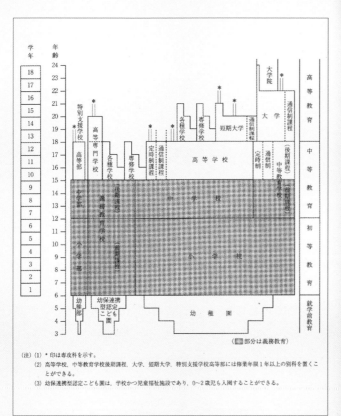

(注)(1) *印は専攻科を示す。
(2) 高等学校、中等教育学校後期課程、大学、短期大学、特別支援学校高等部には修業年限1年以上の別科を置くことができる。
(3) 幼保連携型認定こども園は、学校かつ児童福祉施設であり、0〜2歳児も入園することができる。

2011年3月11日の東日本大震災で被災した大川小学校。津波により当時在学中の児童108名のうち74名が犠牲となった。教員も10名死亡した。

2015年9月、早稲田大学での筆者による教育課程論の授業。学生たちの発表と討論など双方向型授業に努力した。学生にとって深い学びになったかどうか。

255

改訂の全体的方針 —コンピテンシーを育む

2017 (平成29) 年3月31日、幼稚園・小学校・中学校の学習指導要領が改訂され、高等学校についても2018 (平成30) 年3月30日に改訂されました。今次の改訂の画期的な事は、全教科・領域に「主体的・対話的な深い学び」を志向して、「学習指導要領の構造改革」が図られたことです。それは「何ができるようになるか」を合言葉に、学校外でも通用する汎用性のある能力を育むことを目ざして、教科の改廃も含めて内容・方法を変革するものです。その授業運営では、児童生徒の実態をふまえてカリキュラム・マネジメントをすることが不可欠で、単元の要所ではアクティブラーニングの導入や単元ごとの授業評価が求められています。そうすることで、知識の習得に留まらず学校外でも通用する能力：コンピテンシー (Competencies) 及び「汎用性のある能力」：ジェネリックスキル (Generic Skills) を育成しようとしています。

今次の改訂はOECDが提案したコンピテンシー論に基づくリテラシー概念が基礎理論としてあり、「活用型学力」を洗練して「汎用性のある能力」が重視されました。コンピテンシーを構成する基礎的リテラシーでは、「日常生活で直面する課題に対する知識の活用の仕方までを対象」とし、また「選択や意思決定を評価することによって、生涯を通じて学習を継続することのできる能力」までも含んでいます。そのような知識・技能・意思・態度までも含む幅広いリテラシー概念によって、従来の知識習得型の学力の構造を本格的に変革しようという方針です。審議経過を見ると、理論的には、コンピテンシーとジェネリックスキルとが混在する仕方で立論されていますが、とにかく今次の改訂では、わかりやすく「何ができるようになるか」と表現しています。

第4次産業革命の到来

ただし、その実現性となると、ICT環境・図書館・実験施設あるいは教員問題（多忙化・員数・研修・養成）など貧困な条件整備さらには困難な入試改革があり、かなり危うい状況にあると思われます。それでも日本は、現状の教育では第4次産業革命を生き抜けない状況にあるので、児童生徒の資質・能力を変革することが急務となっています。学習指導要領の改訂は2030年の未来社会を展望して、時代を担う青少年の資質育成を企図して遂行されるナショナル・カリキュラムですが、その審議経過を見ると時代分析が弱く、どのような人間像に向けてどんな基本的資質を育成すべき

なのか明確には見えてきません。「審議のまとめ」では、「第4次産業革命」を挙げられてはいますが、予測しているのではなく、その種の見解が紹介されているだけで、むしろ「予測が困難な時代にあっても、子供たちが自信をもって自分の人生を切り拓き、よりよい社会を創り出していくことができるよう、必要な資質・能力を」育成するという一般的な記述に終っています。

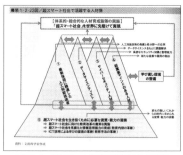

図13-1　超スマート社会で活躍する人材像

2016年5月刊行の『科学技術白書』では、「IoT／ビッグデータ（BD）等がもたらす『超スマート社会』への挑戦」を副題として、人工知能（AI）が社会の支配的なシステムとなり、かつ2035年には団塊ジュニア世代が65歳に達する超高齢化社会であることを指摘しています。本来なら行き過ぎた資本主義と格差問題、原子力を含めたエネルギー問題と環境問題、グローバル化の行き詰まりとナショナリズムと宗教の問題、新たな宇宙時代の幕開けと人工知能が支配する第4次産業革命による労働環境の変動、総じて世界の政治状況の不安定化など、こうした事態が一層深刻化する近未来において、その時代を担う青少年はどのような教養・資質能力が必要とされるのか、より徹底した追究をすべきでしたが不十分でした。

「生きる力」を支える「3つの柱」の能力観

今次の改訂でも「生きる力を育むことを目指す」ことの理念は継承されましたが、現状及び未来への時代分析が弱いために、これを継承する意味づけが曖昧です。むしろ「何ができるようになるか」というコンピテンシーを育成することが今次の最大のテーマで、従来の知識習得型の学力から脱却を図ろうとしていることが要点です。それは「新学力観」の系譜を継承するものですが、実態は付け焼刃の範囲を出なかったので、今次の改訂では、コンピテンシー論に基づく「学びの変革」と「教科改革」ひいては授業改善を本格的に進めようとしています。

そこで改訂の総則には育成すべき「資質・能力の3つの柱」が立てられました。
(1) 知識及び技能が習得されるようにすること。
(2) 思考力、判断力・表現力等を育成すること。

(3) 学びに向かう力、人間性等を涵養すること。

というもので、今次の改訂では、この3つの柱が幼・小・中・高の全体及び各教科・領域等を貫き、教育課程の枠組みとして、かつ授業の展開においても、貫徹するように要請されています。この「3つの柱」は改訂全体の基本構造として重要ですから、中教審答申「幼稚園、小学校、中学校、高等学校及び特別支援学校の学習指導要領等の改善及び必要な方策等について」(2016年12月)に戻って、その説明を踏まえておきましょう。

まず(1)ですが、「何を理解しているか、何ができるか(生きて働く「知識・技能」の習得)」とあります。説明では、「各教科等において習得する知識や技能であるが、個別の事実的な知識のみを指すものではなく、社会の中で生きて働く知識となるものを含む」とあり、例として、「"何年にこうした出来事が起きた"という歴史上の事実的な知識は、"その出来事はなぜ起こったのか"や"その出来事がどのような影響を及ぼしたのか"を追究する学習の過程を通じて、当時の社会や現代に持つ意味などを含め、知識相互がつながり関連付けられながら習得されていく」。そして「学習内容(特に主要な概念に関するもの)の深い理解と、個別の知識の定着を図るとともに、社会における様々な場面で活用できる概念としていくことが重要となる」と説明されています。

次の(2)「理解していること・できることをどう使うか(未知の状況にも対応できる「思考力・判断力・表現力等」の育成)」と項目が立てられ、これを実現する過程として、①「物事の中から問題を見いだし、その問題を定義し解決の方向性を決定し、解決方法を探して計画を立て、結果を予測しながら実行し、振り返って次の問題発見・解決につなげていく過程」、②「精査した情報を基に自分の考えを形成し、文章や発話によって表現したり、目的や場面、状況等に応じて互いの考えを適切に伝え合い、多様な考えを理解したり、集団としての考えを形成したりしていく過程」、そして③「思いや考えを基に構想し、意味や価値を創造していく過程」というが求められています。一言でいえば、問題解決にむけての思考・判断・表現・創造の過程を創り出す教育と言えます。

さらに(3)「どのように社会・世界と関わり、よりよい人生を送るか(学びを人生や社

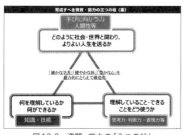

図13-2 資質・能力の「3つの柱」

会に生かそうとする「学びに向かう力・人間性等」の涵養)」という項目で、①「主体的に学習に取り組む態度も含めた学びに向かう力や、自己の感情や行動を統制する能力、自らの思考の過程等を客観的に捉える力など、いわゆる『メタ認知』に関するもの。一人一人が幸福な人生を自ら創り出していくためには、情意面や態度面について、自己の感情や行動を統制する力や、よりよい生活や人間関係を自主的に形成する態度等を育むことが求められる」。②「多様性を尊重する態度と互いのよさを生かして協働する力、持続可能な社会づくりに向けた態度、リーダーシップやチームワーク、感性、優しさや思いやりなど、人間性等に関するもの」と説明されています。自分の思考を客観的に捉えるメタ認知の強調が改訂の眼目で、授業では「振り返り」の作業につながります。

　この種の趣旨と説明は、「新学力観」の1989年改訂以来、2008年中教審でも繰り返されてきているのですが、今次の改訂では、「資質・能力の3つの柱」を立てて教育課程・教科内容・教育方法を構造化していることが画期的な点で、そうした構造化によって、カリキュラム・マネジメントとアクティブラーニングを導入し、児童・生徒に「主体的・対話的で深い学び」を実現しようとしているのです。

「主体的・対話的で深い学び」

それでは「主体的・対話的で深い学び」とはどのような学びでしょうか。中教審答申では、「学校教育における質の高い学びを実現し、学習内容を深く理解し、資質・能力を身に付け、生涯にわたって能動的（アクティブ）に学び続けるようにすること」を求めています。この説明はOECDのコンピテンシー論が想起されます。答申では、①「主体的な学び」については、「学ぶことに興味や関心を持ち、自己のキャリア形成の方向性と関連付けながら、見通しを持って粘り強く取り組み、自己の学習活動を振り返って次につなげる」学び。②「対話的な学び」とは、「子供同士の協働、教職員や地域の人との対話、先哲の考え方を手掛かりに考えること等を通じ、自己の考えを広げ深める」学び。そして③「深い学び」とは、「習得・活用・探究という学びの過程の中で、各教科等の特質に応

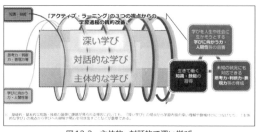

図13-3　主体的・対話的で深い学び

じた『見方・考え方』を働かせながら、知識を相互に関連付けてより深く理解したり、情報を精査して考えを形成したり、問題を見いだして解決策を考えたり、思いや考えを基に創造したりすることに向かう」学びであると説明されています。

「見方・考え方」の重視については、「教育の現代化」を重視した1968年改訂においてブルーナーの構造主義が採用された時代がありました。物理・数学の内容的知識よりも学的構造と方法論の教育を重視することで、理数的能力を高めようとしたのですが、教科書開発と教員の資質改善の点で成功しませんでした。今回は、コンピテンシー論と絡めることで、汎用性のある能力を育成しようとしていますが、逆に悪しき実用主義に堕しかねませんので、科学性と実用性とのバランスがとれた教科書開発と授業実践が難しいです。

審議経過を見ると、元来は、「何ができるようになるか」というコンピテンシー志向の能力育成を眼目にして、アクティブラーニングによる授業方法の改革を志向していましたが、形式的な授業方法だけが横行することを懸念して、教師の側の方法よりも児童生徒の側に重点を置いた「主体的・対話的で深い学び」という名称が採用されました。「重要なことは、これまでも重視されてきた各教科等の学習活動が、子供たち一人一人の資質・能力の育成や生涯にわたる学びにつながる、意味のある学びとなる」ことと説明されています。教員の側の深い教養と巧みな授業方法が必要ですが、やはり新しいコンセプトの教科書開発が鍵となります。

「社会に開かれた教育課程」とカリキュラム・マネジメント

「教育課程全体を通じた質の高い学びを実現」するためには、カリキュラム・マネジメントが要請されています。それは、児童・生徒の実態と学校の教育目標そして各教科・領域での課題をふまえ、教育課程を編成・実施・評価・再編成する仕方(PDCAサイクル)で、すなわちカリキュラム・マネジメントによって教育効果を高めることです。その場合、以下の6点を留意するように中教審答申では求められています。

① 「何ができるようになるか」(育成を目指す資質・能力)
② 「何を学ぶか」(教科等を学ぶ意義と、教科等間・学校段階間のつながりを踏まえた教育課程の編成)
③ 「どのように学ぶか」(各教科等の指導計画の作成と実施、学習・指導の改善・充実)

④「子供一人一人の発達をどのように支援するか」(子供の発達を踏まえた指導)
⑤「何が身に付いたか」(学習評価の充実)
⑥「実施するために何が必要か」(学習指導要領等の理念を実現するために必要な方策)

という6点ですが、注意すべきは①「何ができるようになるか」と⑤「何が身に付いたか」で、歴史の例で前述したように、その出来事を追究する学習過程を通じて、歴史的文脈の理解と洞察力をつけることが肝要です。こうした能力を育成するには③「どのように学ぶか」という指導計画と教育方法が問われます。指導計画では、カリキュラム・マネジメントが要請され、教育方法では、単元の中でアクティブラーニングの時間が必要になります。これを効果的に進めるなら、児童生徒の固定的な概念を砕き、知識や事実の意味を深く理解させ、かつ汎用性のある能力にまで高めることができますが、それはかなり高度な要請ですので、簡単には実現できないことを覚悟しなければなりません。

さらに、カリキュラム・マネジメントでは、教育課程全体を見渡して、教科・領域の横断的な編成が期待されています。特に、総合的な学習(探究)の時間では、地域社会の課題や学校の課題あるいは児童生徒の関心に応じてテーマが設定され、その解明に向けて教育課程全体として取り組むなら、教科・領域の横断的な取り組みが必要であり、地域社会の人的・物的資源を活用することが不可欠ですし、PDCAサイクルを確立しなければ対応できません。

教育課程をカリキュラム・マネジメントすべきものと捉えるなら、もともと「社会に開かれた教育課程」であることが望ましいことがわかります。「子供たちの日々の充実した生活を実現し、未来の創造を目指していくためには、学校が社会や世界と接点を持ちつつ、多様な人々とつながりを保ちながら学ぶことのできる、開かれた環境となることが不可欠」だからです。従来になく「社会に開かれた」あり方が要請されていますが、それほどに学校外でも通用する能力(コンピテンシー)の育成こそが改訂の最大眼目なのです。しかし、多忙な学校にとっては、これはかなり困難なことです。

幼稚園教育要領 ―改訂のポイント

今次の改訂では、幼児期の教育は「生涯にわたる人格形成の基礎を培う重要なものである」(教育基本法第11条幼児期の教育)という国としての考え方

に基づき、幼稚園は「義務教育及びその後の教育の基礎を培うもの」(学校教育法第22条幼稚園の目的規定)というように、学校教育の始まりとしての意味を打ち出した2008年の改訂路線をさらに整理、強化するものとなっています。

改訂のポイントとしては、これまでの「環境を通して行う教育」を堅持しながら、幼稚園教育において育みたい資質・能力の考え方を明確にしたこと、5つの領域の「ねらいと内容」を踏まえながら、5歳児後半ごろまでに育ってほしい子どもの具体的な姿を「幼児期の終わりまでに育ってほしい姿」として言語化したことです。

また、主要な点として、前述の幼児期の教育の重要性に鑑みて、3歳以上の幼児教育については今回の改訂(改定)において幼稚園教育要領と保育所保育指針、幼保連携型認定こども園教育・保育要領の記載を揃えたことが挙げられます。これをもとに、幼稚園、保育所、認定こども園の3歳以上の保育内容は同じ5領域の考え方に基づいて指導することが求められることになり、幼児教育全体としての質の確保・向上をめざしたものとなっています。

3歳以上の幼児教育について足並みを揃えたことの背景としては、以下の2点があげられます。

まず第1に就学前の幼児教育・保育専門機関に通う幼児が大多数である実態です。小学校1学年児童数に対する修了者数の割合を見ると、幼稚園は46.5%、幼保連携型認定こども園は9.5%(文科省「学校基本調査平成29年度確定値」による)であり、保育所は約40%(厚生労働省「保育所関連状況取りまとめ(平成29年4月1日)」による)です。つまり、数値的にみても5歳児のほとんどがいずれかの幼児教育・保育専門機関に通っているといえるのです。このように幼児教育が普通教育化しているといえる現状において、その質の向上と同時に、そこに通う全ての子どもに対する保障が問われているといえます。

第2に、海外における保育・幼児教育の効果に関する調査結果がエビデンスとして示されてきたことです。脳科学の分野からは、幼少期から高い質の幼児教育(ECEC)の機会を提供することが極めて重要であることが示されていますし、米国NICHDの調査(1991〜2007)においては、保育の質の高さ(特に保育者の言葉がけなどプロセス面)が乳幼児の知的能力や言語発達と関連があること、保育者と子どもとの良好な関係が小学校3年時の学業成績に影響を与えることなどが結論づけられています。質の高い幼児教育とは、小学校教育の学習を前倒しをするという早期教育を指しているのではありません。特に、OECDのプロジェクトが2015年

に示した、忍耐力、自己制御、目標への熱意、社交性、敬意、思いやり、自尊心、楽観性、自信などのいわゆる社会情動的スキル（非認知的能力）が生涯における個人や集団のウェルビーイングに影響を及ぼす重要な資質・能力であること、そして特に乳幼児期から青年期前期にかけてがその発達にとってきわめて重要な時期であるという知見は、改訂版小学校・中学校・高等学校学習指導要領と同様に幼稚園教育要領においても「学びに向かう力、人間性等」（心情、意欲、態度が育つ中で、いかによりよい生活を営むか）として取り込まれています。

　小学校における学びとの連続性や接続についての研究も進められ、幼児期の特性を生かした幼児教育とそのめざす姿はどのようなものなのかという学びの成果が言葉によって明示されたことによって小学校側と共有することを可能とし、幼児教育と小学校教育との接続を滑らかにしようとしたことが今回の改訂の大きな特徴といえます。特に「幼児期の終わりまでに育ってほしい姿」が育つ様子を一人一人の子どもに即して共有しながら、幼児教育と小学校教育の仕組みの違いを大事にしつつ、カリキュラムを考えて行くことが必要になります。

幼稚園教育の基本

　第1章の総則では、幼児期の教育について、環境を通して行うものであると述べています。この場合の環境とは、これまでと同様に子どもの身近にある物や時間・空間だけでなく、保育者や友だちとの人的関わりをも含めた全ての状況のことです。優れた保育を生み出すのは子どもが能動的に関心を持ったり、遊びが生き生きと展開したりするような優れた環境構成によるという考え方が基本なのです。そして、幼児期の教育における見方・考え方の特性として「身近な環境に能動的に関わり、環境との関わり方や意味に気付き、これらを取り込もうとして、試行錯誤したり、考えたりするようになる」ことを指摘した上で、次の3点を重視するべき事項としています。

(1) 安定した情緒の下で自己発揮できる幼児期にふさわしい生活の展開
(2) 遊びを通しての指導を中心として5領域の「ねらい」（第2章）が総合的に達成されるようにすること
(3) 一人一人の発達の特性に応じた指導

幼児期に育みたい資質・能力の3つの柱

　改訂では、幼・小・中・高を貫く「資質・能力の3

つの柱」で教育を進めることを求めていますが、小学校以降の教科指導によるものとは異なり、幼児期に育みたい資質・能力については、幼児の自発的な活動である遊びや生活の中で、一体的に育むことを想定して以下のように示しています。

(1) 豊かな体験を通じて、感じたり、気付いたり、分かったり、できるようになったりする「知識及び技能の基礎」
(2) 気付いたことや、できるようになったことなどを使い、考えたり、試したり、工夫したり、表現したりする「思考力、判断力、表現力等の基礎」
(3) 心情、意欲、態度が育つ中で、よりよい生活を営もうとする「学びにむかう力、人間性等」

資質・能力の育ちについて、まず遊びや生活の中で気づくことが「知識」の芽生えです。物ごとや事物の特徴や特性について発見することにつながります。そして、日々できることが増えていく幼児期は、その種類や難易度についても多様な「技能」の基礎が習得されていくのです。気付きや発見、そしてできるようになったことをもとに、自分で作りたいものや頭で描いていることに工夫しながら取り組み、満足がいくまでに試行錯誤しながら、また友だちとイメージを言葉で伝え合ったり表現したりしようとします。このように、この資質・能力は、保育内容の5つの領域の「ねらい及び内容」(第2章)の枠組みにおいて育むことができるとされています。

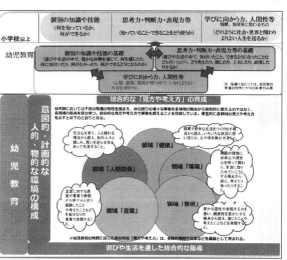

図13-4 幼稚園教育の5領域と「資質・能力の3つの柱」

幼児期の終わりまでに育ってほしい姿

今回の改訂の大きな目玉は「幼児期の終わりまでに育ってほしい姿(10の姿)」でしょう。①健康な心と体、②自立心、③協同性、④道徳性・規範意識の芽生え、⑤社会生活との関わり、⑥思考力の芽生え、⑦自然と

の関わり・生命尊重、⑧数量や図形、標識や文字などへの関心・態度、⑨言葉による伝え合い、⑩豊かな感性と表現、という10項目で、総合的な活動という特性をもつ幼児教育においては、一つの活動の中にいくつもの姿を見取ることができます。

　これは、それぞれの姿を到達目標として達成させるためのものではなく、むしろ子どもの育ちを理解する視点です。遊びの中で現れている姿を育ちつつある姿のプロセスとして捉える、幼児の育ちの方向性であり、指導の方向性であるということです。これまでにも5領域には「ねらい」があり、それは卒園までに育ってほしいという保育者の願いを表していました。しかし、それは日々の保育内容と連動した中で園内研修などでは指標となりましたが、幼児教育が何を育てようとしているのかは明確で

図13-5　幼児期の終わりまでに育ってほしい姿

はありませんでした。それによって幼児教育に関係しない人には保育のめざすところが見えにくく、わかりにくくなっていたのです。10の姿が示されたことによって、幼児期から18歳までを見通した前述の資質・能力の3つの柱が、その途中経過である5歳児の後半には、5つの領域の内容によってどのような姿として育ち伸びていくのか、小学校の教員にも保護者にもわかりやすく、共有しやすくなるはずです。

　では、この10の姿について、それぞれ5領域との関わりを含めながら簡単に説明します。「健康な心と体」では、領域「健康」の内容を要約しています。心と体は密接な関係にあり、健康で楽しいと心も躍動します。心が落ち着いていると、遊びに集中できて、さらに充実した活動につながります。心と体は双方向的に影響し合っているのです。

　「自立心」は、主に領域「人間関係」に関わる内容です。社会情動的スキルや育みたい資質・能力の「学びに向かう力」と深く関わっています。やりたいことがすぐに遂げられなくても、諦めずにあれこれ工夫しながら挑戦し続けることによって、達成感が得られて自信を深めます。一方で、「しなければならないことを自覚し」ながら、責任感の芽生えを培います。

　「協同性」は、領域「人間関係」に示されているように、保育者への親しみや友だちとの関わりのなかで、様々な遊びを通して育まれます。5歳くらいになると、友だちと共通の目的を見出して、協力したり工夫し合ったりしながら目的にむけて様々

な道筋を模索（プロジェクトアプローチ）します。対話を大切にしながら、課題を解決したり、さらに探求を深めたりするプロセスを大切にします。

「道徳性・規範意識の芽生え」は、領域「人間関係」の「内容の取扱い」の(4)と(5)をまとめたものです。子どもが集団の中で人に対する信頼感や思いやりをもって行動できるように育みますが、その様々な場面で葛藤やつまずきを体験します。友だちとのいざこざの中で、折り合いをつけるためには、自分の気持ちを調整することや決まりの必要性に気付くでしょう。そして、ルールを守ろうとする気持ちを育てることが道徳性や規範意識の芽生えになります。

「社会生活との関わり」も、領域「人間関係」と深く関わっています。まずは保育者や友だちとの安定した人間関係を構築した上で、その輪を広げていきます。そして、5歳くらいには、その輪を地域に広げていき、人と関わることの楽しさや人の役に立つことの喜びを味わうようになります。生活に関係のある情報や施設などにも興味や関心を広げて、地域の一員としてのシティズンシップを育てることにもつながっていきます。

「思考力の芽生え」は、主に「環境」の領域に関わります。乳幼児期の思考は、対象となる事象や人に対してより直接的に関わりながら行うという特徴を持っています。他の幼児の考えに触れたり、保育者と対話したりしながら、新しい考えを生み出す喜びや楽しさを味わうようにします。そして、「なぜだろう、こうなのかな、こうしてみよう、きっとこうだ」というプロセス（無藤）を通して自ら考えようとする気持ちが育つのです。

「自然との関わり・生命尊重」に示されているような子どもの姿の育ちのためには、領域「環境」の「内容」にあげられているような経験の積み重ねが必要です。身近な生き物に気付き、親しみをもつことから始まり、自然に触れながら、その美しさ、不思議さなどを見出していき、生態系への関心とともに命に対する畏敬の念も芽生えるでしょう。その様々な体験や感動を遊びや活動に生かしたり、そのしくみを考えたりすることで、豊かな感情の好奇心を育て、思考力、表現力の基礎を培います。

「数量や図形、標識や文字などへの関心・感覚」は、領域「環境」や「言葉」と関わります。園生活の中で、子ども自身が必要感や関心をもつ体験や環境を用意することで、数量や図形、文字などに関心を持つ感覚を育てます。保育者は、子ども一人一人の数量や文字への関心や経験の度合いを丁寧に把握して、子どもが必要感をもって主体的に活動に親しめるように援助していきます。そのことが、子どもたちのもっ

と知りたい、学びたいという意欲を育て、小学校以降の学びに向かう力となります。

「言葉による伝え合い」は、主に領域「言葉」に関わります。5歳児の後半になると、自分の思いや考え、経験したことを相手にわかるように工夫しながら話すようになると同時に、保育者や他の幼児の話を興味をもって注意して聞いて理解するようになります。そこでは、保育者の対話や仲介が特に大切です。子どもが言葉を介して人との関係を深めていこうとする姿が育まれるということは、場面や文脈、伝える相手によって、言葉が意味あるものとして使われていくプロセスであり、このことはコミュニケーションの基礎になります。

「豊かな感性と表現」は、まさに領域「表現」をもとにめざす姿をまとめています。自然や文化などの身近な環境と関わるなかで、美しいもの、心を動かす出来事などに出会って感動することは、豊かな感性を養うことにつながります。その始まりは乳児であり、音楽や芸術という以前の、身の回りの音や色や光、大人の顔や声の表情などに心地よさを感じることが大切だといわれています。幼児の表現は、心のなかの感動が動作や声、言葉になる、という素朴な形が多いので、保育者はそのような表現を受け止めて、子ども自身が様々な表現を楽しみ、表現しようとする意欲を大切に育てます。そのためには、できあがった作品のみを鑑賞するのではなく、表現のプロセスを尊重し、その思いを感じたり共有したりすることが必要です。

5領域のねらい及び内容

5領域とは、子どもの育ちを見取る「健康」「人間関係」「環境」「言葉」「表現」という5つの窓口です。その各領域において、子どもたちに身に付けてほしい願いをまとめたのが「ねらい」です。「幼稚園教育において育みたい資質・能力を幼児の生活する姿から捉えたもの」とされています。そして、その「ねらい」を達成するために何を経験すればいいのかを整理したものが「内容」となっています。各領域の「内容」に書かれていることを保育の中に落とし込む際に保育者が援助や配慮するべきことが「内容の取扱い」です。

5領域はそれぞれに項目化されて分化した記述となっていますが、幼児期の発達は様々な側面が絡み合ったり影響しあったりしながら遂げられていくという意味で未分化であるという特性から、各領域に示された「ねらい」は幼稚園における生活全体を通じて「様々な体験を積み重ねる中で相互に関連をもちながら次第に達成に向かうものであること」が確認されています。これは、保育者が環境を構成する際の

視点にもなります。

　このように子どもの生活を通して総合的に指導を行うことによって育てようとしている根幹が「知識及び技能の基礎」、「思考力、判断力、表現力等の基礎」、「学びに向かう力、人間性等」という「資質・能力」の3つの柱であり、さらにこの資質・能力が5領域の「内容」を通してどのように育っていくのかという方向性を、幼児期の終わりごろの子どもの様子に即して具体的に示したのが「幼児期の終わりまでに育ってほしい姿」なのです。よって、5領域は一見これまでと変わらないように見えますが、具体的な文言を見ますとその「ねらい」や「内容」は資質・能力の3つの柱の要素が総合的に含まれるような書き方となっています。以下各領域の改訂のポイントとその意味を紹介します。

　「健康」は、「健康な心と体を育て、自ら健康で安全な生活を創り出す力を養う」領域です。今回の改訂では、「ねらい」の(3)で「見通しをもって行動する」こと、「内容の取扱い」の(2)で「多様な動きを経験する中で、体の動きを調整するようにすること」が追加されており、「幼児期の終わりまでに育ってほしい姿」の「健康な心と体」の姿や「思考力の芽生え」の姿などの趣旨を受けたものとなっています。食育については、「食べ物への興味や関心をもつ」ということが加えられ、目指すところが食への興味・関心であることを明確にしています。全体として大きな変化はないものの、心と体の健康や運動が生活習慣となるように、子どもが自発的に動けるようになる過程を重視するものです。

　「人間関係」は、「他の人々と親しみ、支え合って生活するために、自立心を育て、人と関わる力を養う」領域です。「ねらい」の(2)「身近な人と親しみ、関わりを深め、工夫したり、協力したりして一緒に活動する楽しさを味わい、愛情や信頼感をもつ」のなかで、「工夫」、「協力」、「一緒に活動」、「楽しさ」などを新たに加えて、「幼児期の終わりまでに育ってほしい姿」の「協同性」とつながっています。単に友だちと一緒に遊んで仲良くなるだけではなく、共通の目的に向かって一緒に考えたり、工夫したり、協力したりする関わりこそが幼児の主体的な活動の深まりにつながるという考え方を示しています。

　「環境」は、「周囲の様々な環境に好奇心や探求心をもって関わり、それらを生活に取り入れていこうとする力を養う」領域です。「内容」の(8)では、「自分なりに比べたり、関連付けたりしながら」考え、試し、工夫するように求められており、これまで以上に子どもの考える力を伸ばすための働きかけを保育者に促しています。

「内容の取扱い」(1)では、「自分の考えをよりよいものにしようとする気持ちが育つようにすること」とあり、考えようとする気持ちをよりしっかり意識することにより、小学校の自覚的な学びに向かう素地が培われることが期待されています。育みたい資質・能力の「学びに向かう力」につながっていることがわかります。また、社会や国際的つながりへの意識を持てるように、「社会とのつながりの意識や国際理解の意識の芽生えなどが養われるようにすること」(「内容の取扱い」(4))という新たな項目が追加され、自国の文化や伝統に親しむと同時に異なる文化にも親しむ配慮を求めています。

「言葉」は、「経験したことや考えたことなどを自分なりの言葉で表現し、相手の話す言葉を聞こうとする意欲や態度を育て、言葉に対する感覚や言葉で表現する力を養う」領域です。「ねらい」の(3)に、「言葉に対する感覚を豊かにし」というフレーズが加えられました。これは、これまでと同様に絵本や物語に接したり、先生や友だちと言葉によって心を通わせることとともに、「言葉そのものへの関心を促し、言葉の楽しさやおもしろさや微妙さを言葉遊びや絵本などを通して感じられるようにすること」(無藤)であり、コミュニケーションツールとしての言葉理解を広げて小学校以降の国語の基礎を培うというものです。このことについては、「内容の取扱い」の(4)において、「幼児が生活の中で、言葉の響きやリズム、新しい言葉や表現などに触れ、これらを使う楽しさを味わえるようにすること」と具体的に説明されています。

「表現」は、「感じたことや考えたことを自分なりに表現することを通して、豊かな感性や表現する力を養い、創造性を豊かにする」領域です。「内容の取扱い」の(1)で、「その際、風の音や雨の音、身近にある草や花の形や色など自然の中にある音、形、色などに気付くようにすること」という文が追加され、同(3)で、「様々な素材や表現の仕方に親しんだり」という部分が加えられました。感性を広げ、表現の源となるものはとても身近なところに沢山存在することを、保育者自身が耳をすまして気付くことが大切です。また、一方で造形活動の素材は一年中折り紙や粘土ということではなく、意外性や創造性のある素材や感触を楽しむ素材などを用意して、子どもたちの感覚を刺激して表現の可能性を広げるということが示されています。これは、レッジョエミリアの保育など、世界の感性豊かな保育についての情報が背景になっています。

これらの5領域の「ねらい」とともに、5歳児については「幼児期の終わりまでに

育ってほしい姿」を踏まえた教育課程を編成していきますが、その際に、日々の保育実践を可視化したドキュメンテーション（写真、映像に言葉や文章を添えて活動を記録して、子ども・保育者・保護者間で共有する）やポートフォリオを活用し、PDCAのサイクルに活かしていきます。小1プロブレムへの対応や、保育所・幼保連携型認定こども園をも含めた幼児教育の質的向上をめざした今回の大改訂ですが、この考え方を保育者、保護者が理解しながらすべての園で質の高い保育を実現するための仕組みづくりが急がれます。

小学校学習指導要領 —幼小接続のスタートカリキュラム

幼稚園教育の改善策をふまえ、「小学校教育においては、生活科を中心としてスタートカリキュラムを学習指導要領に明確に位置づけ、その中で、合科的・関連的な指導や短時間での学習などを含む授業時間や指導の工夫、環境構成等の工夫も行いながら、幼児期に総合的に育まれた資質・能力や、子供たちの成長を、各教科等の特質に応じた学びにつなげていくこと」が求められています。

図13-6　1年生を迎える会

生活科は、第1・2学年の社会科と理科とを廃止して設置された教科で、「具体的な活動や体験を通して、身近な生活に関わる見方・考え方を生かし、自立し生活を豊かにしていくための資質・能力」を育成することが目標で、①学校、家庭及び地域の生活、②身近な人々、社会及び自然と関わる活動、③自分自身の生活や成長、という教育内容ですが、今次の改訂で従来以上に重視されたのは、スタートカリキュラムの中心的役割を果たすこと、また、各教科の学びに接続して低学年のみならず中学年以降に接続すること、そして、合科的・総合的な学習に発展する上での要だからです。生活科は幼児教育から小学校教育への円滑な接続を担い、かつ、幼児教育の在り方を小学校に拡大する接続です。そうしてこそ、従来とはちがう汎用性のある能力を育成できるという構想でしょう。

各学校におけるカリキュラム・マネジメントの推進

各学校では、校長のリー

図13-7　田植えの稲作体験

ダーシップの下、全教職員が積極的に目指し、取り組むことのできる教育目標を明確にすることが要請されています。子どもたちの姿や地域の現状等を踏まえて当該学校が抱えている具体的な課題を洗い出し、その課題解決に向けて目標を設定します。その目標の達成のために具体的な手立てを考え、計画を立てることが教育課程の編成であると言えます。そして、編成された教育課程を実施した後、その成果を評価して改善を図るといった、一連のPDCAサイクルを各学校において確立することが求められています。

その際、学校の教育目標の達成と課題解決のために、また現代的な諸課題に対応して求められる資質・能力の育成のために、各教科等の教育内容を横断的な視点で組み立て、充実させることが求められています。各学校が目標を定めることができる「総合的な学習の時間」を要に、各教科、道徳科、特別活動等を関連させ、学校の特色を生かした教育課程編成にいっそう取り組むことが必要です。

ところで今回改訂された学習指導要領解説の総則編は、付録が充実しています。とりわけ、後述する「現代的な諸課題に関する教科等横断的な教育内容」が、小学校ならびに中学校の各教科等のどこでどのように触れられているのか、一覧表の形で掲載されています。各学校においてカリキュラム・マネジメントを研究する際の参考として活用できるでしょう。本文中には教科化された道徳教育と各教科等との関連も示され、いっそう各教科等間の関連が見えやすくなりました。これらを教育課程編成に反映させることが期待されます。

授業時数は年間35週ですが、多くの学校では約40週運営して、学校行事等の特別活動も含めて授業の35週を確保している実態があります。学校週5日制以降、授業時数の確保が難しいため、夏季、冬季、学年末等の休業期間も利用することができるとされています。

さて、小学校学習指導要領における今回の改訂の特徴は3・4年生に「外国語活動」を、5・6年生に「外国語科」を導入したことです。外国語活動は年間35時間、外国語科は年間70時間と授業時数が定められましたので、3年生以上は週あたり1時間増となりました。時間割を1時間増やすことにより児童の負担過重になることを避けるため、「10分から15分程度の短い時間を活用」することや、その時間を年間授業

時数に含めることなどが可能となっています。各学校においては、年間指導計画の作成や時間割の設定に頭を悩ませているところですが、2017（平成29）年2月14日「小学校におけるカリキュラム・マネジメントの在り方に関する検討会議報告書」や、文部科学省による「これからの時代に求められる資質・能力を育むためのカリキュラム・マネジメントの在り方に関する調査研究」により、学校や児童の実態、課題等を踏まえて取り組むカリキュラム・マネジメントの実践研究が進められています。

表13-1 2017（平成29）年改訂の小学校の授業時数

中学校		第1学年	第2学年	第3学年	第4学年	第5学年	第6学年
各教科の授業時数	国　語	306	315	245	245	175	175
	社　会			70	90	100	105
	算　数	136	175	175	175	175	175
	理　科			90	105	105	105
	生　活	102	105				
	音　楽	68	70	60	60	50	50
	図画工作	68	70	60	60	50	50
	家　庭					60	55
	体　育	102	105	105	105	90	90
	外　国　語					70	70
特別の教科である道徳の授業時数		34	35	35	35	35	35
外国語活動の授業時数				35	35		
総合的な学習の時間の授業時数				70	70	70	70
特別活動の授業時数		34	35	35	35	35	35
総授業時数		850	910	980	1015	1015	1015

中学校学習指導要領 —中学校の基本方針

中学校は、一見、目立った改訂はありませんでしたが、幼・小・中・高を一貫している上記の「3つの柱」によって教育課程を構造改革すること、かつ、「主体的・対話的で深い学び」を達成するために全教科・領域にアクティブラーニングとカリキュラム・マネジメントを展開しようとするなら大変な改訂と言えます。また、部活動についても、これまでになく新しいあり方が提案されていますので、大変大きな改訂であると言えます。

図13-8 考える力とコミュニケーション能力を高める授業

他面、中教審答申では「中学校教育を通じて身に付けるべき資質・能力」については「明確化」することを要請していますが、幼稚園教育要領で示された「幼児期の終わりまでに育ってほしい姿」のような内容は確認することができません。審議過程を見ると、時代分析によって必要なコンピテンシーを決定し、これを中学校の終わりまでに育ってほしい姿として打ち出すという仕方は採られませんでした。むしろ現教科を前提に、その教科の側からコンピテンシーを育むことがねらいとされました。「このため、現行学習指導要領の各教科等の授業時数や授業内容を前提としつつ」という文脈になっており、今次の改訂では、各教科の構造改革と「学び」の変革に向けて、「コンピテンシーを育む」ことに注力されました。

　それを実現する上で、「教科横断的な視点」から「各学校の特色を生かした教育課程の編成」が求められています。直接には、「言語能力、情報活用能力（情報モラルを含む。）、問題発見・解決能力等の学習の基盤となる資質・能力を育成」し、また、「豊かな人生の実現や災害等を乗り越えて次代の社会を形成することに向けた現代的な諸課題に対応して求められる資質・能力」を育成することを通じて、各教科等で習得した知識・技能を汎用性のあるコンピテンシーに転化することが期待されているのです。つまり、「生徒が各教科等の特質に応じた見方・考え方を働かせながら、知識を相互に関連付けてより深く理解したり、情報を精査して考えを形成したり、問題を見いだして解決策を考えたり、思いや考えを基に創造したりすることに向かう過程」を経ることで、「物事を捉える視点や考え方が鍛えられ」、そのような能力を育むことが可能になるというのです。

　その意味で、「生徒が自ら学習課題や学習活動を選択する機会を設けるなど、生徒の興味・関心を生かした自主的・自発的な学習が促されるよう工夫すること」、また、学校図書館はもちろん「地域の図書館や博物館、美術館、劇場、音楽堂等の施設の活用を積極的に図り、資料を活用した情報の収集や鑑賞等の学習活動を充実すること」が求められています。さらには社会との連携についても、「生徒が生命の有限性や自然の大切さ、主体的に挑戦してみることや多様な他者との協働することの重要性などを実感しながら理解することのできるよう、各教科等の特質に応じた体験活動を重視し、家庭や地域社会と連携しつつ体系的・継続的に実施できるよう

図13-9　中学生の卒業研究レポート

工夫すること」とされています。それらの学習形態としては、個別学習やグループ学習、繰り返し学習、習熟度別学習、課題学習、補充学習、そして発展学習など、「個に応じた指導の充実」が挙げられています。

　これを実現するために、中学校でもカリキュラム・マネジメントが不可欠です。「今後は、カリキュラム・マネジメントを軸としながら、各学校が直面する課題にどのように対応し、子供たちにどのような資質・能力を育むことを目指すのかを、学校教育目標や育成を目指す資質・能力として明確にし、全ての教職員や地域が課題や目標を共有して対応していくことが重要になる」と説明されています。

表13-2 2017(平成29)年改訂の中学校の授業時数

中学校		第1学年	第2学年	第3学年
各教科の授業時数	国　　語	140	140	105
	社　　会	105	105	140
	数　　学	140	105	140
	理　　科	105	140	140
	音　　楽	45	35	35
	美　　術	45	35	35
	保健体育	105	105	105
	技術・家庭	70	70	35
	外　国　語	140	140	140
特別の教科である道徳の授業時数		35	35	35
総合的な学習の時間の授業時数		50	70	70
特別活動の授業時数		35	35	35
総授業時数		1015	1015	1015

　生徒指導では、常日頃からの学級経営を充実させ、ガイダンスやカウンセリングによって生徒を支援すると同時に、学習活動とつなぐことで、「生徒が自己の存在感を実感しながら、よりよい人間関係を形成し、有意義で充実した学校生活を送る中で、現在及び将来における自己実現を図っていくことができるよう、生徒理解を深め、学習指導と関連付けながら、生徒指導の充実を図ること」、また、「生徒が、学ぶことと自己の将来とのつながりを見通しながら、社会的・職業的自立に向けて必要な基礎となる資質・能力を身に付けていくことができるよう、特別活動を要としつつ各教科等の特質に応じて、キャリア教育の充実を図ること。その中で、生徒が自らの生き方を考え主体的に進路を選択すること」を指導するように求められています。そのほか、「特別な配慮を必要とする生徒への指導」として、障害のある生徒、海外から帰国した生徒、不登校生徒、そして学齢を経過した者などへの配慮と指導

についても、これまで以上に詳細に記載されました。それほどにこの種の生徒が増加したことで、インクルーシブ教育が大きな課題となっているのです。

小中連携・一貫教育の推進

2000（平成12）年、いわゆる「中1ギャップ」の解消や、中学生になると低下しがちな自尊感情の育成を目指し、文部省研究開発学校の指定を受けて広島県呉市が小中一貫教育に取り組み始めました。さらに、義務教育の質の保証・向上が求められた2005（平成17）年10月26日の中央教育審議会答申「新しい時代の義務教育を創造する」以降、小中連携・一貫教育が全国に広がっていきました。

小中連携・一貫教育に取り組む学校現場からは、「小学校と中学校との間で会議の時間が合わない」、「学校行事が多くなって忙しい」、「小学校と中学校とで授業時間が合わず（小学校：45分、中学校：50分）、中学生の授業中に小学生が教室移動等をして騒がしい」などの不安や不満を耳にします。しかし、それをきっかけに、「その会議は必要なのだろうか。時間割を工夫して会議の時間を確保することは不可能なのか」、「その学校行事の目標や、児童生徒に身に付けさせたい力は何だろうか。本当にそれは必要な行事なのか」、「小・中学校で授業時間を合わせることが必要なのか。教室移動が騒がしいからといって時間を統一するのは目的を見誤っていないだろうか」など、教育の目的や指導の在り方を考え直すチャンスになり得ると考えられます。

小中連携・一貫教育の目的や実施体制等は自治体や各学校によって異なります。9年間を「4－3－2（1～4年／5～7年／8・9年）」や「5－4（1～5年／6～9年）」に分けた教育課程編成や、9年間を通して学ぶ新教科（英会話、地域学等）の設置などのほか、中学校教員の活用による小学校における一部教科担任制の導入などの試みが見られます。小中連携・一貫教育の推進は、義務教育のカリキュラムや指導方法の問い直しを伴うものと言えるでしょう。

なお、2016（平成28）年4月の学校教育法一部改正により、小学校から中学校までの義務教育を一貫して行う「義務教育学校」が学校の種類として新設されました。義務教育学校のカリキュラムは、従来の小学校段階を前期（6年間）、中学校段階を後期（3年間）と区分することで、小学校・中学校の学習指導要領を準用することとしています。

部活動の位置づけ

教育課程外ですが、部活動について確認しておきます。学習指導要領では、「学校運営上の留意事項」に、「教育課程外の学校教育活動と教育課程の関連が図られるように留意するものとする。特に、生徒の自主的、自発的な参加により行われる部活動については、スポーツや文化、科学等に親しませ、学習意欲の向上や責任感、連帯感の涵養等、学校教育が目指す資質・能力の育成に資するものであり、学校教育の一環として、教育課程との関連が図られるよう留意すること。その際、学校や地域の実態に応じ、地域の人々の協力、社会教育施設や社会教育関係団体等の各種団体との連携などの運営上の工夫を行い、持続可能な運営体制が整えられるようにするものとする」とあります。ほぼ前回の学習指導要領に沿った内容ですが、改訂では「学校教育が目指す資質・能力の育成に資する」ことが新しい指示で、「『主体的・対話的で深い学び』を実現する視点」が求められています。教育課程外ではありますが、スポーツや文化活動を通して、教育課程の目標達成に資するあり方が要請されているのです。そして、部活動では、「生徒の学びと生涯にわたるキャリア形成の関係を意識した教育活動が展開されることが重要であり、短期的な成果のみを求めたり、特定の活動に偏ったりするものとならないよう、休養日や活動時間を適切に設定するなど、生徒のバランスの取れた生活や成長に配慮すること」が求められています。他面、教員の負担軽減の観点から、「学校現場における業務の適正化」の視点も大切です。

図13-10　活発な部活動

教育内容・評価の主な改善事項

今次の改訂では、アクティブラーニングが事前にかなり話題となったように、教育方法など授業改善が中心課題ですが、それでも教育内容については、小・中の義務教育を通じて、道徳教育、言語能力、理数教育、外国語教育、そしてプログラミング教育の充実に向けて改訂されました。

「特別の教科　道徳」

2015（平成27）年3月の学校教育法施行規則改正によって、これまで教育課程の1領域であった道徳が「特別の教科である道徳」に改められ、同日、文部科学省告示第60・61号で

図13-11　京都式道徳教育

小学校・中学校学習指導要領でも「特別の教科 道徳」(第3章)と改正されました。「特別の教科」とされた理由は、一般教科のように数値による評価はなじまないことと、学級担任が担当することの2点で、「考える道徳」・「議論する道徳」への転換が強調されました。2018(平成30)年度から完全実施となっており、今回の改訂に引き継がれました。元来、道徳の教科化は、いじめ問題解決に向けての方針として検討されましたが、背景に、自由民主党・政府の道徳教育重視路線があります。教科書検定では、「パン屋」ではなく日本伝統の「和菓子屋」への変更したことが報道されるなど、日本の伝統と文化、愛国心や郷土愛の記述について注目されました。道徳教育は、日本人の道徳的資質を育む上で要となる教科なので、道徳教育の方向性については、「教育勅語」の問題も含めて様々な対立や論争があるのです。

今次の改訂で、道徳は特別の教科となったので、総則では多くの行数を割いて道徳教育を重視するよう要請されています。これまでも道徳教育は、各教科、外国語活動、総合的な学習の時間及び特別活動など全学校教育を通して進めること、そして道徳の時間には、全体を集約するような問題や原則について教育することとされてきましたが、学校の実態は、行事などで潰されてしまいがちでした。そこで、今次の改訂では特別の教科として、教科書使用による教育で徹底することとされました。「自立した人間として他者と共に生きるための基礎となる道徳性」を養うことが基本とされ、教育基本法の目的が強調されています。それぞれの人が自立する市民教育、多面的な観点から寛容な精神も持ち、他者を尊重し共生を可能にする教育が求められます。留意事項でも、「自立心や自律性、生命を尊重する心や他者を思いやる心を育てる」ことが重点事項とされています。また、教育基本法では、「伝統と文化を尊重し、それらを育んできた我が国と郷土を愛するとともに、他国を尊重すること」として、国会で論争になった愛国心に相当するタームが入っていますが、2017年現在、偏狭なナショナリズムが世界的に勃興しているだけに、国際性に裏付けられた愛国心教育であること、あるいは、タブーを恐れずに問い直す批判的能力を育成することが求められます。

指導すべき徳目として、例えば中学校では、A「自分自身に関すること」で、「自

主、自立、自由と責任」、「節度、節制」、「向上心、個性の伸長」、「希望と勇気、克己と強い意志」、「真理の探究、創造」の5項目、B「人の関わり」では、「思いやり、感謝」、「礼儀」、「友情、信頼」、「相互理解、寛容」の4項目、C「集団や社会と関わり」では、「遵法精神、公徳心」、「公正、公平、社会正義」、「社会参画、公共の精神」、「勤労」、「家族愛、家庭生活の充実」、「よりよい学校生活、集団生活の充実」、「郷土の伝統と文化の尊重、郷土を愛する態度」、「我が国の伝統と文化の尊重、国を愛する態度」、「国際理解、国際貢献」、の9項目、そしてD「生命や自然、崇高なものとの関わり」では、「生命の尊さ」、「自然愛護」、「感動、畏敬の念」、「よりよく生きる喜び」の4項目合計22項目で、これらについて、改訂では、「生徒が多様な感じ方や考え方に接する中で、考えを深め、判断し、表現する力などを育むことができるよう、自分の考えを基に討論したり書いたりするなどの言語活動を充実すること。その際、様々な価値観について多面的・多角的な視点から振り返って考える機会を設けるとともに、生徒が多様な見方や考え方に接しながら、更に新しい見方や考え方を生み出していくことができるよう留意すること」と要請されていますので、それらの項目内容を様々な視点からの批判的思考を奨励し、改めて自らの道徳心を独自に再構築させるという観点が必要です。そうしないと、上から押し付けの見え透いた偽善的結論を導くだけの授業に陥ることになり、教師も生徒も道徳嫌いになってしまいかねません。

言語能力の育成

学習の基盤として各教科において言語活動が重視されています。言語活動は、思考力・判断力・表現力を培う基盤となりますので、言語活動をきちんと指導することが要請されています。前回の改訂に続いて言語能力の育成が挙げられていることは、審議経過から見ても、その重視の程を示しています。ところが全国学力・学習状況調査によると、「小学校では、文における主語を捉えることや文の構成を理解したり表現の工夫を捉えたりすること、目的に応じて文章を要約したり複数の情報を関連付けて理解を深めたりすることなどに課題」があり、「中学校では、伝えたい内容や自分の考えについて根拠を明確にして書いたり話したりすることや、複数の資料から適切な情報を得てそれらを比較したり関連付けたりすること、文章を読んで根拠の明確さや論理の

図13-12　読解力向上推進事業

展開、表現の仕方等について評価することなどに課題がある」とされています。「言語は（論理や思考）の基盤であるとともに、コミュニケーションや感性・情緒の基盤でもあり、豊かな心を育む上でも、言語に関する能力を高めていくことが重要」ですし、言語能力は、知識と経験、論理的思考、感性と情緒、反省的思考、他者とのコミュニケーションを行う上でも必要です。これをふまえ、国語では、「知識・技能」、「思考力・判断力・表現力等」、「学びに向かう力・人間性等」の三つの柱による整理が行われました。また、改訂では、各学校において言語環境を整えることも要請されています。語彙や表現を豊かにするための教材を適切に取り上げることや教育活動全体における読書活動を推進することが大切です。

外国語教育の早期化と教科化

小学校からの外国語科教育を開始することについて、日本では長い間論争がありましたが、ついに第3・4学年のからの外国語活動（年35時間）と第5・6学年には外国語科（年70時間）が設定されました。中教審答申では、「子供たちが将来どのような職業に就くとしても求められる、外国語で多様な人々とコミュニケー

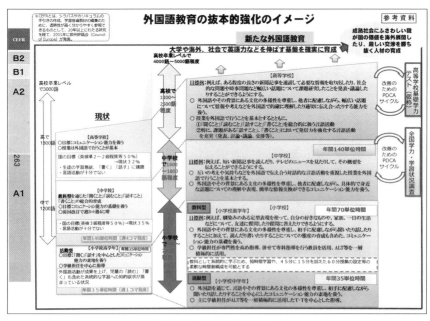

図13-13　外国語教育の強化策

ションを図ることができる基礎的な力を育成する」ことが確認され、小学校では、「教科型の外国語教育を、高学年から導入する」とされました。目標例では、「馴染みのある定型表現を使って、自分の好きなものや、家族、一日の生活などについて、友達に質問したり質問に答えたりできるようにする」とあります。中学年では、「外国語を通じて、言語やその背景にある文化の多様性を尊重し、相手に配慮しながら聞いたり話したりすることを中心としたコミュニケーション能力の素地を養う」こととあります。中学校に至ると年間140時間で、「聞くこと」「読むこと」「話すこと」「書くこと」の総合的育成によって、コミュニケーション能力の基礎が養われますが、目標例では、「例えば、短い新聞記事を読んだり、テレビのニュースを見たりして、その概要を伝えることができるようにする」とあります。その英語教育は一段と高い水準が求められて、掲載表のように、CEFRという国際的基準を参考に英検3級程度（50％）を達成することが国の目標として設定されました。しかも、これを毎年の全国学力・学習状況調査によって検証し、改善のためのPDCAサイクルが求められています。高等学校に至っては、英検準2～2級程度（50％）が目標とされ、高等学校基礎学力テスト（仮称）でPDCAサイクルによる改善が要請されています。高等学校の目標例では、「ある程度の長さの新聞記事を速読して必要な情報を取り出したり、社会的な問題や時事問題など幅広い話題について課題研究したことを発表・議論したりすることができるようにする」と挙げられています。小学校から英語教育を開始することで、語彙数が小学校で600～700、中学校が1600～1800、高校が1800～2500程度とされたことを初めとして、中学校・高校までの達成目標はかなり高水準に挙げられました。小学校では、新教科ですので、その人的体制と教科書開発は大丈夫か、他方、勉強意欲の乏しい中高生が、本当に目標を達成できるのか、教員は従来のあり方から脱皮できるのか、いろいろ懸念されます。

理数教育の充実

前回改訂では2～3割程度授業時数及び内容を増加しましたが、今回はこれを継続した上で、日常生活等から問題を見い出す活動を取り入れ、かつ観察・実験による教育を充実させようとしています。今次の改訂では、「何ができるようになるか」という言葉に代表されるように、教科書の中だけの知識・技能に終わらないで、学校外の生活においても理数の知識・技能が活用できる能力・態度を育成しようとしています。

理数教育の影響に大きな影響を与えたのは米国等で展開されているSTEM

図13-14 科学の甲子園大会で優勝

(Science, Technology, Engineering and Mathematics)による理数教育で、その基盤には数学が位置付いていて、諸事象に潜む数理を見い出す教育が展開されています。また、STEMでは、問題解決型やプロジェクト型の学習が重視されるなど探究を中心として興味深く解き明かす方法が採用されています。今次の改訂では、これをモデルにして観察・実験を取り入れて探究的な学習を重視しています。ただし、観察・実験を重視する理科教育の在り方は、これまでの改訂でいつも強調されてきているにもかかわらず、実現が困難な課題となっています。

PISA調査を見ると、日本の児童の理数科に関する成績は世界でもトップクラスですが、理数科についての意識調査では、「役に立つ」「楽しい」という回答は国際平均より低く、理数的探究に対して「好き」とか積極的になれないという問題が見られます。また、全国学力・学習状況調査によれば、「基準量、比較量、割合の関係を正しく捉えること」や「事柄が成り立つことの図形の性質に関連付けること」が弱いという課題を抱えています。今次の改訂を機に、「事象を数量や図形及びそれらの関係などに着目して論理的、統合的・発展的に考える」などの弱点を克服しようとしていますが、どのような教科書や実践が出てくるか注目しましょう。

プログラミング教育

理数教育と関連してプログラミングの教育も導入されたことが改訂の新しいポイントです。しかし改訂における位置づけでは、独立した教育ではなく、様々な教科と関連させてプログラミング的思考の育成を図るという位置づけにすぎません。その記述を拾ってみると、理科の説明の中で、「これからの時代に共通に求められる力を育むために、小学校段階での理科で重視してきた問題解決の過程において、プログラミング的思考の育成との関連が明確になるように適切に位置づ

図13-15 プログラミング学習、作業の手順をカードで並べる

けられるようにする」こととあり、算数では「プログラミング教育については、他教科においても学習機会の充実に向けた検討がなされているところであるが、小学校の算数科においても、時代を超えて普遍的に求められる力であるプログラミング的思考を身に付けることが重要である」と説明されていますが、要するにそれぞれの教科でプログラミング的思考を教えてほしいということです。中教審答申では、「各小学校において、各学校における子供の姿や学校教育目標、環境整備や指導体制の実情に応じて、教育課程全体を見渡し、プログラミング教育を行う単元や位置付けていく学年や教科等を決め、地域等との連携体制を整えながら指導内容を計画・実施していくこと」。「また、総合的な学習の時間において情報に関する課題を探究する中で、自分の暮らしとプログラミングとの関係を考え、プログラミングを体験しながらその良さに気付く学びを取り入れていくこと」。「このほか芸術系教科において、創作活動とプログラミングを関連付けながら実施していくことも考えられる」と説明されています。しかし、そのようなプログラミング教育は、教員が当該教科領域のみならずプログラミング原理をもよく修得していることが必須ですが、研修程度で消化できるとはとても考えられません。しかし「小学校だからこそ、児童一人ひとりを知り尽くした担任が実施すべきだ」としてユニークな実践をしている小金井市前原小学校の例があります。また、「中学校の技術・家庭科技術分野においてプログラミング教育に関する内容が倍増すること、高等学校における情報科の共通必履修科目の新設を通じて、小・中・高等学校を通じたプログラミング教育の充実を図ること」とされており、本格的に第4次産業革命に対応するには専科教員の設置なしには実現できない課題と言えます。

時代的な諸課題に対応する総合的な学習の時間

2015年9月の国連サミットにおいて共有されるべき持続可能な開発目標として、①貧困、②飢餓、③保健、④教育、⑤ジェンダー、⑥水・衛生、⑦エネルギー、⑧成長・雇用、⑨イノベーション、⑩不平等、⑪都市、⑫生産・消費、⑬気候変動、⑭海洋資源、⑮陸上資源、⑯平和、⑰実施手段が挙げられていますが、現代及び未来に生きる人間は、これに応える学習が必要です。中教審答申では、上記の現代的な諸課題に対応する力として、①健康・安全・食に関する力、②主権者として求められる力、③新たな価値を生み出す創造性、④グローバル化の中で多様性を尊重するとともに、現在まで受け継がれてきた我が国

固有の領土や歴史について理解し、伝統や文化を尊重しつつ、多様な他者と協働しながら目標に向かって挑戦する力、⑤地域や社会における産業の役割を理解し地域創生等に生かす力、⑥自然環境や資源の有限性等の中で持続可能な社会をつくる力、⑦豊かなスポーツライフを実現する力、などが必要であるとされています。これらは教科横断的テーマですが、関係教科の連携や総合的な学習などで対応することが要請されています。

防災安全教育　東日本大震災をはじめとして大きな災害が続いていますが、そのほか小学生の通学列に対する交通事故や食物アレルギー事故の増加などもあり、にわかに安全・安心、食と健康問題の重要性が認識されるようになりました。学校教育がこれらにどこまで対応すべきか一概に論じることは難しいですが、安易な対応は訴訟問題にまで至りかねないので、この種の危機対応については一定の準備が不可欠です。

図13-16　東京都の防災学習教材「備えて」

大震災の過程で確認された大事なことは自助・共助・公助そして互助の視点からの教育です。「いかなる状況下でも自らの生命を守りぬく自助」の精神力と日々の生活にとって不可欠な物品、とりわけ3日分の食料と水の備蓄が不可欠です。共助は、自治会や企業での準備、とりわけ援護用品や地域コミュニティが大切です。公助は公的機関の役割ですが、地域を支える幅広い準備が必要で、とりわけ小学校は、地域の避難所となり数か月にわたって避難民の生活拠点となり、教員はその世話役を担うことになるとかなり大変です。そのほか互助としてボランティア救援が望まれますが、この種の教育を事前に施しておくことで、とにかく児童生徒の生命を守るようにしたいです。津波災害で経験したように、学校の地理的状況を教員・保護者がよく確認しあい、防災マニュアルを点検しておくことが大切です。

主権者教育　中教審答申では、「議会制民主主義を定める日本国憲法の下、民主主義を尊重し責任感をもって政治に参画しようとする国民を育成することは学校教育に求められる極めて重要な要素の一つであり、18

図13-17　人権学習の劇

歳への選挙権引き下げにより、小・中学校からの体系的な主権者教育の充実を図ること」と述べられているように、新しい主権者教育の出発となる改訂となりました。本来なら、18歳への選挙権引き下げにも拘らず、主権者教育は市民教育の一環で実施されて来るべきでしたが、学校教育の中では、この種の領域における政治的な関心は弱く、これまでは暗記暗唱の社会科教育になりがちでした。今次の改訂を機に、小・中学校段階から、真に主権者を育成する教育が求められます。

　改訂（社会科）では、育成すべき資質・能力として、知識の習得と理解だけでなく、「社会的事象について、よりよい社会の実現を視野に課題を主体的に解決しようとする態度を養うとともに、多面的・多角的な考察や深い理解を通して涵養される我が国の国土や歴史に対する愛情、国民主権を担う公民として、自国を愛し、その平和と繁栄を図ることや、他国や他国の文化を尊重することの大切さについての自覚などを深める」ことが期待されています。小・中・高を通して教科間の連携や総合的な学習あるいは特別活動などを通して、事実を確認する力や批判的考察の力を鍛えたいものです。海外留学経験のある学生の話によれば、主権者教育の一環としてデモの練習をしたという事例もありますが、政治的意見を社会的に表明する方法を観察・実験するのも良いと思われます。

子どもたちの発達支援

障害の有無にかかわりなく、自分に合った配慮を受けながら、地域の通常学級で学べるインクルーシブ教育の原則が2010年以来導入されていますが、さらに特別支援学級、通級による指導での個別計画、学習困難な児童への個別指導の工夫、日本語習得に困難な児童あるいは不登校児童などにも丁寧な対応が要請されています。

指導と評価の一体化

今次の改訂の大きなポイントのひとつが学習過程と評価の一体化です。学習評価が正確に実施されるなら、授業改善ひいてはカリキュラム・マネジメントにまでつなぐことができます。評価で大事なことは、児童の良い点を積極的に評価して、児童の意欲を喚起し、児童自身にとって意味のある学習ができたことを実感させることです。ま

た、児童の学習の成果を正確に評価することで、児童がどのようにつまずいているか、教育方法の問題点はどこにあるかを知ることができ、これによって、単元の指導計画に反映させることができます。改訂では、「学習評価の妥当性や信頼性が高められるよう、組織的かつ計画的な取組を推進」することが要請されています。

中教審答申では、「評価の3つの観点」が提案されています。従来の4観点（「知識・理解」、「技能」、「思考・判断・表現」、「関心・意欲・態度」）から資質・能力の3つの柱による3観点（「知識・技能」、「思考・判断・表現」、「主体的に取り組む態度」）に整理して、指導要録の様式を改善することが必要であると提案されています。その際、「感性や思いやり等については観点別学習状況の評価の対象外とする必要がある」としています。

ただし、全教科を3観点で評価・記載する事務量は大変な労働時間で、指導要録が重視される割に利用されない実態をふまえるなら、通知表のコピーを原本とし、必要に応じて特記事項を付加するなど、簡便な指導要録に改編してはどうでしょうか。多忙化解消の観点から見直すべきであると考えます。

高等学校学習指導要領

2018年3月、幼稚園・小学校・中学校から一年遅れ、高等学校学習指導要領が公示されました。改訂の方針は『幼稚園、小学校、中学校、高等学校及び特別支援学校の学習指導要領等の改善及び必要な方策等について（答申）』（2016年12月12日）に沿っています。そこで、まずは答申から今回の高等学校学習指導要領改訂の主旨を確認しておきましょう。「高等学校教育の基本」として以下のようにまとめられています。

> とりわけ社会への出口に近い高等学校が、初等中等教育の総仕上げを行う学校段階として、子供たちに必要な資質・能力とは何かを明確にし、それをしっかりと育み次につなげ、生涯にわたって学び続けることの意義を生徒が見いだせるようにしていくことができるかどうかは、単なる接続の問題ではなく、子供自身の人生や未来の社会の在り方に関わる大きな課題となっている。
>
> こうした中で行われる次期改訂は、高大接続改革という、高等学校教育を含む初等中等教育改革と、大学教育改革、そして両者をつなぐ大学入学者選抜改革の一体的改革や、キャリア教育の視点で学校と社会の接続を目指す中で実施されるものであり、特に高等学校にとって、これまでの改訂以上に大きな意義を持つものであると言える。

高等学校は、「初等中等教育の総仕上げを行う学校段階」として、また子供の「人

生や未来の社会の在り方に関わる」大きな課題を背負う段階として位置づけられ、今回の改訂はこれまで以上に大きな意義があるとされています。改めて小・中学校での学習の学び直し、大学教育との接続、社会との接続という、高等学校の3つの大きな役割が確認されたのです。これまでも各学校は生徒の実情に応じて上記のような役割を果たしてきましたが、各高等学校のカリキュラムは多様であり、"高等学校"としての全体像を捉え、その在り方を議論することは難しい状況でした。特に、企業からの労働力要請と大学入試の影響が高等学校の教育課程改革に重くのしかかっていました。

先に述べた高等学校の3つの役割を学習指導要領編成のレベルで確認し、それを教科・科目構成の改革まで及ぼしたことの意味は大きいと思います。では、3つの役割を果たすべき高等学校の教育課程はどのように改革されるのでしょうか。再び答申を参照します。

> 高等学校の教育課程の在り方については、各学校が、社会で生きていくために必要となる力を共通して身に付ける「共通性の確保」の観点と、一人一人の生徒の進路に応じた多様な可能性を伸ばす「多様性への対応」の観点を軸としつつ、育成を目指す資質・能力を明確にし、それらを教育課程を通じて育んでいくことが重要である。また、育成を目指す資質・能力と教育課程の在り方を、生徒や社会と共有していくことも重要である。
> 高等学校の科目構成については、育成を目指す資質・能力の在り方に基づいた抜本的な見直しを図る。新しい科目の趣旨に沿った教材の開発や教員の養成・研修がなされるよう、新しい科目の趣旨を周知し、指導体制の確保等に必要な仕組みを構築していくことも重要である。

①社会で生きていくために必要となる力を共通して身に付ける「共通性の確保」、②一人一人の生徒の進路に応じた多様な可能性を伸ばす「多様性への対応」の2つの観点を軸とし、育成する資質・能力の在り方から抜本的に科目構成を見直すことが方針として掲げられました。答申には科目構成案が示され、結果的にそれらは全て新学習指導要領に反映されました。

なお、③育成すべき資質・能力の3つの柱（「知識および技能」、「思考力、判断力、表現力等」、「学びに向かう力、人間性等」）、④「主体的・対話的で深い学び」の重視、⑤現代的な諸課題に対応して求められる資質・能力の育成のための教科等横断的な学習の充実、⑥「社会に開かれた教育課程」の重視、そして⑦学習の効果を最大化す

るためのカリキュラム・マネジメントの必要性といった方針については、幼稚園・小学校・中学校と同様に、高等学校に対しても適用されています。

教科・科目構成と単位数

それでは教科・科目構成と単位数を見てみましょう。それは「各学科に共通する教科・科目及び総合的な探究の時間」と「主として専門学科において開設される教科・科目」とがありますが、ここでは普通科、専門学科、総合学科のどの学科でも共通に求められる内容に絞って見ていきます。

表13－3は2009年版と2018年版の高等学校の教科・科目の変化をまとめたものです。今回の改訂で、高等学校の教科・科目の構成が大幅に改訂されたことがわかるでしょう。科目は、半数近くが改廃されました。特に大きな変化があったのは国語、地理歴史、公民、理数、そして名称が変更となった「総合的な探究の時間」です。

教科ごとに詳しく見ていきましょう。国語は「現代の国語」、「言語文化」、「論理国語」、「文学国語」、「国語表現」、「古典探究」の6科目全てが新設です。このうち、「現代の国語」(2単位)と「言語文化」(2単位)が必修です。

地理歴史も「地理総合」、「地理探究」、「歴史総合」、「日本史探究」、「世界史探究」の5科目全てが新設。必修は「地理総合」(2単位)と「歴史総合」(2単位)です。公民では、注目された「公共」(2単位)が新設され、必修となりました。「現代社会」は廃止され、「倫理」「政治・経済」は変更ありません。

数学は「数学活用」が廃止され、「数学C」が新設されました。その他の科目構成に変更はなく、必修は数学Ⅰ(3単位、ただし2単位まで減ずることが可能)です。

理科は「理科課題研究」が廃止され、他の9科目は従来通りであり、必履修科目も従来通り、「科学と人間生活」に加えて「物理基礎」「化学基礎」「生物基礎」「地学基礎」から1科目の合計2科目とするか、あるいは基礎が付された4科目のうち3科目となっています。

保健体育と芸術については、科目名も必履修科目も今回の改訂では変更はありません。

外国語は「英語コミュニケーションⅠ」、「英語コミュニケーションⅡ」、「英語コミュニケーションⅢ」、「論理・表現Ⅰ」、「論理・表現Ⅱ」、「論理・表現Ⅲ」の6科目全てが新設です。必修は「英語コミュニケーションⅠ」(3単位、ただし2単位まで減ずることが可能)です。

表13-3　高校学校の教科・科目の変化

教科	科目〔改訂案〕	標準単位数	必履修科目	教科	科目〔現行〕	標準単位数	必履修科目
国語	現代の国語	2	○	国語	国語総合	4	○2単位まで減可
	言語文化	2	○		国語表現	3	
	論理国語	4			現代文A	2	
	文学国語	4			現代文B	4	
	国語表現	4			古典A	2	
	古典探究	4			古典B	4	
地理歴史	地理総合	2	○	地理歴史	世界史A	2	世界史AB のいずれか1つ必修
	地理探究	3			世界史B	4	
	歴史総合	2	○		日本史A	2	日本史AB・地理AB より1つ必修
	日本史探究	3			日本史B	4	
	世界史探究	3			地理A	2	
					地理B	4	
公民	公共	2	○	公民	現代社会	2	「現代社会」又は「倫理」・「経済」
	倫理	2			倫理	2	
	政治・経済	2			政治・経済	2	
数学	数学Ⅰ	3	○2単位まで減可	数学	数学Ⅰ	3	○2単位まで減可
	数学Ⅱ	4			数学Ⅱ	4	
	数学Ⅲ	3			数学Ⅲ	5	
	数学A	2			数学A	2	
	数学B	2			数学B	2	
	数学C	2			数学C	2	
理科	科学と人間生活	2		理科	科学と人間生活	2	「科学と人間生活」を含む2科目又は基礎を付した科目を3科目
	物理基礎	2	「科学と人間生活」を含む2科目又は基礎を付した科目を3科目		物理基礎	2	
	物理	4			物理	4	
	化学基礎	2			化学基礎	2	
	化学	4			化学	4	
	生物基礎	2			生物基礎	2	
	生物	4			生物	4	
	地学基礎	2			地学基礎	2	
	地学	4			地学	4	
					理科課題研究	1	
保健体育	体育	7〜8	○	保健体育	体育	7〜8	○
	保健	2	○		保健	2	○
芸術	音楽Ⅰ	2		芸術	音楽Ⅰ	2	
	音楽Ⅱ	2			音楽Ⅱ	2	
	音楽Ⅲ	2			音楽Ⅲ	2	
	美術Ⅰ	2			美術Ⅰ	2	
	美術Ⅱ	2			美術Ⅱ	2	
	美術Ⅲ	2	4科目のうち1を2単位		美術Ⅲ	2	4科目のうち1を2単位
	工芸Ⅰ	2			工芸Ⅰ	2	
	工芸Ⅱ	2			工芸Ⅱ	2	
	工芸Ⅲ	2			工芸Ⅲ	2	
	書道Ⅰ	2			書道Ⅰ	2	
	書道Ⅱ	2			書道Ⅱ	2	
	書道Ⅲ	2			書道Ⅲ	2	
外国語	英語コミュニケーションⅠ	3	○2単位まで減可	外国語	コミュニケーション基礎英語	2	
	英語コミュニケーションⅡ	4			コミュニケーション英語Ⅰ	3	○2単位まで減可
	英語コミュニケーションⅢ	4			コミュニケーション英語Ⅱ	4	
	論理・表現Ⅰ	2			コミュニケーション英語Ⅲ	4	
	論理・表現Ⅱ	2			英語表現Ⅰ	2	
	論理・表現Ⅲ	2			英語表現Ⅱ	4	
					英語会話	2	
家庭	家庭基礎	2		家庭	家庭基礎	2	いずれか1科目必修
	家庭総合	4	○		家庭総合	4	
					生活デザイン	4	
情報	情報Ⅰ	2		情報	社会と情報	2	いずれか1科目必修
	情報Ⅱ	2			情報の科学	2	
理数	理数探究基礎	1					
	理数探究	2〜5					
総合的な探究の時間		3〜6	○2単位まで減可	総合的な学習の時間		3〜6	○2単位まで減可

家庭は「生活デザイン」が廃止され、「家庭基礎」と「家庭総合」の2科目となりました。いずれか1科目が選択必修となっています。

情報は2008年版の2科目がいずれも廃止され、「情報Ⅰ」と「情報Ⅱ」の2科目が新設されました。「情報Ⅰ」(2単位)が必修です。

理数は、「理数探究基礎」と「理数探究」の2科目が新たに構成され、「同様の成果が期待できる場合においては」、「総合的な探究の時間」に代替することが可能とされています。

「総合的な学習の時間」は「総合的な探究の時間」(傍点筆者)へと名称が変更され、従来通り必修(3〜6単位)となっています。

1単位時間が50分、35単位時間の授業を1単位とし、卒業までに修得させる単位数が74単位以上という教育課程の要件は変化なしです。必修科目の合計単位数は35〜46単位なので、高等学校で学科に関係なく履修が求められるのは全体の約半分程度です。これが審議過程で出された「共通性の確保」にあたります。

なお、全日制の課程ではすべての学科で教科・科目の他に年間標準35週のホームルーム活動を行うことが求められ、また、総合学科の「産業社会と人間」(2〜4単位)は、入学年次の履修が原則となっています。次に、大きく構成が変化した教科について見ていきましょう。

国語科

国語に関する審議を担当した中教審教育課程部会国語ワーキンググループによれば、PISA調査において課題とされていた「読解力」が2012(平成24)年調査では改善されてきたものの、高等学校の国語教育では「教材への依存度が高く、主体的な言語活動が軽視され、依然として講義調の伝達型授業に偏っている傾向」(『国語ワーキンググループにおける審議の取りまとめ』)があると指摘されています。また、「文章の内容や表現の仕方を評価し目的に応じて適切に活用すること、多様なメディアから読み取ったことを踏まえて自分の考えを根拠に基づいて的確に表現すること、国語の語彙の構造や特徴を理解すること、古典に対する学習意欲が低いこと」(同前)の4点が具体的な課題状況として指摘されました。

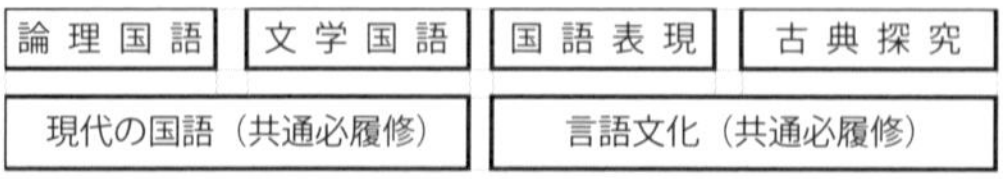

論理国語	文学国語	国語表現	古典探究
現代の国語（共通必履修）		言語文化（共通必履修）	

図13-18 国語科の科目構成

そして、国語ワーキンググループは、国語科ならではの見方・考え方とは「言葉による見

方・考え方」であるとし、具体的には「自分の思いや考えを深めるため、対象と言葉、言葉と言葉の関係を、言葉の意味、働き、使い方等に着目して捉え、その関係性を問い直して意味付けること」(同前)であると説明しました。この"問い直し"と"意味付け"は、①創造力・論理的思考、②感性・情緒、③他者とのコミュニケーションの側面からなされるものであるとし、この3側面についても併せて言語能力を構成する資質・能力として重視しています。それらに加え、今回改訂の「資質・能力の3つの柱」の観点に即して国語科の資質・能力を整理しました。

上記の資質・能力を育む学習過程では「学びに向かう力・人間性等」が大きな原動力及び基盤となって、自ら次の学習活動に向かおうとする意識が生まれると捉え、「こうした学習活動は言葉による記録、要約、説明、論述、討論等の言語活動を通じて行われる必要がある」といいます。国語教育の重視すべき3つの側面と資質・能力の3つの柱の観点から、アクティブな学びの過程を「スパイラルに繰り返す」ことで前述の課題に応えようという提案です。

科目構成は図13－18のように、「実社会・実生活における言語による諸活動に必要な能力を育成する」科目として「現代の国語」と、「上代(万葉集の歌が詠まれた時代)から近現代につながる我が国の言語文化への理解を深める科目」として「言語文化」の2科目が各学科共通の必履修科目として設置されました。

「現代の国語」では、「話すこと、聞くこと」に関する指導に20～30単位時間程度、「書くこと」に関する指導に30～40単位時間程度、「読むこと」に関する指導に10～20単位時間程度が配当され、相対的に生徒のアウトプットに多くの時間が割かれています。

「言語文化」では、「書くこと」に関する指導に5～10単位時間程度、「読むこと」の古典に関する指導に40～45単位時間程度、近代以降の文章に関する指導に20単位時間程度が配当され、こちらは読むことに多くの時間が割かれています。古典については古文と漢文をバランスよく扱うこと、また古典について解説した近代以降の文章を活用することとされています。科目名の通り日本語を文化として捉え、理解することに重きを置いています。ちなみに、「書くこと」の具体的な活動例として、短歌や俳句を作ることと、伝統行事や風物詩などの題材を読み随筆を書くことを挙げています。

選択履修科目は次の4科目です。
「論理国語」：多様な文章等を多面的・多角的に理解し、創造的に思考して自分の考

えを形成し、論理的に表現する能力を育成する科目。主に創造的、論理的思考を育成する。

「文学国語」：小説、随筆、詩歌、脚本等に描かれた人物の心情や情景、表現の仕方等を読み味わい評価するとともに、それらの創作に関わる能力を育成する科目。主に感性・情緒の側面を育成する。

「国語表現」：表現の特徴や効果を理解した上で、自分の思いや考えをまとめ、適切かつ効果的に表現して他者と伝え合う能力を育成する科目。主に他者とのコミュニケーションの力を育成する。

「古典探究」：古典を主体的に読み深めることを通して、自分と自分を取り巻く社会にとっての古典の意義や価値について探究する科目。主に古文・漢文を教材として伝統的な言語文化に関する視界を深めるとともに、思考力・判断力等を育成する。

必履修科目と選択科目とのシーケンス（順序性）の観点は、「古典探究」以外については難化、高度化、一般化、抽象化といった発展性よりも、教材や学習活動（とそれによって育まれる資質・能力）の焦点化、特化にあるといえそうです。

地理歴史科、公民科

地理歴史は、共通必履修科目の「地理総合」「歴史総合」2科目、生徒の興味・関心や進路の希望に応じた選択履修科目の「地理探究」「日本史探究」「世界史探究」3科目の合計5科目となりました。それぞれの科目設置検討過程については『増補改訂版　学習指導要領は国民形成の設計書』（2017）を参照してください。ここでは、地理と歴史の領域ごとに科目の特質を見ていきたいと思います。

地理の領域は「地理総合」と「地理探究」で構成されています。表13－4は、学習指導要領におけるそれぞれの科目の記載内容を整理したものです。特に注目したい相違点に下線を引きました。

まずは目標です。「地理総合」では「世界の生活文化の多様性や、防災、地域や地球的課題への取組などを理解する」とある箇所が、「地理探究」では「世界の空間的な諸事象の規則性、傾向性や、世界の諸地域の地域的特色や課題などを理解する」となっています。具体的な事実（生活文化の多様性）や課題（防災）から、規則性や傾向性といったより一般化した概念へと発展するシーケンスです。それは、「地理探究」に「系統地理的、地誌的」といっ

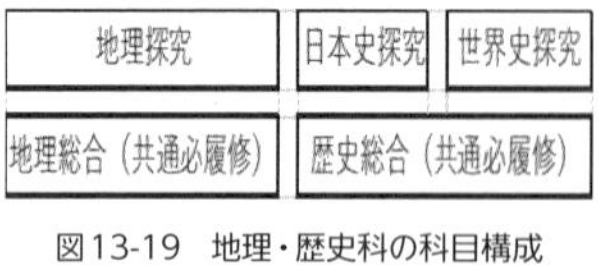

図13-19　地理・歴史科の科目構成

た学問的な語が追加されていることからもわかります。

　内容とその取扱いについてはどうでしょうか。ここで特に注目したいのは、「地理探究」の「C 現代世界におけるこれからの日本の国土像 ・持続可能な国土像の探究」です。科目名に探究とありますが、実は探究が用いられているのはこの箇所と関連する箇所のみです。くわえて、内容Cには、「我が国が抱える地理的な諸課題の解決の方向性や将来の国土の在り方」については、国際連合における持続可能な開発のための取組などを参考に、生徒の興味・関心などを踏まえて適切な事例を選定し、学習できるように工夫すること。その際、「我が国が抱える地理的な諸課題」に関しては、それぞれの課題が相互に関連し合うとともに、それらの現状や要因の分析、解決の方向性については、複数の立場や意見があることに留意すること。（『高等学校学習指導要領』、下線筆者）とあります。そして、「内容のCをこの科目もまとめとして位置付けること」と指示されています。他教科の「探究」に比して、テーマが具体的に限定されていることが特徴です。しかし、「この科目のまとめ」として見ると、「地理探究」の可能性を狭めかねない懸念もあります。

　次に、歴史の領域は、「歴史総合」「日本史探究」「世界史探究」の3科目です。表13-5は先ほどと同様に各科目の記載内容を整理し、注目したい点に下線を引いたものです。

　目標に関してまず注目したいのは、「近現代の歴史の変化」（「歴史総合」）、「我が国の歴史の展開」（「日本史探究」）、「世界の歴史の大きな枠組みと展開」（「世界史探究」）という科目ごとの対象領域の違いです。共通必履修科目である「歴史総合」では、日本と世界を対象に近現代に限定しています。これまで、歴史は時系列で学習が進むことから、どうしても授業で近現代を扱う時間が不足しがちになり、日本人は現代的課題の歴史的背景を知らないし議論もできない、としばしば批判されてきました。また、日本史と世界史のどちらを必履修とするのかという問題についても長年にわたって議論されてきました。「歴史総合」の新設は、このような状況を解決する画期となるかもしれません。歴史では探究を付した2科目の目標③に「探究」が用いられていますが、「歴史総合」では当該箇所には「追究, 解決」が用いられています。

　内容とその取扱いをみてみましょう。「歴史総合」では、「A 歴史の扉」で歴史学習への導入を図り、生徒が自分との関わりで歴史を捉え、問いを立て、現代の諸課題へと引き付けるプロセスを複数回経験する構成となっています。現代的な諸課題

表13-4　地理の科目比較

	地理総合	地理探究
目標	①地理に関わる諸事象に関して、世界の生活文化の多様性や、防災、地域や地球的課題への取組などを理解するとともに、地図や地理情報システムなどを用いて、調査や諸資料から地理に関する様々な情報を適切かつ効果的に調べまとめる技能を身に付けるようにする。 ②地理に関わる事象の意味や意義、特色や相互の関連を、位置や分布、場所、人間と自然環境との相互依存関係、空間的相互依存作用、地域などに着目して、概念などを活用して多面的・多角的に考察したり、地理的な課題の解決に向けて構想したりする力や、考察、構想したことを効果的に説明したり、それらを基に議論したりする力を養う。 ③地理に関わる諸事象について、よりよい社会の実現を視野にそこで見られる課題を主体的に追究、解決しようとする態度を養うとともに、多面的・多角的な考察や深い理解を通して涵養される日本国民としての自覚、我が国の国土に対する愛情、世界の諸地域の多様な生活文化を尊重しようとすることの大切さについての自覚などを深める。	①地理に関わる諸事象に関して、世界の空間的な諸事象の規則性、傾向性や、世界の諸地域の地域的特色や課題などを理解するとともに、地図や地理情報システムなどを用いて、調査や諸資料から地理に関する様々な情報を適切かつ効果的に調べまとめる技能を身に付けるようにする。 ②地理に関わる事象の意味や意義、特色や相互の関連を、位置や分布、場所、人間と自然環境との相互依存関係、空間的相互依存作用、地域などに着目して、系統地理的、地誌的に、概念などを活用して多面的・多角的に考察したり、地理的な課題の解決に向けて構想したりする力や、考察、構想したことを効果的に説明したり、それらを基に議論したりする力を養う。 ③は変化なし。
内容	A地図や地理情報システムで捉える現代世界 ・地図や地理情報システムと現代世界 B国際理解と国際協力 ・生活文化の多様性と国際理解 ・地球的課題と国際協力 C持続可能な地域づくりと私たち ・自然環境と防災 ・生活圏の調査と地域の展望	A現代世界の系統地理的考察 ・自然環境 ・自然・産業 ・交通・通信、観光 ・人口、都市・村落 ・生活文化、民族・宗教 B現代世界の地誌的考察 ・現代世界の地域区分 ・現代世界の諸地域 C現代世界におけるこれからの日本の国土像 ・持続可能な国土像の探究
内容の取扱い	①地図の読図や作図、衛星画像や空中写真、景観写真の読み取りなどの地理的技能を重視。 ②教科用図書「地図」、地理情報システム、情報通信ネットワークの活用。 など	①「地理総合」の①②を踏まえる。 ②内容のCをこの科目のまとめとして位置づけること。

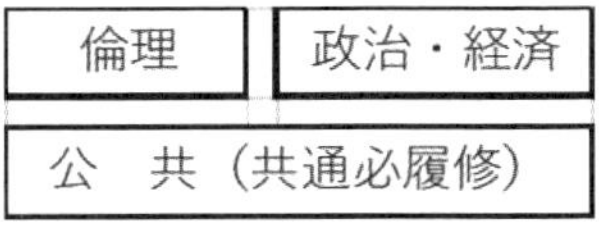

倫理	政治・経済
公　共（共通必履修）	

図13-20　公民科の科目構成

については、「自由・制限、平等・格差、開発・保全、統合・分化、対立・協調」などの相反する要素を共に扱うよう要請しており、目標にある多面的・多角的な考察の在り方がわかります。

「日本史探究」はABCDそれぞれの単元が探究のプロセスを踏むよう計画され、探究の入れ子構造のような構想となっていることが特徴です。それに比して「世界史探究」は、「A世界史へのまなざし」において世界史を学習する意味や意義を学ぶ導入から始まり、時期ごとに世界の歴史を学び、「E地球世界の課題」で科目のまとめとして探究を行う構想です。科目の性質により探究の組み込み方が異なることがわかります。

公民の領域は、「現代社会」が廃止となり、共通必履修科目として「公共」が新設され、発展的な選択履修科目として「倫理」と「政治・経済」が位置づけられました。（図13-20）「公共」は①「現代社会の諸課題を捉え考察し、選択・判断するための手掛かりとなる概念や理論を、古今東西の知的蓄積を踏まえて習得」すること、②「選択・判断するための手掛かりとなる考え方や公共的な空間における基本的原理を活用して、現代の社会的事象や現実社会の諸課題について、事実を基に協働的に考察し、合意形成や社会参画を視野に入れながら解決に向けて構想したことの妥当性や効果、実現可能性などを指標にして論拠を基に議論する力を養」うこと、そして③「持続可能な社会づくりの主体となるために、様々な課題の発見・解決に向けた探究を行うことを通して、「グローバル化する国際社会に主体的に生きる平和で民主的な国家及び社会の有為な形成者」としての必要な資質・能力を育成すること（『地理・歴史・公民ワーキンググループにおける審議の取りまとめ』）が目的です。内容は「A公共的な空間を作る私たち」「B自立した主体としてよりよい社会の形成に参画する私たち」「C持続可能な社会づくりの主体となる私たち」で、いずれも生徒が主体とされています。法・政治・経済を主とした知識を用いて現実的な課題に主体的に関わり解決を試みる姿勢が重視されていることがわかりますが、自己の価値観の形成や他者の価値観の尊重、キャリア形成といった道徳や特別活動と重なる記述が多く、特性が曖昧です。これから各学校の実践との往還により、徐々に特性が構築されていくかもしれません。

表13-5 歴史の科目比較

	歴史総合	日本史探究	世界史探究
目標	①近現代の歴史の変化に関わる諸事象について、世界とその中の日本を広く相互的な視野から捉え、現代的な諸課題の形成に関わる近現代の歴史を理解するとともに、諸資料から歴史に関する様々な情報を適切かつ効果的に調べまとめる技能を身に付けるようにする。 ②近現代の歴史の変化に関わる事象の意味や意義、特色などを、時期や年代、推移、比較、相互の関連や現在とのつながりなどに着目して、概念などを活用して多面的・多角的に考察したり、歴史に見られる課題を把握し解決を視野に入れて構想したりする力や、考察、構想したことを効果的に説明したり、それらを基に議論したりする力を養う。 ③近現代の歴史の変化に関わる諸事象について、よりよい社会の実現を視野に課題を主体的に追究、解決しようとする態度を養うとともに、多面的・多角的な考察や深い理解を通して涵養される日本国民としての自覚、我が国の歴史に対する愛情、他国や他国の文化を尊重することの大切さについての自覚などを深める。	①我が国の歴史の展開に関わる諸事象について、地理的条件や世界の歴史と関連付けながら総合的に捉えて理解するとともに、諸資料から我が国の歴史に関する様々な情報を適切かつ効果的に調べまとめる技能を身に付けるようにする。 ②我が国の歴史の展開に関わる事象の意味や意義、伝統と文化の特色などを、時期や年代、推移、比較、相互の関連や現在とのつながりなどに着目して、概念などを活用して多面的・多角的に考察したり、歴史に見られる課題を把握し解決を視野に入れて構想したりする力や、考察、構想したことを効果的に説明したり、それらを基に議論したりする力を養う。 ③我が国の歴史の展開に関わる諸事象について、よりよい社会の実現を視野に課題を主体的に探究しようとする態度を養うとともに、多面的・多角的な考察や深い理解を通して涵養される日本国民としての自覚、我が国の歴史に対する愛情、他国や他国の文化を尊重することの大切さについての自覚などを深める。	①世界の歴史の大きな枠組みと展開に関わる諸事象について、地理的条件や日本の歴史と関連付けながら理解するとともに、諸資料から世界の歴史に関する様々な情報を適切かつ効果的に調べまとめる技能を身に付けるようにする。 ②世界の歴史の大きな枠組みと展開に関わる事象の意味や意義、特色などを、時期や年代、推移、比較、相互の関連や現代世界とのつながりなどに着目して、概念などを活用して多面的・多角的に考察したり、歴史に見られる課題を把握し解決を視野に入れて構想したりする力や、考察、構想したことを効果的に説明したり、それらを基に議論したりする力を養う。 ③世界の歴史の大きな枠組みと展開に関わる諸事象について、よりよい社会の実現を視野に課題を主体的に探究しようとする態度を養うとともに、多面的・多角的な考察や深い理解を通して涵養される日本国民としての自覚、我が国の歴史に対する愛情、他国や他国の文化を尊重することの大切さについての自覚などを深める。
内容	A歴史の扉 ・歴史と私たち ・歴史の特質と資料 B近代化と私たち ・近代化への問い ・結び付く世界と日本の開国 ・国民国家と明治維新 ・近代化と現代的な諸課題 C国際秩序の変化や大衆化と私たち ・国際秩序の変化や大衆化への問い ・第一次世界大戦と大衆社会 ・経済危機と第二次世界大戦 ・国際秩序の変化や大衆化と現代的な諸課題 Dグローバル化と私たち ・グローバル化への問い ・冷戦と世界経済 ・世界秩序の変容と日本 ・現代的な諸課題の形成と展望	A原始・古代の日本と東アジア ・黎明期の日本列島と歴史的環境 ・歴史資料と原始・古代の展望 ・古代の国家・社会の展開と画期 （歴史の解釈、説明、論述） B中世の日本と世界 ・中世への転換と歴史的環境 ・歴史資料と中世の展望 ・中世の国家・社会の展開と画期 （歴史の解釈、説明、論述） C近世の日本と世界 ・近世への転換と歴史的環境 ・歴史資料と近世の展望 ・近世の国家・社会の展開と画期 （歴史の解釈、説明、論述） D近現代の地域・日本と世界 ・近代への転換と歴史的環境 ・歴史資料と近代の展望 ・近現代の地域・日本と世界の画期と構造 ・現代の日本の課題の探究 　―社会や集団と個人 　―世界の中の日本 　―伝統や文化の継承と創造	A世界史へのまなざし ・地球環境から見る人類の歴史 ・日常生活から見る世界の歴史 B諸地域の歴史的特質の形成 ・諸地域の歴史的特質への問い ・古代文明の歴史的特質 ・諸地域の歴史的特質 C諸地域の交流・再編 ・諸地域の交流・再編への問い ・結び付くユーラシアと諸地域 ・アジア諸地域とヨーロッパの再編 D諸地域の結合・変容 ・諸地域の結合・返答への問い ・世界市場の形成と諸地域の結合 ・帝国主義とナショナリズムの高揚 ・第二次世界大戦と諸地域の変容 E地球世界の課題 ・国際機構の形成と平和への模索 ・経済のグローバル化と格差の是正 ・科学技術の高度化と知識基盤社会 ・地球世界の課題の探究 　―紛争解決や共生 　―経済格差の是正や経済発展 　―科学技術の発展や文化の変容
内容の取扱い	○ABCDはこの順序で取り扱う。 ○Aは科目の導入。BCDの学習の基盤を養う。 ○現代的な諸課題については、「自由・制限、平等・格差、開発・保全、統合・分化、対立・協調」などの観点に示された二つの要素のどちらかのみに着目しない。 ○Dの「現代的な諸課題の形成と展望」は科目のまとめとして位置づける。	○ABCDはこの順序で扱う。「歴史総合」で学習した歴史の学び方を活用する。 ○ABCDはそれぞれ①問い、②仮説をたて、③主題を設定したうえで歴史を解釈・説明・論述する、と展開する。 ○Dの「現代の日本の課題の探究」は科目のまとめとして位置づける。	○ABCDはこの順序で扱う。「歴史総合」で学習した歴史の学び方を活用する。 ○Aは科目の導入。生徒は現在と異なる過去や現在につながる過去に触れ、世界史学習の意味や意義に気付くようにする。 ○Eは科目のまとめとして位置づける。

理数科

教科「理数」は、スーパー・サイエンス・ハイスクール（SSH）の指定を受けた高等学校において「課題研究」など学校設定科目として展開された成果を受けて設定されました。その科目を履修した生徒には、科学技術に関する学習意欲や未知の事柄に対する興味の向上、大学・大学院への高い進学率といった成果がありました。これを背景として、「理数」は、従来の数学「数学活用」と理科「理科課題研究」の性質を発展的に継承する探究的な教科として設定されました。審議過程では、「将来、学術研究を通じた知の創出をもたらすことができる人材の育成を目指し、そのための基礎的な資質・能力を身に付けることができる科目となること」、あるいは、「今後の学術研究に求められる方向性を十分に踏まえたものとすることが重要」（『高等学校の数学・理科にわたる探究的科目の在り方に関する特別チームにおける審議の取りまとめ』）と位置付けられているので、SSHなど一部の学校・生徒を想定した教科であることがわかります。

科目構成は「理数探究基礎」と「理数探究」の2科目です。目標と内容は両科目ともほぼ同様ですが、「理数探究基礎」では基本的な技能を扱うことになっており、探究のプロセスを経験してみることが主眼です。「理数探究」では、探究プロセスの途中で意見交換や議論などを行うことで、より高い質を求めることが要請されているのが特徴です。理数に関する学科では、原則として全ての生徒に「理数探究」を履修させることとされていますが、「探究」を可能にする施設・設備・人材の整備が不可欠です。

総合的な探究の時間

今回の学習指導要領から、高等学校では「総合的な学習の時間」が「総合的な探究の時間」へと名称が変更されました。その理由は、もともと「総合的な学習の時間」が探究の過程（課題の設定→情報の収集→整理・分析→まとめ・表現）を意識した学習であること、また新設された「理数探究」との共通性、小・中学校における総合的な学習の時間とのつながりと高等学校段階らしい発展を示すことなどです。（『生活・総合的な学習の時間ワーキンググループにおける審議の取りまとめ』）

目標は、①探究の過程において、課題の発見と解決に必要な知識及び技能を身に付け、課題に関わる概念を形成し、探究の意義や価値を理解するようにすること、②実社会や実生活と自己との関わりから問いを見いだし、自分で課題を立て、情報を集め、整理・分析して、まとめ・表現できるようにすること、③探究に主体的・協

図13-21 ポスターセッション（未来探求）

働的に取り組むとともに、互いのよさを生かしながら、新たな価値を創造し、よりよい社会を実現しようとする態度を養うことの3点です。基本的な方針は前回の学習指導要領から維持されていると考えてよいでしょう。

探求　今回の高等学校学習指導要領改訂で教科・科目編成の変更とともに注目したいのは、「探究」という表現です。これは「総合的な探究の時間」に用いられているだけでなく、その他の教科でも新設された発展的な選択履修科目に用いられています。それぞれの科目で扱われる内容の性質や、生徒と学習内容との関係（身近さ）等により、同じ「探究」という表現でも生徒が経験する学習活動の構想は異なっています。「探究」は、最終的な学習成果や記憶された学習内容のレベル以上に、問いを立て、必要な情報を収集・選択し、それを踏まえて仮説をたて、調査・実験・観察等を行い、結論づけ、考察し、それらを表現する、という過程を経験し、その過程で必要となる資質・能力を身につけることそのものを意図している点では共通しています。それは、暗記とペーパーテストが中心の高等学校教育への批判的克服を目指すものであり、2008年改訂以来、OECDのキー・コンピテンシー論の影響を色濃く受けた学習の在り方です。学校外の社会生活・産業社会においても求められる資質・能力を育む学習経験となることが期待されています。

しかし、学習指導要領がそのような方向に改訂されたとしても、この実現にはかなりの困難があります。現在、必履修である「総合的な探究の時間」がしっかりと高等学校に定着するかどうかさえ不安がある中で、選択履修である「理数探究」や教科内の発展的な科目を本気で実践できる学校がどれだけで出てくるかは未知数です。そこには、教員や生徒の意欲だけでなく、かけられる時間、人的・物的リソース、費用なども必要になるからです。さらに、高等学校基礎学力テストと大学入学希望者学力評価テストが新たに予定されていますが、その出来栄えが高校教育の成否に大きな圧迫を与えることになりますので、今後の動向が注目されます。

まとめ

今次の改訂はコンピテンシーに基づく「学びの変革」と「教科改革」ですが、その基本コンセプトの問題を指摘しておきます。元来、コンピテンシーは、学校内で豊富な知識や高い技能そして思考力を育成しても、これが必ずしも学校外の産業社会では有能でないことへの問題意識として、新たに登場した能力概念です。実際は、米国および日本では1990年代から好業績を上げている有能な人材を対象に、その行動・態度・思考方法等々を分析して基準モデルが作られ、これを基に能力開発や採用・昇進・配置換えなどの人事に利用されています。これが2000年以降、公務員・教員評価に既に導入され、遂に今回の改訂で、児童生徒の教育評価にまで適用されることになりました。だから、「何ができるようになるか」とは、学校外の産業社会でも有能に活用できる計算力や文章解析力やコミュニケーション力を意味しています。

本格的にコンピテンシー育成を図るなら、2030年の未来社会で求められる「社会人基礎力」や、必要とされる能力や人間像を分析し、その課題から下ろしてきて、教科内容との折り合いをつける手順が必要なはずですが、審議経過を見ると、専ら教育方法と認知心理学に傾斜した中途半端な追究になっています。さらには、各教科内容に即してコンピテンシー化を進める全教員の資質変革が必須のはずですが、これが教員研修ぐらいで可能と考えているところが安易に感じられます。これらの手順や教員の資質変革を完遂しなければ、アクティブラーニングの実際は、型にはまった授業手続きに陥りかねないし、ひいては、コンピテンシーの断片化をもたらすことになります。上滑りのコンピテンシー教育は、生徒たちを軽薄な現実対応に走らせ、知的・人格的成熟を妨げることになりかねません。むしろ各教科の教育内容に即して、過度にコンピテンシー化しないジェネリックスキル（コミュニケーションスキルや数量的スキル、問題解決能力等の汎用的スキル）の教育を深める方が生産的で安定的ではないでしょうか。心配は尽きませんが、いずれにしても、知識習得型・定着型の授業とアクティブラーニングとが適度に組み合わされて、人間・社会・自然現象についてその意味を問うことのできる、深い洞察力がつくような教育実践を望みたいのです。

◆ 参考文献

1 拙著『現代日本の教育課程改革』　風間書房　1992年、同『学習指導要領は国民形成

の設計書』　東北大学出版　2015年
2　Dominique Simone Rychen, Laura Hersh Salganik 編著『キー・コンピテンシー　国際標準の学力をめざして』　立田慶裕監訳、今西幸蔵・岩崎久美子・猿田祐嗣・名取一好・野村和・平沢安政訳　明石書店　2008年
3　C・ファデル、M・ビアリック、B・トリリング『21世紀の学習者と教育の4つの次元　知識、スキル、人間性、そしてメタ学習』　岸学監訳　関口貴裕・細川大輔編訳　東京学芸大学教育研究推進機構訳　北大路書房　2016年9月20日
4　教育課程企画特別部会「次期学習指導要領等に向けたこれまでの審議のまとめ」　平成28年8月26日　（文部科学省HP）
5　文部科学省『平成28年度　科学技術白書』　平成28年5月24日
6　文部科学省『幼稚園教育要領』、『小学校学習指導要領』、『中学校学習指導要領』2017年3月31日
7　中央教育審議会答申「幼稚園、小学校、中学校、高等学校及び特別支援学校の学習指導要領等の改善及び必要な方策等について」　2016年12月21日
8　経済協力開発機構（OECD）編著、無藤隆・秋田喜代美監訳『社会情動的スキル―学びに向かう力』　明石書店　2018年
9　無藤隆・汐見稔幸・砂上史子著『ここがポイント！3法令ガイドブック』　フレーベル館　2017年
10　無藤隆編『育てたい子どもの姿とこれからの保育』ぎょうせい　2018年
11　無藤隆編著『10の姿プラス5・実践解説書』ひかりのくに　2018年
12　次世代の学校指導体制にふさわしい教職員の在り方と業務改善のためのタスクフォース報告「学校現場における業務の適正化に向けて」　平成28年6月13日
13　総務省『プログラミング人材育成の在り方に関する調査研究報告書』　平成27年6月
14　内閣府「科学技術基本計画　平成28年1月22日閣議決定」　11～13頁
15　中央教育審議会初等中等教育分科会高等学校教育部会「審議のまとめ～高校教育の質の確保・向上に向けて～」　平成26年6月　14～16頁
16　ライルM・スペンサー、シグネM・スペンサー著・梅津祐良・成田攻・横山哲夫訳『コンピテンシーマネジメントの展開』　生産性出版　2001年12月20日　マイケル・ズウェル著・梅津祐良訳『コンピテンシー企業改革』　東洋経済新報社　2001年12月27日
17　Z会編集部編、Wendy Heydorn and Susan Jesudason『TOK（知の理論）を解読する』　シナノ書籍印刷　2016年2月1日

◆ 図表等

扉の図 (1)	日本の学校系統図、文部科学省『諸外国の教育動向　2015年版』　明石書店	
扉の図 (2)	2011年3月11日の東日本大震災で被災した大川小学校	
扉の図 (3)	2015年9月の早稲田大学での双方向型授業	
図13-1	超スマート社会で活躍する人材像、『平成28年度　科学技術白書』	
図13-2	「資質能力の『3つの柱』」、教育課程企画特別部会配布資料　文部科学省HPより	
図13-3	「主体的・対話的で深い学び」、教育課程企画特別部会配布資料　文部科学省HPより	
図13-4	幼稚園教育の5領域と「3つの柱」、教育課程企画特別部会配布資料より筆者の合成	
図13-5	「幼児期の終わりまでに育ってほしい姿」、教育課程企画特別部会配布資料、文部科学省HPより	
図13-6	早稲田実業学校初等部「1年生を迎える会」2016年4月、同校HPより	
図13-7	早稲田実業学校初等部「稲作体験(5年生)の田植え」、2015年6月、同校HPより	
図13-8	徳島県美馬市立脇町中学校で、ホワイトボードミーティングを全教科でとりいれ、「考える力とコミュニケーション能力を高める授業」を実践、『中等教育資料』939号　2014年8月	
図13-9	早稲田実業学校中等部「卒業研究レポート」、同校HPより	
図13-10	早稲田実業学校中等部の「活発な部活動」、同校HPより	
図13-11	京都府教育委員会が、全教員に指導者用「道徳教育の進め方　京都式ハンドブック」を配布している、『中等教育資料』　950号　2015年7月	
図13-12	山梨県北杜市立甲陵中学校での読解力向上推進事業、『中等教育資料』　932号　2014年1月	
図13-13	外国教育の強化策、教育課程企画特別部会配布資料「外国語教育の抜本的強化のイメージ」	
図13-14	「科学の甲子園全国大会で優勝」、岐阜県立岐阜高等学校が2017年3月17日から19日の第6回科学の甲子園全国大会で初優勝を達成	
図13-15	東京都小金井市立前原小学校の公開授業(2016年11月26日)「STEAMとGamificationが創る新しい『学び』- プログラミングは新しい『学び』の象徴！！！の写真(「ICT教育ニュース」http://ict-enews.net/2016/11/29maehara/より)	
図13-16	東京都の防災学習教材「備えて」、東京都教育委員会HPより	
図13-17	徳島県阿南市立福井中学校の人権問題の解消をめざす劇、『中等教育資料』939号　2014年8月	

図13-18　国語科の科目構成
図13-19　地理・歴史科の科目構成
図13-20　公民科の科目構成
図13-21　奈良県橿原高等学校の総合的な学習「ポスターセッション」2016年度
表13- 1　2017（平成29）年改訂の小学校の授業時数
表13- 2　2017（平成29）年改訂の中学校の授業時数
表13- 3　高校教育の教科・科目の変化
表13- 4　地理の科目比較
表13- 5　歴史の科目比較

おわりに

本書の目的

　近代国家を創設した明治期の1872年から2018年現在まで、私たちの日本が学習指導要領などを通してどのような人間像を理想として国民形成を図ろうとしてきたのか、これを通史的に分析しました。

　私なりの文脈で、教育課程に関する政策的意図を歴史的に順を追って説明しましたので、ひとつの仮説的な見方として読んでいただき、読者はそれぞれの問題意識でより深く考察を進めることを期待します。決まった正解はありませんので、持たれた疑問に即して、新たな解釈を各自が持ち、新たにいろいろと資料を探したり議論したりするといいと思います。

　ところで、教育課程政策については本書のように説明するとしても、教育の実態は、決してそのままではありません。政策の構想通りには達成できなかったことが多いと同時に、もっと豊かで複雑な様相を呈しており、かつ予想外の可能性も含んでいると思います。この種の研究は他の機会を俟つことにして、本書では、私達の日本が、近代国家建設以降、どのような国民づくりを目指してきたのか、それを解き明かすことに絞りました。

教育課程の評価

　教育課程政策の意図について書きましたが、もちろん、その評価となると別問題です。その実態は複雑であり多様ですので、成否はわかりません。学習指導要領は批判されるように失敗かもしれませんし、あるいは、割合にうまく行っているのかもしれません。その実態について本格的に評価しようとするなら、量的調査研究のみならず質的調査研究もしなければいけません。

　評価研究は、戦後の歴史でみると第3ステージとして位置付けられます。第1ステージが、戦後改革期の教育課程評価委員会の設置による評価が開始された時、第2ステージが、高度経済成長をもくろんで教育投資とそのアウトプットを評価するための学力テストが開始された時、そして今回が第3ステージで、ようやく各種の大規模な評価研究が始まったばかりです。エビデンスに基づく教育研究の在り方は、誰でも望むことですが、深く考えると難しい底なし沼にはまってしまいます。

そして評価を導入した結果、職場は本末転倒の書類作りに追われ、評価自体が形骸化するという道をたどりがちです。教育課程評価のみならず教員評価、学校評価、行政評価など、仕事そのものよりも評価が重視される時代となりましたが、簡便にして効果的な評価方法の開発が俟たれます。

教職を支える条件整備

日本の教育課程の改革構想は、近隣のアジア諸国に影響を与えるほどに優れた面があるのに、それを実現するための条件が貧弱であることを、私は残念に思います。

2010年3月末に、シンガポールの高等学校を視察する機会があり、いよいよその感を深めました。

シンガポールの中学・高校は、教員80人で25人の事務スタッフ、あるいは300人の教員と100人の事務スタッフという体制でした。いや事務スタッフと言ったら誤解になります、教員を支える専門組織と言ったほうがいいように思います。その一部の例ですが、理科教材のビデオ編集者やコンピューターソフトのプログラマーなど5人がチームになって、専用のスペース（スタジオと5部屋）を有して支援体制をとっているのです。各教科の教員は彼らと連携して効果的な教材開発ができますし、自分の教科の研究と教育に専念できます。

これに対して、日本の教員の仕事は、ほとんど書類づくりや集金事務に追われる毎日で、事務職なのか教育専門職なのかあやしい業務内容にあります。理科実験のビデオや模型図作成は専門チームが支えてくれて、書類作成と集金業務は事務職が担当してくれるなら、教育専門職としての教師は、教育と研究に専念できます。この条件にあるシンガポールの教師たちはまるで日本の学習指導要領のモデルのような実践を展開していました。

日本の教師はまじめです。ほとんど事務職のような仕事をしながら残った少ない時間をやりくりしながら教育実践に携わっていますが、この条件を整えてあげたら、学校はかなりよくなります。

せめて「集金業務」だけは教員から解放するだけの事務スタッフを入れてほしいと思います。教育専門職として、本務に専念できる体制づくりがどうしても必要です。本務に専念できるなら、日本の教師たちはきっといい仕事をします。

1年間のインターンシップと大学院修了の条件

　しかし、いくらこの種の考え方を論じても、結局のところこれを推進できる条件整備がない限り、絵に描いた餅にすぎません。予算がないところで大変ですが、さしあたり、教員採用試験合格者を1年間インターンシップとして職場に入れて、その分だけ、実質的に教員配置を増加させられないでしょうか。卒業して直ちに担任というのは、児童・生徒の命と成長を預かる職業だけに、問題が大きいと思います。

　なお、教員の資質向上については、今後10年かけて全員が修士課程修了を目指すことが必須です。総合的な学習の時間の章で書きましたが、探究的な学習を指導するには、教員自身が探究的な学びを深く経験しておくべきで、そのためにはやはり修士論文に相当する研究経験を持つことが不可欠であると思います。

　それから、教育予算のことは、いまさら私が言うまでもなく、先進国OECDの中でかなり下位にあることは周知のとおりです。そんなに低い予算で、日本の教員と生徒たちはよく頑張っていると私は驚いています。もう少し、日本の教員と子どもたちをほめてあげたらいいと思います。ほめて励まして、みんなが協力しないと学校教育はよくなりません。

新しいコンセプトの教育課程設計を

　ところで、教育課程には根本的な問題があります。学校経営にも関わりますが、それは一言でいえば、「グローバルな価値多元化社会」への対応です。日本の学校の教育課程と学校経営の基本コンセプトはあまりに旧式で、たとえて言えば、まるでWindows以前のパソコンのようです。

　これでは海外からの留学生を日本の学校に受け容れることは困難です。日本的な一元的価値による取り締まり的な学校教育では、おそらく対応できないと思われます。そもそも日本の社会自体が異質性を排除する傾向が強いですから、学校だけを責めてもどうにもならない歴史的文化的な根本問題を含んでいます。日本の学校は、多様な価値観と多元的な文化が入り込むと、おそらく機能不全に陥ることになります。なぜなら一元的な価値しか認めない秩序観と、多元的で多様な価値を認める秩序観とでは、その学校の在り方にかなりの違いがあるからです。

　コンピュータ文化を通して私たちは、多様な窓があって、異質な文化との交流もあり、多元的で多様な価値観を認めつつも秩序があるというグローバル世界に慣れ

てきました。その感覚を援用すると、グローバルな視点から、新しいコンセプトの教育課程を設計し学校経営プログラムを開発することが必要であると思います。これは大変に困難なことですが、成熟した先進国としての日本は、未来に向けて新しい学校の在り方を創出する責任があるのです。

固い教育課程行政

　日本の伝統的なシステムでは、国が学習指導要領を教育課程の基準として提示し、これを受けて、各府県の教育委員会単位に教育計画を作成し、そしてその指導のもとに各学校が教育課程を編成します。

　現在の日本では、各学校に特色ある教育課程を編成するように求められていますが、伝統的には国定の学習指導要領で法的拘束力を持たせて統制してきた長い経緯があるので、ここにきて各学校に対して裁量幅を生かして独自の教育課程を編成するよう要請しても、そう簡単には動かないほどに教育課程は固くなってしまいました。

　特に、これを監督指導する教育委員会において独自の教育計画を作り、管内向けにある種の標準化を図っているので、国レベル以上に窮屈になっていることが多いようです。教育委員会の指導主事の方々は、教育課程の原理原則について専門的に研究しているわけでもないので独自の判断が難しく、学習指導要領改訂については伝達講習を受ける程度で対応しています。その際、管内学校への公正で間違いのない対応を心がけるために、結果的には狭い枠内で指示しがちなのです。

　教育委員会ごとに様々な事情はあるにせよ、マクロに見ると、やはり学習指導要領の基本線は遂行されています。各学校で年度当初に教育課程を作成する場合はもちろんのこと、改訂のために研究指定校で実践的研究をしたり、その実践を多くの教員が参観したりなどして、改訂ごとにその理想とする人間像の育成に向かって学校教育は変更されていくのです。

知・徳・体のバランス、生きる意味、寛容の精神、共に生きる力

　その学習指導要領の評価となると、もっぱら学力テストだけが取りざたされますが、本当は、道徳、特別活動をはじめ学力テストをされない多くの教科がありますし、学校は、総じて調和のとれた知・徳・体の発達を目指しています。

ところが最近は、学力テストで学校が評価されることになってしまいました。実は、人づくりを軽視して点数だけを上げる教育ならそれほど難しくはありません。しかし、それでは学習指導要領の方針が無いに等しくなります。バランスのよい教育を志向してきた学校はあまり評価されないことになってしまいます。

　本来なら、学習指導要領の達成度テストは、全体のバランスがとれているかを測定・評価すべきであって、学力が全国で何番目かを競うテストではいけません。教育はやはりバランスが一番大事だと考えます。頭だけ、体だけ、精神だけ肥大させたら、必ず反動が出てきてしまうからです。その人が、一生生きていく上での知・徳・体の基礎基本を作るのが学校教育なのです。ポストモダンの成熟した社会を迎えた今日、改めてバランスのとれた教育を志向したいものです。

　私は、その意味で、総合的な学習をより充実させる教育を望んでいます。一人ひとりが生きる意味、学ぶ意味を体験的に確認し、問題追究の方法を身につけ、仲間や異質な人たちとの意見の交流ができるような学習、そのような学習こそ問題の本質を考える力をつけ、人としてのバランスを回復する契機になるものと思われるからです。そして自律的に物事を判断して自分の主体性を確立しつつ、他の人たちと協力し合える力をつけてほしいと思っています。異質な存在を尊重する寛容の精神と「共に生きる力」が求められているのです。

ゆとり教育コンプレックスの青年たちへ

　最後に、いわゆる「ゆとり教育」を受けたことで負い目を感じている青年たちに一言あります。本書で明らかにしたように、「ゆとり教育」は、批判される意味での「ゆとり」ではなく、新しい時代を切り拓くための挑戦的な教育課程改革でした。21世紀を展望した時に、どうしても従来の路線は転換せざるを得ないので、「総合的な学習」を軸に教育課程の構造改革を遂行したわけですが、その成否は短期間に測れるものではありません。大事なことは、現代が大きな歴史的転換点にあることをよく自覚して、新しい資質を有する自分づくりに日々努力して行くことです。何が正解であるかは歴史的評価を俟たねばなりませんが、少なくとも「あなた方は21世紀の未来を託された人たちである」ということです。現代は優れた青年たちが沢山輩出し、かつてないほどに世界で活躍していますので、ぜひ自信を持って世界に挑戦してください。そして次の時代をどう創るか考えてみてください。心から健闘を祈ります。

資料

1. 学校数・在学者数・教職員数

国・公・私立合計 <National, Local and Private>

区分	学校数 Schools	在学者数 Students 計 Total	男 Male	女 Female	計 Total
計 Total	56,473	18,958,205	9,766,420	9,191,785	1,921,753
幼稚園 Kindergarten	11,252	1,339,761	678,658	661,103	119,837
幼保連携型認定こども園 Integrated center for early childhood education and care	2,822	397,587	204,065	193,522	65,554
小学校 Elementary school	20,313	6,483,515	3,316,608	3,166,907	455,272
中学校 Lower secondary school	10,404	3,406,029	1,742,199	1,663,830	294,232
義務教育学校 Compulsory education school	22	12,702	6,535	6,167	1,038
高等学校 Upper secondary school	4,925	3,309,342	1,668,003	1,641,339	307,882
中等教育学校 Secondary school	52	32,428	16,071	16,357	3,306
特別支援学校 Schools for special needs education	1,125	139,821	91,387	48,434	87,616
高等専門学校 College of technology	57	57,658	47,256	10,402	6,385
短期大学 Junior college	341	128,460	14,485	113,975	26,298
大学 University	777	2,873,624	1,625,898	1,247,726	380,724
(再掲)大学院 (of which, Graduate school)	(627)	(249,588)	(170,985)	(78,603)	(…)
専修学校 Specialized training college	3,183	656,649	291,023	365,626	155,754
各種学校 Miscellaneous school	1,200	120,629	64,232	56,397	17,855
(別掲)通信制 Correspondence course					
高等学校 Upper secondary school	244	181,031	95,813	85,218	6,314
短期大学 Junior college	11	23,020	5,203	17,817	3,804
大学 University	44	211,175	94,008	117,167	11,703
大学院 Graduate school	27	8,466	4,980	3,486	1,166
(再掲) 高等教育 Higher education	1,175	3,026,095	1,660,469	1,365,509	413,407

(注)1 平成28年5月1日現在である。
2 「学校数」は、本校と分校の合計数である。
3 「在学者数」は、①特別支援学校は、それぞれ幼稚部・小学部・中学部及び高等部の合計数である。②高等学校は、本科・専攻科・別科の合計数である。③中等教育学校は前期課程と後期課程の合計数である。④大学、短期大学、高等専門学校は、学部、本科のほか大学院・専攻科・別科・その他の合計数である。
4 「大学院」は、大学の再掲で、学校数欄は大学院を設置する大学数(修士課程・博士課程・専門職学位課程)の学生数及び教員数の本務者欄は大学院担当者(大学院を本務とする教員を含む。)数である。
5 「(別掲)通信制」において、①通信教育を行う高等学校244校のうち、104校は通信教育のみ行う学校である。②短期大学11校のうち2校は通信教育のみ行う学校である。③大学、大学院で通信教育を行う大学は53校(大学と大学院の両方で通信教育を行う大学が18校)あり、そのうち7校は通信教育のみ行う学校である。

(MAY 1,2016)

教員数 Teachers			職員数	女の割合(%) Percentage of female (%)	
本務者 Full-time			兼務者	Non-teaching staff (本務者) (Full-time)	在学者 Students	本務教員 Teachers (Full-time)
計 Total	男 Male	女 Female	Part-time			
1,393,092	677,825	715,267	528,661	453,163	48.5	51.3
99,957	6,507	93,450	19,880	17,798	49.3	93.5
57,118	3,126	53,992	8,436	10,965	48.7	94.5
416,973	157,334	259,639	38,299	69,478	48.8	62.3
251,978	143,659	108,319	42,254	30,555	48.8	43.0
934	430	504	104	131	48.6	54.0
234,611	160,316	74,295	73,271	45,604	49.6	31.7
2,556	1,671	885	750	351	50.4	34.6
82,372	31,987	50,385	5,244	14,188	34.6	61.2
4,284	3,852	432	2,101	2,648	18.0	10.1
8,140	3,893	4,247	18,158	4,438	88.7	52.2
184,248	140,525	43,723	196,476	237,183	43.4	23.7
(106,711)	(88,427)	(18,284)	(…)	(…)	(31.5)	(17.1)
41,190	19,484	21,706	114,564	16,167	55.7	52.7
8,731	5,041	3,690	9,124	3,657	46.8	42.3
4,318	2,755	1,560	1,006	1,032	47.1	36.2
175	74	101	3,629	70	77.4	57.7
520	414	106	11,183	901	55.5	20.4
123	95	28	1,043	37	41.2	22.8
196,672	148,270	48,402	216,735	244,269	45.1	24.6

6 「高等教育」は、大学（大学院を含む。）、短期大学及び高等専門学校（4・5年生、専攻科及び聴講生等）の合計数である。

出典：文部科学省『文部科学統計要覧』（平成29年版）より

2. 学校数

区　分	計 Total	幼稚園 Kindergarten	幼保連携型認定こども園 Integrated center for early childhood education and care	小学校 Elementary school	中学校 Lower secondary school	義務教育学校 Compulsory education school	高等学校 Upper secondary school	中等教育学校 Secondary school	盲学校 Schools for the blind	聾学校 Schools for the deaf
昭和23年	48,181	1,529	…	25,237	16,285	…	3,575	…	74	64
24	49,538	1,787	…	25,638	14,200	…	4,180	…	74	78
25	51,136	2,100	…	25,878	14,165	…	4,292	…	76	82
26	52,514	2,455	…	26,056	13,836	…	4,477	…	76	84
27	53,770	2,874	…	26,377	13,748	…	4,506	…	77	86
28	55,002	3,490	…	26,555	13,685	…	4,572	…	78	92
29	57,051	4,471	…	26,804	13,773	…	4,606	…	77	96
30	58,658	5,426	…	26,880	13,767	…	4,607	…	77	99
31	59,811	6,141	…	26,957	13,724	…	4,575	…	77	99
32	60,578	6,620	…	26,988	13,622	…	4,577	…	76	101
33	60,502	6,837	…	26,964	13,392	…	4,586	…	76	103
34	60,456	7,030	…	26,916	13,135	…	4,615	…	76	102
35	60,488	7,207	…	26,858	12,986	…	4,598	…	76	103
36	60,404	7,359	…	26,741	12,849	…	4,602	…	76	103
37	60,233	7,520	…	26,615	12,647	…	4,637	…	78	105
38	60,286	7,687	…	26,423	12,502	…	(3) 4,811	…	77	105
39	60,314	8,022	…	26,210	12,310	…	(7) 4,847	…	77	106
40	60,377	8,551	…	25,977	12,079	…	(7) 4,849	…	77	107
41	60,543	9,083	…	25,687	11,851	…	(9) 4,845	…	77	108
42	60,773	9,588	…	25,487	11,684	…	(10) 4,827	…	75	107
43	60,864	10,021	…	25,262	11,463	…	(13) 4,817	…	75	107
44	60,876	10,418	…	25,013	11,278	…	(14) 4,817	…	75	107
45	60,782	10,796	…	24,790	11,040	…	(14) 4,798	…	75	108
46	60,791	11,180	…	24,540	10,839	…	(15) 4,791	…	75	108
47	60,850	11,564	…	24,325	10,686	…	(14) 4,810	…	75	108
48	61,988	12,186	…	24,592	10,836	…	(14) 4,862	…	76	108
49	62,548	12,686	…	24,606	10,802	…	(14) 4,916	…	77	107
50	62,993	13,106	…	24,650	10,751	…	(14) 4,946	…	77	107
51	63,410	13,492	…	24,717	10,719	…	(14) 4,978	…	77	107
52	64,073	13,855	…	24,777	10,723	…	(15) 5,028	…	76	107
53	64,631	14,229	…	24,828	10,778	…	(13) 5,098	…	73	110
54	65,164	14,627	…	24,899	10,746	…	(14) 5,135	…	73	110
55	65,533	14,893	…	24,945	10,780	…	(14) 5,208	…	73	110
56	65,778	15,059	…	25,005	10,810	…	(13) 5,219	…	72	110
57	65,883	15,152	…	25,043	10,879	…	(12) 5,213	…	72	110
58	66,033	15,189	…	25,045	10,950	…	(12) 5,369	…	72	110
59	66,119	15,211	…	25,064	11,047	…	(13) 5,427	…	72	110
60	66,136	15,220	…	25,040	11,131	…	(13) 5,453	…	72	107
61	66,057	15,189	…	24,982	11,190	…	(13) 5,491	…	70	107
62	65,917	15,156	…	24,933	11,230	…	(13) 5,508	…	70	107
63	65,724	15,115	…	24,901	11,266	…	(13) 5,512	…	70	107

School Education 23

養護学校 その他 Schools for the other disabled	特別支援学校 Schools for special needs education	高等専門学校 College of technology	短期大学 Junior college (2)	大学 University (1)	国立養護教諭養成所 NTINT (3)	専修学校 Specialized training college	各種学校 Miscellaneous school	(再掲)盲・聾・養護学校 Spec. ed. school	(再掲)高等教育 Higher education	区分
—	...	...		12	...	...	1,405	138	12	1948
1	...	...		178	...	...	3,402	153	178	49
3	...	...	149	201	...	...	4,190	161	350	50
3	...	...	180	203	...	...	5,144	163	383	51
3	...	...	205	220	...	...	5,674	166	425	52
5	...	...	228	226	...	...	6,071	175	454	53
5	...	...	251	227	...	...	6,741	178	478	54
5	...	...	264	228	...	...	7,305	181	492	55
10	...	...	268	228	...	...	7,732	186	496	56
19	...	...	269	231	...	...	8,075	196	500	57
26	...	...	269	234	...	...	8,015	205	503	58
38	...	...	272	239	...	...	8,033	216	511	59
46	...	...	280	245	...	...	8,089	225	525	60
64	...	...	290	250	...	国	9	8,061	243	549	61
86	...	19	305	260	...	立	9	7,952	269	593	62
107	...	34	321	270	...	工	9	7,940	289	634	63
126	...	46	339	291	...	業	9	7,931	309	685	64
151	...	54	369	317	...	教	9	7,837	335	749	65
168	...	54	413	346	5	員	9	7,897	353	827	66
192	...	54	451	369	5	養	9	7,925	374	888	67
206	...	60	468	377	8	成	9	7,991	388	922	68
224	...	60	473	379	8	所	9	8,024	406	920	69
234	...	60	479	382	9	(4)	...	8,011	417	930	70
255	...	63	486	389	9	...	8,056	438	947	71
276	...	63	491	398	9	...	8,045	459	961	72
316	...	63	500	405	9	...	8,035	500	977	73
368	...	63	505	410	9	...	7,999	552	987	74
393	...	65	513	420	9	...	7,956	577	1,007	75
419	...	65	511	423	9	893	7,000	603	1,008	76
452	...	65	515	431	9	1,941	6,094	635	1,020	77
502	...	64	519	433	7	2,253	5,737	685	1,023	78
654	...	62	518	443	2	2,387	5,508	837	1,025	79
677	...	62	517	446	...	2,520	5,302	860	1,025	80
695	...	62	523	451	...	2,745	5,027	877	1,036	81
700	...	62	526	455	...	2,804	4,867	882	1,043	82
713	...	62	532	(1) 457	...	2,860	4,674	895	1,051	83
720	...	62	536	(1) 460	...	2,936	4,474	902	1,058	84
733	...	62	543	(1) 460	...	3,015	4,300	912	1,065	85
741	...	62	548	(1) 465	...	3,088	4,124	918	1,075	86
747	...	62	561	(1) 474	...	3,151	3,918	924	1,097	87
754	...	62	571	(1) 490	...	3,191	3,685	931	1,123	88

区　分	計 Total	幼稚園 Kindergarten	幼保連携型認定こども園 Integrated center for early childhood education and care	小学校 Elementary school	中学校 Lower secondary school	義務教育学校 Compulsory education school	高等学校 Upper secondary school	中等教育学校 Secondary school	盲学校 Schools for the blind	聾学校 Schools for the deaf
平成元	65,613	15,080	…	24,851	11,264	…	(12) 5,511	…	70	108
2	65,529	15,076	…	24,827	11,275	…	(12) 5,506	…	70	108
3	65,440	15,041	…	24,798	11,290	…	(14) 5,503	…	70	107
4	65,287	15,006	…	24,730	11,300	…	(16) 5,501	…	70	107
5	65,068	14,958	…	24,676	11,292	…	(17) 5,501	…	70	107
6	64,868	14,901	…	24,635	11,289	…	(17) 5,497	…	70	107
7	64,666	14,856	…	24,548	11,274	…	(16) 5,501	…	70	107
8	64,474	14,790	…	24,482	11,269	…	(18) 5,496	…	71	107
9	64,187	14,690	…	24,376	11,257	…	(19) 5,496	…	71	107
10	63,919	14,603	…	24,295	11,236	…	(19) 5,493	…	71	107
11	63,600	14,527	…	24,188	11,220	…	(21) 5,481	1	71	107
12	63,352	14,451	…	24,106	11,209	…	(25) 5,478	4	71	107
13	62,961	14,375	…	23,964	11,191	…	(26) 5,479	7	71	107
14	62,545	14,279	…	23,808	11,159	…	(35) 5,472	9	71	106
15	62,085	14,174	…	23,633	11,134	…	(38) 5,450	16	71	106
16	61,631	14,061	…	23,420	11,102	…	(47) 5,429	18	71	106
17	61,092	13,949	…	23,123	11,035	…	(59) 5,418	19	71	106
18	60,569	13,835	…	22,878	10,992	…	(67) 5,385	27	71	104
19	60,072	13,723	…	22,693	10,955	…	(70) 5,313	32	…	…
20	59,555	13,626	…	22,476	10,915	…	(80) 5,243	37	…	…
21	59,017	13,516	…	22,258	10,864	…	(87) 5,183	42	…	…
22	58,418	13,392	…	22,000	10,815	…	(88) 5,116	48	…	…
23	57,845	13,299	…	21,721	10,751	…	(89) 5,060	49	…	…
24	57,312	13,170	…	21,460	10,699	…	(91) 5,022	49	…	…
25	56,657	13,043	…	21,131	10,628	…	(93) 4,981	50	…	…
26	56,096	12,905	…	20,852	10,557	…	(98) 4,963	51	…	…
27	56,419	11,674	1,943	20,601	10,484	…	(100) 4,939	52	…	…
28	56,473	11,252	2,822	20,313	10,404	22	(104) 4,925	52	…	…

(注)1 国・公・私立の合計数である。
2 本校・分校の合計である。
3 「大学」は新制大学のみである。
4 ( )内の数値は、通信教育のみを行う学校数で別掲である。
5 「高等教育」は、大学(通信教育のみを行う大学を除く。)、短期大学(通信教育のみを行う大学を除く。)、国立養護教諭養成所、国立工業教員養成所及び高等専門学校の合計数である。

School Education 25

養護学校 Schools for the other disabled	特別支援学校 Schools for special needs education	高等専門学校 College of technology	短大 Junior college (2)	大学 University (1)	国立養護教諭養成所 NTINT (3)	専修学校 Specialized training college	各種学校 Miscellaneous school	(再掲) 盲・聾・養護学校 Spec. ed. school	(再掲) 高等教育 Higher education	区分
760	…	62	584	(1) 499	…	3,254	3,570	938	1,145	89
769	…	62	593	(1) 507	…	3,300	3,436	947	1,162	90
783	…	63	592	(1) 514	…	3,370	3,309	960	1,169	91
786	…	62	591	(1) 523	…	3,409	3,202	963	1,176	92
787	…	62	595	(1) 534	…	3,431	3,055	964	1,191	93
791	…	62	593	(1) 552	…	3,437	2,934	968	1,207	94
790	…	62	596	(1) 565	…	3,476	2,821	967	1,223	95
797	…	62	598	(1) 576	…	3,512	2,714	975	1,236	96
800	…	62	595	(1) 586	…	3,546	2,601	978	1,243	97
805	…	62	588	(1) 604	…	3,573	2,482	983	1,254	98
810	…	62	585	(1) 622	…	3,565	2,361	988	1,269	99
814	…	62	572	(2) 649	…	3,551	2,278	992	1,283	2000
818	…	62	559	(2) 669	…	3,495	2,164	996	1,290	01
816	…	62	541	(2) 686	…	3,467	2,069	993	1,289	02
818	…	63	525	(2) 702	…	3,439	1,955	995	1,290	03
822	…	63	508	(4) 709	…	3,444	1,878	999	1,280	04
825	…	63	488	(4) 726	…	3,439	1,830	1,002	1,277	05
831	…	64	(1) 468	(4) 744	…	3,441	1,729	1,006	1,276	06
…	1,013	64	(1) 434	(5) 756	…	3,435	1,654	…	1,254	07
…	1,026	64	(1) 417	(6) 765	…	3,401	1,585	…	1,246	08
…	1,030	64	(1) 406	(6) 773	…	3,348	1,533	…	1,243	09
…	1,039	58	(1) 395	(6) 778	…	3,311	1,466	…	1,231	10
…	1,049	57	(1) 387	(6) 780	…	3,266	1,426	…	1,224	11
…	1,059	57	(1) 372	(7) 783	…	3,249	1,392	…	1,212	12
…	1,080	57	(1) 359	(7) 782	…	3,216	1,330	…	1,198	13
…	1,096	57	(1) 352	(7) 781	…	3,206	1,276	…	1,190	14
…	1,114	57	(2) 346	(7) 779	…	3,201	1,229	…	1,182	15
…	1,125	57	(2) 341	(7) 777	…	3,183	1,200	…	1,175	16

(1) Not including 7 universities providing correspondence courses only (The Open University of Japan and 6 private university).
(2) Not including 1 junior college providing correspondence course only (1 private junior college).
(3) National Training Institute for Nursing Teachers.
(4) Figures for the National Training Institute for Engineering Teachers.

出典：文部科学省『文部科学統計要覧』(平成29年版)より

3. 在学者数の推移

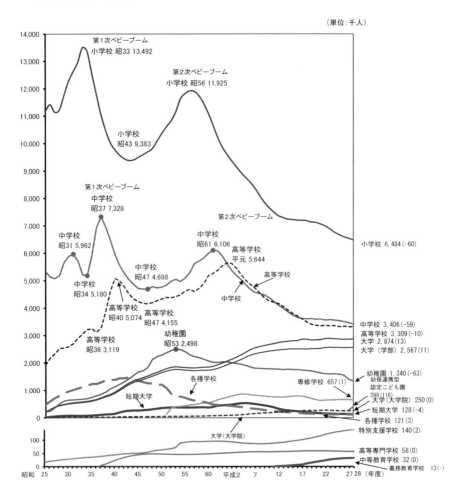

(注) 1 （ ）内の数は，前年度からの増減値（単位：千人）である。
    2 特別支援学校は，平成18年度以前は盲学校，聾学校，養護学校である。
    3 大学には，学部学生，大学院学生のほか，科目等履修生，聴講生，研究生等を含む。

出典：文部科学省『学校基本調査報告書』（平成28年度）

4. 就園率・進学率の推移

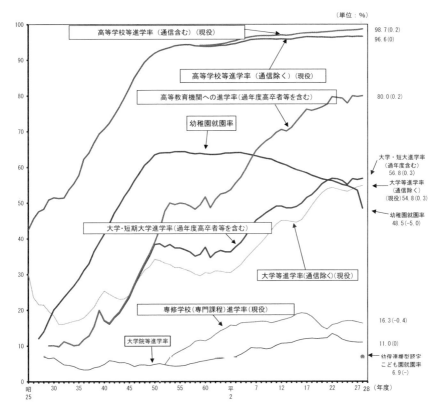

(注) 1 ( )内の数値は前年度からの増減値（単位：ポイント）である。
2 幼稚園就園率：小学校及び義務教育学校第1学年児童数に対する幼稚園修了者数の比率。
3 幼保連携型認定こども園就園率：小学校及び義務教育学校第1学年児童数に対する幼保連携型認定こども園修了者数の比率。
4 高等学校等進学率（通信除く）（現役）：中学校卒業者及び中等教育学校前期課程修了者のうち、高等学校・中等教育学校後期課程、特別支援学校高等部の本科・別科、高等専門学校に進学した者の占める比率（高等学校の通信制課程（本科）への進学を除く）。
5 高等学校等進学率（通信含む）（現役）：中学校卒業者及び中等教育学校前期課程修了者のうち高等学校・中等教育学校後期課程・特別支援学校高等部の本科・別科、高等専門学校、高等学校の通信制課程（本科）に進学した者の占める比率で、昭和59年から調査開始。
6 大学等進学率（通信除く）（現役）：高等学校本科及び中等教育学校後期課程卒業者のうち、大学の学部・別科、短期大学の本科・別科及び高等学校・特別支援学校高等部の専攻科に進学した者の比率（大学・短期大学の通信教育部への進学を除く）。
7 大学・短期大学進学率（過年度高卒者等を含む）：大学学部・短期大学本科入学者数（過年度高卒者を含む）を、18歳人口（3年前の中学校卒業者及び中等教育学校前期課程修了者、以下同じ。）で除した比率。
8 大学院等進学率：大学学部卒業者のうち、大学院研究科、大学の学部、短期大学の本科、大学・短期大学の専攻科・別科へ入学した者の比率。
9 専修学校（専門課程）進学率（現役）：高等学校卒業者及び中等教育学校後期課程卒業者のうち、専修学校専門課程に進学した者の占める比率。
10 高等教育機関への進学率（過年度高卒者等を含む）：大学・短期大学への入学者、高等専門学校4年次在学者（国立工業教員養成所入学者（昭和31～41年）、国立養護教諭養成所入学者（昭和40～52年）及び高等専門学校第4学年の計）、専修学校（専門課程）入学者を18歳人口で除した比率。

出典：『学校基本調査報告書』（平成28年度）

315

5. 全児童・生徒数に占める「不登校の比率」

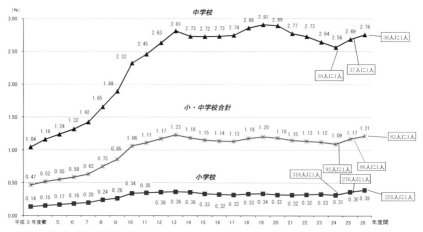

(注)1. 中学校には、中等教育学校前期課程を含む
2. 平成28年度調査（平成27年度間）より理由別長期欠席児童生徒数は、「児童生徒の問題行動等生徒指導上の諸問題に関する調査」に統合したため、特別支援学校を除き調査項目を廃止した。

小学校，中学校，中等教育学校（前期課程）の理由別長期欠席児童生徒数（30日以上）

区分	合計 計	合計 うち「不登校」	合計 全児童生徒数に占める「不登校」の比率	小学校 計	小学校 うち「不登校」	小学校 全児童数に占める「不登校」の比率	中学校 計	中学校 うち「不登校」	中学校 全生徒数に占める「不登校」の比率	中等教育学校（前期課程）計	中等教育学校（前期課程）うち「不登校」	中等教育学校（前期課程）全生徒数に占める「不登校」の比率
	(人)	(人)	(%)	(人)	(人)	(%)	(人)	(人)	(%)	(人)	(人)	(%)
平成3年度間	168,303	66,817	0.47	65,234	12,645	0.14	103,069	54,172	1.04	…	…	…
4	179,121	72,131	0.52	70,746	13,710	0.15	108,375	58,421	1.16	…	…	…
5	175,603	74,808	0.55	67,517	14,769	0.17	108,086	60,039	1.24	…	…	…
6	183,199	77,449	0.58	70,598	15,786	0.18	112,601	61,663	1.32	…	…	…
7	187,825	81,591	0.63	71,047	16,569	0.20	116,778	65,022	1.42	…	…	…
8	208,443	94,351	0.75	78,096	19,498	0.24	130,347	74,853	1.65	…	…	…
9	223,334	105,466	0.85	81,173	20,765	0.26	142,161	84,701	1.89	…	…	…
10	227,991	127,692	1.06	82,807	26,017	0.34	145,184	101,675	2.32	…	…	…
11	221,179	130,228	1.11	78,428	26,047	0.35	142,750	104,180	2.45	1	1	0.84
12	223,577	134,290	1.17	78,044	26,373	0.36	145,526	107,913	2.63	7	4	0.46
13	225,782	138,733	1.23	77,215	26,511	0.36	148,547	112,211	2.81	20	11	0.82
14	204,143	131,281	1.18	68,099	25,869	0.36	136,013	105,383	2.73	31	29	1.50
15	193,361	126,257	1.15	62,146	24,077	0.33	131,181	102,149	2.73	34	31	1.00
16	187,023	123,398	1.14	59,305	23,318	0.32	127,658	100,040	2.73	60	40	1.02
17	187,713	122,327	1.13	59,053	22,709	0.32	128,596	99,578	2.75	64	40	0.84
18	196,719	126,890	1.18	61,095	23,825	0.33	135,472	102,957	2.86	152	108	1.39
19	199,295	129,255	1.20	60,236	23,927	0.34	138,882	105,197	2.91	177	131	1.37
20	191,692	126,805	1.18	55,674	22,652	0.32	135,804	103,985	2.89	214	168	1.55
21	180,863	122,432	1.15	52,437	22,327	0.32	128,210	99,923	2.78	216	182	1.46
22	177,370	119,891	1.13	52,594	22,463	0.32	124,544	97,255	2.73	232	173	1.19
23	176,673	117,458	1.12	54,340	22,622	0.33	122,053	94,637	2.65	280	199	1.25

出典：『学校基本調査報告書』（平成28年度）

6. 高等教育機関への入学状況（過年度高卒者等を含む）の推移

出典：『学校基本調査報告書』（平成28年度）

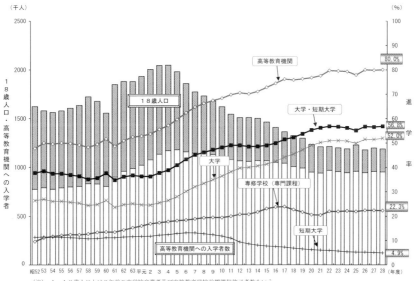

(注) 1　18歳人口とは3年前の中学校卒業者及び中等教育学校前期課程修了者数をいう。
2　高等教育機関入学者とは、大学学部・短期大学本科入学者（過年度高卒者等を含む）、高等専門学校第4学年在学者、専修学校（専門課程）入学者である。また、それぞれの進学率は入学者を3年前の中学校卒業者及び中等教育学校前期課程修了者で除した比率である。

7. 外国人留学生数

出典：『文部科学統計要覧』（平成29年度）

外国人留学生数　地域別　〈Students from Abroad by Region of Origin〉　(May 1, 2015)

区　分	計 Total	構成比 (%)	大　学 University	大学院 Graduate school	短期大学 Junior college
計 Total	110,282	100.0%	67,472	41,396	1,414
アジア Asia	98,125	89.0%	60,862	35,869	1,394
中国 China	61,249	55.5%	37,165	23,493	591
韓国 Korea	11,366	10.3%	8,870	2,372	124
ベトナム Vietnam	7,412	6.7%	5,390	1,577	445
台湾 Taiwan	3,509	3.2%	2,208	1,256	45
マレーシア Malaysia	2,016	1.8%	1,280	722	14
その他 Others	12,573	11.4%	5,949	6,449	175
オセアニア Oceania	560	0.5%	418	140	2
北　米 North America	2,406	2.2%	1,970	429	7
中　南　米 Middle & South America	1,178	1.1%	536	638	4
ヨーロッパ Europe	5,284	4.8%	3,015	2,263	6
中　近　東 Middle East	1,357	1.2%	433	923	1
アフリカ Africa	1,370	1.2%	238	1,132	0

(注) 1　日本学生支援機構調べ。
2　平成27年5月1日現在である。

8. 卒業者数，就職者数及び卒業者に占める就職者の割合等の推移 [大学 (学部)]

出典:『学校基本調査報告書』(平成28年度)

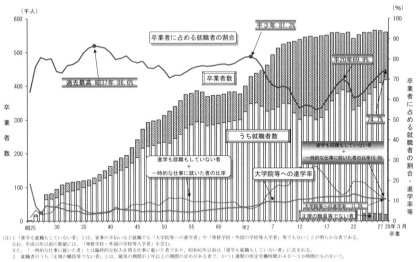

(注) 1 「進学も就職もしていない者」とは，家事の手伝いなど就職等でも「大学院等への進学者」や「専修学校・外国の学校等入学者」等でもないことが明らかな者である。
なお，平成15年以前の数値には，「専修学校・外国の学校等入学者」を含む。
また，「一時的な仕事に就いた者」とは臨時的な収入を得る仕事に就いた者であり，昭和62年以前は「進学も就職もしていない者」に含まれる。
2 就職者のうち「正規の職員等でない者」とは，雇用の期間が1年以上の期間の定めがある者で，かつ1週間の所定労働時間が40～30時間のものをいう。

9. 大学の分野別学生数

出典:『文部科学統計要覧』(平成29年度)

学生数
Students by Field

大学・学部〈University -- Undergraduate Courses〉

区　分	計 Total	人文科学 Humanities	社会科学 Social science	理　学 Science	工　学 Engineering	農　学 Agriculture
昭和35年('60)	601,464	77,888	257,979	16,206	92,572	28,040
40('65)	895,465	113,723	386,178	27,220	174,655	36,721
45('70)	1,344,358	170,907	562,162	42,071	283,674	49,853
50('75)	1,652,003	215,933	688,667	50,225	333,959	58,996
55('80)	1,741,504	239,990	704,737	54,579	337,767	59,558
60('85)	1,734,392	246,850	671,001	59,678	343,590	60,068
平成2('90)	1,988,572	302,594	787,325	66,778	390,646	66,777
7('95)	2,330,831	374,964	933,624	82,764	456,707	71,880
12('00)	2,471,755	410,979	985,617	87,901	467,162	70,308
17('05)	2,508,088	405,413	945,756	86,844	433,377	70,328
22('10)	2,559,191	388,566	892,545	81,425	400,633	75,816
24('12)	2,560,909	379,288	861,881	80,990	390,532	75,741
25('13)	2,562,068	377,182	848,652	80,490	390,042	75,724
26('14)	2,552,022	371,201	835,213	80,684	388,276	75,593
27('15)	2,556,062	368,285	828,230	80,111	389,168	75,398
28('16)	**2,567,030**	**366,220**	**829,399**	**79,290**	**384,762**	**76,404**
	(100.0)	(14.3)	(32.3)	(3.1)	(15.0)	(3.0)
男 Male	1,425,605	126,715	541,507	57,850	330,720	42,415
女 Female	1,141,425	239,505	287,892	21,440	54,042	33,989
国　立 National	444,204	31,296	67,555	30,950	129,095	30,030
公　立 Local	131,406	20,190	34,422	2,527	18,738	4,403
私　立 Private	1,991,420	314,734	727,422	45,813	236,929	41,971
昼　間 Day courses	2,546,570	364,024	817,224	77,629	381,351	76,404
夜　間 Evening courses	20,460	2,196	12,175	1,661	3,411	—

(注) （　）内は構成比 (%) を示す。
(Note) Figures in parentheses indicate the percentage distribution.

10. 卒業者数, 就職者数及び卒業者に占める就職者の割合等の推移 [短期大学（本科）]

出典：『学校基本調査報告書』（平成28年度）

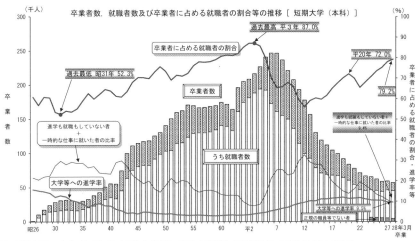

(注) 1 「進学も就職もしていない者」とは、家事の手伝いなど就職でも「大学院等への進学者」や「専修学校・外国の学校等入学者」等でもないことが明らかな者である。
なお、平成15年以前の数値には、「専修学校・外国の学校等入学者」を含む。
また、「一時的な仕事に就いた者」とは臨時的な収入を得る仕事に就いた者であり、昭和62年以前は「進学も就職もしていない者」に含まれる。
2 就職者のうち「正規の職員等でない者」とは、雇用が1年以上の期間の定めのある者で、かつ1週間の所定労働時間が40～30時間の者をいう。

保健		商船	家政	教育	芸術	その他
医・歯学 Medicine & Dentistry	その他 Others	Mercantile marine	Home economics	Education & teacher training	Arts	Others
23,026	12,607	1,429	8,203	63,169	9,325	11,020
27,557	18,045	1,584	13,758	69,670	15,759	10,595
37,994	28,463	1,651	23,292	92,619	29,722	21,950
57,515	35,008	1,861	29,081	119,486	38,964	22,308
71,413	40,645	1,595	31,930	133,211	44,158	21,921
74,750	43,059	1,548	32,185	135,227	44,890	21,546
69,883	46,518	1,534	36,422	140,960	47,972	31,163
65,667	56,414	935	40,803	147,253	59,607	40,213
64,309	79,328	905	44,298	137,615	65,208	58,125
63,553	123,301	439	60,170	141,891	72,622	104,394
64,935	188,248	4	68,160	166,980	72,797	159,084
66,845	215,492	—	70,266	178,421	70,929	170,524
67,973	225,319	—	71,288	183,783	70,137	171,478
69,286	233,812	119	71,091	187,549	69,163	170,035
70,415	241,412	245	71,711	190,218	69,145	171,734
71,021	247,436	366	71,302	190,003	69,601	180,148
(2.8)	(9.6)	(0.0)	(2.8)	(7.4)	(2.7)	(7.0)
46,389	80,353	322	6,775	78,201	20,488	93,870
24,632	167,062	43	64,617	112,702	49,203	86,278
33,059	25,399	365	1,320	65,053	3,241	26,841
5,712	22,147	—	2,918	2,637	6,004	11,708
32,250	199,889	—	67,154	123,213	60,446	141,599
71,021	247,356	365	71,392	190,310	69,542	179,952
—	79	—	—	593	149	196

※短期大学は含まない

11. 学科・学科目と教科・科目等の変遷

教科等（学科）および教科目等（学科目）変遷一覧

明治5年 学制 小学教則	上等小学: 生化博幾罫細史書細 下 理学物何画字学字等 速写講文小 / 下等小学: 各書書文読養地会読単修算単習綴 科書地理話生会話語身国語字 温臚理学口暗口読読書諦語学習読 習講講方誦授取方誦授術方字字
明治14年 小学校教則綱領	高等科: 体家裁唱経幾生化博物図歴地算習読 操事縫歌済何理学理物画史理術字書身 経 / 中等科: 体裁唱博図歴地算習読修 操縫歌物画史理術字書身 / 初等科: 体唱算習読修 操歌術字書身
明治19年 小学校ノ学科及其程度	高等小学: （商農英）裁唱体図理地算習作読修 業工業語 縫歌操画科史理術字文書身 / 尋常小学: （唱）体算習作読修 （歌）操術字文書身 （図）画
明治24年 小学校教則大綱	高等小学: 手（商農）（外国語）幾何初歩 裁唱図理日本日本体算習作読修 工業業 縫歌画科地理歴史操術字文書身 / 尋常小学: 手（唱）（図）（日本）体算習作読修 工縫歌画地理操術字文書身
明治33年 小学校令施行規則	高等小学: 英商農手裁唱図理地日本日本体算国修 語業業工縫操歌画科理歴史操術語身 / 尋常小学: 手裁唱図体算国修 工縫歌画操術語身
明治40年 同施行規則改正	高等小学: 英商農手裁唱図理地日本日本体算国修 語業業工縫操歌画科理歴史操術語身 / 尋常小学: 手裁唱図体算国修 工縫歌画日本歴史操術語身
大正8年 同施行規則改正	高等小学: （外国語その他）図家商農手裁唱図理地日本日本体算国修 画事業業工縫操歌画科理歴史操術語身 / 尋常小学: 手裁唱図理地日本日本体算国修 工縫操歌画科理歴史操術語身
大正15年 同施行規則改正	高等小学: （外国語その他）裁家実商唱手図理地国日本体算国修 縫事業操工画科理史語歴史操術語身 / 尋常小学: 手裁唱図理地日本日本体算国修 工縫操歌画科理歴史操術語身
昭和16年 国民学校令施行規則	高等科: 実業科: その他外国語水産商業工業農業 / 芸能科: 裁家工図習音 縫事業作画字楽 / 体錬科: 武体 道操 / 理数科: 理算 科数 / 国民科: 地国国修 理史語身 / 初等科: 芸能科: 裁図音 縫工画字楽 / 体錬科: 武体 道操 / 理数科: 理算 科数 / 国民科: 地国国修 理史語身

12. 日本の人口の推移

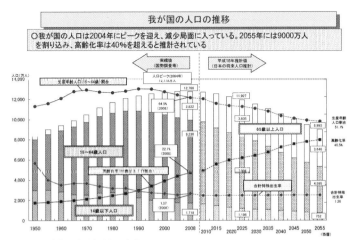

出典：総務省「人口推移」平成25年度

13. 高等学校学習指導要領における教科・科目の変遷

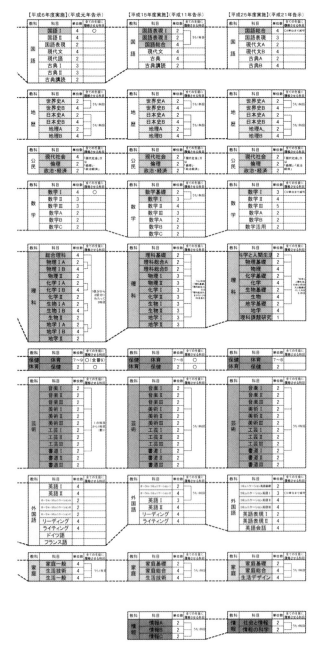

出典：文部科学省、教育課程企画特別部会配付資料より

14. 学校系統図

(1) Organization of the School System in Japan

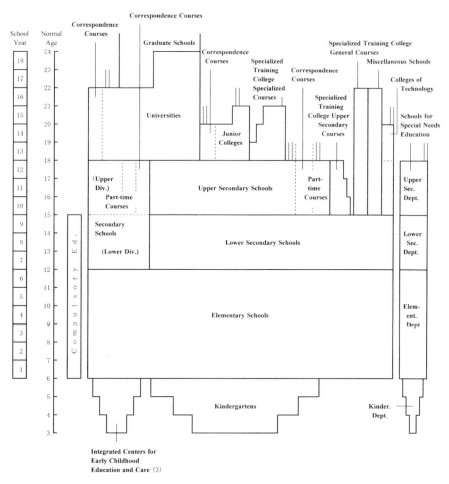

(Notes)
(1) * indicates specialized courses
(2) Higher education schools, secondary education school/latter period courses, universities, junior colleges, and special needs schools can have separate courses with course terms of 1 year or more.
(3) A child aged from 0 to 2 years old can attend the center because it functions as school and child welfare.

出典：文部科学省『学校基本調査報告書』(平成29年度)

(2) アメリカ合衆国の学校系統図

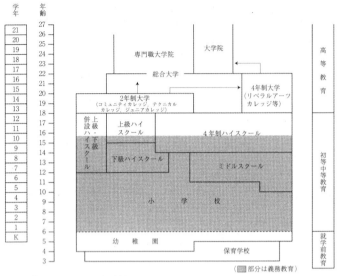

※文部科学省『データからみる日本の教育 2008』より

(3) イギリスの学校系統図

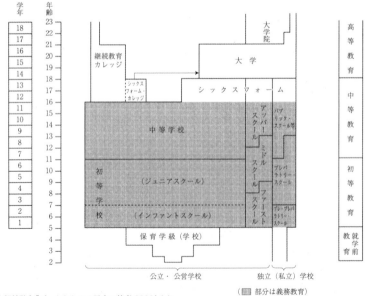

※文部科学省『データからみる日本の教育 2008』より

(4) フランスの学校系統図

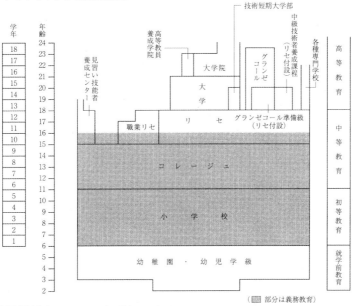

※文部科学省『データからみる日本の教育 2008』より

(5) ドイツの学校系統図

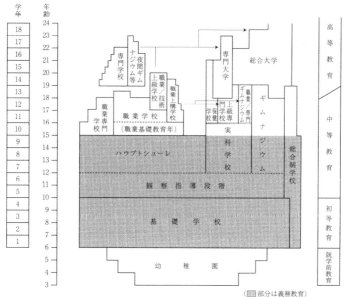

※文部科学省『データからみる日本の教育 2008』より

(6) 中華人民共和国の学校系統図

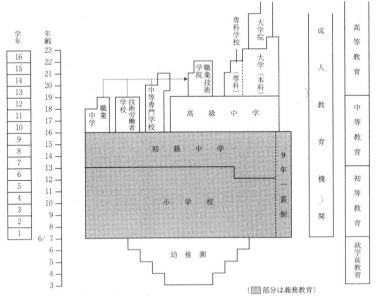

※文部科学省『データからみる日本の教育 2008』より

(7) 韓国の学校系統図

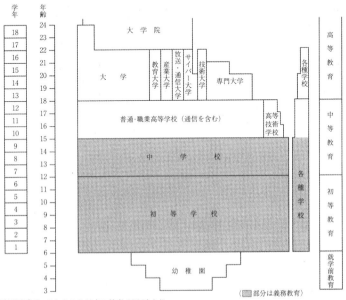

※文部科学省『データからみる日本の教育 2008』より

(8) ロシアの学校系統図

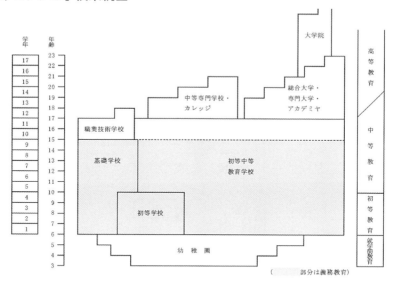

※文部科学省『データからみる日本の教育 2008』より

(9) シンガポールの学校系統図

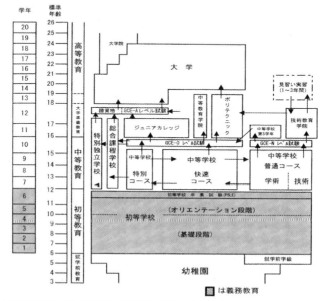

※研究代表 山根徹夫『諸外国の教育課程（2）』（国立政策研究所 2007年）より

(10) フィンランドの学校系統図

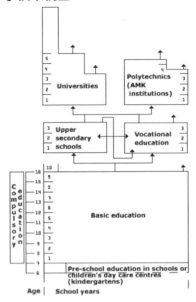

※ http://www.aba.ne.jp/~sugita/160j.htm

(11) 台湾の学校系統図

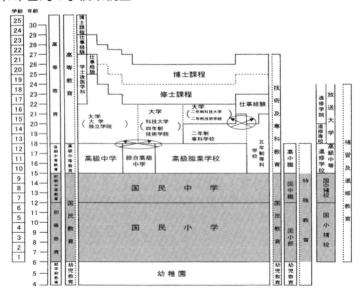

※研究代表　山根徹夫『諸外国の教育課程 (2)』(国立政策研究所 2007年) より

事項・人名索引

あ
愛国心 52,242,278
ICT 257
アイデンティティ 56,174,184
アクティブラーニング
　　　257,260,261,273,277,299
朝日新聞 144,147,154,173
遊びを中心とした(通した)総合的な
活動(指導) 212,264
新しい学力観に立つ学習指導 229
在り方・生き方 192

い
生きる力 207,211,213,230,258
一般社会 112
伊藤博文 9,25,26
井上毅 26,34,47
異文化理解 218
癒し 204,206
イリッチ 162
いろは 9
インクルーシブ教育 285

う
ウィンドウズ(windows) 203
運動会 102

え
AI(人工知能) 258
英検 281
英語(科) 43,67,247
英語活動 249
江木千之(えぎ かずゆき) 32,34
易姓革命 56,79
SSH 297
STEM 281

お
OECD 161,231,233,257,260,298
大隈重信 29
尾崎豊 206
おたく族 180,206
音楽 104
オンリーワン 202

か
外国語(科) 67,70,107,113,187,
　　　　　　215,219,272,280
改正教授術 35
ガイダンス 275
開発主義 35,53
カウンセリング 275
科学技術教育 128,130,134
科学的リテラシー 233,248
科学の方法 154
関わり合う力 211
各教科以外の教育活動 150
学業不振児 148
学芸的行事 102,105
学習指導要領一般編
　　　99,104,107,109,111,116
学習評価 285
学制 10,20
学テ反対闘争 143,144

学年制	14
学問のすすめ	18
学力	127
学歴	10,185
家族国家観	49
課題解決能力	214
課題学習	216
課題研究	195,218,220
活用能力	232,234,236,240,248
活用型学力	257
家事科	101
家庭科	101,104
家庭科の男女共修	193
家庭一般	155
家庭の教育力	183
学級（自治）会	102,106
学級編制等ニ関スル規則	54
学校行事	84,131,145,151
学校設定教科・科目	218,220
学校図書館	189,274
学校の人間化	185,186
下等小学教則	15
加藤弘之	49
カリキュラムマネジメント	260,261,273,275,285
カルト教団	206
環境	265
環境教育	210
環境を通して幼稚園教育	212
看護	151
関心・意欲・態度	214,229,273,286

き

機会均等	99
キー・コンピテンシー	3,231,298
聴方科	71
儀式	54,84,170,173
技術家庭科	130
基礎学力	128,134
基礎基本	187,215
基礎理科	151,153
期待される人間像	155
木下竹次	71
基本的生活習慣形成	188
君が代	55,129,148
義務教育	61,67
キャリア（教育）	275
休憩時間	169
行的活動	81
教育委員会法	127
教育課程審議会	128,169,186,189,190,216,212,215
教育課程に関する基礎的研究協力者会議	207
教育議	25,26,27,49
教育基本法	99,278
教育工学	161
教育勅語（教育ニ関スル勅語）	47,80,82,278
教育相談活動	169
教育投資	143
教育内容の精選	149
教育の現代化	141,144,149,150,162,170
教育内容の現代化	152
教育令	17,27
教員評価	251
教科以外の活動	104,105

教科課程	100	憲法	284
教学聖旨(大旨)	25	元老院会議	27
教科横断的な視点	270,274,284		
教科書検定	127	**こ**	
共産主義	79,80,130,135	コア・カリキュラム	101,209
業者テスト	192	合科学習	71,118,189
競争原理	10,185,201	合科的指導	212
共通教育課程	244	工学的アプローチ	161
共通性	287	高校教育の多様化	150
教練	70	工業	72
近代史	130	高教組	134
勤務評定	131	郷校	9
勤労観・職業観	192	皇国史観	74,79
勤労体験学習	172	皇国ノ道	79,80,81,82,83
		構造主義	153
く		高等小学科	45
クラブ活動		高等小学校	43,69,70,72
102,105,106,110,150,166,169		高等学校教育の改革の推進に関する会議	
グローバル教育	250		195
軍歌	87	高等学校設置基準	112
軍事教練	70,82	高等学校基礎学力テスト	281,298
訓練	83	高等専門学校	142
		高等普通教育	112
け		高度経済成長の負の副作用	183
経験主義	115,116,118	河野敏鎌	27,37
経済主義	46	公民教育	186,285,295
経済基本計画	141	公民的資質	148
系統主義	128,131	校門での生徒圧殺事件	207
芸能科	85,87,92	合理主義	79
原級留置	14	国学思想	48
健康	269	国語科	62,104,112,128,188,290
建国記念日	147	国語教育改良論	62
言語能力	232,234,279	国際化	71
現代国語	134	国際理解	187

国史	69,74,107	コンピテンシー	231,257,261,262,
告示形式	127		270,274,299
国体	33,53,88	コンピュータ	203
国体の本義	79,83,89		
国体明徴	73	**さ**	
国防婦人会	85	西国立志編	20
国民科	85,88,89	裁縫科	45,51,67
国民学校	79	澤柳政太郎	62
国民学校教則案説明要領	85	産学協同路線	141
国民学校令	79,85	産業社会と人間	221
国民学校令施行規則	82	算術(サンヨウ)	12,64
国民(性)教育	49,129,186	算数科	90,104,128
国民共通の教養	108,112,113	3層4領域論	128
国民タルノ志操	53	3層構造の学力観	235
言葉	265		
国教	26	**し**	
国旗・国歌の教育		CEFR	281
	169,170,173,174,187	支援	197
55年体制	126,203	ジェネリックスキル	257,299
心に響く道徳	216	ジェンダー(社会的性別)	193
心の教育	211	字音仮名遣い	63
心豊かな人間の育成	186	思考力・判断力・表現力	
御真影	52		186,197,229,259,265,280,287
個人主義	79,92	自己教育力	186,189,196
個性化教育	187,196,201	資質・能力	257,258,260,261,
個性尊重	190	263,264,265,266,268,271,273,275,	
古典学習	187	277,285,286,287,291,295,297,298	
個に応じた指導	275	時事問題	114,281
個別教育(学習)	201,275	自主的活動の時間	170
小中村清矩	34,36	自他並立	43
コミュニケーション能力	215,219,	自治会	106
	237,242,268,279,281,288,292	実学	18
5領域	264	自己修養(自修)	85
五倫五常	38,49	自己実現	202

自己否定	206
四書五経	9
自助論	20
自然体験活動	216
視聴覚機器	161,189
実業教育	70,72
実業科	85,93
実業を主とする教科課程	112
実質的平等	190
実習	116,152
児童会	105,106
児童活動	102
児童中心主義	71
師範学校小学教則	16
市民(教育)	117,120,253,285
社会科	43,101,103,104,107,112,115,150,285
社会科学	43,130,144
社会契約論	29
社会党	126
社会に開かれた教育課程	261
週5日制	167
宗教教育	99
自由教育令	17,21
就業体験	218
自由研究	101,103,105,107,112
自由主義(思想)	88,135
自由民主党	126
習字(テナラヒ)	15,109
習熟度別指導	172,187,223,275
修身科	63,84
修身口授(ギョウギノサトシ)	12
集団的訓練活動	169
自由民権運動	25,33

儒教主義	28,32,38,43
主権者教育	284
手工	72
珠算	65
朱子学史観	36
主体的・対話的で深い学び	260,261,273,277,287
唱歌	66
小1プロブレム	271
小学教則	10,12
小学校教則綱領	28,29,36
小学校教則大綱	50,52,55
小学校祝日大祭日儀式規程	55,84
小学校ノ学科及其程度	43
小学校令	43,49,50
小学校令施行規則	62
小学修身訓	32
情操教育	81
小中連携・一貫	276
情報科	219
情報処理	195
初級英語	151
食育	247
職業科	107
職業課程	112,113,116
職業・家庭科	109
職業教育	128,194
職業教育を主とする学科	196
職業指導	93
職業専門の学科	152
如氏教育学	35
女子差別撤廃条約	193
初等普通教育	82
所得倍増計画にともなう長期計画	

…………………………………………	141
ジョホノット………………………	35
白井毅………………………………	35
思慮深さ………………………	231,233
進学課程……………………………	112
進学・就職組………………………	129
新学力観　81,186,192,196,197,260	
新学校制度実施準備の案内……	106
審議のまとめ………………………	281
神国日本……………………………	89
人格…………………………………	82
尋常小学科………………………	44,50
尋常小学校………………………	43,51
新3層構造の学力観………………	235
新自由主義…………………………	185
人物養成論…………………………	43
進取の気象…………………………	64
新制高等学校の教科課程に関する件	
…………………………………………	111
新保守主義……………………	185,201
進路指導………………………	191,195
神話…………………………………	146

す

数学……………………………	112,130
数学一般……………………………	151
数学基礎……………………………	219
数学リテラシー……………………	233
図画（工作）……………………	66,104
スコット………………………	11,14
スタートカリキュラム……………	271
スプートニク・ショック…………	125
すべての者に中等教育を…………	119
スマイルズ…………………………	20

せ

生活科…………………………	188,212,271
生活経験主義………………………	100
生活綴方……………………………	144
政治経済……………………………	43
成城小学校…………………………	71
生徒会…………………………	110,120
生徒指導………………………	109,275
青年に共通に必要とされる最低限度の教養
……………………………………	114,116
政令改正諮問委員会………………	126
世界史………………………………	130
赤化問題……………………………	81
全国一斉学力テスト………………	143
全国高等学校長協会………………	135
専修学校……………………………	195
全体への奉仕………………………	92
選択科目………………………	107,170,244
選択制…………………………	118,129,244
選択幅拡大	
………………	71,171,191,194,215,219,224
全米教育協会………………………	161
選民思想…………………………	89,90
専門教育単位の弾力化……………	172

そ

創意工夫の時間………………	166,169
総合的な学習………………………	208,
213,217,220,221,230,245,249,251,	
262,272,275,278,283,285,290,297	
総合的な探求の時間…………	288,297
総合学科……………………………	195
総合教授（総合授業）……………	88
総力戦………………………………	93

卒業研究論文……………………218
卒業研究レポート………………274
その他の教科・科目………108,152
尊王愛国………………28,33,46,54

た
体育……………………81,104,112
大学入学希望者学力評価テスト…298
体験学習………………169,192,218
大綱化…………………166,169,174
泰西勧善訓蒙……………………25
大東亜共栄圏構想………………89
大正自由教育（新教育）………72
体操科………………………66,91
大日本帝国憲法…………………47
第4次産業革命…………………257
体錬科………………………85,87,91
高嶺秀夫…………………………35
竹やり訓練……………………82,85
確かな学力……………222,223,230
脱学校の社会……………………162
田中不二麿………………………17
たまごっち………………………204
多様化（性）…………141,151,155
ダルトン・プラン………………71
たろう……………………………105
単位制……………115,118,195,220
探究的学習…………………236,298
男女平等………………99,101,130
男女共同参画社会基本法………181
単線型教育制度…………………99
鍛錬主義…………………………46

ち
治安維持法………………………73
地域の教育力……………………183
知育偏重…………………………80
知識・技能
　………257,259,274,280,282,286
知識習得型の学力……257,258,299
知識・理解・技能………………186
知識基盤社会……231,235,236,252
知の主体化………………………207
知の総合化…………………207,223
地方教育行政の組織及び運営に関する法律
　………………………………127
地方自治…………………………104
チーム・ティーチング…………161
中1ギャップ……………………276
中央教育審議会（中教審）
　………………163,186,190,195,
　229,232,259,276,278,280,284,286
忠君愛国…………………………56
中堅産業人………………………132
忠孝精神…………………………48
中流意識…………………………179
肇国論……………………48,53,91
超スマート社会…………………258
調和と統一…………………144,145
勅語奉答…………………………55
地理………………………………292

て
定時制高校………………………112
TIMSS…………………………237,239
デューイ…………………71,117,119
寺子屋……………………………9

天長節 …………………………………… 55
天皇 ……………………………………… 156

と
ドイツ学 ………………………………… 38
東亜新秩序の建設 ……………………… 83
等級制 ………………………………… 13,54
道徳教育 ……………… 49,128,132,145,
　　　148,209,216,243,272,277,278
道徳教育推進講師 ………………… 243,250
道徳の時間 …………………………… 125
読解リテラシー ……………………… 233
徳治思想 ……………………………… 56
特色ある学校づくり ………………… 218
特別活動 ……………… 145,146,148,169,
　　　209,218,272,273,275,278,285,295
特別教育活動
　　　………… 108,109,115,131,145
特別研究 ……………………………… 71
特別支援教育 …………………… 247,271,285
特別の教科道徳 …………………… 275,277
図書館 ………………………………… 257
飛び級 ………………………………… 14

な
何ができるようになるか
　　　………… 257,258,261,262,281,299
那珂通高 ………………………… 34,36
ナショナル・カリキュラム ………… 255
灘尾文相 ……………………………… 148
縄ない競争 ………………………… 91,92

に
西村茂樹 ……………………………… 32

日本教職員組合（日教組）
　　　………… 130,144,147,154,173,203
日本精神主義 ………………………… 79
日本史 ………………………… 109,114,130
日本的市民 …………………………… 252
日本歴史 …………………………… 53,66
入学試験の改善 …………………… 195
人間関係 ……………………………… 264
人間化 ……………………… 174,185,229
人間性の育成（回復） ……………… 169
人間性重視 ………………………… 190

の
農業科 ………………………………… 69
能力 …………………………………… 216
能力主義 ……………………………… 148
能力・適性・意欲 …………………… 196
能力・適性・希望 …………………… 174
能力・適性・興味・関心 …………… 216
能力・適性・進路 ……………… 132,134,152

は
這い回る経験主義 …………………… 127
パーカースト ………………………… 71
発見学習 ……………………………… 153
発展学習 ………………………… 216,217,223
歯止め規定 …………………………… 222
藩校 …………………………………… 9
汎用性のある能力 ……… 257,261,262,271

ひ
比較試験 ……………………………… 54
PDCAサイクル ……… 261,268,272,281
PISA ……………… 233,238,240,282,290

必要の原理	117	奉安殿	52,83
必修科目	107,118,290	防災安全教育	284
必修科目の弾力化	172	奉仕活動	83,218
批判的思考力	252	棒引き仮名	63
評価	54,285	保健体育	108,109
表現	270	補充学習	216,223
標準単位数	171,193	ポストモダン	202
広岡亮蔵	236	ポートフォリオ	271
		ホームルーム	109,110,150,290
ふ		ボランティア活動	216,218,284
部活動	247,277		
福岡孝弟	28	**ま**	
福澤諭吉	9,11,18,29	毎日新聞	130
複線型教育制度	99	窓際のトットちゃん	183
普通課程	116	学びに向かう力、人間性等	
普通教育	27,37,51		259,264,266,270,280,287,291
普通ノ知識技能	49		
武道	91	**み**	
婦徳	155	見方・考え方	
プラグマティズム	128		261,264,271,274,279,290
振り返り	260	未体験の新しい課題	163
プログラミング	278,282	3つの柱	258,
ブルーナー	153,261		260,264,266,269,273,286,287,291
プロイセン	36	ミニマム・エッセンシャルズ論	128
プログラム学習	161	民主主義	
文化と伝統の尊重	187		79,99,110,111,115,117,119,284
		民主党	126
へ		民本主義	59
兵式体操	44,70		
へて出しルック	204	**め**	
偏差値	192	メタ認知	260
ほ		**も**	
保育園(所)	263,271	モウレツ社員	142,164

目的原理主義	86	り	
目標設定委員会	117	理科	43,45,53,65,112,130,149
元田永孚（もとだ ながざね）	25	理科基礎	219
モラトリアム	183	陸軍現役将校配属令	70
森有礼	43	利己主義	79
諸葛信澄	14	理数（科）（教育）	90,151,281,288,297
モルレー	11,17	理数探究	298
問答科	15,16	リーダーシップ	260,272
文部省設置法	126	立憲思想	47
		立身出世	56
ゆ		リテラシー	234,240,257
唯物論	80,81	領域構成	169
優越ごっこ	205	輪講	16
郵便屋さんごっこ	105	臨時教育会議	69
ゆとりある教育活動	170,218	臨時教育審議会	183,186
ゆとりある充実した学校生活	166,229	倫理社会	132,134,135
ゆとり教育	166,173,185,207	れ	
ゆとりの時間	167	礼法	81
		歴史学習	187
よ		レッジョエミリア	270
養護	83,84	錬成	79,81,83,84
幼小接続	271		
幼稚園教育要領	211,262	ろ	
与謝野晶子	64	6年制一貫校	191
吉田松陰	9	ローマ字（羅馬字）	62
洋算	13	わ	
読売新聞	173	若林虎三郎	35
読物科	15,16	和算	13
ら			
羅生門的アプローチ	161		

■著者 略歴

水原　克敏（みずはら　かつとし）
現在　尚絅学院大学　特任教授
　　　東北大学名誉教授
主著　・『近代日本教員養成史研究』風間書房　1990年
　　　・『現代日本の教育課程改革』風間書房　1992年
　　　・『近代日本カリキュラム政策史研究』風間書房　1997年
　　　・"History of National Curriculum Standards Reform in Japan" Tohoku University Press、2011年
　　　・『戦後改革期文部省実験学校資料集(第Ⅰ期)(第Ⅱ期)(第Ⅲ期)』全9巻・全6巻・全3巻　不二出版　2015～2018年
担当　第1章から第12章、第13章の時代背景と基本原理、教育内容、まとめ

髙田　文子（たかだ　ふみこ）
現在　白梅学園大学学長・教授
著書(共著)
　　　・『近代日本における知の配分を国民統合』(共著)第一法規　1993年
　　　・『東京都教育史』通史編1～4(共著)東京都教育研究所　1994～1997年
　　　・『就学前教育の歴史』(共著)お茶の水女子大学開発途上国女子教育協力センター　2006年
　　　・『よくわかる教育原理』(共編著)ミネルヴァ書房　2011年
　　　・『日本の保育の歴史―子ども観と保育の歴史150年』(共著)萌文書林　2017年
担当　第13章、幼稚園教育

遠藤　宏美（えんどう　ひろみ）
現在　宮崎大学教育学部　准教授
主著(共著)
　　　・宮崎大学小中一貫教育支援研究プロジェクト編『小中一貫・連携教育の理念と実践―「美郷科カリキュラム」の実践―』(共著)東洋館出版社、2013年
　　　・河原国男・中山迅・助川晃洋編著『小中一貫・連携教育の実践的研究 ―これからの義務教育の創造を求めて―』(共著)東洋館出版社、2014年
　　　・望月重信・播本秀史・岡明秀忠・石井久雄編著『日本の教育を捉える ―現状と展望』(共著)学文社、2019年
　　　・飯田浩之・岡本智周編著『教育社会学』(共著)ミネルヴァ書房、2018年
　　　・根津朋実編著『教育課程』(共著)ミネルヴァ書房、2019年
担当　第13章　小学校・中学校、同カリキュラム

八木　美保子（やぎ　みほこ）
現在　東邦大学理学部　講師
主著(共著)
　　　・『自分Ⅲ―わたしから私たちへ―』(共著)　2004年　東北大学出版会
　　　・「自己形成を基盤とするキャリア教育カリキュラム‐東北大学『自分ゼミ』の授業を通して‐」(共著)『日本教育学会教育学研究73巻第4号』2007年
　　　・『男女共学・別学を問いなおす―新しい議論のステージへ』(共著)　東洋館出版社　2011年
　　　・「高度経済成長期における中学校職業指導の実態：岩手県葛巻町での聞き取り調査を基にした事例研究」『人間文化創成科学論叢 Vol.17』　2015年
　　　・『ワークで学ぶ教育課程論』(共著)ナカニシヤ出版　2018年
担当　第13章　高等学校学習指導要領、同教育内容

(表紙デザイン：鈴木 真衣)

新訂 学習指導要領は国民形成の設計書
その能力観と人間像の歴史的変遷
History of National Curriculum Standards
Reform in Japan, new revision
:Blueprint of Japanese citizen character formation

Ⓒ K.Mizuhara 2018

2018年 8月30日　初版第1刷発行
2021年12月 3日　初版第2刷発行
著　者／水原　克敏、髙田　文子、遠藤　宏美、八木　美保子
発行者／関内　隆
発行所／東北大学出版会
　　　　〒980-8577 仙台市青葉区片平2-1-1
　　　　TEL：022-214-2777　FAX：022-214-2778
　　　　http://www.tups.jp　　E-mail：info@tups.jp

印　刷／今野印刷株式会社
　　　　〒984-0011 仙台市若林区六丁の目西町2-10
　　　　TEL：022-288-6123

ISBN 978-4-86163-317-1 C3037
定価はカバーに表示してあります。乱丁、落丁はおとりかえします。

JCOPY ＜出版者著作権管理機構 委託出版物＞
本書(誌)の無断複製は著作権法上での例外を除き禁じられています。複製される場合は、そのつど事前に、出版者著作権管理機構(電話03-5244-5088、FAX 03-5244-5089、e-mail: info@jcopy.or.jp)の許諾を得てください。